María del Mar Castro Varela, Sylvia Schulze,
Silvia Vogelmann & Anja Weiß (Hrsg.)
Suchbewegungen
Interkulturelle Beratung und Therapie

Suchbewegungen

Interkulturelle Beratung und Therapie

herausgegeben von

María del Mar Castro Varela
Sylvia Schulze
Silvia Vogelmann
Anja Weiß

dgvt VERLAG

Deutsche Gesellschaft für Verhaltenstherapie
Tübingen
1998

María del Mar Castro Varela
Halmstr. 2, 50825 Köln

Sylvia Schulze
Eisenacher Str. 97, 10781 Berlin

Silvia Vogelmann
Blücherstr. 21, 10961 Berlin

Anja Weiß
Berghof Forschungszentrum für konstruktive Konfliktbearbeitung
Altensteinstr. 48 a
14195 Berlin

Die Deutsche Bibliothek - CIP-Einheitsaufnahme
Suchbewegungen : Interkulturelle Beratung und Therapie /
Deutsche Gesellschaft für Verhaltenstherapie, Tübingen.
Hrsg. von María del Mar Castro Varela ... - Tübingen : Dgvt-Verl., 1998
   (Forum für Verhaltenstherapie und psychosziale Praxis ; Bd. 40)
   ISBN 3-87159-140-8

© 1998 dgvt-Verlag, Tübingen
Deutsche Gesellschaft für Verhaltenstherapie
Postfach 13 43
72003 Tübingen

Umschlaggestaltung: Alice José Leal, Köln
Satz: Almute Nischak, Tübingen
Herstellung: fgb freiburger graphische betriebe

ISBN 3-87159-140-8

Inhaltsverzeichnis

Vorwort.. 7
Birgit Rommelspacher

Wer? Wo? Wohin? – Interkulturelle Beratung und Therapie.................... 11
María del Mar Castro Varela, Sylvia Schulze, Silvia Vogelmann
& Anja Weiß

Wer? Zum Verhältnis zwischen Professionellen und NutzerInnen

"Rasse", Ethnizität und psychologische Prozesse............................ 17
Ann Phoenix

Sehnsucht nach Israel... 39
Leah C. Czollek

Soziale Konstruktionen von Weiß-Sein.
Zum Selbstverständnis Weißer TherapeutInnen und BeraterInnen.............. 49
Ursula Wachendorfer

Von der unerträglichen Last des ersten Anscheins
oder: Ich wollte immer schon Nonne werden
oder: Weil Du "anders" bist, darf ich Dich alles fragen................... 61
Silvia Osei

Sozialarbeit mit "Zigeunern"? – Ein historisch vorbelastetes Verhältnis... 73
Barbara Danckwortt

Schwarze KlientInnen in Therapie und Beratung bei
weißen TherapeutInnen... 109
Ika Hügel-Marshall

Die Lage ist normal. Normalisierungsdiskurse in der
Aus- und Weiterbildung.. 117
María del Mar Castro Varela

Wo? Kritisches zum Jetzt-Zustand

Die Bedeutung von "Rasse", Ethnizität und Macht für die klinische Arbeit..... 129
Elaine Pinderhughes

Diagnostik in der interkulturellen Therapie und Beratung.................. 149
Dietrich F. Koch & Sylvia Schulze

Paradigmenwechsel in Frühförderkonzepten? Eine kritische
Auseinandersetzung unter interkultureller Handlungsperspektive............ 157
Sylvia Nagel

Der Schatten des Nationalsozialismus 169
Bettina Kaufmann

"Sind Sie in einer christlichen Kirche?" Kirchlich-diakonische
Arbeitgeber in der psychosozialen Arbeit 179
Chris Lange

Weiße Mütter – Schwarze Kinder. Über das Leben mit
rassistischen Konstruktionen von Fremdheit und Gleichheit 187
Gotlinde Magiriba Lwanga

Interkulturelle Teams. Sprachlosigkeit und verwobene Machtstrukturen.
Zum Rassismus im Alltag feministischer Frauenprojekte 213
Maureen Raburu

Transkulturelle Weiterbildung und Organisationsentwicklung
in den Niederlanden 225
Ergül Kaygun

Wohin? Neue Impulse für die Interkulturelle Arbeit

Zwischen Allmacht und Ohnmacht – Überlegungen zur psychosozialen
Beratung mit weiblichen Flüchtlingen 233
María del Mar Castro Varela & Silvia Vogelmann

"Ich spreche x-linguisch." Aus dem leben eines "gewöhnlichen"
wanderers und grenzgängers mehrerer sprachen und kulturen 247
Halil Can

Interkulturelle Jugendbildungsarbeit – Eine Chance zum Erwerb
interkultureller Handlungskompetenzen 253
Irma Leisle

Arbeitsblätter für WorkshopteilnehmerInnen 269
Elaine Pinderhughes

Antirassistisches Engagement und strukturelle Dominanz. Was macht
weißen Deutschen die Auseinandersetzung mit Rassismus so schwer? 275
Anja Weiß

Angelpunkte einer psychosozialen Beratungsausbildung unter
interkultureller Perspektive 287
Paul Mecheril

Zu den Autorinnen und Autoren 313

Vorwort

In einem Seminar zur interkulturellen Sozialarbeit erzählte mir kürzlich eine Studentin, daß sie in einer Beratungsstelle in Berlin Kreuzberg Praktikum gemacht habe, in der 90% der KlientInnen MigrantInnen gewesen seien – und sie habe das gar nicht bemerkt. Erst jetzt im Seminar sei ihr das aufgefallen.

Ein ähnliches Erlebnis hatte ich vor ca. 15 Jahren, als ein Kollege, ein Psychoanalytiker, zu mir sagte, erst nachdem wir darüber gesprochen haben, sei ihm bewußt geworden, daß fast alle seine Patienten Frauen seien.

Die Unbewußtheit sozialer Kategorien ist aber nicht nur ein individuelles Phänomen. Verdrängungen und Bewußtwerdungsprozesse werden auch kollektiv organisiert – so auch in der therapeutischen Profession. Denken wir nur an das jahrzehntelange Verschweigen des sexuellen Mißbrauchs oder an die Dethematisierung der Folgen des Nationalsozialismus in deutschen Familien. Erst heute, 50 Jahre danach, erscheinen auch hier in Deutschland Publikationen zur Frage nach den Folgen für Opfer und TäterInnen sowie deren Nachkommen. Erst jetzt wird langsam das Schweigen gebrochen, es beginnt allmählich eine Auseinandersetzung.

Die Frage ist, warum welche Themen gerade "dran" sind. Die Themenwechsel könnten leicht im Sinne postmoderner Beliebigkeit als Modetrends abgetan werden; aber z.B. die Auseinandersetzung mit dem sexuellen Mißbrauch zeigt, welch harter Kämpfe es von seiten der Frauenbewegung bedurfte, um gegen die Verdrängungswiderstände anzugehen. Das gilt auch für die Themen interkulturelle Therapie und Folgen des Nationalsozialismus. Wenn nicht MigrantInnen beharrlich auf ihre diskriminierende Situation hinweisen und jüdische AutorInnen und WissenschaftlerInnen (oft auch aus dem Ausland) immer wieder diese Debatte einklagen würden, dann würde sich auch im deutschen Mainstream nicht viel bewegen. Erstaunlich ist ohnehin, daß genau bei diesem Thema die starke USA-Orientierung der deutschen Psychologie auszusetzen scheint, denn dort gibt es seit Jahrzehnten Forschungen und zahlreiche therapeutische Modelle zum Umgang mit "diversity".

Liest man die Berichte einer oft verzweifelten Odyssee von Juden und Jüdinnen oder MigrantInnen durch deutsche Therapien, wie z.B. auch hier in diesem Buch, dann erscheint die Rede vom therapeutischen Ort als einem "geschützten Raum" geradezu pervertiert. Denn es fragt sich, wer wird hier geschützt? Sind es die Minderheiten-KlientInnen oder sind es nicht eher die Angehörigen der Mehrheitsgesellschaft, die sich vor der Konfrontation mit sich selbst als Deutsche schützen und sich der Rechtmäßigkeit und Normalität ihrer Gefühle und Einstellungen versichern?

Wie verträgt sich dies nun aber mit dem Selbstverständnis von TherapeutInnen und BeraterInnen, die doch den anderen in erster Linie helfen wollen? Die Paradoxie des Helfens liegt aber darin, die anderen mit allen Kräften unterstützen zu wollen, zugleich aber auch danach zu streben, eigene Bedürfnisse zu befriedigen und die eigene Kompetenz zu bestätigen. Dieser Widerspruch ist im Kontext der Diskussion um die "hilflosen Helfer" wie auch im Rahmen der kritischen Analyse mütterlicher Fürsorge hinreichend debattiert worden.

Hier eine Balance zwischen Selbstinteressen und Unterstützung der anderen zu finden, wird durch die grundsätzlich asymmetrischen Strukturen, wie sie in dieser Gesellschaft zwischen Mehrheits- und Minderheitenangehörigen gegeben sind, noch zusätzlich erschwert. Oft wird der Widerspruch als solcher jedoch gar nicht bewußt, weil in der Fremdwahrnehmung schon das Eigeninteresse enthalten ist, z.B. wenn die Abweichung des anderen von den eigenen Normalitätsvorstellungen automatisch als pathologisch wahrgenommen wird. Es bedarf bewußter Anstrengung und kritischer Selbstreflexion, um den meist unbewußten Hierarchien gegen zu steuern, die auf Mentalitätstraditionen, politischen Strukturen und dem Normalismus des Alltags basieren.

Sind die TherapeutInnen und BeraterInnen Mehrheitsangehörige und die KlientInnen Minderheitenangehörige müßten sich die Professionellen mit der eigenen gesellschaftlichen Positionierung auseinandersetzen. Sie müßten sich dem Mißtrauen und der kritischen Prüfung der KlientInnen stellen und sich darüber bewußt werden, daß sie selbst meist weniger über die Problematik zwischen Mehrheiten und Minderheiten wissen, als die KlientInnen. Das stellt die eigene Professionalität in Frage. Zudem stößt man an die Grenzen des eigenen Verstehens. Mehr noch, Verstehen wird hier zuweilen zu einer imperialistischen Kategorie, zu einer Form des Besitzergreifens, die die anderen auf den eigenen Erlebnishorizont zurückschneiden möchte.

Die Problematisierung von Verstehen als einer manchmal inadäquaten, wenn nicht gar bemächtigenden Kategorie ist für die Professionellen eine narzißtische Kränkung. Ist Verstehen doch die zentrale Basis der professionellen Methodik. Diese Kränkung kann nur bearbeitet werden mit Mut zum Eingeständnis der eigenen Unkenntnis sowie der Analyse der Gegenübertragung, die fragt: Welche Empfindungen löst der/die andere bei mir aus, und was hat das mit meiner Geschichte, meinen Interessen und meinen Dominanz- und Diskriminierungserfahrungen zu tun?

Sind die Professionellen hingegen Minderheitenangehörige, so werden sie immer gegen eine Mauer des Zweifels anrennen müssen, ob sie wirklich professionell sind. Sie werden ständig unter Beweis stellen müssen, daß sie wirklich kompetent sind, genügend Wissen und Einfühlungsvermögen haben und nicht nur "Ihresgleichen" verstehen.

Erfrischend an diesem Buch ist, daß die Diskussion nicht entlang der ausgetretenen Pfade des gängigen Rassismusdiskurses verläuft, in der prototypisch "der Türke/die Türkin" – "dem Deutschen" als fremd gegenübergestellt wird. Nein, hier geht es auch um andere Minderheiten, um Juden und Jüdinnen, Sinti und Roma, Schwarze Deutsche, um Flüchtlinge, um weiße Mütter mit Schwarzen Kindern etc. Es geht auch um die Situation von Minderheitenangehörigen als Professionelle. Auch das ist eher unüblich, werden die Minderheiten doch meistens nur in ihrer Rolle als KlientInnen wahrgenommen.

Sich auf die Differenz einzulassen und die etablierten Hierarchien in Frage zu stellen, ist eine persönliche Herausforderung, und es gibt viele Gründe, wie dieses Buch auch zeigt, sie anzunehmen. Allerdings bedarf es keineswegs einer besonderen Begründung im Sinne einer moralischen Verpflichtung oder eines politischen Engagements, sondern dies ist schlicht ein Gebot psychosozialer Professionalität;

denn egal, ob der/die Professionelle auf Mehrheits- oder Minderheitenangehörigen trifft, er/sie wird sich immer mit den Auswirkungen der eigenen gesellschaftlichen Positionierung auf Inhalte und Methoden seiner Arbeit auseinandersetzen müssen. Denn wenn z.B. Mehrheitsangehörige nicht einmal merken, daß sie mit Minderheitenangehörigen arbeiten, kennzeichnet diese Unbewußtheit sie selbst als Mehrheitsangehörige.

Ich hoffe, daß dies Buch viele anregt, sich über sich selbst bewußter zu werden und daß es zum Anstoß für noch sehr viel mehr Fragen, Forschungen und Publikationen wird – denn was die Frage nach dem Umgang mit "diversity" in Beratung und Therapie anbetrifft, so stehen wir hier in Deutschland noch ziemlich am Anfang.

Birgit Rommelspacher

Wer? Wo? Wohin? – Interkulturelle Beratung und Therapie

María del Mar Castro Varela, Sylvia Schulze, Silvia Vogelmann & Anja Weiß

Stellen wir uns folgendes Szenario vor: Herr Krause (deutsch, weiß, mit protestantischer Religionszugehörigkeit) sucht eine Beratungsstelle auf, weil er therapeutische Hilfe in Anspruch nehmen möchte. Er beklagt seine Ängste in unterschiedlichen Situationen und wird von der Beratungsstelle an eine für diese Problematik erfahrene Psychotherapeutin "überwiesen". Telefonisch vereinbart er daraufhin einen Termin mit der Therapeutin Frau Weber, die ihm eine Woche später die Tür zu ihrer Praxis öffnet. Der Mann stutzt: Die ihm von der Beratungsstelle empfohlene Psychologin ist schwarz...

Sie mögen nun einwenden, daß es darum in diesem Buch wohl kaum gehen kann. Im allgemeinen wird unter Interkultureller Therapie und Beratung in unserer Gesellschaft verstanden, wenn Menschen nicht-deutscher Herkunft zu deutschen, weißen Professionellen in Therapie und Beratung gehen. Und überhaupt: Kann denn eine schwarze Therapeutin einen weißen deutschen Mann verstehen und angemessen behandeln?

Wer ist also gemeint, wenn wir von Interkultureller Therapie und Beratung sprechen, für wen und *wo* – an welchen Orten – ist Interkulturalität bedeutsam und *wohin* sollte sich eine psychosoziale Arbeit entwickeln, die den allgemeinen Bildern von "Normalität" widerspricht und der interkulturellen Realität gerecht wird?

Was verstehen wir überhaupt unter "Normalität"? Zumindest in Gedanken wird als "normal" ein eher fiktiver Idealtypus angenommen (z.B. ein mittelgroßer, grünäugiger, blond-gelockter, weißer Mann). Die Mehrheit der Bevölkerung und auch die der Professionellen scheint also davon auszugehen, daß deutsche Menschen am Aussehen und am Verhalten zu erkennen sind. Und doch leben in Deutschland seit langem Menschen unterschiedlicher Hautfarbe, kultureller, ethnischer, religiöser und sprachlicher Zugehörigkeit. Die Aufzählung macht schon deutlich, daß Identitätsentwürfe und kulturelle Differenzen vielfältig, facettenreich, wandelbar und niemals eindimensional sind. So könnte ein Klient jüdisch, schwarz und heterosexueller Orientierung sein, während seine Beraterin vielleicht türkischer Herkunft, lesbisch und christlich ist.

Unterschiedliche Identitäten und Zugehörigkeiten werden allerdings nicht in gleichem Maße anerkannt. So sind die Menschen, die in Deutschland leben, hinsichtlich der Verteilung von Bürgerrechten in eine Mehrheits- und Minderheitsgesellschaft gespalten und bestimmte gesellschaftliche Gruppen werden als nicht dazugehörig angesehen. Sie verfügen über ungleiche Machtressourcen, d.h. sie können nicht in gleichem Umfang wie die Mehrheitsgesellschaft ihre Interessen artikulieren und dadurch Einfluß auf die Definition von Gemeinwohl nehmen. Sie unterliegen der Macht der zuschreibenden Bilder: Türken sind so! Und diese Bilder machen nicht halt vor Therapie- und Beratungszimmern. Sie fließen ganz im Gegenteil in den Prozeß psychosozialer Tätigkeit ein. Sie bilden den Rahmen interkultureller Begegnung.

Die Pluralität der Gesellschaft bildet sich in der Zusammensetzung von interkulturellen Teams, in der Heterogenität der NutzerInnen und in der Allgegenwart ausgrenzender Zuschreibungen und Phantasien ab. Interkulturelle Kompetenz im engeren Sinne ist erforderlich, wenn die kulturellen Kontexte von BeraterIn und KlientIn deutlich differieren, u.U. auch dann, wenn beide unterschiedlichen Minderheiten angehören. Antirassistische Kompetenzen setzen sich mit den Folgen von Rassismus und Antisemitismus sowie der gesellschaftlichen Nichtanerkennung und dem meist eingeschränkten juristischen Status von Minderheitenangehörigen auseinander. Diese Erfahrungen und Kontexte sind für die professionelle Arbeit mit KlientInnen, aber auch für HelferInnen bedeutsam, die Minderheiten angehören.

In diesem Buch wird interkulturelle Handlungskompetenz als wesentlicher Bestandteil psychosozialer Professionalität verstanden. Sie beinhaltet sowohl die Reflexion der oben beschriebenen Differenzen als auch die Reflexion der Machtunterschiede. Auch wenn KlientIn und HelferIn sich auf ähnliche kulturelle Kontexte beziehen und der Mehrheit angehören, sollte die professionelle beraterische und psychotherapeutische Arbeit ihre Verstrickung in gesellschaftliche Machtverhältnisse berücksichtigen und deren Bedeutung für Beratung und Therapie reflektieren. Interkulturelle Handlungskompetenz bedeutet dann die Fähigkeit, sich verunsichern zu lassen und nicht an den starren und normalisierenden Phantasien über "die Anderen" festzuhalten. Dies setzt die Reflexion über die eigene Herkunft und die kulturelle Identität ebenso voraus wie die Hinterfragung der Selbstverständlichkeiten, die diese transportieren. Eines der Ziele einer so verstandenen interkulturellen psychosozialen Arbeit ist die Anerkennung der Pluralität und Vielfalt der Lebensformen sowie damit verbunden auch die Fähigkeit, unterschiedliche Zugehörigkeiten nicht als Defizite, sondern als Ressourcen wahrnehmen zu können.

Obwohl interkulturelle Themen also in jedem psychosozialen Setting eine Rolle spielen, zeigte sich bei der Fachtagung "Interkulturelle Handlungskompetenz", die im Herbst 1996 den Anstoß für dieses Buch gab, eine erhebliche Diskrepanz zwischen der Dringlichkeit des Themas in der Praxis und dem Stand der theoretischen und methodischen Auseinandersetzung unter psychosozial Tätigen, in den Therapieverbänden und Ausbildungsinstituten. In der abschließenden Podiumsdiskussion wurde deutlich, daß die Dimension des Interkulturellen in nahezu allen deutschsprachigen psychotherapeutischen Richtungen und Verbänden auf allen bedeutsamen Ebenen (Theorie, Praxis, Ausbildung, Verbandspolitik) ausgespart bleibt. Orte der Aus- und Weiterbildung stellen bisher die allgemein angenommene monokulturelle Normalität kaum in Frage und tragen dadurch dazu bei, daß bestehende Ausgrenzungspraktiken weitergetragen und gestützt werden.

Die Lücken, die in der Podiumsdiskussion deutlich wurden, decken sich mit unseren Erfahrungen, die wir täglich in unterschiedlichen Arbeits- und Ausbildungszusammenhängen machen. In der "Arbeitsgruppe gegen Rassismus und Antisemitismus in der psychosozialen Arbeit" der Deutschen Gesellschaft für Verhaltenstherapie, die u.a. die o.g. Tagung plante, versuchen wir, diese vorherrschende

Perspektive zu verlassen und die eigene Tätigkeit in ihrem gesellschaftspolitischen Kontext zu reflektieren. Dabei geht es uns nicht unbedingt darum, die "eine Antwort" auf komplexe Fragen zu finden, sondern wir wollen – im Austausch mit anderen Kolleginnen und Kollegen – unsere Arbeit als permanenten Lern- und Reflexionsprozeß verstehen.

Das vorliegende Buch ist ein Teil dieser Suchbewegungen. In erster Linie kommen Menschen zu Wort, die entweder aus der Perspektive der NutzerInnen oder aus der Perspektive der Professionellen aus der Praxis berichten. In den Texten wird eine Vielfalt an Identitäts- und Lebensentwürfen sichtbar. Sie markieren die Notwendigkeit, sich mit der Unterschiedlichkeit von Identitäten und deren Einbettung in mehrdimensionale Dominanzverhältnisse auseinanderzusetzen. Auch wenn viele Texte sich nur auf eine Identität beziehen, behandeln sie doch alle Themen, die für die Interkulturelle Therapie und Beratung insgesamt relevant sind.

Bei der Benennung der Identitäten stehen häufig nur Begriffe zur Verfügung, die die negativen Assoziationen und Vorurteile wiederholen, durch die z.B. aus ganz unterschiedlichen Gruppen erst "Zigeuner" wurden. Zum Teil übersetzten wir Texte aus anderen Traditionen, in denen "Rasse" selbstverständlich als Fachwort benutzt wird und "Schwarz" als politischer Begriff alle einschließt, die durch unterschiedliche Rassismen ausgegrenzt werden. Ethnische, kulturelle und rassistische Kategorien sind nichts Selbstverständliches, Eindeutiges oder Unveränderliches, sondern sie bezeichnen zugeschriebene und erkämpfte Identitäten, die von den AutorInnen in diesem Buch unterschiedlich definiert werden.

Interkulturelle Beratung und Therapie kann sich nicht nur auf die Interaktion zwischen NutzerInnen und HelferInnen beziehen, sondern sie muß auch an institutionellen und sozialen Orten stattfinden, die für alle gleichermaßen zugänglich sind. Herr Krause wird es leicht haben, eine Einrichtung zu finden, die unausgesprochen von denselben Vorannahmen ausgeht wie er, während Frau Weber vielleicht nicht einmal eine Arbeitsstelle findet, in der ihre Professionalität wichtiger genommen wird als ihre Hautfarbe.

Die hier angerissenen Fragen sind komplex und unsere Antworten sind Suchbewegungen. Die AutorInnen üben Kritik an der gängigen Praxis, dekonstruieren bestehende theoretische und therapeutische Zugänge und/oder kreieren ein neues (Selbst-)Verständnis der im psychosozialen Bereich tätigen Professionellen. Sie geben Hinweise dazu, wie psychosoziale Beratung und Therapie zum Wohle *aller* NutzerInnen aussehen sollte und wie sie angesichts von Dominanzverhältnissen und unterschiedlichen Zugehörigkeiten verändert bzw. entworfen werden kann. Durch ihre Erfahrungen, Anregungen und Überlegungen tragen sie zu einer Reflexion und Auseinandersetzung bei, die sich mit den (Un-)Möglichkeiten einer "anderen" – evtl. adäquateren – psychosozialen Arbeit beschäftigt.

Wir möchten uns bei allen Autorinnen und Autoren für die produktive Zusammenarbeit bedanken. Katrin Brockmann, Erdmute Otto und Michaela Reinig danken wir für kritisches Lektorieren, Alice Leal für die Umschlaggestaltung, dem Berghof Forschungszentrum für konstruktive Konfliktforschung für die Infrastruktur und dem Verlag der DGVT für die Übernahme redaktioneller Aufgaben.

Berlin, Juli 1998   Die Herausgeberinnen

Wer? Zum Verhältnis zwischen Professionellen und NutzerInnen

"Rasse", Ethnizität und psychologische Prozesse

Ann Phoenix

Einleitung

In den meisten westlichen Gesellschaften leben schon lange unterschiedliche ethnische Gruppen oder "Rassen".[1] Zugleich läßt sich demographisch, soziologisch und ökonomisch zeigen, daß "Rasse" und Ethnizität bedeutsam dafür sind, welche gesellschaftliche Position ein Mensch einnimmt und welche Lebenschancen ihm oder ihr zugestanden werden (Brown, 1984; Phinney, 1990; Spencer & Markstrom-Adams, 1990). Schwarze und andere Minderheitenangehörige sind auf allen Ebenen der Gesellschaft rassistischen und ethnischen Diskriminierungen ausgesetzt (Skellington with Morris, 1992). Das schließt Diskriminierungen in psychologischen und psychiatrischen Einrichtungen ein (Littlewood & Lipsedge, 1982; Fernando, 1991; Kareem & Littlewood, 1992; Greenslade, 1993). Dadurch rückten Fragestellungen, die mit "Rasse" und Ethnizität zusammenhängen, auf die Tagesordnung vieler psychologischer und sozialer Institutionen und Gesundheitseinrichtungen. Es ist nicht leicht zu erreichen – das zeigte sich dabei –, daß solche Einrichtungen gegen Unterdrückung vorgehen und die Reproduktion von rassistischen und ethnisch diskriminierenden Praktiken vermeiden. Für PraktikerInnen in den entsprechenden Berufen stellen sich drei Hauptfragen:

- Wie können Rassifizierungs- und Ethnisierungsprozesse und ihre Bedeutung für Identitäten am besten verstanden werden?
- Welchen Einfluß haben "Rasse" und Ethnizität auf die Beziehung zwischen KlientIn und TherapeutIn sowie auf den therapeutischen Prozeß?
- Wie können PraktikerInnen sicherstellen, daß Einrichtungen tatsächlich "benutzerInfreundlich" sind und gegen Unterdrückung vorgehen?

---

[1] Die im Englischen gebräuchlichen Begriffe "race" und "racial" wecken nicht die gleichen Assoziationen wie "Rasse" und "rassisch" im Deutschen. In der Übersetzung werden Anführungszeichen gesetzt, wenn diese Begriffe im Originaltext vorkommen. Sowohl im Deutschen wie im Englischen bezeichnet "Rasse" kein biologisches Merkmal, sondern die politisch-gesellschaftliche Konstruktion von Menschen als verschieden gemäß biologistischen Kriterien, also die Rassifizierung von Menschen und deren Identitäten. So versteht Ann Phoenix unter "schwarzen" Jugendlichen junge Menschen mit afrikanischer und asiatischer Herkunft. Für "mixed-parentage" im Original haben wir die etwas längere Übersetzung "Jugendliche mit einem schwarzen und einem weißen Elternteil" gewählt, weil es im Deutschen keinen vergleichbaren Begriff gibt (Anmerkung der ÜbersetzerInnen).

Diese Fragen dienen als Leitfaden für den folgenden Beitrag.

Der erste Teil des Artikels untersucht den Einfluß von ethnischen und durch "Rasse" geprägten Identitäten bei Kindern und Jugendlichen anhand von Forschungsergebnissen aus einer Studie über die sozialen Identitäten von jungen LondonerInnen. Ein besonderes Augenmerk liegt darauf, wie Kinder mit einem schwarzen und einem weißen Elternteil über sich selber denken. Ebenso werden die rassifizierten, d.h. die durch "Rassen"- und Ethnizitätskonstruktionen geprägten Identitäten von weißen Jugendlichen diskutiert. Da die Kinder der weißen Mehrheit im allgemeinen keinem Rassismus ausgesetzt sind, wird manchmal vergessen, daß auch sie rassifiziert sind. Dennoch ist seit den frühesten Studien über "Rasse" in der Kindheit offensichtlich, daß sich weiße Kinder aus der weißen Mehrheit bis zu einem bestimmten Grad der Machtbeziehungen, die in den nördlichen Gesellschaften mit Ethnizität verbunden sind, und ihrer Stellung in der "Rassenhierarchie" bewußt sind (Clark & Clark, 1939, 1947; Carrington & Short, 1995; Holmes, 1995).

Der zweite Teil des Textes behandelt den Einfluß von "Rasse" und Ethnizität auf die Beziehungen zwischen KlientInnen und psychosozial Tätigen. Es werden die Einflußmöglichkeiten diskutiert, die die klinische Praxis und klinische Institutionen auf Minderheitenangehörige haben, sowie die Frage, wie eine Verbesserung der Versorgung erreicht werden kann.

Die Hauptthese dieses Artikels ist, daß sogar für Kinder und Jugendliche "Rasse" und Ethnizität Bestandteile des Alltagslebens sind. Von daher sind sie auch Bestandteile der KlientIn-HelferIn-Beziehung (wenn auch manchmal nur implizit). Es existiert aber keine einzelne, korrekte und einfache Art und Weise, wie mit Fragen von Diskriminierung, "Rasse" und Ethnizität in der Praxis umgegangen werden kann. Dennoch ist zu erwarten, daß diejenigen Einrichtungen, die sich mit der Komplexität von Strategien gegen Unterdrückung auseinandersetzen, auch diejenigen sind, die sich selbst kritisch prüfen und hinterfragen und deshalb wahrscheinlich auch gute Arbeit leisten.

Ethnizität im Leben von Kindern und Jugendlichen

Menschen, die mit Kindern arbeiten, vertreten häufig die Ansicht, daß kleine Kinder zu unbedarft seien, um Farbunterschiede zu bemerken und daß sie daher "farbenblind" seien. Forschungen in Großbritannien, den USA und Kanada über Kinder, "Rasse" und Ethnizität zeigen jedoch, daß "Rasse" und Ethnizität für Kinder ab zwei oder drei Jahren bereits bedeutsam sind. Die durch diese Untersuchungen gezeichnete Entwicklungslinie zeigt ein klares Bewußtsein von Hautfarbe und Ethnizität in den frühen Schuljahren, das in der Mittelstufe zunimmt (Milner, 1983; Boulton & Smith, 1992) und sich in der Oberstufe fortsetzt (Griffin, 1985; Mac an Ghaill, 1988; Macdonald et al., 1989; Tizard & Phoenix, 1993).

Rassismus und Ethnizität haben sowohl Auswirkungen auf die Art und Weise, wie Kinder sich selbst und andere definieren, als auch darauf, wie sie mit Menschen anderer Hautfarben und Ethnizitäten umgehen bzw. wie sie selbst behandelt werden (Ogilvy et al., 1990, 1992; Sonuga-Barke et al., 1993; Wright, 1992). Es ist nicht überraschend, daß in Großbritannien und anderen nördlichen Staaten schwarze Kinder (sowohl mit afrokaribischem als auch asiatischem Hintergrund), Kinder mit einem schwarzen und einem weißen Elternteil sowie Kinder aus weißen Minderheitengruppen (zum Beispiel Türken, Juden, Roma, Sinti, und Iren) Opfer von rassistischer Diskriminierung und "Ethnisierung" sind (Milner, 1983; Wilson, 1987; Carrington & Short, 1989; Tizard & Phoenix, 1993). Muslime (unabhängig von ihrer Herkunft aus allen Teilen der Welt) werden seit einigen Jahren vermehrt als die "absolut anderen" konstruiert und behandelt (Brah, 1992; Yuval-Davis, 1994).

Eine Studie über die sozialen Identitäten junger Menschen

Dieser Abschnitt bezieht sich auf Datenmaterial aus einer Studie von Barbara Tizard und Ann Phoenix über die rassifizierten, d.h. durch "Rassen"- und Ethnizitäts-konstruktionen geprägten Identitäten von 58 Jugendlichen mit einem schwarzen und einem weißen Elternteil, 89 schwarzen und 101 weißen Londoner Jugendlichen im Alter von 14 bis 18 Jahren. In der Untersuchungsgruppe waren 152 junge Frauen und 96 junge Männer. Angehörige der Mittelschicht waren überrepräsentiert: Gemessen an der beruflichen Stellung des Vaters kamen 50% der gesamten Gruppe und 63% der Jugendlichen mit einem schwarzen und einem weißen Elternteil aus der Mittelschicht. Diese Prozentzahl steigt, wenn die berufliche Stellung der Mutter verwendet wird, auf 66% für die gesamte Gruppe und 70% für die Jugendlichen mit gemischten Elternpaaren. (Für eine ausführliche Darstellung siehe Tizard & Phoenix, 1993.)

Ziel der Untersuchung, die hier als "Studie zu Sozialen Identitäten" bezeichnet wird, war es, die Identitäten von nicht adoptierten, nicht klinisch auffälligen Jugendlichen gut zu verstehen, um so zu der Debatte über rassifizierte Identitäten und "rassenübergreifende" Adoptionen beitragen zu können. (Meistens handelt es sich dabei um die Adoption eines schwarzen Kindes, eines Kindes mit einem schwarzen und einem weißen Elternteil oder eines Kindes, das aus einer anderen Minderheit stammt, durch weiße Eltern aus der ethnischen Mehrheit.) Um nicht von vornherein zu entscheiden, ob "Rassenidentitäten" zwangsläufig verschieden von anderen sozialen oder persönlichen Identitäten sind, untersuchte die Studie zusätzlich zum Faktor "Rasse" auch die Einflußgrößen Geschlecht, soziale Klasse und persönliche Identitäten. Da aber die "rassenübergreifende" Adoption der Ausgangspunkt der Studie war, wurde Fragen zu "Rasse" mehr Aufmerksamkeit eingeräumt.

Wandel der Konzepte: von "Rassenmischung" zu "Jugendlichen mit einem schwarzen und einem weißen Elternteil"

Die Diskussion über Kinder, die ein schwarzes und ein weißes Elternteil haben, hat sich in den letzten Jahren deutlich verschoben. Zugleich stieg das Interesse am Thema. Diese Veränderung ist zu einem gewissen Grad darauf zurückzuführen, daß es in Großbritannien, in den USA und (in geringerem Ausmaß) in anderen nördlichen Ländern einen bemerkenswerten Anstieg von Kindern mit einem schwarzen und einem weißen Elternteil zu verzeichnen gibt (Phoenix & Owen, 1996; Root, 1992, 1996; Opitz et al., 1992).

In einer in den USA veröffentlichten Arbeit führte Park (1928) die Vorstellung von Marginalität ein. Das Konzept bezog sich nicht ausschließlich auf Kinder mit einem schwarzen und einem weißen Elternteil. Letztere wurden im Rahmen dieses Ansatzes jedoch entweder als völlig hybrid oder als "marginale Identitäten" konzeptualisiert. Entweder man nahm an, daß sie als Hybride davon profitieren könnten, daß sie in die sozialen Gruppen beider Eltern passten (Park, 1931) oder man ging davon aus, daß sie aufgrund ihrer "marginalen Identitäten" wahrscheinlich leiden würden, da sie weder in die schwarze noch in die weiße Gruppe passten (Stonequist, 1937). Die wenigen neuen Untersuchungen auf diesem Gebiet zeigen, daß "gemischt-rassische" oder "birassische" Identitäten entstehen, so daß die Identitäten, die die Kinder annehmen, sowohl ihr schwarzes als auch ihr weißes Elternteil widerspiegeln. Dies bedeutet nicht, daß ihr Selbstverständnis in jeder Situation gleich ist oder daß sich einige nicht selbst als schwarz oder weiß verstehen; aber es bedeutet, daß sie eher eine "gemischt-rassische" oder "birassische" Identität annehmen als irgendeine andere Identität. Wilson (1987) stellte dies bei sechs- bis neunjährigen Kindern in Großbritannien fest, Gibbs und Hines (1992) berichteten dies über 13jährige in den USA. Diese Studien liefern völlig andere Ergebnisse als die klinischen Studien mit niedriger Fallzahl, die bei Kindern mit einem schwarzen und einem weißen Elternteil von eher problematischen, "marginalen" Identitäten berichten (z.B. Banks, 1992).

Neben der Veränderung in der Art und Weise, wie Kinder aus schwarz-weißen Partnerschaften über sich denken, gab es eine Veränderung in der Terminologie. Die abwertenden Begriffe *Mischling (half-caste)* und *Mulatte* haben an Rückhalt verloren; favorisiert werden *mixed-race* in Großbritannien und *bi-racial* in den USA (Root, 1992, 1996). In Deutschland bevorzugt May Opitz (1992) *Afro-Deutsche* als einen neuen Begriff, der Deutsche mit einem schwarzen und einem weißen Elternteil und schwarze Deutsche umfaßt, wobei sich "schwarz" auf afrikanische Herkunft bezieht. In den USA, wo *Afro-American* ersetzt wurde durch *African American,* ist der jetzt weitverbreitete Gebrauch des Begriffs *bi-racial* üblich, um Kinder mit einem schwarzen und einem weißen Elternteil (*mixed-parentage*) zu bezeichnen. In Großbritannien ist Small (1986) dafür eingetreten, den Begriff *mixed-race* abzuschaffen, weil dieser Begriff akzeptiert, daß es "Rassen" gibt und darüber hinaus Schwarz-Sein verleugnet. Er befürwortet den Begriff *mixed-parentage,* wenn "schwarz" nicht ausreicht. Vieles an der Begrifflichkeit von "Rasse" ist nicht zufriedenstellend, und aus diesem Grund wird sie sich wahrscheinlich weiter wandeln. Dennoch dauert es lange, bis Veränderungen aus der akademischen Arbeit in den populären Gebrauch eingegangen sind. Die interviewten Jugendlichen gebrauchten selten den Ausdruck *mixed-parentage. Mischling (half-caste)* war immer noch allgemein gebräuchlich, und einige Jugendliche weigerten sich, die Begriffe zu gebrauchen, die die Erwachsenen bevorzugten.

Identitäten von Jugendlichen mit einem schwarzen und einem weißen Elternteil

Wenn man die rassifizierten, d.h. die durch "Rassen"- und Ethnizitätskonstruktionen geprägten Identitäten von Jugendlichen mit einem schwarzen und einem weißen Elternteil verstehen will, ist es wichtig, die Bandbreite von verschiedenen Selbstverständnissen bei diesen jungen Leuten zu dokumentieren. Viele der Jugendlichen in der "Studie zu Sozialen Identitäten" wurden auf eine widersprüchliche Art und Weise behandelt: auf der einen Seite, als ob sie auf jeden Fall schwarz seien, und auf der anderen Seite, als ob sie weder schwarz noch weiß seien. Viele der Jugendlichen nutzten ihre Erfahrungen, um ein komplexes Verständnis von rassifizierten Identitäten aufzubauen. Dabei verwendeten sie Begriffe für Hautfarbe flexibel und veränderten ihre Identifikationen im Laufe der Zeit und von Kontext zu Kontext. Dies führte dazu, daß einige sich weigerten, diejenigen Begriffe zu benutzen, die ihnen von Erwachsenen aus ihrem Umfeld als Selbstbeschreibung nahegelegt wurden.

Einige Jugendliche mit einem schwarzen und einem weißen Elternteil berichteten, daß sie in ihrer Kindheit erkennen mußten, daß andere Leute es schwer akzeptieren konnten, daß sie ein weißes Elternteil haben:

... Dauernd haben die Leute gesagt, daß ich adoptiert sein muß, da meine Mutter weiß war und lauter so' n Zeug ... Es war wirklich schrecklich ...

Diese zögerliche Anerkennung dafür, daß Kinder aus schwarz-weißen Partnerschaften leibliche Kinder ihrer Mütter sein können, ist keine Folge des Rassismus. Holmes (1995) fand in ihrer Untersuchung über die Wahrnehmung von "Rasse" bei jungen Kindern, daß Kindergartenkinder in den USA generell glauben, Kinder müßten die gleiche Hautfarbe haben wie ihre Eltern – wenn sie nicht adoptiert sind. Was auch immer der Grund dafür sein mag: Da bei den Jugendlichen mit einem schwarzen und einem weißen Elternteil in unserer Studie meistens die Mütter weiß waren, war die oben beschriebene mangelnde Anerkennung ihrer Mütter für sie eine Art, wie sie lernten, daß sie für schwarz und nicht für weiß gehalten werden.

Jugendliche mit einem schwarzen und einem weißen Elternteil waren manchmal überrascht, daß Leute sie für ausschließlich schwarz hielten. Die folgende Schilderung eines Mädchens, das auf eine beinahe ausschließlich von Weißen besuchte Privatschule geht, macht dies schmerzlich bewußt. In ihrem Fall war eine enge Freundin unfähig, sich vorzustellen, daß Menschen mit einem schwarzen und einem weißen Elternteil irgendeine Gemeinsamkeit mit weißen Menschen des gleichen Geschlechts haben könnten, und verglich ihre Freundin statt dessen mit einem schwarzen Mann.

I: Hast Du jemals mit deinen Freunden über Rassismus geredet?
A: Hm, ich muß gestehen, daß dies eigentlich kein Thema ist, über das ich häufig mit meinen Freunden rede. Es beschäftigt sie nicht wirklich. Oder vielleicht doch. Ich meine, es gibt alle Arten von – Sie wissen schon, so Diskussionen. Sie wissen ... es sind Arten von ... Sie wissen schon – sie finden Rassismus alle wirklich entsetzlich, aber – ich erinnere mich an einen Streit ... hm ... ich war wirklich wütend über meine beste Freundin, die jetzt nicht

mehr wirklich meine beste Freundin ist. Aber sie sagte, hm ... Ich sagte: "Was glaubst Du, wem ich in der Schule am ähnlichsten sehe? Welchen Lehrer würdest Du sagen?" Und sie sagte: "Hm ... Mr.- - -." Er ist der einzige schwarze Lehrer an unserer Schule. Und ich sagte: "Mr.- - -?" Und sie sagte: "Na klar, Du bist doch schwarz!" Und ... ich sagte: "Ich weiß, aber ich – das heißt doch nicht, daß ich unbedingt wie er aussehe." Und wir hatten diesen schrecklichen Streit über diese Sache. Naja, nicht wirklich. Er war nicht lang. Er dauerte vielleicht 20 oder 30 Sekunden. Sie dachte offensichtlich, ich würde grob überreagieren, aber ich war extrem verletzt, weil es zeigt ... es zeigt einfach die zugrundeliegenden Werte, die die Leute wirklich haben, und ich ... dachte darüber nach. Es hat mich wirklich verletzt, und ich habe lange darüber nachgedacht, und ich dachte – naja, ich meine, ich bin halb weiß, wissen Sie, das heißt, daß ich jemand Weißem in der Schule genauso ähnlich sehen sollte wie jemand Schwarzem, aber niemand sonst will das so sehen. Und vielleicht ist es das, was die Leute wirklich denken, wissen Sie.

Das obige Beispiel zeigt deutlich das Zusammenspiel von "Rasse" mit sozialer Klasse und Schule. Die junge Frau besuchte eine teure Schule und sah daher kaum jemand anderes als die Angehörigen der weißen Mehrheit, und die weißen Mädchen, die die Schule besuchten, hatten wenig Kontakt mit Menschen aus ethnischen Minderheiten. Von daher mußte ihre Freundin sich auch kaum mit Fragen von "Rasse" und Ethnizität auseinandersetzen. Gleichzeitig hatte die Befragte niemanden, mit dem oder der sie solche Probleme aus einer "Insider"-Perspektive heraus gut diskutieren konnte.

Die meisten Jugendlichen mit einem schwarzen und einem weißen Elternteil haben in der "Studie zu Sozialen Identitäten" berichtet, daß sie rassistische Diskriminierung erlebt hatten. Dies war auch bei den schwarzen Jugendlichen in der Untersuchung der Fall. Aber die Argumentation, daß Kinder mit einem schwarzen und einem weißen Elternteil sich selbst als schwarz akzeptieren müssen und auch notwendigerweise als Schwarze behandelt werden, leugnet die Tatsache, daß viele Kinder und Jugendliche mit einem schwarzen und einem weißen Elternteil spezifische, auf ihre gemischte Herkunft gemünzte Diskriminierung erleben. Viele berichteten, daß sie mit Schimpfwörtern wie "peanut", "yellow-belly", "Halbblut" oder "Rothaut", die für schwarze Kinder nicht benutzt werden, beschimpft wurden (aber auch mit rassistischen Schimpfwörtern, über die schwarze Kinder berichteten). Darüber hinaus teilten 20% von ihnen mit, daß sowohl Schwarze als auch Weiße ihnen gegenüber rassistische Schimpfwörter gebrauchten. Dies führte dazu, daß eine kleine Minderheit der Jugendlichen mit einem schwarzen und einem weißen Elternteil sich ihres "Andersseins" bewußt blieben, egal, ob sie mit Weißen oder mit Schwarzen zusammen waren.

"Sowohl – als auch" oder "Entweder – oder"? Plurale Identitäten in der Praxis

In der Literatur über Kinder mit einem schwarzen und einem weißen Elternteil wird zunehmend dafür plädiert, daß sie die Möglichkeit haben sollten, ihre Identitäten in bezug auf "Rasse" so auszudrücken, wie es ihnen entspricht. In den USA werden solche Identitäten verstärkt in den akademischen Arbeiten von Menschen dargestellt, die selbst einen schwarzen und einen weißen Elternteil haben. Z.B. werden in der Aufsatzsammlung von Root (1996) vier Möglichkeiten beschrieben, wie die "Grenzen" zwischen den "Rassen" wahrgenommen, verhandelt und rekonstruiert werden können:

1. Mit beiden Beinen in beiden Lagern stehen (im Gegensatz zu "zwischen den Kulturen" stehen).
2. Ethnizität und "Rasse" situationsabhängig praktizieren, d.h. die Identifikationen ändern, wenn der Kontext sich ändert.
3. Bewußt eine "Grenzidentität" annehmen.
4. Sich selbst für längere Zeit auf eine Seite stellen.

Was denken nun die Jugendlichen in der Studie über ihre Identität als Jugendliche mit einem schwarzen und einem weißen Elternteil?

Vielen Jugendlichen war klar, daß die meisten Menschen erwarten, daß sie sich als schwarz wahrnehmen. Aus einer Vielzahl von unterschiedlichen Gründen folgten einige dieser Erwartung, während andere dies nicht taten. Bei der Mehrheit der Jugendlichen in dieser Studie kam Roots "beide Beine in beiden Lagern haben" der Realität am nächsten.

Es war nicht unüblich, daß die Jugendlichen erklärten, daß sie sich selbst zu unterschiedlichen Zeiten und in unterschiedlichen Kontexten auf unterschiedliche Weise verstehen würden. Dadurch schienen sie über eine Pluralität von flexiblen Möglichkeiten zu verfügen, durch die sie ihre rassifizierte Identität individuell ausdrücken konnten. Anscheinend akzeptierten einige in ihrer Darstellung von Identität den Dualismus, der "schwarz" und "weiß" als gegensätzliche Kategorien behandelt, während andere ihn ablehnten. Die Jugendlichen, die den Schwarz-Weiß-Dualismus ablehnten, neigten zu der Feststellung, daß sie "gemischt" seien und auf keine andere Weise von sich selbst denken könnten. Tatsächlich hielt es die Mehrheit der Jugendlichen mit einem schwarzen und einem weißen Elternteil für wichtig, das Erbe beider Eltern anzuerkennen, und sie versuchten – zumindest manchmal – sich selbst als "weder schwarz noch weiß" zu verstehen, sondern als in beiden Traditionen verwurzelt.

Die Identität von Jugendlichen und die Art und Weise, wie sie sich selbst beschreiben, waren nicht einfach das Resultat von Vorschriften seitens ihrer Eltern oder von anderen. Es war offensichtlich, daß Jugendliche unerwünschte Ratschläge ablehnten, indem sie entweder einfach nicht zuhörten oder weiterhin die Begriffe verwendeten, die sie gewählt hatten. Jugendliche mit einem schwarzen und einem weißen Elternteil scheinen also eine neue Identität für sich selbst zu erfinden.

Die Rassifizierung weißer Kinder

Es gibt zunehmend Untersuchungen, die zeigen, wie weiße Jugendliche rassifiziert, d.h. durch "Rassen"- und Ethnizitätskonstruktionen geprägt werden, und daß dies in anderer Art und Weise als bei schwarzen Jugendlichen oder bei Jugendlichen mit einem schwarzen und einem weißen Elternteil geschieht. Troyna und Hatcher (1992) führten beispielsweise ein Interviewprojekt an drei hauptsächlich weißen

Grundschulen durch und untersuchten, inwiefern Rassismus ein Bestandteil des Lebens weißer Kinder ist und auf welche Weise "Rasse" in ihren sozialen Beziehungen auftritt. Nach Troyna und Hatcher benutzen die Kinder sowohl "heiße" (strategische) als auch "kalte" (nicht-strategische) Interaktionsstrategien. So sind Kinder manchmal bemüht, rassistische Inhalte in ihr Gespräch aufzunehmen mit dem Ziel, absichtlich zu verletzen und auf diese Weise die Nase vorn zu haben. Dieses "heiße" Beschimpfen geschieht unabhängig davon, ob die Kinder rassistischen oder aktiv nicht-rassistischen Ideologien anhängen. In einer ethnographischen Untersuchung über zwei Jugendclubs fand auch Back (1991), daß einige junge Männer rassistische Schimpfwörter in Situationen benutzten, in denen sie als Abschluß von "Duellspielen" dienten, und bei denen sie behaupteten, daß es nichts bedeute, da es nur aus Spaß geschehe. Ein Ergebnis, das mit denen aus der hier dargestellten Interviewstudie über junge Londoner übereinstimmt.

Es ist eine schwierige Frage, ob und in welcher Form die Diskurse von Kindern und Jugendlichen über "Rasse" bzw. die Einstellungen, die seitens der Fachleute hineingedeutet werden, Einfluß auf das tatsächliche Verhalten junger Leute haben. Billig et al. (1988) zeigen anhand der folgenden Beobachtung sowohl, wie komplex und widersprüchlich "Rasse" und Rassismus die Beziehungen von Kindern und Jugendlichen beeinflussen, als auch einige der Gründe, warum es unbefriedigend ist, Leute einfach als rassistisch zu bezeichnen:

Sofort nach dem Interview, das in der Schule geführt wurde, wurde dieser junge Anhänger einer rassistischen Partei, der dafür plädierte, daß alle von "denen" "unser Land" verlassen müssen, Arm in Arm mit einem jungen asiatischen Mädchen gesehen, plaudernd und lachend, in unkomplizierter Freundschaft (Billig et al., 1988, S.106).

Untersuchungen über "Rasse", Rassismus, Ethnizität und Identität haben sich, historisch gesehen, hauptsächlich auf Schwarze und Angehörige anderer Minderheiten konzentriert. Im letzten Jahrzehnt wurde jedoch (angeregt durch die Diskussion in der feministischen Forschung) verstärkt anerkannt, daß "Weiß-Sein" genauso wie "Schwarz-Sein" eine soziale Konstruktion ist. Als solche hatte sie immer eine zentrale Stellung für den Kontext, in dem Schwarze und andere Minderheiten rassifiziert wurden (Hall, 1992; Ware, 1992). Die fehlende Thematisierung von "Weiß-Sein", gekoppelt mit der impliziten Konstruktion von Weißen als "der Norm" (Phoenix, 1987) diente dazu, die privilegierte Position von "Weiß-Sein" zu erhalten und zugleich zu verbergen, wie "Weiß-Sein" in Machtbeziehungen implizit enthalten ist (Wong, 1994; Trepagnier, 1994).

Diejenigen, die zu der anwachsenden Literatur über "Weiß-Sein" beigetragen haben, sind sich grundsätzlich einig, daß "Rasse", Rassismus und Ethnizität Bestandteile des Lebens von Weißen sind (Frankenberg, 1993a, 1993b). Versuche, Rassismus zu verstehen, fordern daher Aufmerksamkeit sowohl für die Erfahrungen der weißen Mehrheit als auch für die Erfahrungen von Schwarzen und anderen Minderheitenangehörigen (Back, 1993; hooks, 1992; Troyna & Hatcher, 1992; Wetherell & Potter, 1992; Van Dijk, 1987, 1993). Vielleicht hat auch die mangelnde Thematisierung von "Weiß-Sein" im Vergleich zu den zahlreichen Untersuchungen über "Schwarz-Sein" dazu beigetragen, daß "Weiß-Sein" als Identität "stiller" und daher weniger greifbar ist als "schwarze Identität".

Die Bedeutsamkeit von Weiß-Sein

Es ist kaum überraschend, daß in der "Studie zu Sozialen Identitäten" die weißen Jugendlichen seltener als die schwarzen bzw. die Jugendlichen mit einem schwarzen und einem weißen Elternteil angaben, sich je ihrer Hautfarbe bewußt gewesen zu sein. Während die Jugendlichen mit einem schwarzen und einem weißen Elternteil sowie schwarze Jugendliche im allgemeinen berichteten, daß sie sich ihrer Hautfarbe bewußt seien, sagte über die Hälfte der weißen Jugendlichen (55%), daß ihnen ihre Hautfarbe fast nie zu Bewußtsein gekommen sei. Die untenstehenden Beispiele illustrieren dies.

I: Ist die Tatsache, daß Du weiß bist, Dir fast immer bewußt, oder denkst Du niemals daran, oder nur zu bestimmten Zeiten?
A: Vielleicht habe ich gelegentlich daran gedacht, aber es ist nichts, über das ich viel nachdenke. (Weiße junge Frau)
A: Sehr, sehr selten. (Weiße junge Frau)
A: Nein, ich denke nicht wirklich darüber nach, welche Hautfarbe ich habe. (Weißer junger Mann)
A: Ich denke nicht darüber nach, außer wenn ich darüber rede. (Weißer junger Mann)

Erfreut darüber und stolz darauf, weiß zu sein?

Vergleichsweise wenige weiße Jugendliche sagten, daß sie eindeutig erfreut über ihre Hautfarbe seien (60% im Vergleich zu 81% der Jugendlichen mit einem schwarzen und einem weißen Elternteil sowie 95% der schwarzen Jugendlichen) oder daß sie stolz darauf seien (34% im Vergleich mit 77% der Jugendlichen mit einem schwarzen und einem weißen Elternteil und 92% der schwarzen Jugendlichen). Weiße Jugendliche behaupteten viel eher als Jugendliche aus den beiden anderen Gruppen, daß sie die Hautfarbe als irrelevant einschätzten und stolz auf sich als Individuen seien.

Die meisten weißen Jugendlichen, die berichteten, daß sie keine Freude oder keinen Stolz über ihre Hautfarbe empfinden würden, äußerten sich in einer Form, die darauf hindeutet, daß es ungerechtfertigt ist, Freude oder Stolz über ein Merkmal zu empfinden, das man nicht beeinflussen kann. Ihre Schilderungen zeigten hauptsächlich, daß sie zufrieden darüber sind, sie selbst zu sein, und daß sie durchgängig die Bedeutung von Hautfarbe herunterspielen. Auf den ersten Blick paßt das Antwortmuster der weißen Jugendlichen in die Gleichheitsideologie, für die die meisten Jugendlichen in der Studie im allgemeinen eintreten:

I: Gut. Und insgesamt gesehen, bist Du erfreut, weiß zu sein?
A: Nicht erfreut. Ich würde nicht sagen "erfreut". Ich bin zufrieden, weiß zu sein, aber hm, ich glaube nicht, daß ich unerfreut wäre, wenn ich schwarz oder weiß wäre (lacht), ja.
I: Gut. Bist Du stolz darauf, weiß zu sein?
A: Nein. Ich denke, es ist nichts, auf das man stolz sein kann, weil es Deine Hautfarbe ist. (Weiße junge Frau)
I: Insgesamt gesehen, bist Du erfreut, weiß zu sein?
A: Glaube nicht, daß es mich beschäftigt, denke wirklich nicht viel daran.

I: Würdest Du sagen, daß Du stolz darauf bist, weiß zu sein?
A: Glaube nicht, daß man wirklich stolz sein kann auf etwas wie Hautfarbe; stolz darauf, ich selbst zu sein, aber nicht stolz, weiß zu sein. (Weiße junge Frau)

Wahrnehmung von Differenz

Folgen wir diesen Schilderungen, so scheint Weiß-Sein keinen Bestandteil der Identität von weißen Jugendlichen darzustellen. Wenn ihnen direkt die Fragen gestellt werden, die schwarzen Jugendlichen und Jugendlichen mit einem schwarzen und einem weißen Elternteil häufig in Untersuchungen über rassifizierte Identitäten gestellt werden, sagen die meisten, daß sie – insofern sie zufrieden damit sind, weiß zu sein – dies deswegen seien, weil sie damit zufrieden seien, sie selbst zu sein. Sie vertreten die Ansicht, daß Hautfarbe ihnen egal sei und sie daher wenig darüber nachdenken würden. Doch obwohl Weiß-Sein für die interviewten jungen LondonerInnen ein verschwiegener bzw. nicht stattfindender Diskurs war, wurden sie als Weiße gesellschaftlich positioniert, und sie nahmen diese Position auch selbst ein. Weiß-Sein war ein impliziter Bestandteil ihrer Identitäten insofern, als daß viele sich als von Schwarzen verschieden einschätzten. Dies kam nicht zum Vorschein, wenn sie zu ihren individuellen Gefühlen zum Weiß-Sein befragt wurden, sondern wenn sie gefragt wurden, unter welchen Umständen ihnen ihre Hautfarbe bewußt wurde (falls sie ihnen jemals bewußt wurde); welche Gefühle sie gegenüber Schwarzen insgesamt haben; ob sie glauben, daß ihr Leben anders wäre, wenn sie nicht weiß wären; und wenn sie über Rassismus befragt wurden. Die Antworten, die viele auf solche Fragen gaben, widersprachen sowohl den Gleichheitsideologien als auch dem Individualismus ihrer vorherigen Darstellung. Denn wenn sie über Schwarze insgesamt sprachen, lieferten sie überwiegend essentialistische Erzählungen, d.h. sie behandelten alle Schwarzen, als ob sie gleich wären und sich zwangsläufig auf eine bestimmte Art und Weise verhalten würden, weil sie schwarz sind. Diese Sichtweise kam teilweise dadurch zustande, daß sich nur wenige weiße Jugendliche außerhalb der Schule mit Schwarzen trafen. Diese Art der informellen Segregation unterstützt die Fortdauer stereotyper Ansichten.

Die soziale Konstruktion von Schwarzen zeichnet sich dadurch aus, daß viele Stereotype, die den jungen Schwarzen mit afrokaribischem Hintergrund zugeschrieben werden, geschlechtsspezifisch sind. Die Inhalte der Stereotype sind hauptsächlich auf Gewalt und Gesetzlosigkeit bezogen und werden meistens eher auf junge schwarze Männer als auf junge schwarze Frauen angewandt. Diese Stereotype werden von vielen Jugendlichen (aller Hautfarben) in spontanen Diskursen über Schwarze reproduziert. In den folgenden Transkripten schildern die Jugendlichen Schwarze und "Farbige" im allgemeinen als gewalttätig oder bedrohlich oder als fälschlicherweise so angesehen. Tatsächlich beziehen sie sich dabei aber auf junge schwarze Männer.

I: Was denkst Du über Schwarze im allgemeinen?
A: In gewisser Weise tun sie (Schwarze) mir leid wegen der Art, wie sie behandelt werden, aber in anderer Hinsicht auch nicht. Z.B. hörst Du manchmal darüber, daß viele Schwarze Streit anfangen und so ... (Weißer junger Mann)

I: Hast Du jemals irgend etwas wegen Deiner Hautfarbe nicht gemacht, das Du tun wolltest?
A: ... Es gibt Gegenden, die ich vermeiden würde, weil ich weiß, daß dort Schwarze sind ... und viele meiner Freunde hatten schlechte Erfahrungen mit solchen Leuten. Die haben Messer und solche Dinge ... Sie werden auch Weiße treffen, die genauso sind ... Ich glaube nicht, daß es vor allem aufgrund der Hautfarbe ist. (Weiße junge Frau)

Weiß-Sein als soziale Beziehung

Obwohl sie behaupteten, daß Hautfarbe für sie weitgehend irrelevant sei, nahmen viele der weißen Jugendlichen Weiß-Sein als soziale Beziehung wahr, und zwar über die Angst vor Schwarzen auf der Straße. Dadurch, daß sie rassistische Stereotype von Schwarzen als gefährlich und angsteinflößend weitertrugen, ließen ihre Diskurse an rassistische Unterscheidungen zwischen Weißen und Schwarzen denken. Das heißt, auch wenn sie sich nicht notwendigerweise bewußt als weiß wahrnehmen, erlebten sie doch rassifizierte soziale Beziehungen, die auf dem Unterschied zwischen ihrem Weiß-Sein und dem Schwarz-Sein anderer beruhen.

Eine weitere Weise, in der viele der interviewten weißen Jugendlichen ihr Weiß-Sein als soziale Beziehung erfuhren, lag in der Erkenntnis, daß Weiß-Sein ihnen einige Vorteile beschert. Einer der Gründe, warum einige sagten, daß sie zufrieden seien, weiß zu sein, war eben, weil sie diesen Umstand anerkannten. Sie sahen Weiß-Sein also in der sozialen Beziehung zu Schwarz-Sein.

I: Insgesamt gesehen, bist Du erfreut, weiß zu sein?
A: Ja, ich glaube schon. Wahrscheinlich macht es das Leben einfacher. (Weiße junge Frau)

Dies erklärt auch, warum zwei Drittel der weißen Jugendlichen (66%) sagten, sie wären nicht stolz darauf, weiß zu sein. Einige waren gespalten und andere negativ eingestellt gegenüber dem Stolz darauf, weiß zu sein. Die Ansicht, daß "Stolz auf die Hautfarbe" nicht angebracht sei, hat im weiteren Sinne mit ihrer Wahrnehmung davon zu tun, daß Weiß-Sein auch eine gesellschaftliche Stellung bezeichnet und als solche eine Geschichte und Verbindungen mit anderen Hautfarben hat. Die Zurückhaltung, Weiß-Sein als etwas zu bezeichnen, auf das man stolz sein könne, hing also mit der Erkenntnis zusammen, daß Weiße auf der ganzen Welt häufig Schwarze unterdrückt haben. Für einige weiße Jugendliche waren das Widersprüche, die dem Stolz darauf, weiß zu sein, inhärent sind. Durch Überlegungen dieser Art unterschieden sie sich von den schwarzen Jugendlichen und den Jugendlichen mit einem schwarzen und einem weißen Elternteil, die keine derartigen Bedenken hatten zu sagen, daß sie stolz auf ihr Schwarz-Sein oder ihre Herkunft aus einer schwarz-weißen Partnerschaft sind.

I: Und würdest Du sagen, daß Du stolz darauf bist, weiß zu sein?
A: Ich würde das nicht sagen, weil wenn man denkt, daß man stolz darauf ist, weiß zu sein, wenn jeder denkt, daß sie stolz darauf sind, weiß zu sein, was dann?
I: Was zum Beispiel?
A: Loszuziehen und alle Schwarzen zusammenzuschlagen; versuchen, sie aus dem Land zu vertreiben ... (Weißer junger Mann)

Die HelferIn-KlientIn-Beziehung: Ethnische Mehrheits- und Minderheitengruppen in der Interaktion

Wenn die frühe Kindheit durch "Rasse" geprägt ist und "Rasse" und Ethnizität die Erfahrungen und Identitäten von Kindern und jungen Leuten in komplexer Weise unterschiedlich machen, dann kann es keine HelferIn-KlientIn-Beziehung geben, in der "Rasse" und Ethnizität keine Rolle spielen. Das heißt, wenn "Rassen"- und Ethnizitätskonstruktionen am implizitesten und selbstverständlichsten sind (wenn beide, KlientIn und HelferIn, weiße Mehrheitsangehörige sind), sind sie nur deshalb unsichtbar, weil es hier kein durch "Rasse" geprägtes Machtungleichgewicht gibt, das mindestens einer Seite bewußt wäre. In jeder anderen Kombination von HelferIn und KlientIn in den nördlichen Gesellschaften werden "Rasse" und Ethnizität wahrscheinlich bewußter wahrgenommen – wenn auch nicht unbedingt als problematisch.

HelferInnen, die sich den Problemen stellen wollen, die durch das Leben in einer rassifizierten und rassistisch diskriminierenden Gesellschaft entstehen, stehen vor der Schwierigkeit, wie "Rasse" und Ethnizität in ihrer ganzen Komplexität in der Praxis am besten anerkannt und bearbeitet werden können. Doch noch bevor sie sich dieser Schwierigkeit stellen können, müssen sich Professionelle mit den ungleichen Zugangsmöglichkeiten zu Hilfsangeboten auseinandersetzen. Wenn KlientInnen aus bestimmten ethnischen Gruppen von Unterstützungsangeboten nicht erreicht werden, dann kann man diese nicht so betrachten, als seien sie für alle gleichermaßen zugänglich. Es ist daher wichtig, die Gründe für die zu geringe Nutzung von therapeutischen und sozialen Angeboten sowie von Gesundheitseinrichtungen durch Minderheitenangehörige zu bedenken.

Gründe für die mangelnde Nutzung von Hilfsangeboten

Die Tatsache, daß therapeutische Angebote, die speziell für Schwarze und Angehörige aus anderen Minderheiten entworfen wurden oder zumindest für sie zugänglich sind, gut angenommen werden, zeigt: Es ist nicht einfach so, daß Angehörige aus Minderheitengruppen keine "Redetherapien" wollen. Vielmehr hat ihre geringe Präsenz in Mainstream-Therapien (und anderen Angeboten) vielfältige Gründe:

Die Disziplinen "Psychologie" und "Psychiatrie"

Das Fach Psychologie (aus dem viele TherapeutInnen und klinisch Tätige kommen) hat eine lange Geschichte in der Untersuchung von Vorurteilen und Intergruppenbeziehungen. Daher erscheint es auf den ersten Blick widersprüchlich, daß die Psychologie als Disziplin vielerlei Kritik ausgesetzt war wegen der Art und Weise, wie sie bzw. weil sie eben nicht die Fragen von "Rasse", Rassismus und Ethnizität behandelt. Aber diese Kritik greift, und sie verbreitet sich. Sie kommt sowohl von außerhalb als auch aus den eigenen Reihen, von Schwarzen und von Weißen, die sowohl aus Minderheiten als auch aus Mehrheiten kommen. Die Kritik bezieht sich auf die Psychologie als eine Fachrichtung, die Rassismus aufrechterhält und reproduziert. Steve Reicher illustriert dies folgendermaßen:

Vor einer Reihe von Jahren nahm ich an einer Workshopreihe teil, die PsychologInnen, SoziologInnen und schwarze AktivistInnen mit dem Ziel zusammenbrachte, rassistische Ungleichheit besser zu verstehen. Es wurde schnell deutlich, daß Psychologie für die anwesenden SoziologInnen im besten Fall eine Technik darstellte, um Machtungleichheit und die strukturellen Determinanten für Diskriminierung zu ignorieren. Im schlimmsten Fall sei Psychologie eine offene Legitimation von Rassismus. Für schwarze AktivistInnen waren selbst progressive psychologische Ansätze zu "Rasse" Beispiele dafür, wie die Opfer von Rassismus für dessen Folgen verantwortlich gemacht werden. (Reicher, 1993, S.121)

Doch nicht nur Angehörige anderer Disziplinen erleben die Psychologie als rassistisch. Weil schwarze PsychologInnen in den USA die Psychologie für rassistisch hielten – und zwar hinsichtlich ihrer eigenen Arbeiten und in bezug auf schwarze InterviewpartnerInnen – gründeten sie die "Association of Black Psychologists", und seit den 60er Jahren entwickelten sich Universitätsseminare über afrikanisch-amerikanische Psychologie. Das "Journal of Black Psychology" widmet sich z.B. der Veröffentlichung von Arbeiten schwarzer PsychologInnen über Schwarze. Seit den 90er Jahren gibt es Forderungen, afrikanisch-amerikanische Psychologie in die einführenden Seminare einzubauen und den Studierenden die Bedeutung von "Rasse" und Ethnizität für die Psychologie zu vermitteln; sie sollen sich mit den Forschungen und Theorien der afrikanisch-amerikanischen PsychologInnen auseinandersetzen. Dies wäre ein Beitrag, um die wieder aufflammenden rassistischen Konflikte an einigen US-Universitäten zu entschärfen.

Die Psychiatrie leidet in der Praxis und als wissenschaftliche Fachrichtung an den gleichen Problemen wie die Psychologie. Auch für die Psychiatrie wurde nachgewiesen, daß sie ethnozentristisch ist und insofern von dem sozialen Ethos und dem politischen System, in dem sie existiert, beeinflußt wird. So stehen die unterschiedlichen Häufigkeiten von diagnostizierten psychischen Krankheiten in Verbindung mit der Art und Weise, wie spezifische ethnische Gruppen konstruiert werden, und spiegeln nicht "wirkliche" Unterschiede wider (Black Health Workers and Patients Group, 1983). Zwei Psychiater, Littlewood und Lipsedge (1982), haben dargelegt, daß Menschen aus der Karibik, Indien und Osteuropa häufig aufgrund kultureller Mißverständnisse seitens des Psychiaters und nicht aufgrund des Auftretens von Leitsymptomen als "schizophren" diagnostiziert werden. Am Beispiel der seltenen Schizophreniediagnose bei irischen Männern zeigen Littlewood und Lipsedge auch den gegenteiligen Effekt: Irische Männer mit Symptomen von Schizophrenie weisen häufig ebenfalls Symptome von Alkoholismus auf. Da Alkoholismus das ist, was Psychiater bei Iren erwarten, ist dieser alles, was bei ihnen diagnostiziert wird.

Es geht also darum, daß Fachrichtungen wie Psychologie und Psychiatrie sich nicht einfach wertneutral verhalten, sondern daß sie Sichtweisen auf Menschen im allgemeinen und KlientInnen im besonderen konstruieren. Foucaults Erklärung (1977) dafür, wie Wissen und Macht untrennbar verbunden sind, ist hier sehr nützlich. Nach Foucault gibt Wissen die Macht, andere zu definieren. Es ist eine Form der Überwachung, Regulation und Disziplinierung. Fachrichtungen wie Psychologie und Psychiatrie sind insofern Mechanismen der sozialen Kontrolle, die dazu beitragen, den Status quo z.B. hinsichtlich der rassifizierten und ethnischen Machtstrukturen, in denen Angehörige von ethnischen Minderheiten zu "anderen" gemacht werden, beizubehalten und zu reproduzieren.

In diesem Kontext kann Schwarzen und anderen Minderheitenangehörigen schon die Idee von psychologischer oder psychiatrischer Hilfe oder Behandlung unerwünscht erscheinen.

Der soziale Kontext pathologisiert Schwarze und andere Minderheiten

Der soziale Kontext, innerhalb dessen die verschiedenen Fachrichtungen praktiziert werden, beeinflußt sie und wird auch gleichzeitig selbst von ihnen beeinflußt. In den nördlichen Gesellschaften gibt es eine dominierende Konstruktion von der weißen Mehrheit als "normal" und als die Norm, an der Schwarze und andere Minderheiten gemessen werden. Dadurch werden sie häufig als "fremd", defizitär und pathologisch angesehen, besonders häufig im Hinblick auf ihre Familienformen, die Organisation des Haushalts, die Lebensstile und Kulturen. Jegliche soziale Probleme, die mit einer bestimmten Minderheit in Verbindung gebracht werden, werden normalerweise auf ihr Versagen und ihr "Anderssein" zurückgeführt und nicht auf sozioökonomische Probleme oder Rassismus (vgl. Phoenix, 1987, 1988, 1996). Diese Negativkonstruktionen sind den Minderheiten natürlich bekannt. Daher zeigen sich einige nur ungern öffentlich als noch problematischer, als sie ohnehin dargestellt werden, indem sie beispielsweise Unterstützung bei den helfenden Professionen suchen. Die Gefühle und Erwartungen der KlientInnen gegenüber Therapie sind also Teil des sozialen Kontextes, innerhalb dessen potentielle KlientInnen aus Minderheitengruppen Hilfe suchen oder auch nicht.

Institutionen werden häufig als abweisend wahrgenommen

Die soziale Klasse, "Rasse" und Ethnizität der TherapeutInnen (und darüber hinaus ganzer Institutionen) sind häufig verschieden von denen der Minderheitenangehörigen. Die unterschwellige Art und Weise, in der sich Institutionen der Welt präsentieren, ist dafür bekannt, daß sie diejenigen ausschließt, die nicht an den Eigenschaften derjenigen teilhaben, die als "Teil" der Institution betrachtet werden. Wenn darüber hinaus Institutionen von außen als Einrichtungen wahrgenommen werden, die weder sich mit Rassismus auseinandersetzen noch mit Menschen aus verschiedenen sozialen Schichten zu tun haben, werden viele Menschen (einschließlich einiger Mehrheitsangehöriger) davon abgeschreckt sein, bei ihnen nach Unterstützung zu fragen. Dies ist besonders dann wahrscheinlich, wenn Rassismus als ein Teil des Problems, für das Hilfe gesucht wird, erlebt wird.

Die schlimmsten Befürchtungen werden bestätigt

Es ist nicht nur so, daß Schwarze und andere Minderheitenangehörige in einigen Einrichtungen unterrepräsentiert sind, sondern auch so, daß sie die Einrichtungen oft verlassen, bevor der Hilfeleistungsprozeß abgeschlossen ist. Dies geschieht, weil sich Minderheitenangehörige, die die Angebote nutzen, häufig mißverstanden, gedemütigt und schlecht behandelt fühlen (Littlewood & Lipsedge, 1982; Kareem & Littlewood, 1992; Valinejad & Hallam, 1995). Sensibilität für die kulturellen Praktiken und Überzeugungen der KlientInnen sind wichtig für den Erfolg von therapeutischer, medizinischer und sozialer Arbeit (Ezeilo, 1994). Wenn die Angebote als unsensibel in bezug auf Kultur und "Rasse" erlebt werden, dann ist es wahrscheinlich, daß dies die schlimmsten Ängste und Erwartungen der KlientInnen erfüllt. Wenn sie darüber hinaus fürchten, daß Zwangseinweisungen zu furchtbaren Konsequenzen führen können (wie zum Beispiel bei dem jungen Orville Blackwood, dem 1993 in einer britischen psychiatrischen Einrichtung eine tödliche Überdosis an Sedativa gegeben wurde), ist dies geeignet, sie vom freiwilligen Aufsuchen solcher Dienste abzuschrecken und sie zu beunruhigen, wenn sie oder jemand, den sie kennen, zwangseingewiesen wird.

In Großbritannien ist viel Mißtrauen gegenüber SozialarbeiterInnen unter Schwarzen und AsiatInnen dadurch entstanden, daß SozialarbeiterInnen schwarze Familien auf widersprüchliche Art und Weise behandelten. Einerseits sahen einige von ihnen die schwarzen Familien als automatisch problematisch an und waren daher zu schnell bereit, deren Kinder in Pflege zu geben. Ebenso problematisch war es auf der anderen Seite, wenn andere zu nachlässig waren und sich nicht mit den tatsächlichen Problemen in diesen Familien beschäftigten, um schwarze Familien nicht dadurch zu unterdrücken, daß sie die kulturellen Differenzen zwischen ethnischen Minderheiten und Mehrheiten nicht ernst nehmen. Bandana Ahmad (1991) zeigt zum Beispiel nachdrücklich, daß falsche Vorstellungen von "kultureller Sensibilität" problematisch sein und zur Benachteiligung schwarzer Kinder führen können:

Rasse, Kultur, Religion und Sprache" werden benutzt, um den sogenannten "kulturell sensiblen Ansatz" in der Sozialarbeit zu verschleiern. Dadurch werden schwarze Kinder, die Schutz durch Sozialarbeit benötigen, zu Opfern gemacht. Beispiele sind nicht selten, in denen schwarzen Kindern der Schutz vor sexuellem Mißbrauch (z.B. Inzest) verweigert wurde, weil SozialarbeiterInnen zu sensibel sind, um einzuschreiten, für den Fall, daß Inzest in der schwarzen Kultur akzeptiert ist. (S. IX)

Was den Unterschied ausmacht

In Großbritannien und den USA ist es mittlerweile üblich, in Bildungseinrichtungen, Gesundheits- und Sozialdiensten eine ausdrückliche Gleichstellungspolitik zu verfolgen. Und tatsächlich sind einige Einrichtungen schon ein gutes Stück bei dem Versuch vorangekommen, die Benachteiligung ethnischer Minderheiten innerhalb der Institution anzugehen. So bieten eine Reihe von Krankenhäusern eine Vielzahl von Mahlzeiten an und einige stellen FürsprecherInnen ein, die mehrere Sprachen sprechen und Gesundheitsinformationsmaterialien in zahlreiche Sprachen übersetzen. Es gab konzertierte und erfolgreiche Versuche, Schwarze für Sozialberufe zu gewinnen. Dies hat es schwarzen SozialarbeiterInnen ermöglicht, sich zusammenzuschließen, um die Sozialpolitik und -praxis im Hinblick auf Schwarze zu beeinflussen. In therapeutischen Einrichtungen und der klinischen Psychologie arbeitet eine zunehmende Anzahl schwarzer TherapeutInnen (ohne daß es solche Anwerbeversuche wie in der Sozialarbeit gegeben hätte), von denen sich einige zu verschiedenen Organisationen zusammengeschlossen haben, die sich mit Themen wie "Rasse" und Ethnizität sowie mit schwarzen und anderen Minderheitenklientlnnen auseinandersetzen.

All diese Innovationen sind zu begrüßen und zentral dafür, wirkliche Veränderungen in rassifizierten/ethnisierten Machtstrukturen zu erreichen. Sie sind dennoch für sich allein unzureichend, um der oben beschriebenen Komplexität von "Rasse" und Ethnizität gerecht zu werden. Zusätzlich müssen sich TherapeutInnen dieser Komplexität bewußt sein, um der Versuchung zu widerstehen, auf eine begrenzte Zahl von kulturalisierenden Lösungen zurückzugreifen. Dies erfordert sowohl eine Wahrnehmung für die Allgegenwart von Rassismus als auch für die vielfältigen Arten und Weisen, wie Schwarze und andere Minderheitenangehörige mit Rassismus umgehen, welche Empfindungen sie dazu haben und wie sie sich identifizieren.

Diese Vielfalt hat zur Folge, daß TherapeutInnen, obwohl "Rasse" und Ethnizität nicht außerhalb der therapeutischen Beziehung gelassen werden können, nicht im voraus wissen können, wie "Rasse" und Ethnizität den/die einzelne/n beeinflussen und wie sie sich auf die Begegnung auswirken werden (Joseph, 1995). Bevor sie mit dieser Problematik umgehen können, müssen sie im Einzelfall mehr darüber herausfinden, statt nur Vermutungen anzustellen. Einige schwarze KlientInnen werden es z.B. begrüßen, wenn rassifizierte Beziehungen in der therapeutischen Situation und in ihrem Leben außerhalb der Therapie ausdrücklich benannt werden, während andere dies nicht wollen. Einige werden sich als durch Rassismus benachteiligt sehen, während andere, die auch durch Rassismus benachteiligt wurden, dies nicht anerkennen werden. Andere werden ihre Probleme auf eine Art und Weise dem Rassismus zuschreiben, die ihre Entwicklung behindern könnte (Valinejad & Hallam, 1995). Und wieder anderen wird es nicht klar sein, ob, und wenn ja, inwiefern Rassismus und Rassifizierungen ihr Leben beeinflußt haben. In einigen Fällen werden "Rasse" und Ethnizität in der Beziehung zwischen KlientIn und TherapeutIn offensichtlich präsent sein und in anderen nicht. KlientInnen werden manchmal Diskussionen über "Rasse" und Ethnizität verweigern, vor allem dann, wenn die TherapeutInnen der weißen Mehrheit angehören.

Es ist daher sowohl für weiße als auch für schwarze TherapeutInnen wichtig, daß KlientInnen nicht auf eine kulturalisierende Art und Weise behandelt werden, die z.B. davon ausgeht, es gäbe eine korrekte Art und Weise "schwarz zu sein". Statt dessen sollte die Vielfalt der Subjektivitäten innerhalb einer rassifizierten und ethnisierten Gruppe wahrgenommen und anerkannt werden (Asmall, 1995; Mama, 1995).

Die Wahrnehmung von Differenzen innerhalb und zwischen Gruppen führt zwangsläufig zu der Frage, wie mit kulturellen Unterschieden umgegangen werden kann. Dabei sind zwei Momente wichtig: Zum einen müssen die KlientInnen davon überzeugt werden, daß ein/e PraktikerIn ihre kulturellen Praktiken und Überzeugungen ernst nimmt, und zum anderen sollten diese dann tatsächlich ernst genommen werden. Ezeilo (1994, S.15) stellt dar, daß "kulturelle Sensibilität ... Vertrauen in die 'Autorität' und 'Macht' der TherapeutIn einflößen kann als jemand, der/die für den/die KlientIn hilfreich ist, unabhängig von ethnischen Differenzen zwischen TherapeutIn und KlientIn".

Eine weit verbreitete Antwort auf den anerkannten Bedarf an kultureller Sensibilität war das Studium der Kulturen von Minderheiten. Das so erworbene Wissen sollte auf die KlientIn-HelferIn-Interaktion angewandt werden. Diese Strategie hat aber schwere Mängel. Erstens wird fälschlicherweise angenommen, daß alle Mitglieder einer ethnischen Gruppe, unabhängig von ihrer sozialen Klasse, ihrem Geschlecht, ihrem Geburtsort, ihren Erfahrungen und Überzeugungen die gleichen kulturellen Praktiken teilen (Yuval-Davis, 1994). Zweitens beruht sie auf der Annahme, daß Kulturen statisch seien, während sie sich tatsächlich im Laufe der Zeit und von Ort zu Ort ändern. Drittens kann sie in die Trivialisierung von anderen Kulturen münden, wenn nämlich einfache Elemente, die leicht verstanden werden, so behandelt werden, als ob sie die ganze Kultur repräsentierten (Rattansi, 1992). Aufgrund dessen wird es für Personen, die kulturell sensibel sein wollen, viel zu naheliegend und einfach, auf der Basis von begrenztem Wissen zu gefährlichen Verallgemeinerungen zu kommen. Schließlich gibt es keinen Beweis dafür, daß das bloße Wissen über die Kulturen der anderen entweder Respekt und Verständnis für diese Kulturen oder Empathie zwischen HelferIn und KlientIn hervorbringt. Es ist bekannt, daß manchmal Schwarze und andere Minderheitenangehörige nicht mit Angehörigen ihrer Gruppe reden wollen (Griffin & Phoenix, 1994; Joseph, 1995) und daß manchmal Schicht- sowie Stadt-Land-Unterschiede bedeutsamer sind als das Ausmaß der Empathie in der KlientIn-HelferIn-Interaktion.

Anstatt sich auf das erworbene Wissen über andere Kulturen zu verlassen, ist es wahrscheinlich hilfreicher, den KlientInnen gegenüber Offenheit zu zeigen, indem man ihnen zuhört und herauszufinden sucht, ob sie der Ansicht sind, daß ihre kulturellen Praktiken und Überzeugungen für ihre manifesten Probleme, für ihr Leben oder für die therapeutische, gesundheitliche oder sozialpädagogische Betreuungssituation relevant sind oder auch nicht. Weiterhin ist es wichtig, die unterschiedlichen Arten und Weisen wahrzunehmen, in denen Rassismus die Erfahrungswelt von Menschen beeinflussen kann und wie Rassismus ein Bestandteil der HelferIn-KlientIn-Beziehung sein kann.

Aufgrund der Kompliziertheit von rassifizierten KlientIn-TherapeutIn-Interaktionen müssen sich TherapeutInnen nicht nur mit dem relevanten Thema vertraut machen, sondern sich auch daran gewöhnen, über "Rasse", Ethnizität und Rassismus nachzudenken, darüber zu sprechen und sich selbst als rassifiziert anzusehen. Dies mag banal und einfach klingen; aber in einer durch Rassismus gespaltenen Gesellschaft ist es für viele Leute, besonders für Mehrheitsangehörige sehr schwierig, über diese Themen zu diskutieren und mit ihnen ohne drängende Schuldgefühle und Wut umzugehen. Pinderhughes (1989) zeigt ebenso wie Asmall, daß dies auch für TherapeutInnen gilt:

Therapie kann nicht wertfrei sein. Es ist daher die Pflicht der TherapeutInnen, sich ständig, durch die Überprüfung ihrer Gefühle, bewußt zu sein, was sie in die therapeutische Beziehung hineintragen. (Asmall, 1995, S. 20)

Dies ist besonders wichtig, um zu erreichen, daß TherapeutInnen weder die schwarzen KlientInnen als defizitär oder pathologisch betrachten, noch Abstand nehmen von jeglichen Urteilen über Äußerungen und Verhaltensweisen von Minderheitenangehörigen, aus Angst, ihre Urteile seien rassistisch.

Einige TherapeutInnen finden, daß erfolgreiche Therapien eher in Verbindung mit den örtlichen Gemeinden stattfinden sollten als in Kliniken, die losgelöst von der Gesellschaft erscheinen und in denen TherapeutInnen als distanziert, abgehoben und dekontextualisiert gesehen werden (Fulani, 1988; Valinejad & Hallam, 1995). Die Frage nach der Beteiligung und Partizipation von NutzerInnen ist zwar schwierig, sehr wohl aber wichtig. Eine kleine Untersuchung von Meldrum (1996) über weibliche muslimische Jugendliche pakistanischer Herkunft zeigt einige der Schwierigkeiten, KlientInnen und potentielle KlientInnen klinischer Einrichtungen einzubeziehen. Sie fand heraus, daß die jungen Muslimas bei Eßstörungen nur ungern professionelle Hilfe suchten, weil dies ihre Familien beschämen könnte. Obwohl Meldrum vorschlägt, in die Diskussion über Hilfsangebote, so sie denn erfolgreich sein sollen, einflußreiche Männer aus allen ethnischen Gruppen mit einzubeziehen, kann diese Strategie aber auch einige Frauen und Mädchen entfremden oder ihnen die Möglichkeit verwehren, ihre Ansichten darzustellen. NutzerInnen und potentielle NutzerInnen von klinischen Institutionen aus allen gesellschaftlichen Gruppen sollten in die Diskussionen über diese Einrichtungen miteinbezogen werden, aber das ist offensichtlich nur schwer zu erreichen.

Schließlich müssen auch die Beziehungen zwischen schwarzen und weißen PraktikerInnen, zwischen PraktikerInnen aus der Mehrheit und PraktikerInnen aus der Minderheit angesprochen werden. Joseph (1995) zeigt, welche Bedeutung es für schwarze klinisch Tätige hat, Rückhalt von ihren weißen KollegInnen zu haben. Es ist daher für alle PraktikerInnen wichtig, daß Erfahrungen und Gefühle im Zusammenhang mit "Rasse" und Ethnizität in einem unterstützenden Kontext diskutiert werden. Wesentlich ist aber auch, nicht von schwarzen TherapeutInnen zu erwarten, daß sie als "Vorzeigeschwarze" dienen, die sich mit allen Fragen von "Rasse" und Ethnizität auseinandersetzen und sie ihren weißen KollegInnen erklären.

Schlußfolgerungen

Die Forschungsarbeiten über "Rasse" und Ethnizität im Kindesalter und während der Jugend zeigen seit langem, daß "Rasse" und Ethnizität wichtige Einflußfaktoren für die Entwicklung darstellen. Dieser Aufsatz versuchte das anhand einer Untersuchung der sozialen Identitäten von Jugendlichen mit einem schwarzen und einem weißen Elternteil und von weißen Jugendlichen zu zeigen.

Die meisten der im Rahmen der "Studie zu Sozialen Identitäten" interviewten Jugendlichen mit einem schwarzen und einem weißen Elternteil identifizierten sich eher als "gemischt" denn als "schwarz" oder "weiß". Ihre Schilderungen zeigen, daß es vielfältige Arten und Weisen gibt, in denen sie ihre rassifizierten Identitäten in unterschiedlichen Kontexten und zu unterschiedlichen Zeiten aushandeln. Wie sie ihre Identitäten konstruieren, hat sich mit der Zeit verändert und wird sich wahrscheinlich im Verlauf ihres Lebens weiter wandeln. Allerdings wurde bei den meisten Jugendlichen durchaus deutlich, daß sie eigenständige Entscheidungen darüber treffen, ob sie die Konstruktionen, von denen ihre Eltern, LehrerInnen und FreundInnen sie überzeugen wollen, übernehmen oder zurückweisen.

Viele der interviewten weißen Jugendlichen in der Studie sahen sich nur ungern als "weiß", oder sie waren kaum bereit, Weiß-Sein als in irgendeiner Form sozial bedeutsam anzusehen. Ihre Berichte schilderten Weiß-Sein als natürlich und unfreiwillig und nicht als konstruiert, sozial bedeutsam und hinterfragbar. Die

Konstruktionen ihrer selbst können als "rassenlos", bzw. "farblos" bezeichnet werden. Diese Verleugnung des Weiß-Seins bedeutete jedoch nicht, daß die weißen Jugendlichen nicht durch "Rassen"- und Ethnizitätskonstruktionen geprägt waren. Einige hatten stereotype und statische Ansichten über Menschen (insbesondere über Schwarze), die sie als "andere" rassistisch konstruieren, und viele weiße junge LondonerInnen fühlten sich besonders unsicher und waren zurückhaltend, wenn sie über das Thema "Rasse" diskutieren sollten.

Wenn die Kinder und die Kindheit rassifiziert sind, dann ist "Rasse" und Ethnizität ein Bestandteil aller KlientIn-HelferIn-Beziehungen. Die Vielfalt der Möglichkeiten, in denen sich Menschen im Verhältnis zu "Rasse" und Ethnizität unterschiedlich positionieren, bedeutet für PraktikerInnen eine besondere Schwierigkeit, wenn sie Mitgliedern aller ethnischen Gruppen gleiche Zugangsmöglichkeiten und Hilfsdienste anbieten wollen. Dieser Artikel hat gezeigt, daß PraktikerInnen, die diesen Themen gerecht werden wollen, unabhängig von ihrer Hautfarbe oder Ethnizität die folgenden Punkte bedenken müssen:

- Sie sollten ihre eigene Position in Rassifizierungsprozessen bedenken;
- sie sollten ein Verständnis von Rassismen als sozialen Prozessen haben;
- sie sollten leicht über Rassismus und Kultur sprechen können; und
- sie sollten mit Menschen, die als "andere" konstruiert sind, unbelastet umgehen können und diesen zuhören können, ohne sie kulturalisierend zu behandeln oder die Bedeutung von Rassismus und Ethnizität zu leugnen.

Dies scheint ein hoher Anspruch zu sein, der aber nicht einsam und allein umgesetzt werden muß (vgl. Literaturhinweise). Es ist klar, daß Gleichheitsideale in der Praxis nicht durch einen Ansatz erreicht werden, der gegenüber Ethnizität und Hautfarbe blind ist.

Übersetzung: Iris Brose, Frederik Lottje, Anja Weiß

Literatur

Ahmad, B. (1991). Setting the Context: Race and the Children Act 1989. Introduction to S. Macdonald, *All Equal Under the Act?* London: Race Equality Unit.

Asmall, I. (1995). Black on Black Therapy: A critical appraisal. *Journal of Black Therapy, 1*, (1) 19-20.

Back, L.(1991). Social Context and racist Name Calling: An Ethnographic Perspective on Racist Talk within a South London Adolescent Community. *European Journal of Intercultural Studies, 1*, (3) 19-38.

Back, L. (1993). Race, Identity and Nation within an Adoslescent Community in South London. *New Community, 19*, (2) 217-233.

Banks, N. (1992). Mixed-up Kid. *Social Work Today, 24*, (3) 12-13.

Billig, M., Condor, S., Edwards, D., Gane, M., Middleton, D. & Radley, A. (1988). *Ideological Dilemmas: A Social Psychology of Everyday Thinking.* London: Sage.

Black Health Workers and Patients Group (1983). Psychiatry and the Corporate State. *Race and Class, 25,* (2) 59-64.

Boulton, M. & Smith, P. (1992). Ethnic preferences and perceptions among Asian and white British school children. *Social Development, 1,* 55-66.

Brah, A. (1992). Difference, Diversity, Differentiation. In J. Donald & A. Rattansi (Eds.), *"Race", Culture, Difference.* London: Sage.

Brown, C. (1984). *Black and White in Britain: The Third PSI Survey.* London: Heinemann.

Carrington, B. & Short, G. (1989). *"Race" and the Primary School.* London: NFER-Nelson.

Carrington, B. & Short, G. (1995). What makes a person British? Children's conceptions of their national culture and identity. *Educational Studies, 21,* (2) 217-238.

Clark, K. & Clark, M. (1939). The Development of Consciousness of self and the Emergence of racial Identity in Negro Preschool Children. *Journal of Social Psychology, 10,* 591-599.

Clark, K. & Clark, M. (1947). Racial Identification and Prejudice in Negro Children. In T.M. Newcomb & E.L. Hartley (Eds.), *Readings in Social Psychology.* New York: Henry Holt.

Ezeilo, B. (1994). Western Psychological Therapies and the African Client. *Changes, 12,* (1) 11-17.

Fernando, S. (1991). *Mental Health, Race and Culture.* Basingstoke: Macmillan in association with Mind Publications.

Foucault, M. (1977). *Discipline and Punish.* London: Penguin.

Frankenberg, Ruth (1993a). Growing up White: Feminism, Racism and the Social Geography of Childhood. *Feminist Review, 45,* 51-84.

Frankenberg, Ruth (1993b). *White Women, Race Matters: The Social Construction of Whiteness.* London: Routledge.

Fulani, L. (Ed.). (1988). *The Psychopathology of Everyday Racism and Sexism.* New York: Harrington Park Press.

Gibbs, J. & Hines, A. (1992). Negotiating Ethnic Identity. In M. Root (Ed.), *Racially Mixed People in America.* Thousand Oaks, CA: Sage.

Greenslade, L. (1993). Na daoine gan aird: Irish People and Mental Health Services. *Changes, 11,* (2) 127-138.

Griffin, C. (1985). *Typical Girls?* London: RKP.

Griffin, C. & Phoenix, A. (1994). The Relationship Between Qualitative and Quantitative Research: Lessons from Feminist Psychology. *Journal of Community and Applied Social Psychology, 4,* 287-298.

Hall, C. (1992). *White, Male and Middle Class.* Cambridge: Polity.

Holmes, R. (1995). *How Young Children Perceive Race.* London: Sage.

hooks, b. (1992). *Black Looks: Race and Representation.* Boston, MA: South End Press.

Joseph, D.P. (1995). 'Nigger Bitch'/'Dreadlock Sister': The experiences of an African-Caribbean woman working in the British Health Service. *Feminism and Psychology, 5,* (2), 285-289.

Kareem, J. & Littlewood, R. (Eds.). (1992). *Intercultural Therapy: Themes, Interpretations and Practice.* Oxford: Blackwell.

Littlewood, R. & Lipsedge, M. (Eds.). (1982). *Aliens and Alienists: Ethnic Minorities and Psychiatry.* Harmondsworth: Penguin.

Mac an Ghaill, M. (1988). *Young, Gifted and Black.* Milton Keynes: Open University Press.

Macdonald, I., Bhavnani, R., Khan, L. & John, G. (1989). *Murder in the Playground.* London: Longsight Press.

Mama, A. (1995). *Beyond the Masks: Race, Gender and Subjectivity.* London: Routledge.

Meldrum, E. (1996). Unpublished thesis for the degree of Doctor of Clinical Psychology. University of Leicester.

Milner, D. (1983). *Children and Race Ten Years On.* London: Ward Lock Educational.

Ogilvy, C., Boath, E., Cheyne, W., Jahoda, G. & Schaffer, H.R. (1990). Staff Attitudes and Perception in Multi-cultural Nursery Schools. *Early Child development and Care, 64,* 1-13.

Ogilvy, C., Boath, E., Cheyne, W., Jahoda, G. & Schaffer, H.R. (1992). Staff-child Interaction Styles in Multi-ethnic Nursery Schools. *British Journal of Developmental Psychology, 10,* 85-97.

Opitz, M. et.al. (Eds.). (1992). *Showing Our Colours: Afro-German Women Speak Out.* London: Open Letters.

Park, R. (1928). Human Migration and the Marginal Man. *American Journal of Sociology, 33,* 881-893.

Park, R. (1931). The Mentality of Racial Hybrids. *American Journal of Sociology, 36,* 534-551.

Phinney, Jean (1990). Ethnic Identity in Adolescents and Adults: Review of Research. *Psychological Bulletin, 108* (3), 499-514.

Phoenix, A. (1987). Theories of Gender and Black Families. In G. Weiner & M. Arnot (Eds.), *Gender under Scrutiny.* London: Hutchinson.

Phoenix, A. (1988). Narrow Definitions of Culture: The Case of Early Motherhood. In S. Westwood & P. Bhachu (Eds.), *Enterprising Women: Ethnicity, Economy and Gender Relations.* London: Routledge.

Phoenix, A. (1996). Social Constructions of Lone Motherhood: A Case of Competing Discourses. In Elisabeth Bortolaia Silva (Ed.), *Good Enough Mothering?* London: Routledge.

Phoenix, A. & Owen, C. (1996). From Miscegenation to Hybridity: Mixed Parentage and Mixed Relationships in Context. In J. Brannan & B. Bernstein (Eds.), *Festschrift for Barbara Tizard.* London: Taylor and Francis.

Pinderhughes, E. (1989). *Understanding Race, Ethnicity and Power: the Key to Efficacy in Clinical Practice.* New York: Free Press.

Rattansi, A. (1992). Changing the Subject? Racism, Culture and Education. In J. Donald & A. Rattansi (Eds.), *"Race", Culture and Difference.* London: Sage.

Reicher, S. (1993). Policing Normality and Pathologising Protest: A Critical View of the Contribution of Psychology to Society. *Changes, 11,* (2), 121-126.

Root, M. (Ed.). (1992). *Racially Mixed People in America.* Thousand Oaks, CA: Sage.

Root, M. (Ed.). (1996). *The Multiracial Experience: Racial Borders as the New Frontier.* Thousand Oaks, CA: Sage.

Skellington, R. with Morris, P. (1992). *Race in Britain Today.* London: Sage.

Spencer, M. B. & Markstrom-Adams, C. (1990). Identity Processes among Racial and Ethnic Minority Children in America. *Child Development, 61,* (2), 290-310.

Sonuga-Barke, E., Minocha, K., Taylor, E. & Sandberg, S. (1993). Inter-ethnic Bias in Teachers' Ratings of Childhood Hyperactivity. *British Journal of Developmental Psychology, 11,* 187-200.

Stonequist, E. (1937). *The Marginal Man: A Study of Personality and Culture Conflict.* New York: Russell and Russell.

Tizard, B. & Phoenix, A. (1993). *Black, White or Mixed Race? Race and Racism in the Lives of Young People of Mixed Parentage.* London: Routledge.

Trepagnier, Barbara (1994). The Politics of White and Black Bodies. *Feminism and Psychology, 4,* (1), 199-205.

Troyna, B. & Hatcher, R. (1992). *Racism in Children's Lives: A Study of Mainly-white Primary Schools.* London: Routledge.

Valinejad, C. & Hallam, R. (1995). Investigating the Implementation of a Culturally Approbiate Model of Therapy for Black Clients. *Journal of Black Therapy, 1,* (1), 7-12.

Van Dijk, T. (1987). *Communicating Racism: Ethnic Prejudice in Thought and Talk.* London: Sage.

Van Dijk, T. (1993). *Elite Discourse and Racism.* London: Sage.

Ware, V. (1992). *Beyond the Pale: White Women, Racism and History.* London: Verso.

Wetherell, M. & Potter, J. (1992). *Mapping the Language of Racism: Discourse and the Legitimation of Exploitation.* London: Harvester Wheatsheaf.

Wilson, A. (1987). *Mixed Race Children: A Study of Identity.* London: Allen and Unwin.

Wong, L. Mun (1994). Di(s)-secting and Di(s)-closing "Whiteness": Two Tales about Psychology. In K.-K. Bhavnani & A. Phoenix (Eds.), *Shifting Identities Shifting Racisms: A Feminism and Psychology Reader.* London: Sage.

Wright, Cecile (1992). *Race Relations in the Primary School.* London: David Fulton.

Yuval-Davis, N. (1994). Women, Ethnicity and Empowerment. *Feminism and Psychology, 4,* (1), 179-197.

Sehnsucht nach Israel

Leah C. Czollek

Jeder Tag ein Gedenktag.
Jeder Ort ein Ort des Grauens.
Der Boden blutgetränkt.
Züge fahren über diesen Boden, hin zu diesen Orten. Jahrelang. Immer wieder.
Das Blut ihres Dads fließt auf diese Erde.
Dort, auf diesem Berg, mitten in der schönen Landschaft mit toskanischen Farben, wo der Blick weit über die Erde reicht, der Steinbruch, tödlich. Das Bergplateau der Appellplatz. Davor ein Tor aus Eisen "Jedem das Seine".
Die Großmutter, ihre Kinder und Geschwister gefangen im Viehwaggon.
Stehen auf der Rampe. Hier lang geht der Weg ins Gas.
Die Schreie, das Weinen, vom Schrecken geweitete Kinderaugen gleiten durch Zeitenwände und Räume, reichen herüber in das Leben des Kindes.
Die Koffer, die Brillen, die Haare. Geschrumpfte Köpfe, Briefbeschwerer. Lampenschirme aus menschlicher Haut. Berge von Toten. Nackt.
Ist eine auf dem Foto vielleicht die Großmutter?

Das Kind ist komisch. Es schläft nicht. Es ißt nicht. Es kann kein Gedicht auswendig lernen. Es ist nervös und zappelig. Erbrechen, Stottern. Farbenblindheit.

Es kann die Textaufgaben, in denen Züge hin und her geschoben werden, einfach nicht verstehen. Immer sind da die Bilder. Es gibt keine Sprache.

Ein hinzugezogener Arzt verschreibt Barbiturate, die werden helfen. Sie tun es nicht. Sie nimmt sie nicht. Sie braucht ihren Kopf.

Immer wieder teilen sich die Wände der Zeit, und durch die Räume treten die Bilder als Schatten, als Flüstern. Als Schmerz, der sich tief in die Seele senkt.

Tränen, die nicht geweint werden dürfen, Angst, nicht gefühlt. Tränen machen verletzlich. Angst macht schwach. Sie ist stark. Widerstand rettet Leben. Sie wird nicht vergessen. In ihr sollen sie leben. Sie paßt auf. Sie traut niemandem. Sie übt, mit möglichst wenig Nahrung auszukommen. Für alle Fälle. Draußen die, die aussehen wie Menschen. Keine Freundinnen. Fremdes Leben. Schweigen.

Alles Sichere war verschwunden. Sie hat es nie gekannt.

Das wichtigste ist ihr Verstand. Das lernt sie früh. Den können sie ihr nicht nehmen. Er wird scharf, verletzend, schützend. Ein Panzer. Er bringt sie durch Verwirrung und Chaos. Jahrzehntelang. Sie lernt, ihn zu tarnen.

Was hätten sie mit dem Kind und später der jungen Frau getan, hätten sie in ihre Seele, in ihr Hirn schauen können?

Diese Last trägt der Körper kaum. Die Wirbelsäule hält dem Schmerz nicht stand. Mit vierzehn die erste Bandscheibenoperation. Mit neunzehn die zweite. Da gibt es als Bonbon schon Amitryptilin dazu. Rheuma. Knochenhautentzündung. Kopfschmerzen. Migräne. Über den Magen und die ewigen Bauchschmerzen spricht schon niemand mehr.

Ein erster Therapieversuch mit zwanzig. Vor ihr sitzt eine Frau – ob ihr Vater bei der Wehrmacht war, hat er Menschen erschossen, war er bei der SS? Was hat ihre Familie gemacht in "dieser" Zeit? Was denkt sie über Jüdinnen und Juden? Warum haben die sich nicht gewehrt? Warum sind sie nicht gegangen? Denkt sie auch, daß Jüdinnen und Juden immer betrügen? Daß sie so triebhaft sind? Bewundert sie die jüdische Intelligenz? Meint sie, daß es schon so lange her ist? Man muß doch mal aufhören. Ein Tonband läuft. Da kann sie schon gar nicht reden. Immer diese Angst vor der eigenen Stimme. Und eine Loyalität, die nicht gebrochen werden darf. Die Situation ist merkwürdig. Da sitzen sich zwei Frauen gegenüber, eine ein Kind der Täter, die andere ein Kind der Opfer. Dafür gibt es keine Sprache. Auch nicht für den Graben zwischen ihnen, darin die Feuer von Auschwitz lodern.

Also zum Psychiater nach nebenan. Da gibt es eine Hypnose. Sie soll sich eine Wiese vorstellen im Sommer in der Sonne. Aber sie sieht die Bilder, Menschen, die keinen Ort mehr haben... Und eine Diagnose: endogene Depression. Manchmal das Gefühl von Kraft. Das ist dann manisch. Fortan lautet die Diagnose: "endogene manisch-depressive Erkrankung". Da kann man nichts machen, da muß man mit leben. Dad hatte ja auch depressive Zeiten. Das ist vererbt. Als Bonbons gibt's Antidepressiva, etwas für den Blutdruck und etwas Antriebssteigerndes.

Diese Diagnose und die Angst vor dem Verlust der geistigen Gesundheit sollten sie die nächsten 20 Jahre begleiten.

Sie lernt, mit den Bonbons ganz gut zu leben, und der Arzt, der nun ihr Liebhaber ist, überläßt ihr die Dosierung.

Sie wird "normal". Sie heiratet und hat zwei Kinder. Sie gibt ihnen jüdische Namen und lebt ein zweifach, dreifach gespaltenes Leben. Niemand weiß von der "Krankheit", den Bildern, dem Horror der Nacht. Schweigen.

Sie hat früh gelernt zu kämpfen. Um ein Überleben in einer Welt, in der sie nicht mehr vorgesehen war. Was, so was gibt es noch, ich denke, die sind alle tot. In einer Welt, in der die Erinnerung "daran" das Lästigste ist, das es gibt. In einer Welt, die sie abgeschnitten hat von ihrer eigenen Sprache, ihrer eigenen Kultur, ihren eigenen Traditionen; in einer Welt, die sie sich einverleiben will, die sie einatmen will. In der sie nur als eine Sechsmillionenmasse existiert. In einer Welt, in der Antisemitismus und Rassismus so normal sind, daß die "Anderen" verrückt gemacht werden müssen, um dieser Realität willen. In der "ein Gespräch über Bäume", wie Brecht sagt, "fast ein Verbrechen ist. Weil es ein Schweigen über so viele Untaten einschließt."

Des Kaisers neue Kleider.

Sie fühlt sich erschöpft. Sie kann sich gar nicht erklären, wieso. Längst sind Sprachlosigkeit und Einsamkeit geronnen zu titanenen Säulen, die ihr Inneres und ihren Körper durchbohren und gleichzeitig halten. Das ist die Depression. Jetzt soll sie sich mal entspannen. In einer Gruppe lernt sie Autogenes Training. Das klappt nicht, also in die psychiatrische Poliklinik von Herzberge. Da gibt es wieder bunte Bonbons und Gruppengespräche. Eine der Frauen will ihr Kind umbringen, ein

Mann sieht fremden Menschen in die Schlafzimmerfenster, ein anderer bastelt 24 Stunden an der elektrischen Eisenbahn. Sie hat das Gefühl, in einem absurden Theater zu sein, und geht.

Wegen der Ehe, in der irgendwas nicht stimmt, zur Eheberatung. Der Konflikt rankt sich um das Geschlechterverhältnis. Hier die selbständige Frau mit wenig Hang zur Häuslichkeit, dort der Mann, festgezurrt in seiner Rolle. Sie lernt etwas über Machtverhältnisse in dieser Beziehung. Das hilft ihr, das innere Chaos und die immer vorhandene Verwirrung in sich zu strukturieren. Daß der Mann während der Nazizeit aufgewachsen ist und als Junge die HJ liebte, kam als möglicher Konflikt nicht zur Sprache.

Sie hat das Gefühl, um ihr Leben zu kämpfen. Die Konflikte spitzen sich zu. Endlich schließt sie die Tür hinter ihm. Sie ist allein mit sich und wird ein Ich.

Ich bin jetzt 29 Jahre alt, zwei Kinder, geschieden, Fulltime-Job in leitender Position.

Die Therapie stockt. Das Schweigen schwebt wie eine Betonmauer im Raum. Da ich Hilfe brauche, gehe ich zu einer Ärztin. Längst sind mir die bunten Pillen zu einer Krücke geworden, um die Zeit zu überstehen, bis ich aus diesem Gefängnis innen und außen hinauskomme. Die Ärztin ist Ausländerin. Sie versteht, daß ich in keine deutsche Klinik will. Wenige Monate später stirbt sie.

Ich suche weiter nach der Tür aus meiner inneren Isolation und lande in einer tagestherapeutischen Station eines katholischen Krankenhauses. Erst will man mich nicht nehmen, weil ich nicht im Bezirk wohne und beim Stadtbezirk arbeite. Weil ich Jüdin bin, bekomme ich dann doch einen Platz.

Sie wollen ein Foto machen. Für die Akte, sagen sie. Damit sie mich später wiedererkennen können. Ich will nicht und habe paranoide Züge.

Arbeitstherapie. Wir sortieren Gleise für die Modelleisenbahn in Kartons. Der Mönch, der die Stunde leitet, mag mich nicht. "Wir" haben Jesus umgebracht. Das wußte ich nicht. Ein Patient verläßt die Klinik. Mit einer Jüdin an einem Tisch, das will er nicht. Die Ärztin hat sich Buchenwald angeschaut und darf ihre Mutter im Westen nicht besuchen. Das verbindet doch. Ich bin in der Gruppe dominant und werde von dem Psychologen gerügt. Außerdem kennt er andere Juden. Er ist mit ihnen befreundet, und die haben keine Probleme. Dann kommt ein neuer Patient. Er war im KZ, erzählt er. In Sachsenhausen. Unschuldig. Ich bin empört. Das Kriegsgefangenenlager der sowjetischen Besatzungsmacht war etwas anderes und hatte andere Voraussetzungen als das KZ Sachsenhausen, in dem mein Dad war. Alle verstummen. Die Ärztin rügt mein mangelndes Mitgefühl. Gemeinsames Leid. Ich soll mich nicht so sperren und mich entschuldigen. Das tue ich nicht, und man läßt die Sache fallen.

Irgendwie habe ich das Gefühl, mein körperliches und seelisches Sein und auch mein Denken haben etwas mit der Shoah zu tun. Ich fühle mich ständig im Widerstand und bin innerlich immer auf der Flucht. Das Engagement meines Dads im Widerstand hat ihm das Leben gerettet. Diese Fähigkeit zu widerstehen auch mir. So bedeutsam die Herkunftsfamilie in der Therapie ist, bei mir ist das offensichtlich nicht der Fall. Schon gar nicht ist das Persönliche politisch. Jedenfalls nicht hier. Ich erhole mich und gehe. Die Ärztin bedankt sich bei mir, sie hat viel gelernt. Was, sagt sie nicht.

Dann, in Westberlin, bekomme ich Kontakt mit einer Reihe feministischer Therapeutinnen. Von ihnen lerne ich, daß Judentum eine patriale Religion ist, die man grundsätzlich ablehnen muß. Jüdin und Feministin, das geht nicht. Jüdinnen werden halbiert, geviertelt und geachtelt. Meine Identität wird in Frage gestellt. Deutsche[1] bestimmen immer noch und immer wieder, was und wer jüdisch ist. Ich sehe jüdisch aus oder auch nicht. Ich benehme mich jüdisch. Mein Verhalten ist nicht jüdisch genug. Oder sehr deutsch. Gerne auch paranoid. Aus Synagogen werden Kirchen. Eine fühlt sich heute in der Bundesrepublik verfolgt wie die Juden, weil sie Feministin ist. Wahlweise bin ich überempfindlich oder aggressiv. Und überhaupt, was habe ich "damit" zu tun, was haben sie "damit" zu tun? Wir sind doch alle "danach" geboren. Deutsche Therapie ist irgendwie universell. Ich, die Jüdin, darf mich nicht äußern. Und doch reden sie gerne mit mir über die Nazizeit. Ihre Eltern reden nicht. Sie lesen auch Bücher. "Darüber". Und immer sind sie beeindruckt. Das erzählen sie mir. Manchmal will ich nicht. Da ist dann wieder meine Arroganz. Ich werde zu einem "Ihr". Immer wieder werde ich gefragt, was "wir" von irgend etwas denken. Ich hatte gehofft, in feministischen Kreisen politische Verbündete zu finden. Das Persönliche im Politischen muß auf einer Ebene gedacht werden, die ich nicht verstehe.

Wieder ein Therapieversuch. Sie war mal mit einem Juden befreundet, sie ist nett und mitfühlend. Sagt, sie verstünde, daß ich denke, sie sei Nazi. Ich könne ja nicht wissen, daß es nicht so ist. Ich hatte daran gar nicht gedacht. Zum ersten Mal fällt der Begriff Traumatisierung. Dann sind die 80 Stunden ausgeschöpft.

Langsam bekomme ich das Gefühl, ich bin zu doof für Therapie. Irgendwie brauche ich etwas anderes. Immer habe ich das Gefühl, wahlweise wie ein Opfer behandelt oder beschämt zu werden.

Ich finde eine jüdische Körpertherapeutin, da bin ich schon nicht mehr arbeitsfähig. Lebensstreß, Burnout, Traumatisierung – die typische "endogene Depression". Ich setze alle Medikamente ab, kann mich kaum auf den Beinen halten. Ich stehe es durch. Nur nicht schon wieder eine deutsche Ärztin. Nach zwei Wochen ist es vorbei. Bei ihr, der Jüdin, die als Kind die Shoah überlebte, lerne ich, daß der Boden, über den ich gehe, mich trägt. Die Erde unter meinen Füßen Sicherheit. Luft strömt in meine Lungen. Wieder und wieder. Mein Körper weint, meine Seele weint. Die titanenen Säulen beginnen zu schmelzen. Tröpfchenweise. Manchmal perlt ein Lachen aus mir. Ein kostbares Gefühl von Leichtigkeit.

Dann muß ich doch zu einer Ärztin, meine körperlichen Beschwerden lassen mich fast keine Nahrung zu mir nehmen. Ich habe Glück. Sie ist freundlich distanziert. Sie behandelt mich nicht in der herablassenden Weise, wie ich es gewohnt bin. Sie bespricht mit mir die Untersuchungen. Und die homöopathischen Kügel-

---

[1] Wenn ich von deutschen TherapeutInnen oder Deutschen in diesem Artikel spreche, meine ich damit nichtjüdische weiße Deutsche, die zur Mehrheitsgesellschaft gehören. Ich spreche nur von meinen Erfahrungen und wenn ich von Rassismus spreche, meine ich Diskriminierung von Menschen anderer Hautfarbe und den Antiziganismus gegen Sinti und Roma. Ich spreche ausdrücklich nicht von Klassenunterschieden und diskriminierenden Strukturen innerhalb der weißen, christlich säkularisierten Gesellschaft. Ich finde es außerordentlich wichtig, die verschiedenen Unterdrückungs- und Diskriminierungsmechanismen auseinanderzuhalten. Ich halte Rassismus und Antisemitismus nicht für diskutierbar in dem Sinne: wähle ich SPD oder Grüne, sondern für scharfe, brutale und gewalttätige Trennlinien in dieser Gesellschaft.

chen, die sie mir gibt. Sie macht weder Kaffee noch Zigaretten zum Problem. Noch gibt sie mir, der Jüdin, Gold. Ich habe eine vergrößerte Schilddrüse und eine Zöliakie. In den nächsten Monaten bin ich das erste Mal in meinem Leben frei von Koliken und bin es bis heute geblieben.

Inzwischen 40jährig erfahre ich von der Sinai-Klinik in den Niederlanden. Die einzige Klinik in Europa für die *Erste und Zweite Generation* der Holocaust-Überlebenden. Ich gehe zur Krankenkasse. Es gäbe in Deutschland keine Krankheit, die nicht auch in Deutschland geheilt werden könne, sagen sie. Dann ein Gutachten. Was immer darin stehen mag, ich darf nach Amersfoort in die Sinai-Klinik.

Ich fuhr zu einem ersten Gespräch mit der Bahn. Dort angekommen, wurde ich von jedem und jeder begrüßt, die/der vorbeikam. Ich bekam Kaffee und führte das erste Gespräch mit dem Arzt. Mein Geist öffnete alle Türen, als er mich fragte, wie es mir denn mit der Bahn ginge und wie ich mit den Filmen im Kopf klarkäme. Er sprach von Respekt vor mir und vor dem Leiden meiner Familie, vor der Geschichte meines Volkes. Ich spürte seine innere Verbundenheit und Ehrfurcht vor dem Leben. Ich hatte noch gar nichts erzählt und wußte, dieser Ort war das Ende einer langen Suche und der Beginn eines schwierigen Weges aus der inneren Isolation in die Welt.

Ich konnte englisch reden, und das gab mir die nötige Distanz, langsam meinem Schmerz und meiner Trauer eine Sprache zu geben. Das Haus ist jüdisch-konservativ geführt, auch das trug dazu bei, daß ich allmählich zur Ruhe kam. Ich lernte zu schlafen, und da erst konnte ich spüren, in welcher inneren Anspannung ich bisher mein Leben verbracht hatte. Ich bekam eine Ahnung davon, daß es jenseits von Überleben etwas anderes gibt. Ich lernte, die Zeit zu unterscheiden. Es war 1994. Ich war in den Niederlanden. Etwas war wie eine Hülle von mir genommen. Wenn ich fremde Menschen auf der Straße nach dem Weg fragte, wurde ich oft dorthin begleitet. Ich unterhielt mich mit Verkäuferinnen im Laden und genoß es, mit der Bahn zu fahren. Im Kino setzte ich mich irgendwohin, wo es bequem war, und achtete nicht auf die Tür. Ich benötigte keine tiefenpsychologischen Gespräche, um festzustellen, daß es andere alltägliche Lebensmuster gab, als die von mir gelernten. Nach deutschem psychologischen Verständnis wurde von den MitarbeiterInnen in der Klinik oft die Abstinenzregel verletzt. Mein Arzt hatte ein Hobby, das übte er nur so zum Spaß aus. Jenseits von autoritärem therapeutischen Machtgehabe lernte ich von nicht traumatisierten Menschen, daß es ein Leben neben dem Überleben gab. Es war eine spannende und tief berührende Reise.

Nach Berlin zurückgekehrt, wollte ich die Therapie fortsetzen. Ich nahm das Blattgold[2] zur Hand und telefonierte verschiedene Therapeutinnen durch. Ich wollte mich nicht in mein früheres Leben rebirthen, ich wollte nicht mit anderen am Wochenende mit einer warmen Decke und Wollsocken meine Weiblichkeit entdecken oder bei Vollmond menstruieren. Das tat ich sowieso nicht mehr. Während meiner Odyssee durch den Streß war mir meine Gebärmutter schon lange abhanden gekommen. Und auch mein Karma ist mir ziemlich egal. Ich wollte einfach nur Unterstützung bei meinem Integrationsprozeß. Ich rief also verschiedene Frauen an und fragte, ob sie Erfahrung in der Arbeit mit Traumatisierung von *children*

---

2 "Blattgold" ist eine Informationszeitschrift für Frauen in Berlin.

of holocaust survivors haben. Jedesmal ein Schweigen und dann, ich sollte doch mal kommen: "Das kriegen wir schon irgendwie hin."

Inzwischen machte die BfA Druck. Ich war noch nicht arbeitsfähig, aber man wollte mir kein Krankengeld mehr zahlen, wenn ich mich nicht einer Reha-Maßnahme unterzöge. Die Psychologin in der Kurklinik fühlte sich ausgegrenzt, weil ihre Arbeit von den PatientInnen oft nicht anerkannt wurde, und meinte im übrigen, sie fände es schade, daß man mich eigentlich einsperren müßte, damit ich endlich lernen würde, was gut für mich wäre. Anschließend wurde meine Berentung verfügt, die ich nie beantragt hatte. Immer wieder bestimmen Deutsche darüber, was für mich gut ist. Es gab ein neues Gutachten durch das Arbeitsamt. Der Psychiater dort fragte mich, ob meine Eltern mich zum Haß auf Deutsche erzogen hätten. Meine Bereitschaft, mich auf irgend etwas Psychiatrisches in diesem Land einzulassen, war erschöpft. Er wurde zornig und meinte, mich strafen zu müssen, indem er jede Umschulungsmaßnahme für nicht notwendig hielt und mir hundertprozentige Arbeitsfähigkeit attestierte. Ich hatte es geschafft und war glücklich. Keine endogene Depression. Ich fand eine jüdische Therapeutin aus Israel. Und beendete zwei Jahre später mein Leben als Klientin.

Ein- bis zweimal im Jahr gehe ich zu den Wochenendtreffen der *second generation* bei esra. Da kann ich sein wie ich bin, und die Reaktionen auf mich in der Gruppe sind wie das Positiv der Negativfolie, die regelmäßig über Jüdinnen und Juden in der christlichen Gesellschaft gelegt wird. Dasselbe Verhalten, das in der dominanten Gesellschaft so kritisiert wird und als unangemessen gilt, erlebt hier eine ganz andere Bewertung. Da bin ich nicht mehr aggressiv, sondern bei klarem Verstand. Nicht dominant oder arrogant, sondern präsent. Da ist mein "Verrücktsein" ganz "normal". Da ist meine Realität die der anderen. Auch das ist eine Realität: Ich bewege mich innerhalb meiner Community entspannter, spontaner und offener als außerhalb.

Das eigentlich Pathologische ist das mehrheitliche Bestreben der deutschen Gesellschaft, so zu tun, als hätte es die Vernichtung des Europäischen Judentums nicht gegeben. Die Fühllosigkeit gegenüber dem Ungeheuerlichen. Die Einfühlungsverweigerung gegenüber einer ganzen Bevölkerungsgruppe und deren Pathologisierung. Da gibt es die *Erste Generation*, da gibt es die *child survivors*, da gibt es die *Zweite Generation*. Einerseits sind es Begriffe geworden, die Zuschreibungen und Festlegungen beinhalten. Andererseits sind es auch Begriffe, die darauf hinweisen, daß Menschen ganz bestimmte Erfahrungen, die nur sie haben, miteinander teilen.

Auf nichtjüdischer deutscher Seite besteht die Tendenz, sich dieser Begriffe zu bemächtigen. Plötzlich gibt es hier auch eine Erste und Zweite Generation. Das hört sich ja auch viel schöner an, entlastender, dramatischer. Und wie die Übernahme des Begriffes Holocaust und zunehmend des Begriffes Shoah, wird die Distanz durch veränderte Sprachbegriffe immer größer.

Was ist das eigentlich für eine Inszenierung? Juden und Jüdinnen ist alles, wirklich alles genommen worden. Müssen nichtjüdische Deutsche daher kommen und sich immer wieder und von neuem jüdischen Lebens bemächtigen?

Beim Thema Geschlechterverhältnis ist es Feministinnen gelungen, die Verflechtung von politischen und individuellen Strukturen zu erkennen und gesellschaftlich wirksam zu benennen. Gilt das für Jüdinen und Juden nicht? Ich frage mich, warum das Leben von Jüdinnen und Juden schicksalhaft individualisiert wird, indem es aus der Lebensrealität und aus dem politischen Kontext gehoben wird?

Deutsche TherapeutInnen geben sich den "Opfern" dieser Welt offen, tolerant und zugewandt. Sie denken nicht darüber nach, daß Toleranz ein Instrument der Macht ist, und vergessen, daß sie selbst ein Produkt dieser Gesellschaft sind.

Im therapeutischen Setting fokussiert sich die Gesellschaft mit all ihren Strukturen wie in einem Brennglas. Wie kommen deutsche TherapeutInnen eigentlich auf die Idee, Jüdinnen und Juden therapieren zu können, als wäre das etwas ganz Alltägliches? Wo gerade die alltägliche Begegnung mit Juden und Jüdinnen sie schon irritiert?

Haben deutsche TherapeutInnen sich gefragt, was die fabrikmäßige Vernichtung von Millionen Menschen mit ihnen gemacht hat?

Wieso ist die Shoah für Jüdinnen und Juden ein lebenslanges und oft tägliches Thema, und für Deutsche in der Regel nicht?

Kann man deutschen TherapeutInnen zugute halten, daß zumindest die Generation der heute 40 bis 60jährigen noch ausgebildet wurde von denen, die zur Generation der TäterInnen gehörten?

Können gesamtgesellschaftliches Schweigen, struktureller und kultureller Rassismus und Antisemitismus die Einzelne und den Einzelnen entschuldigen? Oder sind sie vielmehr bewußter Konsens, der eben auch für TherapeutInnen gilt?

Das Wort Holocaust kommt aus dem Griechischen und bedeutet Brandopfer. Wer hat hier wen wem geopfert?

Haben deutsche TherapeutInnen darüber nachgedacht, was das Wort Holocaust eigentlich bedeutet? Wie haben sie die Vernichtung des Europäischen Judentums genannt, bevor der Film "Holocaust" im deutschen Fernsehen zu sehen war?

Und welchen Inhalt hat der Begriff? Auf wen bezieht er sich?

Was ist das eigentlich für eine intellektuelle und emotionale Leistung, nicht wahrzunehmen, wie sehr diese Gesellschaft in ihren Werten und in ihren sozialen, intellektuellen und emotionalen Strukturen christlich und damit auch antijüdisch und rassistisch geprägt ist?

Die Schatten der Shoah reichen tief in jüdisches Leben hinein. Aber die fabrikmäßige Vernichtung von Millionen von Menschen hat ihre Wirkung auch auf jene, die sie durchführten, die zusahen und auf deren Nachkommen. Die Schatten beschädigen die Seelen jener, die heute leben. Und sie vergiften unsere Beziehungen. Unter Jüdinnen und Juden, zumindest in diesem Land, und zwischen Juden und nichtjüdischen Deutschen.

Ich mußte psychiatrisiert und zum Opfer gemacht werden, damit Deutsche ihr eigenes System von Abwehr und Verleugnung aufrechterhalten konnten. Ich sollte ihre Bilder bestätigen. Was mir in den Niederlanden geholfen hat, die Tür in mir zu öffnen, war der Respekt, mit dem mir alle dort tätigen MitarbeiterInnen begegneten. Und ihr Interesse an meinem Leben ohne das Bedürfnis, mein Sein ihren Vorstellungen anzupassen. Ich hatte immer sowohl die Möglichkeit als auch ein Gegenüber, mein Leben auf politischer Ebene zu reflektieren. Ich bekam, was ich brauchte, und konnte das, was ich brauchte, selbst bestimmen. Niemand glaubte zu wissen, was für mich gut war.

Hintergrund solcher Haltung ist das Bewußtsein, daß wir individuell und kollektiv sehr unterschiedliche Erfahrungen und Wissen haben. Die bestimmen unser Leben und unser Lernen. Während ich dies schreibe, kommt es mir so unsagbar banal vor, und doch ist es im Umgang mit anderen offenbar eines der schwierigsten Dinge. Eine Haltung, der ich im deutschen Kontext so nur sehr selten persönlich begegnet bin.

Wenn Juden und nichtjüdische Deutsche aufeinandertreffen, ist das Thema Schuld immer da und kompliziert den Umgang miteinander noch mehr. Deutsche TherapeutInnen sollten sich der Begrenztheit ihres eigenen Kanons von Anschauungen bewußt werden. Sie sollten sich bewußt machen in ihrem ganz alltäglichen Leben, welche Privilegierung es bedeutet, zu dieser Gesellschaft zu gehören. Es ist ein Privileg, aufzuwachsen in dem sicheren Gefühl, daß die Gesellschaft, das Rechtssystem, alle Räume für sie da sind. Daß die Erde, über die sie gehen, ihnen gehört. Aufzuwachsen ohne eine Hypothek von so viel gewaltsamem Tod auf den Schultern, so viel Demütigung. Die Wahl zu haben, sich den Fragen zu stellen. Für mich ist mein deutscher Paß noch nicht die Eintrittskarte in die Gesellschaft.

Monokulturalität, Rassismus, Antisemitismus und mangelndes historisches Bewußtsein führen dazu, daß Unterschiede nicht ausgehalten werden, sie machen eng und nicht weit.

Ich habe gelernt, mich in der deutschen, christlich säkularisierten Gesellschaft zu bewegen. Auch wenn wir auf der Erscheinungsebene die gleiche Sprache sprechen, tun wir es oft doch nicht. Ich weiß das, seit ich denken kann. Mein Gegenüber selten. Meine Erinnerungen, meine Erfahrungen, meine Geschichte und meine Religion, auch meine Hoffnungen, Träume und Wünsche, mein Schmerz und meine Trauer unterscheiden sich von jenen der Deutschen.

Die Sprache, die wir benutzen, trennt mich. Es ist die Sprache der Nazis, der ZuschauerInnen, der MitläuferInnen. Und deren Kinder. Es ist auch die Sprache jener, die geholfen haben. Wie viele waren es? Wie locker sind nationalsozialistische Begriffserfindungen in die Alltagssprache eingeflossen und angenommen worden. Da wird von Hühner-KZs gesprochen. Von Schüler-, Klienten-, Patienten- und Gedankengut. Da werden Endlösungen für Probleme gesucht und die Nazi-Arithmetik, wer wieviel Jude oder Jüdin ist, immer weiter tradiert. Da fällt mal jemand durch den Rost und alles, was nicht der Norm entspricht oder verstanden wird, ist abartig. Manchmal wünscht sich auch jemand eine Sonderbehandlung und hin und wieder stehe ich an der Rampe. Diesmal von Rudi. Ich kann Kekse kaufen, die vorher von Balsen selektiert wurden und auch auf den LPGen der DDR wurden die Kartoffeln selektiert.

Letztlich bin ich in der Beweispflicht zu erklären, daß bestimmte Begriffe von den Nazis eingeführt oder mißbraucht bzw. in einem ganz bestimmten Zusammenhang verwendet wurden.

Daß Jüdinnen und Juden unter Umständen für äußerliche Ähnlichkeiten auf Grund ihrer Kultur und Geschichte ein anderes Verständnis haben, und manche Begriffe andere Assoziationen und Emotionen wachrufen, müßte erst einmal respektiert werden, auch wenn Angehörige der Mehrheitsgesellschaft nicht gleich alles verstehen. Auf politischer Ebene sollte klar sein, daß, wenn die Geschichte sich bestimmter Begriffe und Traditionen wie z.B. auch Sonnenwendfeiern bemächtigt hat, dies nicht rückgängig gemacht werden kann.

Ein Prozeß der Trauer über verlorene, weil mörderisch besetzte, Riten, Symbole und Begriffe könnte hilfreich sein. Anstatt Jüdinnen und Juden zu sagen, wie sie Abschied von ermordeten Menschen nehmen und Auschwitz integrieren sollen, sollten deutsche TherapeutInnen bei sich selber bleiben.

Ich sitze in einer Gruppe überwiegend deutscher PsychologInnen, die sich mit Rassismus und Antisemitismus im psychosozialen Bereich beschäftigen. Thema ist auch Sprache. Wir reden darüber, welche Probleme sich ergeben, wenn KlientIn und TherapeutIn dieselbe Sprache sprechen, jedoch einen unterschiedlichen kulturellen Background haben. Plötzlich stockt atmosphärisch die Kommunikation. Ich bekomme das Gefühl, mich nicht deutlich ausdrücken zu können. Dann ein Gedankenblitz: Ach, du meinst jetzt den Ost/West-Konflikt. Den meinte ich nicht.

Eine andere lehnt sich gelangweilt zurück. Sie hat genug vom Gerede über christliche Sozialisation. Dann möchten sie sich treffen, um über Probleme im interkulturellen therapeutischen Setting zu reden. Mich wollen sie nicht dabei haben. Deutsche Therapie als geschlossene Gesellschaft. Kurz überlege ich, ob ich den Konflikt eskalieren lasse. Ich bin allein in der Gruppe. Und müde. Ich lasse es.

Genervt gehe ich nach Hause. Wieder einmal scheitere ich an dem Bedürfnis von Deutschen, Konflikte auf ein für sie vertrautes Bild zu projizieren. Wie schön, daß es jetzt die Wiedervereinigung gibt, da haben sie ein neues Feld, auf dem sie sich tummeln können.

Im Alltag wird jede Begegnung mit nichtjüdischen Deutschen zu einem Tanz auf dem Vulkan. Jederzeit kann alles in die Luft fliegen. Begegnungen sind wie ein intellektuell und emotional vermintes Feld.[3]

Die Erfahrungen in deutschen Therapieeinrichtungen verhinderten eher Erkenntnisse über mich selbst und verstärkten regelmäßig meine traumatischen Strukturen. Die Einfühlungsverweigerung auf deutscher Seite bewirkte in mir, ausgefeilter und perfekter meine Spaltungen aufrechtzuerhalten, ohne diesen Prozeß überhaupt erkennen zu können. Oft hatte ich das Gefühl, daß ich um meine Identität als Subjekt kämpfen mußte. Meine jüdische Identität ist für mich so selbstverständlich wie meine Haut. Doch ist jüdische Identität ein schwieriges Problem für Deutsche, das offensichtlich kaum zu lösen ist. Für sie. Geblieben ist in mir eine tiefe Verunsicherung wegen der Diagnose, die man mir einst gestellt hat. Jede Gefühlsschwankung löst in mir die Angst vor der "diagnostizierten" Depression aus.

Wie eine Seiltänzerin zwischen den Welten ist mein Leben. Schwierig manchmal, oft brüchig. Und zeitweilig kaum gelingend, diesen Akt der Balance zwischen meinen kulturellen, historischen und religiösen Traditionen und der mich umgebenden Gesellschaft im Gleichgewicht zu halten.

---

3 Für mich überraschend haben sich aus diesem Konflikt im weiteren Verlauf der Treffen mit dieser Gruppe neue Gespräche ergeben. Es entwickelte sich ein Prozeß, während dem die verschiedenen Positionen dargestellt und sichtbar gemacht werden konnten. Daraus kann immer wieder eine neue Basis entstehen von der aus gemeinsames Arbeiten und Handeln möglich werden.

Soziale Konstruktionen von Weiß-Sein. Zum Selbstverständnis Weißer TherapeutInnen und BeraterInnen

Ursula Wachendorfer

Sicherlich wird der überwiegende Teil von uns Weißen sich noch nie darüber Gedanken gemacht haben, welche Rolle die eigene Hautfarbe im therapeutischen Setting spielt. Die Hautfarbe sagt doch nichts über eine Person aus und hat keinen Einfluß auf die Beziehungsstruktur – so könnte man meinen: Wir sind doch alle Menschen, und das sog. Mensch-Sein ist das, was uns verbindet. Diese Position ist nicht nur grundlegend für unser Gesellschafts- und Menschenbild, sondern auch selbstverständliche Voraussetzung in allen westlichen therapeutischen Theorien, so daß uns diese Denktradition an einer Ausweitung der Perspektive hindert. Sie verstellt uns den Blick darauf, Weiß-Sein als eine organisierende Variable im gesellschaftlichen und hier speziell im therapeutischen Kontext zu betrachten.

Bei längerem Nachdenken ist man vielleicht irritiert oder auch verärgert und denkt: Noch eine Variable mehr in der postmodernen Identitätsmarkierung; man denkt an Beliebigkeit, befürchtet die Gefahren der Ethnisierung bzw. wittert vielleicht sogar ein rechtes Projekt, bei dem Weiß im affirmativen Sinne verwendet wird.

Das bisher benutzte "man" bzw. "wir" können wir leicht als ein Weißes identifizieren, denn eine Schwarze Person käme beim Nachdenken über die Bedeutung der Hautfarbe sicherlich zu ganz anderen Resultaten. Aus der Perspektive von Schwarzen ist die Hautfarbe Weiß markiert und bedeutsam.

Thematisierung – Dethematisierung

Wen erwarten Weiße[1] TherapeutInnen, wenn KlientInnen angemeldet werden? Neben allen möglichen Variablen, wie z.B. Geschlecht, Alter, Behinderung etc., sicherlich Weiße KlientInnen. Dabei wird die Hautfarbe Weiß als so selbstverständlich vorausgesetzt, daß wir in diesem Fall nicht von Erwartung im Sinne einer

---

[1] Die Großschreibung der Begriffe Weiß und Schwarz soll darauf aufmerksam machen, daß nicht von der Vorstellung einer Aufteilung der Menschen nach phänotypischen Merkmalen im Sinne biologischer Entitäten ausgegangen wird, sondern daß die Begriffe als soziale Konstruktionen verstanden werden, die auf soziale Praxen und symbolische Ordnungen in gesellschaftlichen Machtverhältnissen hinweisen. Diese soziale Konstruktion ist dichotom und verweist auf den Exklusivitätsanspruch in der Selbstdefinition von Weißen. Wie könnte es sonst möglich sein, daß das Kind einer Weißen Frau und eines Schwarzen Mannes nicht mit derselben Wahrscheinlichkeit als Weiß wie als Schwarz, sondern fast ausschließlich als Schwarz wahrgenommen und bezeichnet wird. Daß die Begriffe hier im Text entsprechend dieser sozialen Konstruktion benutzt werden, birgt das Dilemma in sich, diese Stereotypen festzuschreiben, die gerade durch die Analyse dekonstruiert werden sollen.

intentionalen Handlung sprechen können. Sie erscheint hier als eine abwesende Größe, unsichtbar und namenlos, aber nur dann, wenn es sich um die Hautfarbe Weiß handelt.

Kommt hingegen eine Schwarze Person in Therapie, wird das Schwarz-Sein sofort registriert. Assoziationen, Bilder und Fragen tauchen auf, die mit der Hautfarbe in Beziehung stehen: Woher kommt die Schwarze Person? Haben ihre Probleme etwas mit der Hautfarbe zu tun? Kann die Person mich verstehen? Wie werden die Prozesse von Übertragung und Gegenübertragung durch das Schwarz-Sein geprägt? Und man/frau wird sich wahrscheinlich bemühen, sich im therapeutischen Prozeß intensiv auf das Schwarz-Sein zu beziehen oder aber im Gegenteil dem Schwarz-Sein keinerlei Bedeutung beizumessen; eine Anstrengung, die in der Beziehung zu Weißen nicht notwendig erscheint, ja einem nicht einmal in den Sinn kommen würde, da Weiß-Sein und Neutralität zusammenfallen.

Wie wenig das Weiß-Sein zum Selbstbild der Weißen gehört, wird in anglo-amerikanischen Untersuchungen deutlich, die folgendes zeigen: Wenn Weiße Personen gebeten werden, sich zu beschreiben, definieren sie sich im Unterschied zu Schwarzen Personen über alle möglichen Variablen, wie Nation, Geschlecht, Beruf, Alter, Religion etc., sehen sich jedoch selbst nicht als Weiß (Katz & Ivey, 1977). Mit großer Wahrscheinlichkeit kann man die Aussage, die Terry (1981) über die US-amerikanische Gesellschaft gemacht hat, auch auf die deutsche anwenden: "Außer für hartgesottene Rassisten bedeutet Weiß-Sein, die Wahl zu haben, sich mit dem eigenen Weiß-Sein auseinanderzusetzen oder es zu ignorieren." Das ist Schwarzen nicht möglich.

Patricia Collins (1996, S.86) formuliert das so: "Ein allgemeines Merkmal der sozialen Konstruktion von 'race' in den Vereinigten Staaten besteht darin, daß Weiße Menschen Schwarze Menschen als Menschen mit 'race' charakterisieren, während sie sich selbst als 'raceless' betrachten." D.h., daß die meisten Weißen Personen überhaupt keine oder keine konsistente Konzeption von Weiß-Sein haben.

Diese Erfahrungen – das Dethematisieren von Weiß-Sein und das Thematisieren von Schwarz-Sein – finden wir nicht nur im Alltag, sondern auch in der Literatur zur interkulturellen Beratung und Therapie. Ein Überblick über die Literatur zur Beratung und Therapie, die sich einer interkulturellen Perspektive verpflichtet fühlt, zeigt einen klaren Entwicklungstrend: Bei der überwiegenden Anzahl von Beiträgen geht es um die Darstellung von Minderheiten, hier für unseren Kontext: von Schwarzen, die über ihren Minderheitenstatus bzw. über ihr Schwarz-Sein konstruiert werden. Die Hautfarbe ist es, mit der sich intensiv beschäftigt wird; sie hat Einfluß auf die Persönlichkeitsentwicklung und ist eine relationale Variable, d.h. sie verweist auf Beziehungsstrukturen und sagt etwas über die Position in dieser Beziehungsstruktur aus. Schwarz-Sein wird hier als ein Signifié von Identität verstanden.

Analoge Ergebnisse hinsichtlich der Thematisierung von Schwarz und Dethematisierung von Weiß fand Jill G. Morawski (1997) in der Literatur zur psychologischen Forschung:

- Bei den Versuchspersonen werden alle möglichen Parameter genannt und erscheinen als relevante Variablen. Ist die beforschte Gruppe Schwarz, so wird

diese Variable thematisiert, ist die beforschte Gruppe jedoch Weiß, so wird in den meisten Fällen kein Bezug darauf genommen, außer wenn im Forschungsdesign explizit eine Schwarze Vergleichsgruppe angelegt ist.
- Bei den ForscherInnen wird in der Regel ihre Hautfarbe nicht benannt, es sei denn, sie sind Schwarz und ihre Fragestellungen und Ergebnisse fallen aus dem Mainstream heraus (Graham, 1992; McLoyd, 1991).

In diesem Sinne meint Morawski, daß man in der psychologischen Forschung ein Zwei-Personen-Modell finden kann: Sind die ForscherInnen Weiß, dann steht ihr Weiß-Sein angeblich in keiner Beziehung zu ihren Hypothesen, während das Schwarz-Sein der beforschten Personen mit großer Wahrscheinlichkeit Einfluß auf die Überlegungen der ForscherInnen hat.

Aus den bisherigen Überlegungen zur Thematisierung von Schwarz und Dethematisierung von Weiß sollte eine erste Bestimmung von Weiß-Sein deutlich geworden sein: Weiß-Sein ist nicht präsent und gleichzeitig omnipräsent. In dieser Gleichzeitigkeit von Nichtpräsenz und Omnipräsenz kann seine Repräsentations- und Definitionsmacht gesehen werden. Weiß-Sein wäre hier ein unbeschriebenes Zentrum, die Norm, von der aus alles "andere" entworfen, bemessen, bewertet und beschrieben wird (Frankenberg, 1993, 1996).

Weiß-Sein ist die Normalität – Schwarz-Sein die Abweichung

Wissen über "andere" – Wissen über Schwarze

Während die Bedeutung und der Einfluß von Weiß-Sein nicht beachtet oder gar abgewehrt wird, wird damit eine normative Psychologie von Weiß-Sein unhinterfragt vorausgesetzt, die den "anderen" das Nicht-Weiß-Sein als "natürlich" unterstellt.

Diese Art normativer Psychologie ist uns aus der Genderdebatte inzwischen bekannt. Hier führte ja die Normdebatte von der Gleichsetzung Mann gleich Mensch dazu, Frauen als Abweichung, je nach Anwendung des Defizit- oder medizinischen Modells potentiell immer als defizitär bzw. pathologisch zu konstruieren.

Mittlerweile ist uns der Gedanke vertraut, daß das Geschlecht der TherapeutInnen und KlientInnen bedeutsam ist, d.h., daß der diagnostische und therapeutische Prozeß durch die Geschlechtervariable beeinflußt wird.

Die Frage taucht auf, ob im Kontext der "race", hier des Weiß-Sein-Diskurses, eine ähnliche Konstruktion vorliegt? Weiß ist gleich Mensch, damit muß Weiß nicht mehr ausgewiesen werden. Bei diesem Schritt findet eine Verschleierung statt, nämlich die, daß es sich um den Weißen Entwurf eines Weißen Menschen- und Weltbildes handelt; Schwarze erscheinen dann als Abweichung von der Norm.

Ähnlich wie beim Geschlecht ist die Bedeutung der Hautfarbe kulturell bestimmt, prozeßhaft und nicht abgeschlossen.

Weiß-Sein ist also keine biologische Entität. Es wird nicht qua Natur definiert und ist keineswegs auf die Hautfarbe beschränkt, sondern es ist ein soziales, politisches

Konstrukt. D.h., es ist nicht etwas objektiv Vorgegebenes, das man nur lang genug beforschen muß, um es zu erkennen, sondern es wird durch die unterschiedlichsten Diskurse und Praxen erst hergestellt. Es symbolisiert ein Machtsystem, beschreibt die Linien der Ausgrenzung, reproduziert Hierarchien und ist mit anderen sozialen und politischen Konstruktionen wie Klasse, Geschlecht, Nation, Religion etc. verknüpft.

Weiß-Sein bedeutet kompetent sein – eine "natürliche" Kompetenz

Um Weiß-Sein weiter bestimmen zu können, stellen wir uns folgende Situation vor: Was erwarte ich als Weiße Klientin in der Therapie von TherapeutInnen? Kompetenz, Empathie, Vertrauenswürdigkeit. Je nach Präferenz sollten sie männlich oder weiblich sein, mit einer bestimmten sexuellen oder religiösen Orientierung, einer speziellen therapeutischen Schule angehörend oder eklektisch arbeitend.

Trifft ein/e Weiße/r KlientIn auf eine/n Schwarze/n Therapeuten/in, so können Kompetenz, Vertrauenswürdigkeit, Fähigkeit zur Empathie zu Themen werden, die sich am Schwarz-Sein festmachen. Es können spontan Fragen auftauchen:

Woher kommt der/die Schwarze TherapeutIn? Kann der/die mich eigentlich verstehen? Ist er oder sie eigentlich qualifiziert genug?

Schwarze Professionelle gelten als für Weiße nicht zuständig: Sie sollten sich doch viel eher um die Angehörigen ihrer "eigenen" Gruppe kümmern. Sie können nicht mit der Mehrheit arbeiten und sind allenfalls auf Grund ihres Minderheitenstatus ExpertInnen für Minderheiten. Gleichzeitig wird ihnen jedoch vielfach eine zu große Nähe zur "eigenen" Gruppe vorgeworfen, kulturelle Voreingenommenheit, zu parteilich – nicht objektiv. Ein scheinbar unauflösliches Dilemma für Schwarze Professionelle im psychosozialen Bereich, da ihre Professionalität grundsätzlich in Frage gestellt wird.

Alle diese Erwägungen werden in keiner Weise bei Weißen Personen angestellt. Gibt es irgendeine Abhandlung darüber, daß eventuell Weiße Personen aufgrund zu großer Nähe zu ihren Weißen KlientInnnen voreingenommen seien? Das vorherrschende Selbstverständnis geht doch bisher eher in die Richtung, daß Weiße Personen alle Personen beraten und behandeln können, es sei denn, die KlientInnen sind ungeeignet. So wird das Problem eher in die KlientInnen hineinverlagert, als die eigene Begrenztheit wahrzunehmen.

Weiß-Sein gerät jedoch aus der Unsichtbarkeit und Bedeutungslosigkeit, sobald wir einen Perspektivwechsel vornehmen und uns das Weiß-Sein aus der Sicht von Schwarzen ansehen. D.W. Sue und D. Sue (1990) weisen darauf hin, daß Schwarze durch die Erfahrung von Diskriminierung und Unterdrückung in den USA gegenüber Weißen TherapeutInnen mißtrauisch sind, was deren Vertrauenswürdigkeit, Kompetenz und Empathie anbelangt. Da die meisten therapeutischen Trainings nach Sue und Sue die Lebenszusammenhänge und Weltsichten von Minderheiten nicht berücksichtigt haben, taucht natürlich für Schwarze KlientInnen die Frage nach der Kompetenz der Weißen TherapeutInnen auf. Müssen Schwarze KlientInnen nicht Skepsis entwickeln, ob sie mit ihren Problemen überhaupt verstanden werden? Werden ihre Probleme vielleicht auf ihre Hautfarbe reduziert und fixiert, oder wird die Hautfarbe überhaupt übergangen? Welche Bilder haben Weiße TherapeutInnen von Schwarzen Männern, Frauen, Kindern und Jugendlichen? Leben sie segregiert in homogenen Weißen Räumen? Was empfinden, denken sie, und wie verhalten sie sich gegenüber Schwarzen Personen, sobald sie das therapeutische Setting verlassen? Kann ein/e Schwarze/r KlientIn die/den Weiße/n BeraterIn auf Grund des hierarchischen Settings auf rassistische, diskriminierende Äußerungen ansprechen, ohne daß diese/r ihr oder ihm das übelnimmt oder die Kritik als Übertragungsproblem labelt? Dann hätte die/der Schwarze KlientIn außer dem Problem, mit dem sie oder er zur Therapie kam, noch ein zusätzliches: Sie/er würde pathologisiert, vielleicht sogar als paranoid definiert. Kann die/der Weiße TherapeutIn differenzieren zwischen einer sog. kulturellen und einer klinischen Paranoia? Ungewißheiten, die die/den Schwarze/n Klientin/en vielleicht dazu veranlassen, Bereiche ihres/seines Denkens, Fühlens und Verhaltens aus der Therapie auszuklammern, bewußt oder unbewußt: Hier tut sich ein weiter Raum auf, der zeigt, welchen Einfluß das Weiß-Sein der TherapeutInnen auf Schwarze KlientInnen haben kann.

In Deutschland gibt es im Unterschied zu den USA keine Untersuchungen darüber, wie sich Schwarz-Sein und Weiß-Sein von TherapeutInnen und KlientInnen im therapeutischen Prozeß auswirken (siehe für die USA z.B. Helms, 1990 und Carter, 1995). Hier können uns jedoch einige Alltagserfahrungen weiterhelfen, die immer wieder die Kompetenz Schwarzer Professioneller in Frage stellen: Eine junge Schwarze Professorin wird in ihrem Zimmer an der Uni von der hereinkommenden Weißen Studentin eine Weile nicht beachtet und dann gefragt, "kannst du mir nicht sagen, wo Frau M. (Professorin) ist?" Eine Schwarze Krankenschwester wird auf der Station von der Weißen Patientin spontan angesprochen: "Hol mal die Krankenschwester", obwohl sie schon durch ihre Kleidung als solche erkenntlich ist. Die Weiterempfehlung an einen Schwarzen Arzt kann dann so lauten: "Der ist wirklich sehr gut, obwohl der Schwarz ist, da kannst du ruhig hingehen."

So kann man sich in einer psychosozialen Einrichtung in Deutschland vielleicht noch vorstellen, daß es eine Reihe von Schwarzen KlientInnen gibt, vielleicht sogar noch eine Schwarze Sozialarbeiterin, einen Schwarzen Psychologen oder eine Schwarze Ärztin. Aber von einem Schwarzen Supervisor, einer Schwarzen Institutionsleiterin kann man sich hier in Deutschland jedoch wohl noch kein Bild machen. Das heißt auch, daß wir gewollt oder nicht gewollt am Prozeß des Status-ranking von Schwarzen beteiligt sind.

An diesen Beispielen soll deutlich werden, daß mit der Kategorisierung Schwarz diese Personen durch die Thematisierung ihrer Hautfarbe nicht nur aus dem normativen Kontext als besondere herausgehoben werden, sondern daß mit der Thematisierung immer auch eine Bewertung verknüpft ist.

Nicht zuletzt übt die Normalität der Weißen Position eine soziale Kontrolle aus. Sie hält Weiße und Schwarze an je unterschiedlichen Plätzen in der Gesellschaft fest, d.h., sie ist eine soziopolitische Platzzuweisung. Die Zuweisung erfolgt von einer Position aus, die sich selbst nicht sichtbar macht, die sich selbst nicht benennt – von der Weißen Position aus.

Bedeutet nun die Dethematisierung von Weiß-Sein, daß kein Wissen und keine Reproduktion von Diskursen über Weiß-Sein als Norm bestehen?

Wissen über Weiß-Sein – Weiß-Sein als eine soziale Beziehung

Wenn eine Weiße Person in der Öffentlichkeit eine rassistische Aussage über Schwarze macht, kann sie meist darauf vertrauen, daß die anderen sie nicht angreifen oder gar bloßstellen werden. Sie kann sich auf ihre Weiße Referenzgruppe verlassen und sich in der Solidargemeinschaft der Weißen beheimatet fühlen.

Schwarze sollten am besten aus dieser Gruppe ganz ausgeschlossen werden. So hatte das Hotel Adlon, eines der z.Zt. renommiertesten Berliner Hotels, eine junge Schwarze Studentin vom studentischen Arbeitsservice als Aushilfe vermittelt bekommen, sie aber dann mit der Begründung abgewiesen, man könne dem Publikum nicht eine Frau zumuten, die "nichteuropäisch" aussieht. Hier scheint das Wissen als selbstverständlich angenommen zu werden: Europäisches Aussehen ist Weiß; und: Für Weiße sind Schwarze eine Zumutung, die sich durch den Ausschluß von Schwarzen markiert. Es soll exklusive Weiße Orte geben.

Die Weiße Exklusivität wird auch daran deutlich, daß das Kind einer Weißen Mutter und eines Schwarzen Vaters nicht als Weiß verstanden wird. Im Englischen bezeichnet man dies als die "one drop rule": Ein einziger "Tropfen Schwarzen Blutes" macht das Kind zum/r Schwarzen.

An diesen Beispielen können wir sehen, daß ein kollektives Bewußtsein von Weiß-Sein existiert, das durch diskriminierende Zuschreibungen und den Ausschluß von Schwarzen bestimmt ist. Das gilt auch für das Selbstverständnis als Deutsche/r, obwohl bei den meisten Weißen Deutschen Weiß nicht als Selbstattribuierung auftaucht. Aber es gibt Konzepte von "Blutreinheit" und "Abstammung", die zum Beispiel in Begriffen wie "Mischehe" oder "Mischling" auftauchen. Damit wird letztlich auch das Verständnis von Nation "rassifiziert".

Was bedeutet nun Weiß-Sein im individuellen Selbstverständnis, in der Beziehung zu anderen und vor allem in der therapeutischen Beziehung?

Weiße Identitätskonzepte – Weiß-Sein als eine strukturierende Variable in der therapeutisch/beraterischen Beziehung

Was das Selbstverständnis der Weißen betrifft, so hat Janet Helms, eine z.Zt. führende Forscherin und Theoretikerin im Bereich der "racial" Identität in den USA, ein Modell vorgestellt, das die Entwicklung Weißer Identität in der Abfolge verschiedener Stadien aufzeigt. Dabei geht sie von zwei grundlegenden Annahmen aus (Helms, 1990):

1) Weiße sind so sozialisiert, daß sie sich allein durch ihre Hautfarbe Schwarzen Personen gegenüber überlegen fühlen.
2) Weiße müssen sich nicht mit ihrem Weiß-Sein beschäftigen bzw. können es überhaupt völlig negieren.

Von diesen Prämissen ausgehend, zeigt Helms nun verschiedene Phasen auf, in denen Weiße Identität sich entwickeln kann:

Ausgangspunkt ist dabei die Situation, daß den Weißen ihr Weiß-Sein und die damit verknüpfte Privilegierung nicht bewußt ist. Zunächst nehmen Weiße Personen in der Regel jegliche soziopolitische Bedeutung des eigenen Weiß-Seins nicht wahr. Hier finden wir Aussagen wie: "Ich behandle alle Menschen gleich", "Ich achte überhaupt nicht auf die Hautfarbe eines Menschen".

Wenn die Unterschiede zwischen Weißen und Schwarzen bewußt werden, dann werden kognitive Dissonanzen auftreten, die zu Irritationen führen. Denn einerseits fühlt man sich demokratischen Werten von Gleichheit und Gerechtigkeit verpflichtet, andererseits erfährt man jedoch die Diskriminierung von Schwarzen und sieht, daß man selbst daran teilnimmt.

Diese Situation führt zu Unbehagen und Irritationen, und um diese zu beenden, liegt es nahe, die Ursache für die Diskriminierung bei den Schwarzen zu lokalisieren, um sich dann selbst in der Überzeugung zu bestätigen, daß die Privilegien und Vorteile, die eine Weiße Person besitzt, dem eigenen Verdienst geschuldet sind. Die Auflösung der Dissonanz in diese Richtung ist um so leichter möglich, da die negativen Zuschreibungen gegenüber Schwarzen durch die von Weißen produzierten kulturellen Konzepte der sozialen, moralischen und intellektuellen Unterlegenheit von Schwarzen gestützt werden. Dann heißt es: "Schwarze könnten genausoviel erreichen, wenn sie sich nur anstrengen würden." Zielgruppe sind hier natürlich immer die Schwarzen, die sich verändern sollen.

Eine positive Identitätsentwicklung beginnt nach Helms dann, wenn die Weiße Person diese rassistischen Konzepte über Schwarze hinterfragt und sich zunehmend bewußt wird, wie sie selbst an den verschiedenen Formen von Rassismus teilnimmt. Diese Veränderung spielt sich zunächst einmal vorwiegend auf der intellektuellen Ebene ab. Wenn nun die Weiße Person den rassistischen Konsens der Mehrheit in Frage stellt, muß sie dann jedoch selbst mit für sie unangenehme Reaktionen rechnen.

Je mehr nun die Weiße Person sich über ihre gesellschaftliche Prägung und soziale Verortung bewußt wird, desto eher wird sie sich die Frage stellen: "Wie will ich sein?", "Kann ich ohne Schuldgefühle Weiß sein, ohne rassistisch zu sein?" Hier geht es nicht mehr um Veränderungen von Schwarzen aus der Sicht von Weißen, sondern um die Veränderung der Weißen Person.

Ein letztes Stadium der Weißen Identität ist nach Helms dann erreicht, wenn die starren Kategorien des Weltbildes zunehmend flexibel geworden sind und das Verhalten, die Gefühle und das Denken Weißer Personen gegenüber Schwarzen nicht mehr auf Idealisierung und Entwürdigung basiert. Dann wird auch die Begegnung mit Schwarzen Personen gesucht, und ihre Erfahrungen werden geschätzt, nicht mehr und nicht weniger als die Erfahrungen und Begegnungen mit Weißen.

Helms' Modell hat im psychosozialen Bereich eine breite Resonanz gefunden. Hier gehen die Untersuchungen in folgende Richtung: Nicht die Feststellung, ob die KlientInnen und TherapeutInnen Schwarz oder Weiß sind, erlaubt eine Aussage über den Erfolg und den Verlauf eines therapeutischen Prozesses, sondern die jeweiligen Entwicklungsstadien, in denen sich die TeilnehmerInnen befinden. Es gibt jedoch auch Kritik, die sich vor allen Dingen gegen eine eindeutige Abfolge der Entwicklungsstadien und gegen ein geschlossenes Identitätskonzept richtet.

Darüber hinaus wurde kritisiert, daß Variablen wie Klasse, Geschlecht und Religion nicht genügend in das Konzept einbezogen worden seien.

Ein weiteres Problem sehe ich darin, daß durch die Arbeit am Weiß-Sein eine bipolare Entweder-oder-Sichtweise beibehalten oder gar fortgeschrieben wird, daß durch einen Akt dichotomen Denkens Schwarz-Sein bzw. Weiß-Sein als Projektionen des "Nicht-Ichs", des "anderen" hergestellt werden. Weiß-Sein müßte eine transitorische Variable sein, die sich nur formuliert, um sich tendenziell aufzuheben, etwa indem eine kulturelle Metakommunikation darüber entwickelt wird, wie Weiße Personen sich Weiße Geschichten nach Weißen Regeln erzählen.

Trotz dieser kritischen Einwände denke ich, daß wir dieses Modell für uns fruchtbar machen können, wenn wir es als Arbeitshypothese bzw. als einen konzeptionellen Rahmen betrachten, der uns Einblick in einen Prozeß der Sensibilisierung von Weißen Personen hinsichtlich ihres Weiß-Seins und der Beziehung zu Schwarzen geben kann. Wobei Weiß-Sein als eine relationale Variable zu verstehen ist, die die jeweilige Persönlichkeitsentwicklung mit beeinflußt und beziehungssteuernd ist.

Sich über das eigene Weiß-Sein bewußt zu werden, kann z.B. nach Adrienne Rich heißen: "Die Weiße Haut wahrzunehmen und zu sehen, an welche Orte sie mich geführt hat und an welche Orte sie mich nicht gehen ließ" (1979, S.108).

Was könnte dies nun bezüglich interkultureller Beratung und Therapie bedeuten?

Zunächst muß analysiert werden, inwiefern psychologische Diagnostik, Therapie und Forschung durch "rassifizierende" Konzepte beeinflußt werden. Wenn wir davon ausgehen, daß psychologische Tests von ihren Items und von den Prozeduren her kulturell aufgeladen sind, könnte man z.B. bei den Intelligenztests (Wechsler, Raven etc.) untersuchen, ob Minderheiten nicht signifikant unterschätzt werden, während sich die Frage bei den Persönlichkeitstests (MMPI, Rorschach, TAT etc.) stellt, ob Minderheiten nicht "überpathologisiert" werden. Messen bestimmte Tests bei unterschiedlichen Minderheitengruppen die gleichen psychologischen Konstrukte?

In der therapeutischen Beziehung haben z.B. US-amerikanische Untersuchungen einige typische Abwehrmechanismen beschrieben, die immer wieder auftreten, wenn TherapeutInnen und KlientInnen von unterschiedlichem ethnischen oder "racial" Hintergrund aufeinandertreffen (Sue & Sue, 1990).

Einer der häufigsten ist sicherlich das Ausblenden ethnischer Unterschiede (sog. Beta-Fehler). Diese Perspektive geht von einer oft als humanistisch verstandenen Vorstellung aus, daß die Differenzen zwischen Menschen keine bzw. nur wenig Relevanz haben. Positiv an diesem Ansatz ist sicherlich, daß er die Gemeinsamkeit der Menschen wie auch ihre jeweilige Individualität zu erfassen sucht. Der Nachteil hingegen, daß er die soziopolitische Geschichte und die zwischen den Gruppen bestehende Machtdynamik nicht oder kaum beachtet.

Ein genau entgegengesetztes, ebenfalls häufig auftretendes Verhalten findet man in der ausschließlichen Fokussierung des Problems auf kulturelle oder ethnische Differenzen (sog. Alpha-Fehler).

Wenn z. B. eine Weiße Klientin, die mit einem Schwarzen Mann verheiratet ist, in die Beratung kommt und über Probleme in ihrer Ehe klagt, dann wird es in aller Regel schwierig sein herauszufinden, welchen Anteil kulturelle/ethnische/"racial" Faktoren und welchen persönliche/individuelle Faktoren haben. Und das um so mehr, je weniger sich Weiße TherapeutInnen selbst darüber im klaren sind, was sie als Weiße Frauen bzw. Weiße Männer mit der Beziehung zu einem Schwarzen Mann verbinden. Je unsicherer sie nun sind, je weniger sie sich selbst als Weiße reflektiert haben, desto eher werden sie entweder in das eine oder in das andere Extrem fallen, d. h. dem Faktor Schwarz-Sein entweder alle Problemlast oder gar keine Relevanz zuschreiben. Was in diesem Fall meist völlig ausgeblendet wird, ist, das Weiß-Sein der Klientin und der TherapeutInnen mit in den diagnostischen und therapeutischen Prozeß einzubeziehen.

Wenn aber TherapeutInnen sich ihrer Gefühle, ihres Verhaltens und Denkens als Weiße gegenüber Schwarzen Personen bewußt werden, kann sich ein weites Feld für sie auftun, gesellschaftlich geprägte Bilder, Vorstellungen, Gefühle und Verhaltensweisen gegenüber Schwarzen mit ihren KlientInnen zu erforschen. Was könnte es z. B. für die jeweiligen Beziehungen bedeuten, daß in unserer Kultur die Wahrnehmung von moralischer, "racial" und sexueller "Reinheit" oft miteinander verknüpft sind? Sie könnten der Frage nachgehen, inwiefern die Probleme z. B. mit der Identifikation der Klientin mit einer Weißen Solidargemeinschaft zu tun haben, die Schwarzen eine untergeordnete Position zuschreiben. Angst-, Schuld- und Schamgefühle müßten dann nicht mehr nur als innerdynamische/intrafamiliale Konflikte identifiziert werden, sondern möglicherweise auch als Resultat des moralischen Dilemmas: sich einer egalitären, freiheitlichen Ideologie verpflichtet zu fühlen, gleichzeitig jedoch die eigene Privilegierung tagtäglich zu erleben, sie vielleicht auch auszunützen, ohne dies bewußt zu wollen oder sich selbst zuzugestehen.

Dies muß nicht zwingend so sein. Das eigentliche Problem ist jedoch, daß unsere bisherigen therapeutischen und beraterischen Denk- und Handlungstraditionen uns solche Perspektiven eher verschließen.

Ein anderes Beispiel wäre, wenn ein/e Schwarze/r KlientIn in die Beratung kommt und seine oder ihre Probleme mit diskriminierendem Verhalten schildert. Wie weit sind da die Weißen TherapeutInnen in der Lage, empathisch zu sein? Empathie als eine von Professionellen im psychosozialen Bereich am häufigsten genannte unabdingbare Interaktionsvariable.

Empathie beinhaltet immer eine affektive und eine kognitive Ebene. Auf der kognitiven Ebene müssen TherapeutInnen ihre ethnokulturelle Ignoranz analysieren, sich Wissen um die Realitäten der KlientInnen aneignen, um offen für deren Erfahrungen zu sein. Empathie für die emotionalen Erfahrungen der kulturell "anderen" ist jedoch schwierig. Dieses Problem überhaupt wahrzunehmen und zu akzeptieren, ist dennoch für die therapeutische Beziehung unumgänglich. So könnte man eine Gefahr bei der Empathie darin sehen, daß – wenn man das Modell der sozialen Imagination anwendet, um Weißen ein Verständnis z. B. von Schwarzen nahezubringen: Man schlüpft sozusagen in die Schuhe der "anderen" – es zu einem Schwelgen in einer harmonischen Erfahrung von Reversibilität und der Lust an der Identifikation kommen kann. Ein Akt der Vereinnahmung wird, indem man die andere Person mit ihren Schmerzen und ihrem Ärger auf das, was man kennt, reduziert, hier als ein Akt der Anerkennung ausgegeben (bell hooks, 1994, S.13).

So haben Weiße z.B. andere kognitive und emotionale Assoziationen, wenn sie den Begriff "Neger" hören, als Schwarze. Sie haben jedoch die Möglichkeit, sich Informationen zu verschaffen über die Erfahrungen, die Schwarze mit diesem Begriff gemacht haben. Auf der affektiven Ebene ist es dagegen äußerst schwierig, Empathie zu entwickeln, da die Entwürdigung, die mit diesem Begriff für Schwarze einhergeht, von den Weißen zunächst nicht selbst empfunden wird. So können Weiße mit Unverständnis auf die Verletztheiten Schwarzer reagieren. Dann taucht in der Argumentation die vertraute Dreierattribuierung auf: Schwarze seien "zu empfindlich, übersensibel und paranoisch". Die Heftigkeit der Emotionen, mit der Weiße auf den einfachen Hinweis reagieren, den Begriff ob seiner diskriminierenden Konnotation durch einen anderen zu ersetzen, und zwar durch einen, den die so definierte Gruppe sich selbst gegeben hat, z.B. "Schwarze", läßt erkennen, daß es sich hier nicht um den schlichten kognitiven Akt des Wissens bzw. Nichtwissens handelt, sondern um eine Abwehr, mit der die Weiße Person sich schützt. Würde sie nämlich die Geschichte nachvollziehen, die sich in diesem Begriff verdichtet, dann würde sie an ihr Weiß-Sein erinnert, das seine Bedeutung durch eine jahrhundertelange Herrschafts- und Ausbeutungsbeziehung gegenüber Schwarzen bekommt. Die Meidung des Themas, die Bagatellisierung oder gar Pathologisierung der Erfahrungen von Schwarzen geschieht im Eigeninteresse, Machtbeziehungen zu verdrängen. Und nicht zuletzt erscheint die Abwehrenergie dadurch gespeist, daß Schwarze allein durch den Akt und den Anspruch der Selbstdefinition das Weiße "Geburtsrecht" der Definitionsmacht in Frage stellen.

Bei dem Versuch, empathisch zu sein, kann es also nicht nur darum gehen, kognitiv und emotional nachzuvollziehen, was Schwarze im Augenblick der Diskriminierung empfinden, sondern auch darum, wieder zu sich zurückzukommen und sich selbst in dieser Beziehung zu sehen, sich selbst zu fragen: "Was empfinde ich als Weiße/r in dieser Situation? Wie werde ich durch eine solche Diskriminierung als Weiße/r positioniert? Wie gehe ich mit dieser Position um?"

Genausowenig wie die therapeutischen Settings und Denktraditionen sind die Institutionen neutral oder wertfrei. Das zeigt sich allein an der ethnischen Zusammensetzung der MitarbeiterInnen, an den Leitungsstrukturen, den unterschiedlichen Barrieren gegenüber ethnischen Minderheiten und ihrer äußerlichen Repräsentation.

In der Regel werden Angehörige der Mehrheitskultur sicherlich besser betreut als Angehörige von Minderheiten. Charles R. Ridley (1995) hat dies z.B. für die USA anhand verschiedener Mechanismen aufgeschlüsselt: So werden Schwarze öfter an jüngere und Halb- bzw. Nichtprofessionelle überwiesen. Fehldiagnosen sind bei ihnen häufiger. Es werden mehr schwere Psychopathologien diagnostiziert. Harrison et al. (1988) finden in ihren Untersuchungen, daß Schwarze 12mal öfter als schizophren diagnostiziert werden als Weiße. Weißen werden häufiger psychoneurotische Symptome zugeschrieben im Unterschied zu Schwarzen, die eher psychotisch und psychopathisch gelabelt werden.

Die Reihe der Untersuchungen über Formen und Folgen von Diskriminierungen Schwarzer und Privilegierung Weißer in den psychosozialen Institutionen der USA oder Englands könnten hier beliebig fortgesetzt werden.

Das Problem, das wir hier in Deutschland haben, ist allerdings die Frage, warum es bei uns solche Forschungen nicht gibt. Sicherlich spielt dabei auch eine Rolle, daß es in Deutschland vergleichsweise sehr viel weniger Schwarze Menschen gibt als etwa in den USA und in England. Betrachten wir jedoch die Forschungen, die es inzwischen durchaus auch in Deutschland zu psychosozialen Problemen von MigrantInnen gibt, dann wird hier ebenfalls deutlich, daß die Forschenden kaum danach fragen, was diese Probleme über die Deutschen der Mehrheitskultur sagen. Genau aber das ist die Frage, um die es mir geht, wobei die Kategorie des Weiß-Seins eine zentrale, vielleicht die bisher am wenigsten bewußte Kategorie ist.

Literatur

Carter, R.T. (1995). *The Influence of Race and Racial Identity in Psychotherapy. Toward a Racially Inclusive Model.* New York: Wiley & Sons. Inc.

Collins, P.H. (1990). *Black Feminist Thought. Knowledge, Consciousness, and the Politics of Empowerment.* London: Routledge.

Collins P.H. (1996). Ist das Persönliche politisch genug? Afrikanisch-amerikanische Frauen und feministische Praxis. In Fuchs, B. & G. Habinger (Hrsg.), *Rassismen & Feminismen* (S. 67-91). Wien: Promedia Verlag.

Fine, M., Weis, L., Powell, L.C. & Mung Wong, L. (Eds.). (1997). *Off White. Readings on Race, Power, and Society.* New York: Routledge.

Frankenberg, R. (1993). *White Women Race Matters: The Social Construction of Whiteness.* Minneapolis, Mn: University of Minnesota Press.

Frankenberg, R. (1996). Weiße Frauen, Feminismus und die Herausforderung des Antirassismus. In Fuchs, B. & G. Habinger (Hrsg.), *Rassismen & Feminismen* (S. 51-67). Wien: Promedia Verlag.

Graham, S. (1992). 'Most of the Subjects Were White and Middlel Class': Trends in Published Research on African Americans in Selected APA Journals, 1970-1989. *American Psychologist, 47* (5), 629-639.

Harrison, G., Owens, D., Holton, A., Neilson, D. & Boot, D. (1988). A Prospective Study of Severe Mental Disorder in Afro-Caribbean Patients. *Psychological Medicine, 18*, 643-657.

Helms, J.E. (Ed). (1990). *Black and Wite Racial Identity: Theory, Research, and Practice.* Westport, CT: Greenwood Press.

Helms, J.E. (1995). An Update of Helms's White and People of Color Racial Identity Models. In Ponterotto, J.G., Casas, J.M., Suzuki, L.A. & C.M. Alexander (Eds), *Handbook of Multicultural Counceling* (pp. 181-198). London: Sage.

hooks, b. (1994). *Teaching to Transgress: Education as the Practice of Freedom.* New York: Routledge.

Howitt, D. & Owusu-Bempah, J. (1994). *The Racism of Psychology. Time for Change.* New York: Harvester Weatsheaf.

Katz, J. & Ivey, A. (1977). White Awareness: The Frontier of Racism Awareness Training. *Personnel and Guidance Journal, 55*, 485-489.

McLoyd, V.C. (1991). What is the Study of African American Children the Study of? In R.L. Jones (Ed.), *Black Psychology* (pp. 419-429). Berkeley, CA: Cobb and Henry.

Morawski, J.G. (1997). White Experimenters, White Blood, and Other White Conditions: Locating the Psychologist's Race. In Fine, M., Weis, L., Powell, L.C. & L. Mung Wong (Eds.), *Off White. Readings on Race, Power, and Society* (pp. 13-28). New York: Routledge.

Ponterotto, J.G., Casas, J.M., Suzuki, L.A., Alexander, C.M. (Eds.). (1995). *Handbook of Multicultural Counceling*. London: Sage.

Rich, A. (1979). *On Lies, Secrets and Silence: Selcted Prosa 1966-1978*. New York: W.W. Norton & Company.

Ridley, C.R. (1995). *Overcomming Unintentional Rracism in Counceling and Therapy*. Thousand Oaks, CA: Sage.

Sue, D.W. & Sue, D. (1990). *Counceling the Culturally Different: Theory and Practice* (2nd ed.). New York: John Wiley.

Terry, R.W. (1975). *For Whites only. Grand Rapids*. MI: W.B. Eerdmans.

Terry, R.W. (1981). The Negative Impact on White Values. In Bowser, B.P. & R.G. Hunt (Eds.), *Impacts of Racism on White Americans* (pp. 119-151). Beverly Hills CA: Sage Publications.

Von der unerträglichen Last des ersten Anscheins oder: Ich wollte immer schon Nonne werden oder: Weil Du "anders" bist, darf ich Dich alles fragen

Silvia Osei

Die Pluralität der bundesrepublikanischen Gesellschaft ist eine Tatsache, die innerhalb der psychosozialen Versorgung immer noch weitestgehend ignoriert wird. Nach wie vor gehen SozialarbeiterInnen, SozialpädagogInnen, LehrerInnen, MedizinerInnen, PsychologInnen etc. in ihren Konzepten unausgesprochen und selbstverständlich davon aus, daß die gesellschaftliche Verfaßtheit *monokulturell* sei.

Der folgende Beitrag beschreibt Erfahrungswelten Schwarzer Deutscher bei deren Versuchen, sich im Spannungsfeld von Fremddefinitionen und allgegenwärtigen normativen Standards einer "Menschwerdung" zu stellen. Exemplarisch wird die Auswirkung von Stigmatisierungsprozessen auf Identitätskonstruktionen Schwarzer deutscher Frauen gezeigt, um daran anschließend auf die Implikationen für Beratung und therapeutische Begegnung einzugehen.

Schwarz und deutsch

Beginnen wir mit einer Standortbestimmung: Ich bin Schwarze Deutsche. Die Tatsache, als Mensch Schwarzer Hautfarbe in einer "weiß" definierten Gesellschaft sozialisiert worden zu sein und zu werden, ist eine Herausforderung an bestehende gesellschaftliche Definitionen. Ich bin eine von Vielen, die diese Selbstbenennung und Identität erst aufgrund folgender Abstraktionsleistungen annehmen konnte:

Erstens: Ich muß die kulturelle Dominanz eines westlich-weißen, christlichen, männlichen Selbstverständnisses in Frage stellen. Das bedeutet zum Beispiel auch, daß viele Schwarze Deutsche, trotz der Erfahrung, rassistisch diskriminiert zu werden, die Erkenntnis erst gewinnen müssen, daß wir es hier in Deutschland nicht mit "Ausländerfeindlichkeit" zu tun haben, sondern in einem Land leben, das auf struktureller, institutioneller und persönlicher Ebene von rassistischen Denk- und Verhaltensmustern durchdrungen ist.

Zweitens: Wenn ich mich explizit als *Schwarze Deutsche* bezeichne, sage ich damit gleichzeitig: "Ich gehöre zu einer diskriminierten und stigmatisierten sozialen Gruppe", das heißt auch, daß "Schwarz-Sein" eine politische Bedeutung hat und diese als Selbstdefinition zum emanzipatorischen Akt einer Bewußtwerdung und Auseinandersetzung wurde.

Mit der Benennung *Schwarze Deutsche* geht es nicht nur um die Betonung der elterlichen Herkunft. Sie hebt eher darauf ab zu sagen, daß Schwarze in Deutschland ihren Lebensmittelpunkt haben und einen wesentlichen Teil ihrer Sozialisation hier erfahren haben können.

Diese "Verortungsleistungen" verdeutlichen bereits, welche Spannungen im Leben Schwarzer Deutscher angelegt sind. Judy Gummich beschreibt dies wie folgt:

Unsere Lebenssituation wird wesentlich dadurch bestimmt, daß wir sowohl Schwarze als auch Deutsche sind. Dies ist an sich kein Widerspruch, wird aber von der weißen deutschen Gesellschaft zum Widerspruch gemacht. Die Konstruktion dieses Widerspruchs ist ein Instrument zur Ausgrenzung Schwarzer Deutscher aus dieser Gesellschaft. Einerseits wird uns abgesprochen, deutsch zu sein ("Schwarze können keine Deutschen sein"), andererseits wird uns abgesprochen, Schwarz zu sein. (1994, S. 20-21)

Oft hören Schwarze Deutsche Sätze wie: "Ich sehe gar nicht, daß Du Schwarz bist; ich sehe Dich als Mensch" und "So Schwarz bist Du ja gar nicht", gekoppelt an die Behauptung, das sei als Anerkennung gemeint.

Als Anerkennung der Erfahrung einer Schwarzen Deutschen sind diese Aussagen jedoch ganz sicher nicht gemeint. Sie bedeuten eher, daß die rassistische Diskriminierung, die verbale und physische Gewalt, die Negierung unserer Existenz, vollkommen aus der Interaktion ausgeblendet werden sollen. Spezifisch an Erfahrungen Schwarzer Deutscher ist, daß sie nicht benannt werden dürfen; spezifisch an Erfahrungen Schwarzer Deutscher ist, daß sie selbst bei FreundInnen und Bekannten keine Rolle spielen dürfen.

Im nachfolgenden sollen wichtige Momente dieser Erfahrungen skizziert werden.

Idealerweise sollte die Familie wichtigste Instanz sein, um Kinder auf die rassistische Gesellschaft vorzubereiten. Oft jedoch werden die engsten Bezugspersonen, wenn diese die gesellschaftlichen Normen verinnerlicht haben und sie offen äußern oder auf subtile Weise signalisieren, zur ersten Quelle schmerzhafter Ablehnung (vgl. Lwanga in diesem Band). Es ist eben *nicht* so, daß die Menschen, mit denen Schwarze Deutsche aufwachsen, weniger rassistisch sind als die übrige Bevölkerung. Die sogenannte Kontakthypothese ist, wie Birgit Rommelspacher in ihrem Buch *Dominanzkultur* bereits in bezug auf "Behindertenfeindlichkeit" gezeigt hat, so nicht haltbar.

Denn tatsächlich spiegeln die privaten Verhältnisse auch die gesellschaftlichen wider und umgekehrt. Die gesellschaftlichen Machtverhältnisse setzen sich in der persönlichen Beziehungsdynamik fort. (1995, S.69)

Selbst wenn diese Bezugspersonen "von der Gleichartigkeit der Menschen überzeugt sind und diese Überzeugung als objektives Erziehungsziel sehen, leben sie in dem Geflecht von Mustern und Stereotypen, von vorgeprägten Denk- und Gefühlsstrukturen, aus denen sie sich nur sehr schwer befreien können" (Brandt, 1992, S.183).

Im Spiegel biographischer Erfahrungen Schwarzer Deutscher erscheinen somit Theorieansätze wie Goffmans "Stigmatheorie" (1975) verfehlt. Denn wenn er schreibt, daß die "Fähigkeit einer Familie und, zu einem weit geringeren Ausmaß, einer lokalen Nachbarschaft" ein wichtiges Schutzmoment für "Stigmatisierte" sei, da sie "sich als schützende Kapsel für ihre Heranwachsenden ... konstituieren" und ein "von Geburt stigmatisiertes Kind ... innerhalb einer solchen Kapsel durch das Mittel der Informationskontrolle sorgfältig behütet werden [kann]" (S.46), so überschätzt er nicht nur die Familie als "Schutzraum", sondern auch das Mittel "Informationskontrolle". Denn sobald das Schwarze Kind diesen geschützten Ort verläßt, ist es den vielfältigen Reaktionen der stigmatisierenden Menschen ausgeliefert, wenn es nicht darauf vorbereitet wird.

Zudem hat Bärbel Kampmann, Schwarze deutsche Psychologin, zahlreiche Erfahrungen in ihrer therapeutischen Praxis zusammengetragen, die belegen, daß die

schwarz-weiße Beziehung, häufig eine weiße Frau und ein schwarzer Mann, aus deren Verbindung die Schwarze Deutsche entstand, ... eine brüchige [ist]. Die Kinder ungewollt, unerwünscht oder ausdrücklich aus egozentrischen Motiven in die Welt gesetzt ["braune Babys sehen schöner aus"; Anm. der Verfasserin], haben wenig positive Erfahrungen in der frühen Kindheit: Kinderheimaufenthalte, Pflegeeltern, häufig wechselnde Aufenthaltsorte verbunden mit kultureller Fremdheit und Zerrissenheit der Familie sind keine Seltenheit. (1993, S.17)

Sicher ist einschränkend zu sagen, daß diese Sichtweise sehr einseitig ist und der Pluralität "Schwarz-weißer Beziehungen" nicht gerecht wird, zumal es sich auch um Erfahrungen aus einer therapeutischen Praxis handelt, das heißt um hochselektive biographische Erfahrungen. Dennoch zeigt eine solche Einschätzung, daß der Konflikt, der zwischen eigenen Einstellungen und den Reaktionen anderer Personen auf diese tabuisierte Beziehung entstanden sein könnte, nicht selten an die Kinder weitergegeben wird.

Hinzu kommen weitere "Streßfaktoren". Die Familie selbst oder die Menschen, bei denen Schwarze Deutsche aufwachsen, erleben etwa permanenten Streß, weil "Schwarz-weiße" oder "binationale" Partnerschaften auf vielfache Weise stigmatisiert werden (vgl. Lwanga in diesem Band). Der nichtdeutsche Partner, die nichtdeutsche Partnerin macht zum Alltagsrassismus auch noch kontinuierliche Erfahrungen mit institutionellem Rassismus, wenn seine oder ihre Aufenthaltssituation noch unklar ist, eine Arbeitserlaubnis noch nicht vorhanden ist oder schlicht, wenn das Aufgebot beim Standesamt aufgestellt und die Vermutung einer sogenannten "Scheinehe" ausgesprochen wird oder gar die Erteilung des Visas – bei Heirat im Herkunftsland des nichtdeutschen Partners bzw. der nichtdeutschen Partnerin – verzögert wird.[1]

Eine offene Auseinandersetzung mit den Themen Rassismus und Diskriminierungserfahrung in der Familie und im *FreundInnenkreis* bzw. im *sozialen Umfeld* wäre wünschenswert und könnte vor den tagtäglich sich zeigenden Äußerungsformen des Rassismus Schutz bieten. Jedoch ist leider eine der gängigen Strategien, mit der gegebenen Realität umzugehen, die der Vermeidung: Rassismus ist Tabuthema in der deutschen Gesellschaft und auch ein Tabuthema in der Familie beziehungsweise bei den Bezugspersonen im sozialen Umfeld Schwarzer Deutscher. Doch dieses Tabu verhindert nicht, daß die rassistischen Botschaften dennoch unmißverständlich vermittelt werden, beispielsweise daß Schwarze Deutsche:

---

[1] Vergleiche hierzu Berichte der Antidiskriminierungsbüros etwa in Köln, Berlin, Bielefeld, Frankfurt.

- immer besser sein müssen,
- immer brav sein müssen im Namen aller Schwarzen,
- niemandem in der Familie ähnlich sehen, sprich: nicht dazugehören,
- Beleidigungen stumm ertragen müssen,
- erfahren: Schwarz ist gefährlich, deswegen muß man/frau Macht darüber haben,
- erfahren, daß alles Schlechte aus Afrika kommt,
- immer freundlich und diplomatisch sein müssen,
- interessant sind, weil sie exotisch seien und
- nicht empfindlich sein dürfen.

Und so bedeutet, ein Schwarzes Kind zu sein, immer als etwas Besonderes betrachtet zu werden, ständig vorgeführt zu werden, ständig angefaßt zu werden, insbesondere die Haare, immer angeglotzt zu werden, oft beschimpft und tätlich angegriffen zu werden ... und niemanden zu haben, um diese Erfahrungen loszuwerden oder mitteilen zu können. Wenn niemand da ist, die oder der nachvollziehen kann, wie mensch sich fühlt, dergestalt Erfahrungen sammeln zu müssen, bedeutet das, viele Krisensituationen allein bewältigen zu müssen und die rassistischen Botschaften nach und nach zu verinnerlichen.

Denn das, was sie von frühester Kindheit an als Rassismus erfahren, wird von den anderen nicht als Rassismus akzeptiert: "Du machst Dir etwas vor", "Du bist überempfindlich". Und sie beginnen, an ihre eigene Minderwertigkeit zu glauben und so zu reagieren, wie es das System von ihnen erwartet. (Brandt, 1992, S.181)

Die eigene Wahrnehmung wird in Frage gestellt, denn es gibt unter den beschriebenen Bedingungen keine Informationsquelle, die bestätigen würde, daß die rassistischen Erfahrungen nicht als Folge persönlicher Umstände bzw. persönlichen Fehlverhaltens interpretiert werden dürfen.

Die Unsichtbarkeit oder das Fehlen anderer, positiver Vergleichssubjekte oder ähnlicher Rollenmodelle, ohne Rückenstärkung einer Schwarzen Gemeinschaft; die Abwesenheit von Identifikationsfiguren innerhalb der Familie (kein Elternteil sieht einem selbst ähnlich) und im sozialen Umfeld, von denen Schwarze Deutsche ein sicheres Gefühl der Zugehörigkeit ziehen könnten, führen zu Aussagen wie dieser: "Ich habe früh das Gefühl entwickelt, daß es etwas gibt, mit dem ich allein fertig werden muß." Diese Vergleiche wären hilfreich, um mit Informationen versorgt zu werden, um die anderen Relationen und Realitäten sichtbar zu machen, um andere Identitätskonstruktionen aufbauen zu können.

Schwarze Deutsche wachsen also mit dem permanenten Gefühl auf, "anders" zu sein oder "etwas Besonderes" zu sein. Dies geschieht im negativen wie im vermeintlich positiven Sinn: Sie gelten als RepräsentantInnen der stigmatisierten sozialen Kategorie "Mensch mit Schwarzer Hautfarbe", und sie gelten als exotisch, reizvoll und faszinierend. Die Realität, daß Deutsche "Schwarz" sein können, wird nur selten wahrgenommen, sondern als Widerspruch gegen den gesellschaftlich vermittelten Standard "weiß=deutsch" konstruiert. Von klein auf wird zu verhindern versucht, daß eine Schwarze Deutsche Identität als eine legitime Identität angenommen und entwickelt werden kann. "Diese Erfahrungen formieren sich zum dichotomen Bewußtsein, zum einen bedroht und unerwünscht, zum anderen anders zu sein" (Mecheril, 1994, S.59).

Schwarze Deutsche, die mit Eltern beziehungsweise Bezugspersonen aufwachsen, die verschiedene kulturelle Hintergründe haben, werden mindestens bikulturell sozialisiert: Der enge Kontakt mit Menschen aus verschiedenen Kulturkreisen, Mehrsprachigkeit, vielfältige Wertvorstellungen, Verhaltens- und Rollenmuster sowie die fundierten Kenntnisse über beide Kulturen sind ein Vorsprung, den monokulturell aufwachsende Menschen üblicherweise nicht vorweisen können. Dieser Vorsprung relativiert sich, wenn die nichtdeutsche Kultur eine stigmatisierte – eventuell bezüglich mehrerer Faktoren – ist.

In der Psychologie sprechen wir in diesem Zusammenhang von einer "multiplen Identität", um deutlich zu machen, daß ein hermetischer, eindimensionaler Identitätsbegriff, der ein für allemal das Selbstverständnis festzuschreiben scheint, der Realität nicht gerecht wird. Multiple Identität bedeutet, daß niemand nur Frau bzw. Mann ist, sondern zugleich durch andere Attribute wie weiß bzw. Schwarz, reich oder arm etc. geprägt ist. Es bedeutet auch, daß die Identitäten oft nicht exklusiv sind, zum Beispiel daß frau entweder Deutsche oder Türkin ist, sondern sie kann auch Deutsche und Türkin zugleich sein. Je nachdem, in welchem Kontext frau sich bewegt, tritt mal der eine Aspekt, mal der andere in den Vordergrund. Insofern ist das Selbst als ein offenes System zu begreifen, in dem unterschiedliche Identitätselemente gleichzeitig wirksam sind, sich gegenseitig beeinflussen, sich ständig gegeneinander verschieben und sich verändern. (Rommelspacher, 1995, S.90)

Die Erfahrung, daß die Existenz Schwarzer Deutscher keine allgemein geteilte Vorstellung ist, hat zur Folge, daß sie im psychologischen Sinne permanent Gefühle der Verwundbarkeit in bezug auf Ablehnung ihrer Person und Identität ertragen müssen. Zur gleichen Zeit muß diese Verwundbarkeit mit zeitweiliger Akzeptierung in Einklang gebracht werden.

Denn die Variationsbreite möglicher Interaktionen und Reaktionen ist in jeder Situation vielfältig: Es muß abgewogen werden, mit welchen Reaktionen auf die Anwesenheit der eigenen Person gerechnet werden kann, um sich gegebenenfalls schützen zu können. Nähe und Distanz müssen ständig sorgfältig austariert werden. Konsequenz davon ist eine in allen Lebensbereichen reduzierte Erwartungshaltung im Hinblick auf soziale Kontakte und Interaktionen.

Es kann also festgehalten werden, daß die Sozialisation Schwarzer Deutscher durch das Fehlen externer Gültigmachung durch den Mangel an sozialer Akzeptierung oder durch ambivalente Akzeptierung, ambivalente Botschaften in Familie und sozialem Umfeld geprägt ist, vor allem weil die Schwarze Hautfarbe in der deutschen Gesellschaft ein Stigma ist und als Symbol von Wertlosigkeit gehandelt wird. Ausdruck davon sind Aussagen wie etwa: "Es ist zwar meine Heimat, aber es ist anstrengend. Ich benötige viel Energie zum täglichen Überleben", die von vielen Schwarzen Deutschen geteilt werden (vgl. Oguntoye et al., 1986).

Ich wollte immer schon Nonne werden

Die Entwicklung einer Schwarzen weiblichen Identität ist durch das häufige Erleben von Grenzüberschreitungen und von Mißtrauen geprägt: Mißtrauen in der Begegnung, weil Schwarzen Frauen bekannt ist, welche Wunschvorstellungen in dieser Gesellschaft existieren, wenn die Schwarzen generell als Metapher für Freiheit,

Sinnlichkeit und Natürlichkeit gelten. Sie gelten als die Exotischen, und jeder weiße Mann ist stolz darauf, zumindest einmal eine Schwarze Frau "gehabt" zu haben. Und oft genug wird dieses Ansinnen exakt auch so formuliert. Wenn diese Wünsche aber nicht so rassistisch genau expliziert werden, muß eine Schwarze Frau in jeder Begegnung mit einem potentiellen Partner oder einer Partnerin herausdifferenzieren, ob in dieser Begegnung eine Reduktion ihres gesamten Frau-Seins auf die Zugehörigkeit zu einer bestimmten Kategorie stattfinden und sie um die Wertschätzung ihrer Individualität betrogen werden soll.

Verbale und physische Grenzüberschreitungen prägen wie bereits schon beschrieben die gesamte Kindheit. Laut Birgit Rommelspacher (1995) hat der Selbstzwang und Normalismus der Mehrheitsgesellschaft ein anhaltendes Bedürfnis nach Grenzüberschreitung zur Folge.

Was bedeutet es aber für die Biographien Schwarzer deutscher Frauen, als Mädchen die Erfahrung gemacht zu haben, daß Fremde über ihre Körperlichkeit nach Belieben verfügen konnten, daß Grenzziehungen ungefragt ignoriert wurden?

Der Wunsch, Nonne werden zu wollen, steht für Schwarze Frauen häufig als Symbol: Eine Nonne gilt als eine nahezu Heilige, die unantastbar ist, schon allein durch ihre Kleidung, aber auch durch die Negierung ihrer Weiblichkeit, sie ist vordergründig ein asexuelles Wesen. Der Wunsch, eine Nonne zu werden, ist durchdrungen von dem Bedürfnis, sich der Realität nicht stellen zu müssen und in einem Kloster vor den Übergriffen bewahrt zu werden.

Zentral ist hierbei der Aspekt, daß Frauen, insbesondere Schwarze Frauen, mit einem "Hurenstigma" belegt werden. Das "Hurenstigma" gilt als der Prototyp der Stigmatisierung von Frauen und bekommt subtil und/oder offen ausgedrückt Bedeutung in der Identitätsentwicklung.

Historische Quellen aus der Malerei, Literatur und Medizin belegen, daß am Anfang dieses Jahrhunderts die Prostituierte in der Wahrnehmung ihrer ZeitgenossInnen als "sexualisierte Frau" an sich galt. Sie wurde mit physischen Merkmalen kategorisiert, die sie von der "Normalität" unterscheidbar werden lassen sollten; Bezeichnungen wie "atavistisch" und "primitiv" wurden im medizinischen Bereich herangezogen. Schwarze "Dienerinnen" fungierten als ein (Hinweis-)Zeichen für die sexuelle Verfügbarkeit der sexualisierten weißen Frauen.

Es wurden Analogien zu den "Primitiven" und den Prostituierten hergestellt: "Primitiv ist der Schwarze, und die Eigenschaften des Schwarz-Seins, zumindest die der schwarzen Frau, sind die der Prostitution" (Gilman, 1992, S.139).

Daß diese Vorstellung selbst von anerkannten Philosophen geteilt wurde, die die sozialen Konstruktionen dieser Epoche schließlich mit tradierten, zeigt folgende Zusammenfassung Gilmans:

Schwarze, wenn man Hegel wie Schopenhauer Glauben schenken will, sind auf dieser primitivsten Stufe stehengeblieben, ihr Dasein in der heutigen Welt dient als Indikator dafür, wie weit es der Menschheit gelungen ist, Kontrolle über sich und ihre Welt zu gewinnen. Der Verlust der Kontrollmöglichkeiten zeigt sich im Rückgriff auf die dunkle Vergangenheit, die Degeneration in dem primitiven Ausdruck von Emotionen in Form von Wahnsinn oder ungezügelter Sexualität (S. 139).

Es wird klar, daß sich bereits hier eine Amalgamierung andeutet: Das Bild der "primitiven" Schwarzen Frau, der innewohnende Mythos der "Zügellosigkeit" mit der Verfügbarkeit einer Prostituierten. Das späte 19. Jahrhundert konstruierte die soziale Kategorie der Schwarzen Frau als Trägerin des Stigmas sexueller Differenz in Übereinstimmung mit der Vorstellung der Prostituierten.

Schwarze Frauen müssen ständig damit rechnen, daß diese bis heute gängige Vorstellung in der Interaktion Bedeutung gewinnen kann. In diese Kategorie eingeordnet zu werden, hat die Funktion der Ausgrenzung, Stigmatisierung und der Verfügbarmachung. Da die Kontrolle der Sexualität ein Bestandteil der kulturellen Selbstdefinition der weißen deutschen Gesellschaft ist, wird die vermeintliche Zügellosigkeit zu einem Instrument, mit dem Schwarze Frauen aus der Gesellschaft hinausdefiniert werden.

Aber gerade die scheinbare Triebhaftigkeit der Außenseiter, ihre vermeintliche Zügellosigkeit, ist das, was sie für uns faszinierend macht. Zu einem guten Ruf gehört die Anständigkeit, besonders für Frauen. Gilt eine Frau als unanständig, ist das gleichzusetzen mit ihrem sozialen Ausschluß. (Rommelspacher, 1995, S.164)

Mit dem Stigma der Prostitution können (Schwarze) Frauen in Schranken gehalten werden, gibt es doch keine wirkungsvollere Drohung als die, sie als "Hure" zu bezeichnen. Der Aktionsradius der (Schwarzen) Frauen wird eingeschränkt, weil quasi vorgezeichnet ist, daß den Konsequenzen dieser Fremddefinition zuerst aktiv gegengesteuert werden muß, da sonst das Stigma die soziale Interaktion dominiert.

Dieser drohende soziale Ausschluß wird von vielen Schwarzen Frauen durch das Symbol der Nonne selbst vorgenommen:

Indem sich Schwarze Frauen in einem abgeschiedenen Kloster einschließen wollen, grenzen sie sich selbst aktiv aus, um mit dieser Welt nicht mehr zu tun haben zu müssen: eine Welt, die ihre Grenzen mißachtet und ständige sexuelle Verfügbarkeit imaginiert.

Weil Du "anders" bist, darf ich Dich alles fragen – Stigmatisierung und die soziale Interaktion

Es vergeht kaum ein Tag, an dem Schwarze Deutsche nicht gefragt werden, wo sie herkommen oder warum sie so gut deutsch sprechen. Und wenn dann gesagt wird, daß frau Schwarze Deutsche sei, dann folgt ebenfalls regelmäßig die Frage, wo sie denn *eigentlich* herkäme. Die Implikationen dieser Fragen sind klar: Die gesellschaftliche Norm gibt die Verhaltensmöglichkeiten vor: Die Übereinstimmung mit ihr gibt einem die Gewißheit, das gesellschaftlich Gewollte, also das Richtige zu tun, und belohnt einen mit dem Gefühl der Selbstgerechtigkeit, d.h.: Angehörige der Mehrheit dürfen alles fragen, um ihre Neugierde zu befriedigen. Wird keine Auskunft gegeben, wird das immer als Unfreundlichkeit ausgelegt, die Fragenden reagieren in der Regel aggressiv oder bemerken ihre Grenzüberschreitung, und manchmal folgt der Satz, daß sie es doch nur freundlich/gut gemeint hätten.

Das direkte Zugehen auf die "anderen" kann auch eine Form sein, sie von sich wegzuschieben, weil die "anderen" damit auf ihr Anderssein regelrecht festgelegt werden. Das Trennende wird hier in den Vordergrund geschoben – zumal diese "wohlmeinenden" Äußerungen zumeist die einzigen sind, die fallen. So gut gemeint diese sein mögen, so taktlos sind sie auch, da hier persönliche Grenzen in einer Weise überschritten werden, wie man/frau das Menschen, denen er oder sie mit Respekt begegnet, und eben machtvolleren Menschen gegenüber nie tun würde (vgl. Battaglia, 1995).

Laut Birgit Rommelspacher (1995) ist eines der Ergebnisse der Forschung zur Macht in interaktiven Beziehungen, daß Zeichen der Vertraulichkeit – zum Beispiel die Hand auf die oder den andere/n zu legen, *insbesondere ungefragt in die Haare zu fassen* – immer auch Machtgesten sind, die nur denjenigen zustehen, die die obere Position einnehmen.

Wieder wird das Erleben Schwarzer Deutscher in solchen Situationen von dem Gefühl geprägt, kein Recht auf Unversehrtheit zu haben, sondern objektiviert zu werden.

Es bleibt das Dilemma: Es nicht zu beachten und so zu tun, als ob es nicht wäre, ist genauso falsch, wie direkt und taktlos zu fragen, Schwarze ungefragt anzufassen und die Andersartigkeit ins Zentrum der Aufmerksamkeit zu rücken.

Macht- und Schutzlosigkeit charakterisieren in den dargestellten Situationen die Schwarzen Deutschen; die Mitglieder der weißen Mehrheitsgesellschaft können ihre Definitionsmacht ausagieren und die Schwarzen Deutschen der Normverletzung überführen. Solange die oder der Schwarze Deutsche nicht als individuelle Person in ihrer jeweiligen Selbstdefinition anerkannt wird, wird keine "Schwarz-weiße" Begegnung selbstverständlich und ohne Spannung verlaufen. Es gibt Interaktionen, in denen eine unbelastete, echte Begegnung stattfindet, in denen kein Unbehagen aufkommt und keine Aktivierung der Selbstschutzes notwendig wird. Welche spezifischen Bedingungsfaktoren diese unterschiedliche Qualität der Begegnung ausmachen, müßte anderenorts einer intensiven Analyse unterzogen werden.

Meist folgt auf die Frage, wo sie denn eigentlich herkämen, der Zusatz, auch bitte schön dorthin zurückzukehren: Schwarze Deutsche dürfen Deutschland nicht als ihre Heimat betrachten, dank ihrer Hautfarbe werden sie permanent aus dieser Gesellschaft hinausdefiniert; sie gelten als "AusländerInnen". Die Frage der Zugehörigkeit ist eine Frage, die die Mehrheitsgesellschaft stets klar verortet.

Der gezielte Ausschluß und ein anderes Extrem korrespondierender gesellschaftlicher Reaktionsnormen ist das *Nichtgesehenwerden*: An der Bedienungstheke, auf der Straße angerempelt zu werden, bei der Wohnungsvergabe und Arbeitsplatzsuche nicht berücksichtigt zu werden und die mittlerweile ständig drohende Gewalt, unterstützt durch "Ausländer raus" skandierende Gruppen und diese Ausgrenzung legitimierende staatliche Instanzen (vgl. etwa Fremgen, 1984).

In jedem neuen Kontakt tritt Interaktionsspannung auf. Schwarze Deutsche müssen dann einschätzen, ob sie mit spontanen, kulturell geprägten Entwertungsphantasien, mit dem Bild oder der Vorstellung konfrontiert werden, sie seien gerade "aus dem Urwald entsprungen", oder ob Menschen an dieser Interaktion teilnehmen, die sich nicht vorstellen können, daß Deutsche auch Schwarz sein können. Die Reaktionsnorm ist eine graduelle, denn man/frau weiß zu Beginn einer Begegnung nicht, ob die sogenannte Irrelevanzregel Gültigkeit hat oder ob eine echte menschliche Begegnung möglich ist. Die Irrelevanzregel verlangt, die Unterschiede als irrelevant zu betrachten und die "anderen" als völlig gleich zu behandeln; sie schreibt also vor, so zu tun, als wenn nichts wäre, einerlei welches Stigma der oder dem "anderen" anhaftet. Die Irrelevanzregel zeigte sich bereits in meinem Beitrag durch den Satz: "Ich sehe gar nicht, daß Du Schwarz bist", in einem Vermeidungsverhalten, das sich ebenfalls in einem: "Ich sehe gar nicht, daß Du da bist" bzw. "Ich verweigere Dir Dein Existenzrecht" äußert. Auf der konkreten Ebene der Interaktion bedeutet das Vermeidung und Distanzierung: den "anderen" aus dem Weg gehen, sie nicht anschauen, sich nicht mit ihnen auseinandersetzen, nicht von ihnen wissen, sich nicht für ihre Themen interessieren, Erfahrungen mit ihnen wieder aus dem Gedächtnis löschen, bedeutungslos, nicht existent werden zu lassen.

Das zieht sich durch das ganze Leben:

Dieses einfache "Alle Menschen sind ja gleich" geht an den Erfahrungen des Kindes vorbei. Denn es hat ja bereits gelernt, daß nicht alle gleich behandelt werden. Ziel der Pädagogik sollte es sein, dem Kind zu helfen, mit den Stereotypen, die bereits angelegt sind, umgehen zu lernen und sie zu durchschauen, damit sie sich nicht festsetzen. (Brandt, 1992, S.186)

Ausblick

In meinem Beitrag wurde der Versuch unternommen, einige Aspekte der Erfahrungswelt Schwarzer Menschen zu benennen. An dieser Stelle beschränke ich jedoch das Ausgeführte bewußt nicht ausschließlich auf die Erfahrungen Schwarzer Deutscher, denn insbesondere die Aussagen im zweiten und dritten Teil lassen sich auf jede Person, der ein Stigma wie die Schwarze Hautfarbe "anhaftet", übertragen.

Die Tatsache, daß wir unseren Lebensmittelpunkt in einem rassistischen Land haben, verknüpft mit der Anerkennung der Tatsache, daß Schwarze Menschen täglich subtilen bis gewalttätigen rassistischen Handlungen ausgeliefert sind, hat für die therapeutische Begegnung Konsequenzen. Ebenso hat die Negierung und Verdrängung dieser Realität Auswirkung auf die soziale Beziehung, die in der TherapeutIn-KlientIn-Interaktion hergestellt wird.

Unsere Erfahrungen haben gezeigt, daß weiße Therapeutinnen ihre Schuldgefühle und damit in der Regel die unaufgearbeitete Geschichte des Hitlerfaschismus verdrängen und von sich weisen. Bevor wir überhaupt eine Form von Hilfe und Unterstützung bekommen, werden wir erneut mit dem unaufgearbeiteten Rassismus der weißen Therapeutinnen verletzt, und wir müssen erst viel Aufklärungsarbeit leisten. Die Kraft reicht dann meist nicht mehr aus, uns selbst zu schützen oder uns gar zu öffnen, um eine Begegnung mit der Therapeutin möglich zu machen und ein Vertrauensverhältnis aufzubauen. (Hügel, 1992, S.305)

Diese Aussage verweist auf das Dilemma, daß den traumatisierten Menschen in dem geschützten Raum, den diese Begegnung ermöglichen soll, erneut Interaktionsspannung, Exotisierung, Ablehnung, Stigmatisierung und Nichtanerkennung begegnen können. Und das in einer Situation, in der Hilfestellung bereitgestellt werden müßte und auch erwartet wird. Solange auf seiten der weißen TherapeutInnen nicht (an-)erkannt wird, daß rassistische Gewalt nicht nur von rechtsradikalen Gruppen ausgeübt wird, sondern Gewalt und Grenzüberschreitung schon dort beginnen kann, wo das eigene weiße Selbstverständnis auf Kosten der Schwarzen unhinterfragt bleiben soll, solange werden rassistische Denk- und Verhaltensmuster bis in die therapeutische Begegnung hinein fortgeschrieben und reproduziert (vgl. Wachendorfer in diesem Band).

Wenn die TherapeutIn-KlientIn-Dyade als Teilsystem des gesamtgesellschaftlichen Systems betrachtet wird, darf die Machtposition der professionell Tätigen nicht ausgeblendet werden, die zudem erlaubt, die Dienstleistung und deren Qualität unzulässigerweise auf einen vordefinierten Rahmen zu beschränken: durch das Ausblenden der eigenen Position in der Gesellschaft, die Unkenntnis über rassistische Denk- und Verhaltensmuster, die fehlende Standortbestimmung im Hinblick auf das rassistische System (vgl. Hügel in diesem Band).

Wie kann überhaupt unter diesen Bedingungen professionell gehandelt werden?

Um Schwarzen Menschen ein angemessenes Therapieangebot machen zu können, muß eine umfassende Analyse der eigenen Positionierung und Beteiligung in diesem rassistischen System vorgenommen worden sein. Diese Reflexion setzt voraus, daß die Tatsache anerkannt wird, als weiße/r Mehrheitsangehörige/r sozialisiert worden zu sein, und daß sich in das Denken, Fühlen und Verhalten rassistische Anteile eingegraben haben.

Insofern genügt es nicht, sich selbst als tolerant zu begreifen, denn Toleranz sieht nicht die eigene Beteiligung in der Konstitution der Machtbeziehung. Demgegenüber muß den Angehörigen der Mehrheitskultur bewußt werden, daß sie Teil der Machtverhältnisse sind und sie in jeder Situation mitkonstituieren. Denn Kultur, und damit auch die Dominanzkultur, bezieht sich auf alle Aspekte des sozialen Lebens, auf die sprachlichen, symbolischen, affektiven und körperlichen Normen und Praxen. Sie äußern sich in unbewußten Gewohnheiten, Wünschen und Gesten, die Menschen in ihre Interaktion einbringen. Wenn Angehörige der Mehrheitskultur also so tun, als ob es gleichgültig wäre, aus welchem kulturellen Kontext die KlientIn/der Klient kommt, übersehen sie, daß bei jeder angebotenen Hilfe eine Anpassungsleistung verlangt wird, die zusätzliche Probleme schafft. Denn Gleichheit in Dominanzverhältnissen bedeutet immer, den herrschenden Lebensstil zum Maßstab zu machen. Es ist also die Frage, ob und inwieweit in der Therapie hierzulande nicht meistens die weiße "deutsche" Lebensweise als Standard zugrundegelegt wird, an dem der Fortschritt der KlientInnen in Sachen Problemlösungskompetenz gemessen wird. Das hieße, daß auch im Rahmen von Therapie unterschwellig eine Art Kulturkampf stattfindet, in dem die Beratenden beweisen wollen, wie sehr ihre Lebensweise allen anderen überlegen ist. (Rommelspacher, 1995, S.141)

Es wird klar, daß auch die psychosoziale Tätigkeit Verantwortungsübernahme und eine politische Betrachtungsweise unabdingbar macht. Das heißt auch, daß "Rassismuserfahrungen" als psychischer Belastungsfaktor wahrgenommen und berücksichtigt werden müssen.

Es ist wünschenswert, daß Psychotherapie und Beratung für und mit Angehörigen von Minderheiten ebenso selbstverständlich werden, wie sie es innerhalb der Mehrheitsgesellschaft sind. Das setzt jedoch eine Auseinandersetzung mit dem Rassismus und den eigenen rassistischen Anteilen ebenso voraus wie die Bereitschaft, von der anderen Sichtweise und den Erfahrungen des Gegenübers etwas zu lernen (Kampmann, 1994, S.141/142).

Erst wenn eine Veränderung der (be-)herrschenden Denkweisen als möglich wahrgenommen und umgesetzt wird, kann Vertrauen in der therapeutischen Begegnung hergestellt und die Anerkennung der Andersheit mit allen Erfahrungen Bestandteil des therapeutischen Prozesses werden – und deren adäquate Aufarbeitung erfolgen.

Literatur

Battaglia, S. (1995). Interaktive Konstruktion von Fremdheit. Alltagskommunikation von Menschen binationaler Abstammung. *Journal für Psychologie, 3*, 16-23.

Brandt, A.P. (1992). Rassismus im Alltag. In Appel, R. & C. Roth (Hrsg.), *Die Asyl-Lüge. Ein Handbuch gegen Fremdenfeindlichkeit und Rassismus* (S. 177-194). Köln: Volksblatt Verlag.

Fremgen, G. (1984). *...und wenn du dazu noch schwarz bist. Berichte schwarzer Frauen in der Bundesrepublik*. Bremen: edition CON.

Gilman, S.L. (1992). *Rasse, Sexualität und Seuche. Stereotype aus der Innenwelt der westlichen Kultur*. Reinbek: Rowohlt Taschenbuch.

Goffman, E. (1975). *Stigma. Über Techniken der Bewältigung beschädigter Identität*. Frankfurt/M: Suhrkamp.

Gummich, J. (1994). Als Schwarze diskriminiert – als Deutsche ignoriert: Schwarze Deutsche. *Perspektiven, 10*, 16-25.

Hügel, I. (1992). Lesbischsein läßt sich verleugnen, Schwarz-Sein nicht. In Loulan, J.A. et al. (Hrsg.), *Lesben, Liebe Leidenschaft. Texte zur feministischen Psychologie* (S. 298-307). Berlin: Orlanda.

Kampmann, B. (1993). Basisprobleme Schwarzer Deutscher. *"Weibblick", 13*, 17-19. Berlin: Unabhängiger Frauenverband.

Kampmann, B. (1994). Schwarze Deutsche. Lebensrealität und Probleme einer wenig beachteten Minderheit. In Mecheril, P. & T. Teo (Hrsg.), *Andere Deutsche. Zur Lebenssituation von Menschen multiethnischer und multikultureller Herkunft* (S. 125-144). Berlin: Dietz.

Mecheril, P. (1994): Die Lebenssituation Anderer Deutscher. Eine Annäherung in dreizehn thematischen Schritten. In Mecheril, P. & T. Teo (Hrsg.), *Andere Deutsche. Zur Lebenssituation von Menschen multiethnischer und multikultureller Herkunft* (S. 57-94). Berlin: Dietz.

Oguntoye, K. et al. (Hrsg.). (1986). *Farbe bekennen. Afro-deutsche Frauen auf den Spuren ihrer Geschichte*. Berlin: Orlanda.

Rommelspacher, B. (1995). *Dominanzkultur. Texte zu Fremdheit und Macht*. Berlin: Orlanda.

Sozialarbeit mit "Zigeunern"? – Ein historisch vorbelastetes Verhältnis

Barbara Danckwortt

1. Einleitung

Das erste Halbjahr in meiner Klasse erlebte ich als sehr anstrengend. Die Verständnisschwierigkeiten und das gegenseitige Fremdsein belasteten mich. Oft sprachen die Schüler in ihrer Muttersprache .... Mir waren diese Kinder anfangs sehr fremd, und ich begegnete meinen eigenen Vorurteilen gegenüber Roma .... Aber ich fand niemand, der mit Roma-Kindern Erfahrung hatte. (Flöter, 1994, S.134f.)

So schilderte die Lehrerin der Vorbereitungsklasse für jugoslawische Flüchtlingskinder an einer Berliner Grundschule auf der Tagung "Sinti, Roma und wir" 1993 in Berlin ihre Erfahrungen mit Roma-Kindern. In Eigeninitiative sammelte sie Informationsmaterial und versuchte, durch Gespräche mit den Eltern die Verhaltensweisen der Kinder besser zu verstehen. Wie sie sind viele LehrerInnen, PsychologInnen, SozialarbeiterInnen und im sozialen Bereich Beschäftigte oft ratlos im Umgang mit Angehörigen dieser Minderheit. Auch sie sind nicht frei von jahrhundertelang tradierten antiziganistischen[1] Vorurteilen, die das Meinungsbild der Mehrheitsgesellschaft prägen. Informationsveranstaltungen oder begleitende Supervisionen werden nur selten angeboten. Fehlendes Wissen über die Normen, Werte, Kultur und Geschichte dieser Minderheit führt zu Mißverständnissen, Auseinandersetzungen und Bevormundung, Ausgrenzung und Diskriminierung. Gutgemeinte Aktionen und Projekte verkehren sich ins Gegenteil.

Auf der anderen Seite steht eine Minderheit, die jahrhundertelang stigmatisiert und verfolgt wurde, in der der Völkermord während des Nationalsozialismus auch in der Nachkriegsgeneration noch fortwirkt, für die staatliche Beeinflussung und Erziehungsmaßnahmen bisher nur auf die Zerstörung ihrer Kultur zielten. Auch in den 70er Jahren diente die Parole "Integration bei gleichzeitiger Wahrung der kulturellen Identität" oft nur als Deckmantel für Assimilation. Die Einbeziehung der Betroffenen in die Projektplanung blieb meist nur ein Lippenbekenntnis. So ist es nicht erstaunlich, daß viele Angehörige dieser Minderheit sozialen und bildungspo-

---

[1] In Anlehnung an den in Frankreich verwendeten Begriff "l'Antitsiganisme" hat sich in den 80er Jahren in Deutschland der "Antiziganismus" als Pendant zu "Antisemitismus" eingebürgert, während im englischsprachigen Raum "Antigypsism" gebräuchlich ist. In Anlehnung an Andreas Freudenberg (Freudenberg et al., 1992) hat Herbert Heuß (1996, S.110) kritisiert, daß es keinen "Ziganismus" gebe und vorgeschlagen, statt dessen den Terminus "Zigeuner-Ressentiment" zu verwenden. Zu einer Diskussion des Begriffs und dieser Kritik siehe Wolfgang Wippermann (1997, S.10ff.).

litischen Maßnahmen skeptisch und ablehnend gegenüberstehen und sich die Frage stellt, ob Sozialarbeit mit "Zigeunern" nach diesen historisch vorbelasteten Erfahrungen überhaupt noch möglich ist.

Der folgende Beitrag wird dieser und anderen Fragen nachgehen und möchte dazu beitragen, einige der markantesten Wissenslücken zu schließen. Zunächst sollen einige einleitende Erklärungen zur Unterscheidung mehrerer "zigeunerischer" Gruppen und ein kurzer Überblick über die Geschichte der Sinti und Roma von ihrer Abwanderung aus Indien bis zur Nachkriegszeit[2] mit einer Diskussion antiziganistischer Stereotype gegeben werden. Daran anschließend wird auf die Problematik der Strafverfolgung der NS-TäterInnen und der "Wiedergutmachung" sowie auf die Geschichte der Bürgerrechtsbewegungen eingegangen. Thema des letzten und zentralen Teiles ist die Entdeckung der "Zigeuner" als "soziale Randgruppe" sowie mehrere soziale Projekte in Westdeutschland, deren Konzepte und Umsetzung kritisch hinterfragt werden.

1.1 Sinti, Roma, Jenische, Zigeuner, Nomaden?

In Europa werden sie meist in drei ethnische Hauptgruppen eingeteilt, deren Sprache und Traditionen differieren:

1. Die in Mitteleuropa lebenden *Sinti* (Non-Vlach-Dialekt Sprechende, d.h. ohne Einfluß aus dem Rumänischen; in Frankreich als *Manusch, Manouches* [=Mensch] bezeichnet),
2. die südosteuropäischen *Roma* (Vlach-Dialekt Sprechende, d.h. mit Einfluß aus dem Rumänischen) und
3. die südwesteuropäischen *Kalé (Calé*=die Schwarzen), auch *Gitanos* genannt.

Eine verwirrende Uneinigkeit besteht in der Forschung hinsichtlich der Einteilung der Untergruppierungen. So ist dies etwa umstritten bei den *Lalleri* (auch *Lalere*= stumme Roma genannt)[3], einer kleinen, vorwiegend in Deutschland und in der Tschechoslowakei lebenden und einen eigenen Dialekt sprechenden Gruppe (Münzel & Streck, 1981, S.23).

Bei dem Wort *"Sinti"* (auch *Cinti, Sindhi, Sinte* geschrieben, sg. *Sinto, Cinto*, fem. *Cintizia, Sintetsa, Sintizza, Sintezza*) sehen einige AutorInnen eine Herleitung von *"Sint"*, einer altindischen Bezeichnung für den Fluß *"Sindu"* (=Indus) und der Provinz *"Sindh"* im heutigen Pakistan[4] (Köpf, 1994, S.9). *Rom* (pl.=*Roma,* fem. *Romni, Romnia*) bedeutet aus dem *Romanes* bzw. *Romani Chib* übersetzt schlicht "Mensch". Nach Deutschland wanderten Roma in mehreren Migrationswellen ein: 1. Nach der Aufhebung der Leibeigenschaft in der Moldau und Walachai Mitte des 19. Jahrhunderts, 2. nach dem Ende des Zweiten Weltkrieges, 3. im Zuge der Anwerbung als "GastarbeiterInnen" in den 60er und 70er Jahren, 4. als Asylsuchende

---

2   Zu einem detaillierteren Überblick mit weiterführender Literatur siehe Danckwortt (1997).
3   Nur wenige überlebten die Verfolgung im Nationalsozialismus (Köpf, 1994, S. 61).
4   Richard Pischel war dagegen der Auffassung, es bestehe keine Verbindung zwischen diesen Namen (Pischel, 1883, S. 360).

und Bürgerkriegsflüchtlinge seit Ende der 80er Jahre. Schon diese kurzen Ausführungen verdeutlichen, wie heterogen diese ethnische Minderheit ist.[5]

Eine häufig vertretene These ist die Ableitung der Bezeichnung *"Zigeuner"* von dem griechischen Wort *"athinganoi"* (= die Unberührbaren), dem Namen einer antiken kleinasiatischen Sekte, deren Mitgliedern die Kunst der Zauberei und Wahrsagerei zugeschrieben wurde und die zahlreiche Reinheitsgebote einhalten mußten. Leo Wiener wies dagegen darauf hin, daß die Bezeichnung *"asinkar",* die im Altpersischen "Eisenarbeiter" *(asin*=Eisen, *kar*=Macher, Arbeiter) bedeutet, mit dem Sektennamen "athinganoi" verwechselt worden sei (Wiener, 1909, S.15f.). Nicht zutreffend dagegen ist die Behauptung, der Name "Zigeuner" komme von der Beschimpfung "herumziehender Gauner"="Ziehgauner" (Tetzner, 1835, S.9). Die Verwendung der Bezeichnung "Zigeuner" wird heute von den meisten Sinti und Roma als diskriminierende Fremdbezeichnung abgelehnt, die zu ihrer Stigmatisierung gebraucht wurde und wird. Da sie unter diesem Terminus jahrhundertelang verfolgt bzw. ihre Familien im Nationalsozialismus ermordet wurden, ist diese Ablehnung verständlich. Das Bild des "Zigeuners" ist zudem durch konstruierte Topoi in der Wissenschaft (Breger, 1995; Giere, 1996; Hund, 1996; Martins-Heuß, 1983; Ruch, 1986; Willems, 1997; Wippermann, 1997), der Literatur (Berger, 1972; Breger, 1998; Briel, 1989; Djuric, 1995; Niemandt, 1992; Solms & Strauß, 1995) sowie durch die Etikettierungspraxis von Obrigkeit und Polizei[6] besetzt. Diese hatten mit dem tatsächlichen Leben der Sinti und Roma wenig gemein, standen teilweise sogar im Widerspruch zu ihren Sitten. Beim Umgang mit historischen Quellen ist der Begriff jedoch nicht zu vermeiden, denn die Obrigkeit bezeichnete alle Personen, die umherzogen, als "Zigeuner", d.h. das entscheidende Kriterium war die soziale Lebensweise und nicht die ethnische Zugehörigkeit. Auch die meisten AutorInnen, die in der Nachkriegszeit über soziale Projekte berichteten, trafen keine Unterscheidung zwischen verschiedenen Gruppen und subsumierten alle unter dem Begriff "Zigeuner".

Dabei gehört eine Gruppe von Fahrenden, die sogenannten *Jenischen*[7], strenggenommen nicht zur ethnischen Gruppe der Sinti und Roma. Einige hatten aber in Sinti- und Roma-Familien eingeheiratet und übten die gleichen ambulanten Berufe aus. Die Bezeichnung kann sich aber auch auf Personen beziehen, die zu keiner

---

5 Nach dem Studium der Literatur entsteht der Eindruck, daß die unterschiedlichen Gruppen eher von Abgrenzung voneinander als durch ein "Wir"-Gefühl gekennzeichnet sind (Acton, 1974; Salo, 1979; Yoors, 1982). Leo Lucassen gibt zu bedenken, daß sich die Vorfahren der heutigen Sinti und Roma möglicherweise nicht in gleicher Weise ethnisch definierten. Die von den Behörden getroffene Etikettierung sei auch von den Betroffenen übernommen worden. Die Erfahrung der NS-Verfolgung könne zu einer verstärkten Ethnisierung geführt haben (Lucassen, 1996, S. 7ff., 215). Der engere Zusammenschluß ist m.E. eher auf das Engagement für ein gemeinsames Ziel in den Bürgerrechtsbewegungen zurückzuführen und hat frühere Abgrenzungen zwischen den Familien überwinden lassen. Eine Arbeit über Ethnizität "zigeunerischer" Gruppen in Deutschland steht aber bis heute aus.

6 Lucassen zufolge ist der Begriff "Zigeuner" keine ethnische, sondern eine konstruierte Kategorie, in die unterschiedliche Gruppen miteinbezogen wurden. Er unterscheidet zwischen dem "Stigma", der Summe der negativen Vorurteile über eine Gruppe, und der "Etikettierung", dem Prozeß, in dem dieses Stigma einer Gruppe angeheftet wird (Lucassen, 1996, S. 9f.).

7 *Mekese* oder *Mäckese* ist eine andere Bezeichnung für die Jenischen, die u.a. im Siegerland gebräuchlich ist.

dieser Gruppen zu rechnen sind, denn viele Menschen waren – sei es auf Arbeitsuche, auf Reisen oder in Folge von Kriegseinwirkungen und Vertreibungen – auf den Landstraßen unterwegs. Es ist also nicht gesagt, daß die Erwähnung von "Zigeunern" immer Angehörige dieser ethnischen Minderheit meint.

Die Bezeichnung *Nomaden* im Zusammenhang mit Sinti und Roma ist ein häufig gebrauchter, doch falscher Terminus. Nomaden leben meist in unzugänglichen Gebieten und sind Viehzüchter (!), die auf der Suche nach Futter- und Wasserstellen mit ihren Herden wandern. Historische Quellen in der ganzen Welt aber beschreiben Sinti und Roma als Musikanten und Schmiede. Hinweise auf diese Berufe finden sich auch in ihren Märchen und Erzählungen (Mode & Wölffling, 1968, S. 79 ff.). Daher ist m. E. die These nicht zutreffend, sie hätten diese Berufe übernommen, als sie nach Europa kamen, da ihnen nur dieser wirtschaftliche Bereich als Nische in der festgefügten, ständischen Gesellschaft verblieb (Soest, 1979, S. 27). Sicherlich haben sie diese schon Jahrhunderte vor ihrer Einwanderung nach Europa praktiziert.

Andere von Sinti und Roma häufig ausgeübte Berufe waren die des Scherenschleifers, Pferdehändlers, Hausierers, Marionettenspielers und andere Schaustellerberufe. Bereits im 18. Jahrhundert, verstärkt im Laufe des 19. Jahrhunderts, wurden viele Familien seßhaft.[8] Auch die noch Fahrenden hatten meist Quartiere, wo sie oder ihre Verwandten zeitweise, vor allem in den Wintermonaten, lebten. Darüber hinaus trifft das herkömmliche Stereotyp des mit Pferd und Wagen reisenden "Zigeuners" auf viele nicht zu. Nur einige hatten genügend Kapital, um sich Pferd und Wagen leisten zu können. Andere aber zogen als WanderhändlerInnen mit der Kippe oder dem Handkarren umher. In diesem Zusammenhang stellt sich ohnehin die Frage nach der Definition von Seßhaftigkeit. Kann nur derjenige als seßhaft gelten, der sich das ganze Jahr über an einem Wohnort aufhält? Ist eine Person mit festem Wohnsitz, die sich nur einige Monate im Jahr geschäftlich auf Reisen befindet, zur Gruppe der Nichtseßhaften zu rechnen? Wenn dies so wäre, müßten ganze Berufsgruppen als solche gelten: z. B. HandelsvertreterInnen, JournalistInnen, SchauspielerInnen, ManagerInnen. Annähernd 98% der Sinti in Deutschland haben heute einen festen Wohnsitz (Rinser, 1985, S. 12).[9] Daher sind auch die für diese Gruppe verwendeten Begriffe *"Nichtseßhafte"*, *"Landfahrer"*[10] oder *"Fahrendes Volk"* nicht zutreffend. Schätzungen gehen davon aus, daß in Deutschland zur Zeit ca. 100.000 (Reemtsma, 1996, S. 57) bis 120.000 (Kommission der Europäischen Gemeinschaften, 1997, S. 28) Sinti und Roma leben.

---

8   Unter "seßhaft" verstehe ich auch Personen, die einen Wohnsitz hatten, aber in einem begrenzten Gebiet ihr ambulantes Gewerbe ausübten.
9   Hundsalz konstatierte 1982, daß nur noch etwa 10 % von ihnen das ganze Jahr über auf Reisen gehen (Hundsalz & Schaaf, 1982, S. 19).
10 Dieser Begriff wurde in den 20er Jahren für "nach Zigeunerart umherziehende Personen" gebraucht, seit Ende des Zweiten Weltkrieges aber ebenfalls für Sinti und Roma verwandt.

2. Historischer Überblick

2.1 Eine Geschichte der Verfolgung und Vertreibung

Indira Gandhi erkannte 1976 die Sinti und Roma offiziell als ein aus Indien stammendes Volk an. Hinweise auf diese Herkunft lassen sich auch in mündlich erzählten Legenden, Mythen und Tabuvorstellungen finden (Djuric et al., 1996, S.287ff.; Mode & Wölffling, 1968, S.67). Der Zeitpunkt der Abwanderung und die Wanderungswege sind noch ungeklärt, wobei meist angenommen wird, daß sie zwischen dem 5. und 11. Jahrhundert in Richtung Westen gezogen sind. Mit Hilfe der Linguistik läßt sich der Weg von Indien nach Europa anhand der Lehnwörter verfolgen, die die einzelnen Gruppen auf ihren Wanderungen aus den Sprachen der Gastländer in die Romanes-Dialekte übernahmen. Vom Nordwesten Indiens verlief er über das heutige Afghanistan durch den Iran nach Armenien und Kleinasien. In Armenien teilten sich die Migrationsströme in mehrere Richtungen. Eine Wanderroute führte über die Türkei, Griechenland und südslawisches Gebiet nach Westeuropa, die zweite über Armenien nach Rußland. Die Vielzahl der persischen, armenischen, griechischen und slawischen Lehnwörter weist auf einen längeren Aufenthalt in diesen Ländern hin. Die Migration erfolgte vermutlich nicht in einer großen, geschlossenen Wanderungsbewegung, sondern in kleinen Gruppen zu unterschiedlichen Zeiten.

Anfang des 15. Jahrhunderts wanderten Sinti-Gruppen nach Deutschland ein, zumindest finden sich für diese Zeit die ersten schriftlichen Belege. Einige Chronisten erwähnen Geleitbriefe weltlicher und geistlicher Fürsten, die Sinti mitführten. Der wohl bekannteste ist der in lateinischer Sprache abgefaßte Freibrief König Sigismunds für den "Woiwoden" Ladislaus und sein Volk aus dem Jahr 1423, der sie unter den Schutz des Königs stellte und ihnen sogar eine eigene Gerichtsbarkeit zusicherte (Ruch 1986, S.33ff.). In manchen Darstellungen wird diese Zeit als "Goldenes Zeitalter" (Hohmann, 1981, S.16; Mode & Wölffling, 1968, S.147) für die Sinti beschrieben, weil ihnen einige Städte – nachdem sie sich als PilgererInnen vorgestellt hatten – Almosen und Geldgeschenke gewährten und sie bewirteten. Da sich in dieser Zeit aber schon Berichte über Vertreibungen finden, ist diese Ansicht wohl eher eine Idealisierung. Stießen Sinti zunächst auf Hilfsbereitschaft, so veränderte sich das Verhalten ihnen gegenüber spätestens mit dem Ausgang des 15. Jahrhunderts. Der Reichstag zu Freiburg von 1498 erklärte den Geleitbrief König Sigismunds für ungültig und die "Zigeuner" für "vogelfrei". Die "Vogelfreiheit" bedeutete einen Freibrief für jedermann zu ihrer Verfolgung, Folter und Ermordung. Begründet wurde dieses Vorgehen mit dem Vorwurf, sie seien "Spione" der Türken. Ein Vorurteil, das später wieder aufgegriffen wurde. Nachfolgende Reichstage bestätigten die Bestimmungen, Polizei- und Landesverordnungen übernahmen vielfach deren Maßregeln. Im Zeitraum von 1416 bis 1774 wurden im Deutschen Reich 148 Edikte gegen "Zigeuner" erlassen (Macfie, 1943). Aufgegriffene wurden ausgepeitscht, gebrandmarkt und über die Grenze vertrieben. Sogenannte "Zigeunerpfähle" mit Darstellungen der drakonischen Strafen sollten "Zigeuner" vom Betreten des Territoriums abhalten. Sinti versuchten, sich der Verfolgung durch das Ausweichen in unzugängliche Gebiete oder Nachbarländer zu entziehen. Mit einer gewissen Phasenverzögerung erließen jedoch alle mittel- und westeuropäischen Nachbarstaaten "Zigeunergesetze", so daß ein Entkommen immer schwieriger wurde. Da die Gesetze wenig Wirkung zeigten, wurden sie zunehmend verschärft. König Friedrich I. von Preußen erließ 1710 ein "Geschärfftes Edikt wegen derer Zigeuner", demzufolge alle festgenommenen Personen ab dem 16. Lebensjahr – auch Frauen – ohne Gnade zu hängen waren. Die Einwohner Preußens sollten sich den auf der Jagd nach "Zigeunern" befindlichen Milizen anschließen; gefangengenommene Kinder sollten "in der Furcht Gottes" erzogen werden und den Erziehenden "bis an ihr Ende leibeigen verbleiben". Für den Fall, daß sich niemand bereit erklärte, die Kinder zu sich zu nehmen, bestimmte das Edikt, sie in Zucht- und Arbeitshäusern zur Arbeit anzuhalten. Kaiser Karl IV. erließ 1721 ein Generalmandat, das sogar die "Ausrottung Deren in dem Land hin und wieder streiffenden Zigeuner" befahl.

Mit der Aufklärung trat der Besserungs- und Erziehungsgedanke an Stelle der Verfolgungs- und Vertreibungspolitik in den Vordergrund. Als Gegenbild zur bürgerlichen Gesellschaft wurde der Topos von den "Zigeunern" als "verwilderte Menschen" entworfen. Ihre Seßhaftmachung und Zivilisierung – d.h. ihre Sozialdisziplinierung durch Umerziehung zu gehorsamen Untertanen und "nützlichen" Mitgliedern der bürgerlichen Gesellschaft – sollte mittels Einweisung in Zucht-, Arbeits- und Waisenhäuser erreicht werden. So beschloß Kaiserin Maria Theresia, deren Politik ihr Nachfolger Joseph II. weiterführte, die Zwangsansiedlung der Roma und ihre Umerziehung zu *"Neu-Ungarn"*. In den "Zigeunerregulativen" von 1761, 1767, 1773 und 1783 wurden den Roma die von ihnen ausgeübten Berufe, das Umherziehen, ihre Sprache und das Heiraten untereinander verboten, um ihre kulturelle Identität und die sozialen Bindungen zu zerstören. Ihre Kinder nahm man ihnen gewaltsam fort und gab sie zur Erziehung in Bauernfamilien (Mayerhofer, 1987). Auch in Württemberg (Fricke, 1991) und Preußen[11] (Danckwortt, 1995) diskutierten die Regierungen die "Zivilisierung" der "Zigeuner" und konzipierten Erziehungsprojekte mit unterschiedlichen Zielen und Erfolgen. Die preußische Regierung versuchte 1830-37 in Zusammenarbeit mit einem protestantischen Missionsverein in Friedrichslohra die dort ansässigen Sinti zu "nützlichen" Untertanen umzuerziehen. Nach einem erfolgversprechenden Beginn des Vorhabens kam es bald zu Auseinandersetzungen, die im Entzug der Kinder und der Einweisung der Erwachsenen ins Arbeitshaus kulminierten. Viele Sinti verließen daraufhin den Ort und zogen die Landstraße dieser rigiden Politik vor. In der Literatur und Polizeiblättern wurde das Scheitern dieses Projektes den "Zigeunern" angelastet und Friedrichslohra zukünftig als Beleg für die "Unerziehbarkeit" bzw. "Unverbesserlichkeit" der "Zigeuner" rezipiert (Lucassen, 1996, S.117ff.). Diese veränderte Sicht auf "Zigeuner" wirkt sich bis heute negativ auf diese Minderheit aus.

Im Kaiserreich wanderten verstärkt Roma-Familien ein, woraufhin die Regierung, unterstützt von der Presse, das Schreckgespenst der "Zigeunerplage" propagierte, was sich geradezu zu einem "Zigeunerwahn" (Hehemann, 1987, S.230) stei-

---

[11] Die Autorin arbeitet z.Zt. an einer Dissertation über preußische "Zigeunerpolitik" am Beispiel von vier Siedlungen, in denen Sinti ansässig waren: Friedrichslohra im Harz, Saßmannshausen, Lause und Altengraben in der ehemaligen Grafschaft Wittgenstein.

gerte. Reichskanzler von Bismarck erklärte 1886 die Seßhaftmachung für inländische "Zigeuner" zum politischen Ziel – wobei "Zigeuner" nur am sozialen Kriterium, nämlich dem Umherziehen, und nicht an einer ethnischen Zugehörigkeit festgemacht wurde. Ausländischen "Zigeunern" drohte er dagegen mit Ausweisung. Allerdings zeigten die Gesetze hinsichtlich der von den Regierungen offiziell propagierten Seßhaftmachung wenig Wirkung, denn die Gemeinden waren – seit 1842 in Preußen, bis 1873 in allen deutschen Staaten außer in Bayern und Elsaß-Lothringen – durch den sogenannten "Unterstützungswohnsitz" verpflichtet, für ihre Armen aufzukommen. Aus Furcht vor Unterstützungsbedürftigen versuchten Gemeinden und Städte die Ansiedlung finanzschwacher Bevölkerungsteile möglichst zu verhindern und stellten Gewerbescheine und Papiere aus, um "Zigeuner" zum Weiterziehen zu bewegen. Mit der Einrichtung eines Nachrichtendienstes für "Zigeuner" bei der Münchener Polizeidirektion im Jahre 1899 begann die polizeiliche Erfassung. Reichsweit wurden in einer Kartothek Daten über Fahrende zusammengetragen und personenbezogene Akten angelegt. 1906 wurde in Preußen die "Anweisung zur Bekämpfung des Zigeunerunwesens" erlassen, die auch andere Ländern übernahmen und erneut die Seßhaftmachung für inländische sowie die Ausweisung für ausländische "Zigeuner" propagierte. Zur Abschiebung der ausländischen "Zigeuner" wurden Übernahmeabkommen mit den Nachbarstaaten geschlossen.

In der Weimarer Republik bestimmten im Gegensatz zur Verfassung stehende Sonderverordnungen die "Zigeunerpolitik". So wurde in Bayern am 16.7.1926 das "Gesetz zur Bekämpfung von Zigeunern, Landfahrern und Arbeitsscheuen" erlassen, dem zufolge das Reisen mit schulpflichtigen Kindern und in "Horden" – nach diesem Gesetz galten schon zwei Personen als solche – sowie das Mitführen von Hunden und Waffenbesitz verboten wurde. Personen ohne Arbeitsnachweis drohte die Einweisung in ein Arbeitshaus. Erlässe nach diesem Vorbild folgten auch in anderen deutschen Ländern.

2.2 Antiziganistische Vorurteile

Schon bei Chronisten der Frühen Neuzeit findet sich ein ganzes Spektrum von Vorurteilen: "Zigeuner" seien häßlich, diebisch und unreligiös. Durch die Bezeichnung als *"Tataren"* setzten sie Sinti mit mongolischen Reiternomaden gleich, von deren Eroberungszügen man noch mit Schrecken sprach. Da die Sinti aber nicht kriegerisch auftraten, wurden sie für deren Helfershelfer und "heimliche Kundschafter im Lande" gehalten. Sie seien "ein loß diebisch, veretherisch und vngetreues Volck", ihre Herkunft aus Ägypten sei eine Lüge und sie benützten den Pilgerstatus nur als Vorwand. Auf Abscheu stieß ihre dunkle Haut- und Haarfarbe. Die Farbe Schwarz symbolisierte in der Tradition des abendländischen Christentums das Böse und Minderwertige schlechthin, so daß Sinti allein durch ihr Aussehen geradezu zum Ziel von Vorurteilen bestimmt schienen. Man warf ihnen vor, unreinlich und schmutzig zu sein, beschuldigte sie als "Leute, die drei Tage und Nächte im Heu verbringen, ohne sich auszuziehen", bezichtigte sie der "Unkeuschheit" und der Prostitution. Eine ihrer Verdienstquellen war die Wahrsagerei, die für die Menschen des Mittelalters und der Frühen Neuzeit gleichbedeutend mit

Hexerei und Zauberei war. Fast ausnahmslos wurde ihnen Diebstahl unterstellt, "in den Tag hinein" zu leben und "dem Nichtstun ergeben" zu sein. Daher seien sie ein "unnütz volck", das "kein Vaterland" kennen und keine Religion ausüben würde. Dieses "herrenlose Volk" halte sich sogar "Jagdhunde" – damals ein Privileg des Adels.[12] Auf Mißtrauen stieß auch ihre fremde Sprache, die mit einer Gaunersprache gleichgesetzt wurde (Kenrick & Puxon, 1981, S.23). Wie die Juden beschuldigte man sie, die Pest zu verbreiten (Vossen, 1983, S.39). Die Stigmatisierung wurde noch verstärkt durch Legenden, wie daß sie von Gott verflucht seien, weil sie Maria und Josef auf deren Flucht aus Ägypten die Herberge verweigert hätten, oder daß sie mitschuldig am Tode Jesus Christi durch die Anfertigung der Kreuzigungsnägel seien, die der Klerus unterstützte.[13] Hier findet sich ebenfalls eine Parallele zur Verfolgung der Juden im Mittelalter, denen von der Kirche zur Last gelegt wurde, Christus getötet zu haben. Später folgte dem noch die Anschuldigung des Kindesraubes (Gronemeyer, 1987, S.132), des Aasverzehrs und sogar des Kannibalismus (Grellmann, 1783, S.32, 36f.).

Viele dieser Vorurteile bestimmen noch heute das Meinungsbild. Um nicht damit konfrontiert zu werden, verleugnen einige Sinti und Roma ihre ethnische Zugehörigkeit und bemühen sich, besonders "sauber" und unauffällig zu leben. Sicherlich gab es "Zigeuner", die aus Armut bettelten und stahlen. Dies trifft aber auch auf Angehörige der Mehrheitsgesellschaft zu. Über eine Verbindung zwischen "Zigeunern" und Räuberbanden hat es wiederholt Spekulationen gegeben. So wurde behauptet, die Organisationsformen solcher Banden, ebenso wie die Sprache *Rotwelsch*,[14] gingen auf ihren Einfluß zurück (Breithaupt, 1907, S.43f.). Allerdings sind nur wenige Rädelsführer und Angehörige von Banden namhaft "Zigeuner" gewesen, weshalb diese These doch stark zu hinterfragen ist. Ebenso zweifelhaft ist die Stilisierung von Sinti und Roma in Anlehnung an die These von Eric Hobsbawn (Hobsbawn, 1972, 1979) zu Sozialrebellen (Kopecny, 1980; Küther, 1976; Münzel & Streck 1981, S.35ff.), die sich der Obrigkeit widersetzt und durch ihre Eigenwilligkeit versucht hätten, ihre Kultur zu bewahren. Das gegenteilige Verhalten war eher die Regel: Ausweichen, Flucht und Teilung der Gruppe, um Aufsehen zu vermeiden; hinreichende Erfüllung der polizeilichen Auflagen durch Beschaffung der geforderten Papiere; Zahlung von Abgaben oder Bestechungsgeldern. Gewaltsame Auseinandersetzungen mit der Obrigkeit sind kaum überliefert. Einige Sinti dienten sogar als Soldaten, Polizeibüttel bzw. Landjäger (Bülow, 1884, S.75; Fricke, 1991, 1996).[15] Wie Studien belegen, lag die Kriminalitätsrate von

---

[12] Die frühneuzeitlichen Quellen finden sich bei Gronemeyer (1987); Mode & Wölffling (1968); Vossen (1983).

[13] Obwohl die Mehrheit der Sinti und Roma sich zum Christentum bekannte, stießen sie jahrhundertelang auf die Ablehnung der Kirche. Die meisten Sinti und Roma in Deutschland sind heute katholischer Konfession. Nur eine kleine, vor allem in Norddeutschland lebende Minderheit ist protestantisch. Einige haben sich freikirchlichen Missionen wie den Pfingstlern angeschlossen.

[14] Rotwelsch ist die Sondersprache der Nichtseßhaften, in der Lehnwörter aus dem Romanes und dem Jiddischen enthalten sind und die Grammatik verstellt ist. Der Inhalt des Gespräches soll Außenstehenden verborgen bleiben (Jütte, 1988, S. 46; Wolf, 1956).

[15] Auch Sinti, die sich in der ehemaligen Grafschaft Wittgenstein niederließen, waren u.a. Soldaten, Flurwächter, sogar Landesvisitatoren.

"Zigeunern" in Deutschland im Vergleich mit der Mehrheitsbevölkerung nicht über dem Durchschnitt, wobei es sich bei den Delikten meist um Verstöße gegen behördliche Auflagen handelte. Einige Strafvergehen resultierten auch aus vorangegangener Diskriminierung, gegen die sich die Betroffenen zur Wehr setzten. Angesichts der Diskriminierungsbereitschaft gegenüber dieser Gruppe werden Angehörige dieser Minderheit ungerechtfertigt schnell verdächtigt (Feuerhelm, 1987; Tenfelde, 1979).

Entgegen dem häufig geäußerten Vorurteil, sie seien "arbeitsscheu", sind einige als Handwerker, MusikerInnen oder ambulante HändlerInnen wirtschaftlich durchaus erfolgreich bzw. können ihren Lebensunterhalt sichern. Das Bild des zerlumpten, bettelnden Wanderers traf auch früher nicht auf alle zu. Einige verbergen allerdings aus Furcht vor Sozialneid ihren Wohlstand, denn schon die Anschaffung von teureren Automarken, obwohl als Zugmaschine notwendig, oder neuen Wohnwagen, gönnt man ihnen nicht und argwöhnt, diese könnten nur durch Betrug oder Mafiositum erworben sein.

Der Vorwurf der Kindesentführung ist absurd. Warum sollte eine Minderheit, die argwöhnisch von der Polizei beobachtet und kontrolliert wurde, sich einem solchen Risiko aussetzen? Der umgekehrte Sachverhalt kommt der historischen Realität näher. Über Jahrhunderte hinweg entzogen Regierungen "Zigeunern" die Kinder, um sie der eigenen Familie und Kultur zu entfremden. Sicherlich hat es Jugendliche gegeben, die von zu Hause fortliefen und sich ihnen anschlossen, doch der Kindesraub entspringt eher romantischer Dichterphantasie.

Auch die Imagination der freizügigen, lockenden "Zigeunerin" ist eine bürgerliche sexuelle Wunschprojektion. In der Kultur der Sinti und Roma ist Sexualität streng tabuisiert. Eine Frau, die ihre nackten Beine zeigt, mit mehreren Männern sexuell verkehrt, sich gar prostituiert, ist in ihren Augen *"balitscho"* bzw. *"marime"* (=unrein) und würde von der eigenen Familie, gar der ganzen Gruppe verstoßen.

Der Vorwurf, Aas, also verdorbenes Fleisch zu essen, beweist ebenso die Nichtkenntnis ihrer Kultur. Wer solches Fleisch zu sich nähme, würde "unrein" mit den zuvor beschriebenen Konsequenzen. Dieses antiziganistische Vorurteil steigerte sich sogar zur Anschuldigung des Kannibalismus.

Geradezu zynisch ist, sie als "Krankheitsüberträger" zu diffamieren, wenn man in Betracht zieht, wie viele in den Lagern zu medizinischen Experimenten mißbraucht, mit Fleckfieber, Malaria und anderen Seuchen infiziert worden sind und unter den gesundheitlichen Folgen noch heute leiden.

Für die Behauptung, "Spione" feindlicher Gegner gewesen zu sein und das "Vaterland" verraten zu haben, gibt es keinerlei Beweise. Dokumente dagegen belegen, daß Sinti und Roma über Jahrhunderte als Soldaten dienten. Viele trugen noch die Wehrmachtsuniform, kämpften und fielen im "Dritten Reich" für Deutschland, als man ihre Eltern, Frauen und Kinder abholte und ermordete.

Während die Zuschreibung abwertender Charakterzüge wie "unsauber", "kriminell" und "arbeitsscheu" das antiziganistische Bild bestimmten, zeigten im Gegensatz dazu Darstellungen in der populären Literatur und auf der Bühne ein romantisch verklärtes Klischee. Das Verhältnis zu "Zigeunern" war gespalten zwischen Faszination und Abscheu. Kinderbücher wie "Onkel Knolle" (Dennler, 1918) trugen dazu bei, schon Kindern antiziganistische Stereotype zu vermitteln. Unter dem Einfluß biologistisch-rassistischer Ideologien veränderte sich das Stereotyp vom "Zigeuner" dann grundlegend: Sie wurden zu "Primitiven", "Wildbeutern", "Rassisch Fremden", "Volksschädlingen" und "Untermenschen" erklärt.

2.3 Völkermord im Nationalsozialismus

Nach der Machtübernahme der Nationalsozialisten wurden "Zigeuner" ebenfalls Opfer des Rassenwahns. Das am 14.7.1933 verabschiedete "Gesetz zur Verhütung erbkranken Nachwuchses" lieferte die Legitimation für Zwangssterilisationen (Bock, 1986; Riechert, 1995). Eheschließungen von "Zigeunern" mit "Deutschblütigen" verbot die Ausführungsverordnung des "Gesetzes zum Schutz des deutschen Blutes und der deutschen Ehre". Einweisungen in Konzentrationslager erfolgten verstärkt ab 1937 auf Grundlage des Erlasses zur "Vorbeugenden Verbrechensbekämpfung", dem sogenannten "Asozialen-Erlaß". Seit 1935 wurden in Städten seßhafte Sinti und Roma in kommunalen "Zigeunerlagern" konzentriert. Viele, die eine feste Arbeit und Wohnung hatten, mußten diese verlassen und in baufällige Wohnwagen auf umzäunten, bewachten Plätzen ziehen, Zwangsarbeit leisten und waren den willkürlichen Schikanen der Bewacher ausgesetzt. Nach dem am 17.10.1939 ergangenen Schnellbrief des Reichssicherheitshauptamtes (RSHA), dem sogenannten "Festsetzungserlaß", drohte jedem bei unerlaubter Entfernung vom Aufenthaltsort die Einweisung in ein Konzentrationslager.

Maßgeblichen Einfluß auf die Verfolgung hatte der Leiter der "Rassenhygienischen Forschungsstelle" (RHF) am Reichsgesundheitsamt, Robert Ritter, der die Erfassung der "Zigeuner" und ihre rassische Kategorisierung forderte.[16] Doch auch an Universitätsinstituten in Gießen, Münster, Berlin, Königsberg und beim SS-Forschungsinstitut "Ahnenerbe" entstanden Arbeiten zur "Zigeunerforschung". Durch die Mithilfe von Standesämtern, Sozialbehörden, Kirchenarchiven etc., die die erforderlichen Dokumente zur Verfügung stellten, sammelten die MitarbeiterInnen der RHF akribisch Material und erstellten fragwürdige genealogische Stammtafeln. Sie suchten in sogenannten "fliegenden Arbeitsgruppen" überall im Land – auch in Haftanstalten und Konzentrationslagern – "Zigeuner" auf, um sie über Verwandtschaftsverhältnisse auszufragen und anthropologisch zu vermessen. Wer sich weigerte, wurde bedroht und geschlagen, Frauen wurden die Haare abgeschnitten. Nach der Definition Ritters neigten besonders "Zigeunermischlinge" zur Kriminalität, weshalb es deren weitere Vermischung mit "Deutschblütigen" zu verhindern gelte. So lieferte er die Legitimation auch für die Verfolgung dieses Personenkreises sowie für die Existenz seines Instituts. Ritter und seine MitarbeiterInnen stellten über 20.000 "Rassegutachten" aus, die zu Gutachten in den Tod werden sollten.

---

[16] Ritter war zuvor Leiter der Kinderabteilung der Psychiatrischen Klinik der Universität Tübingen. 1941 wurde er zudem in Personalunion Leiter des "Kriminalbiologischen Instituts" am Reichsgesundheitsamt und des neugegründeten "Kriminalbiologischen Instituts der Sicherheitspolizei". 1943 wurde er Direktor des Reichsgesundheitsamts.

1938 wurde die "Reichszigeunerzentrale" beim Münchener Polizeipräsidium als "Reichszentrale zur Bekämpfung des Zigeunerunwesens" nach Berlin verlegt und dem Reichskriminalpolizeiamt (RKPA) unterstellt. Der Erlaß zur "Bekämpfung der Zigeunerplage" vom 8.12.1938 forderte explizit die "Regelung der Zigeunerfrage aus dem Wesen dieser Rasse heraus". Zur Erfassung der "Zigeuner" wurden den Kriminalpolizeistellen angegliederte "Dienststellen für Zigeunerfragen" eingerichtet. Schon der Erlaß zur "Bekämpfung der Zigeunerplage" vom 6.6.1936 hatte die Ausstellung von Gewerbescheinen an "Zigeuner" untersagt. Ebenso gravierend war für viele Familien der Entzug der Familien- und Kinderbeihilfen sowie der Zuschläge für Sonn- und Feiertagsarbeit etc. Die Bestimmungen gegen Kinderarbeit, Jugend- und Arbeitsschutz entfielen. Jede vom Arbeitsamt zugewiesene Arbeit mußte übernommen werden. Einkaufen durften "Zigeuner" nur noch zu bestimmten festgelegten Zeiten, der Besuch von Gaststätten und Kinos wurde verboten. Obwohl für sie Sondergesetze galten, mußten sie erhöhte Steuern entrichten, denn seit der "Verordnung über die Erhebung der Sozialausgleichsabgabe" vom 26.3.1942 galt für "Zigeuner" die sogenannte "Judensteuer". Der generelle Verweis aus dem Schulunterricht für "Zigeunerkinder" erfolgte am 22.3.1941.

Schon im Frühjahr 1940 wurden "Zigeuner" aus dem Rhein- und Ruhrgebiet, aus Baden, Württemberg, Hessen, der Saarpfalz, Schleswig-Holstein, aus dem Raum Hannover, Hamburg und Bremen ins Generalgouvernement verschleppt. Nach der Deportation der burgenländischen Roma 1941 nach Lodz und der ostpreußischen Sinti 1942 nach Bialystock folgten auf Grundlage des von Himmler erlassenen sogenannten "Auschwitz-Erlasses" vom 16.12.1942 umfangreiche Deportationen ins "Zigeunerlager" von Auschwitz-Birkenau. "Reinrassige Zigeuner" und "im zigeunerischen Sinne gute Mischlinge" sollten zunächst auf Wunsch Himmlers als eine Art "Menschenzoo" in einem "Reservat" untergebracht werden, wurden dann aber ebenfalls deportiert. Nach der 12. Verordnung zum "Reichsbürgergesetz" vom 25.4.1943 wurde "Zigeunern" die deutsche Staatsangehörigkeit entzogen.

Seit Beginn des Krieges wurden in den baltischen Staaten, in Süd- und Osteuropa zehntausende Sinti und Roma auch von Einsatzgruppen und Wehrmachtseinheiten ermordet. Die Dokumente beweisen die aktive Rolle der Wehrmacht, die das seit dem 15. Jahrhundert tradierte Stereotyp der "Zigeuner" als "Spione" wieder aufgriff und ihre Ermordung forderte. Am 11.2.1941 verfügte das Oberkommando der Wehrmacht aus "rassenpolitischen Gründen" die Entlassung von "Zigeunern" und "Zigeunermischlingen" aus dem aktiven Wehrdienst. Trotzdem kämpften einige bis 1943 weiterhin in Truppenverbänden. Noch in Uniform wurden sie von der Front, teilweise ausgezeichnet mit dem Eisernen Kreuz, nach Auschwitz überstellt. Nachdem die noch Arbeitsfähigen für Zwangsarbeit und medizinische Experimente in deutsche Konzentrationslager verbracht worden waren, wurden in der Nacht vom 2. auf den 3.8.1944 alle Insassen des "Zigeunerlagers" in Auschwitz in den Gaskammern ermordet. Kaum ein "Zigeuner" konnte sich der Vernichtungspolitik durch Emigration oder Flucht entziehen (Rose, 1995; Rose & Weiss, 1993; Zimmermann, 1996).

3. Juristisch-politischer Umgang mit dem Völkermord in der deutschen Nachkriegsgesellschaft

3.1 Strafverfolgung und "Wiedergutmachung"?

In der Nachkriegszeit wurde kaum einer der Verantwortlichen für die NS-"Zigeunerverfolgung" bestraft. So übernahm Ritter nach Kriegsende die Leitung der "Fürsorgestelle für Gemüts- und Nervenkranke" und der Jugendpsychiatrie in Frankfurt am Main, obwohl er im "Dritten Reich" auch die Erfassung und Einweisung von "asozialen" Jugendlichen in "Jugendschutzlager" wie Moringen und Uckermark geleitet hatte. Eva Justin, die seine enge Mitarbeiterin an der RHF gewesen war, folgte ihm auf eine Stelle als Jugendpsychologin.[17] Sophie Erhardt, ebenfalls ehemalige Mitarbeiterin der RHF, setzte ihre Universitätskarriere am Institut für Anthropologie in Tübingen fort. Mehrere Prozesse gegen TäterInnen endeten mit Einstellung oder Freispruch. Höhere Polizeibeamte des ehemaligen RKPA, die die Deportationen im In- und Ausland geplant hatten, erhielten in der Bundesrepublik wiederum leitende Posten bei der Kriminalpolizei (Hohmann, 1991). Polizeibeamte im unteren Dienst, die als "Zigeunersachbearbeiter" tätig gewesen waren, leugneten ihre Schuld und wurden freigesprochen (Hesse, 1995).[18] Ebenso wurden Verfahren gegen SS-Ärzte eingestellt (Rose, 1987, S.132). In "Wiedergutmachungsverfahren" saßen die Betroffenen oft ihren früheren VerfolgerInnen gegenüber, die jetzt wiederum als GutachterInnen oder ZeugInnen gegen sie auftraten und denen die Richter mehr Glauben als den Opfern schenkten. Von der Polizei und von "RassenhygienikerInnen" in der NS-Zeit angelegte Akten, in die die Betroffenen ihrerseits keine Einsicht erhielten, wurden zur Beurteilung herangezogen (Schenk, 1994, S.213f.). Dies ist der maßgebliche Grund, warum so viele Entschädigungs- und Rentenanträge abgelehnt wurden.

Abgesehen von der psychischen Belastung, die es generell für Opfer bedeutet, über die grauenvollen Erlebnisse zu sprechen und diese somit nochmals durchleben zu müssen, kam für Frauen erschwerend hinzu, daß das Sprechen über Sexualität bei den Sinti und Roma tabuisiert ist, daß sie aber genötigt waren, vor den meist männlichen Juristen über Zwangssterilisationen, Nötigungen und Vergewaltigungen auszusagen. Eine psychotherapeutische Betreuung der Opfer als Hilfe zur Verarbeitung des Traumas wurde nie angeboten, nicht einmal erwogen. Bis zum heutigen Tag gibt es keine spezielle Organisation für Opfer der "Zigeunerverfolgung" analog zu AMCHAH, einer Einrichtung zur psychotherapeutischen Betreuung von NS-Opfern in Israel.[19]

---

[17] Für die pseudowissenschaftlichen Tests ihrer Doktorarbeit über die Intelligenz von "Zigeunerkindern" benutzte Justin die in einem katholischen Kinderheim in Mulfingen (Württemberg) untergebrachten Kinder (Justin, 1944). Nach der Fertigstellung der Dissertation wurden sie nach Auschwitz geschickt.

[18] Der einzige Prozeß in Westdeutschland, bei dem Verantwortliche für eine "Zigeunerdeportation" verurteilt wurden, betraf die Deportation aus Berleburg, Laasphe und Umgebung. Der Prozeß gegen den Blockführer des "Zigeunerlagers" in Auschwitz-Birkenau, Ernst August König, 1987 vor dem Landgericht Siegen, bezog sich auf die in Auschwitz begangenen Verbrechen.

[19] "ESRA e.V. – psychosoziale Beratung für NS-Verfolgte" wurde erst 1991 gegründet und ist generell auch für diese Opfergruppe offen. Bisher haben aber nur wenige Sinti und Roma die Beratungsstelle aufgesucht.

Infolge der Haft erlittene Schäden durch medizinische Versuche, Folter oder Zwangsarbeit wurden oft nicht anerkannt und auf "erbliche" Faktoren (!) bzw. schlechte körperliche Konstitution abgeschoben (Eissler, 1994; Haag, 1989; Petersen & Liedtke, 1971; Pross, 1988; Spitta, 1989; Stoffels, 1991; Zülch, 1979). Beschämend sind viele Gutachten von PsychiaterInnen oder im Gesundheitswesen tätigen GutachterInnen. Im Gegensatz zu WissenschaftlerInnen in den USA, Israel, westlichen und östlichen Nachbarländern war für die PsychiaterInnen in Deutschland, abgesehen von einigen wenigen Studien, eine frappierende Nichtbeschäftigung mit den bei überlebenden NS-Opfern auftretenden Folgeschäden bzw. die gänzliche Verdrängung dieser Thematik kennzeichnend. Die in der Weimarer Republik entwickelte Theorie, daß die psychischen Reaktionen der sogenannten "Kriegszitterer" nur auf die Erlangung einer Rente ziele und diese "Rentenneurose" daher mit der Nichtgewährung der Rente therapiert werden müsse, wurde auf die NS-Opfer übertragen. Gutachten von andersdenkenden ausländischen PsychiaterInnen wurden verworfen, was zu einer "heimlichen Fehde" (Pross, 1988, S.157) zwischen den Forschungsbereichen in Deutschland und den USA führte. Die Revision der herrschenden wissenschaftlichen Meinung und die Kritik an der Gutachterpraxis durch einige Psychiater und Mitarbeiter des 1964 gegründeten "Dokumentationszentrums für Gesundheitsschäden nach Gefangenschaft und Verfolgung" löste zwar heftige Kontroversen aus, zu einem Umdenken führte dies jedoch nicht. Die Kritiker wurden seitens der Ämter und der für sie tätigen Gutachter als kommunistisch infiltriert diffamiert und von der Gutachtertätigkeit ausgeschlossen (Pross, 1988).

Ein weiteres Hindernis für die Opfer war der Nachweis der Identität und der Haftzeiten. Da vielen während der NS-Herrschaft die Papiere abgenommen worden waren, konnten die erforderlichen Dokumente nicht vorgelegt werden. Personen, denen im Nationalsozialismus die Staatsbürgerschaft aberkannt worden war, verweigerten die Behörden die Wiedereinbürgerung mit dem Verweis auf fehlende Papiere. Es gab sogar Fälle, bei denen die wieder verliehene Staatsbürgerschaft erneut entzogen wurde, obwohl dies einen Verstoß gegen Art. 16 der Verfassung darstellt (Wippermann, 1997). Dies bedeutete für die Betroffenen und ihre Familien, daß sie Fremdenpässe führen mußten, von Grundrechten ausgeschlossen waren und ihnen als Staatenlose die Ausweisung drohte. Auch in der DDR hatten Sinti und Roma Schwierigkeiten, als Verfolgte anerkannt zu werden und eine Ehrenrente zugesprochen zu bekommen. Aufgrund der Diskriminierung durch Behörden und staatliche Organe siedelte ein Teil in den 50er Jahren in die Bundesrepublik über (Krüger-Potratz, 1991, S.83f.; Wippermann, 1997, S.174ff.).

Von seiten der bundesdeutschen Justiz wurde "Zigeunern" lange Zeit die rassische Verfolgung abgesprochen. So galt dem Urteil des Bundesgerichtshofes (BGH) vom 7.1.1956 zufolge nur die Haft in Lagern ab 1943 als rassische Verfolgung. Unterstützt wurde die Einstufung der NS-"Zigeunerverfolgung" als kriminalpräventive Maßnahme durch die Arbeiten von Hans-Joachim Döring (Döring, 1964) und Hermann Arnold. Der Amtsarzt Arnold publizierte seit den 50er Jahren zahlreiche Arbeiten und Aufsätze, in denen er die Sprache der NS-"RassenforscherInnen" und ihr Gedankengut übernahm (Arnold, 1958, 1965, 1980). Die Deportationen der "Zigeuner" in Arbeits- und Konzentrationslager in Polen stellte er verharmlosend und falsch dar (Arnold, 1965, S.70). Ritter und seine MitarbeiterInnen, die durch ihre Gutachten Tausende in den Tod geschickt hatten, sprach Arnold von jeder Schuld frei (S.71). AugenzeugInnen zufolge soll sich Arnold 1938 in der Pfalz an den anthropologischen Untersuchungen von "Zigeunern" durch MitarbeiterInnen der RHF beteiligt haben (Rose, 1987, S.116; Winter, 1988, S.146; Hohmann, 1995, S.36). In seinen Werken hat Arnold einiges Material aus der RHF verwandt.[20] 1961 vertrat er in einem Aufsatz die These, einige Menschen seien von einer genetischen Evolution in der Steinzeit ausgeschlossen worden und würden sich als Träger einer genetischen Anlage zum Nichtseßhaften überall auf der Welt erkennen und so ihre Gene fortpflanzen (Arnold, 1961). In einigen Beiträgen sprach er sich für eine "Neo-Eugenik" (Arnold, 1988) und gegen "genetisch" ziellose Abtreibungen aus (Arnold, 1986, S.165). Trotz dieser Publikationen soll Arnold bis 1976 Mitglied des Beratergremiums für "Zigeunerfragen" des "Bundesministeriums für Jugend, Familie und Gesundheit" gewesen sein (Rose, 1987, S.120).

Sophie Ehrhardt arbeitete nach 1945 am Anthropologischen Institut der Universität Tübingen weiterhin mit Material der RHF, wie ihre Habilitation (Ehrhardt, 1950) und die Schrift "Über Handfurchen bei Zigeunern" belegen (Ehrhardt, 1974). Erst als der Leiter des Instituts 1969 in ihrem Arbeitszimmer Skelettphotographien mit der Bezeichnung "Eigentum des Konzentrationslagers Bergen-Belsen" fand, wurde ihr die weitere Bearbeitung untersagt (Schenk, 1994, S.200). Ebenfalls auf dem Material der RHF fußend entstanden zwei medizinische Dissertationen (Duvernoy, 1946; Oertle, 1947).

Im Jahre 1963 wurde das BGH-Urteil endlich revidiert. Die Folgen des Holocaust aber wirken bis heute nach. Erst seit 1980 können Zwangssterilisierte Anträge auf Entschädigung stellen. Viele der Betroffenen leiden sehr unter der Kinderlosigkeit, denn auf Nachkommenschaft wird großer Wert gelegt. Kaum zu ermessen ist auch der Bruch in der traditionellen Überlieferung. Für eine orale Tradition bedeutet es einen unwiederbringlichen Verlust, wenn die Älteren ermordet werden, bevor sie ihr Wissen an die nächste Generation weitergeben können. Denn meist überlebten nur Kinder und Jugendliche die Lager, wobei von einer Kindheit oder kulturellen Sozialisation unter solchen Bedingungen nicht gesprochen werden kann. Zudem war ihnen durch das Ausbildungsverbot und die Haftzeiten die Möglichkeit einer Schulbildung genommen worden, so daß sie sich Schulkenntnisse autodidaktisch aneignen mußten oder Analphabeten blieben. Eine qualifizierte Ausbildung blieb vielen somit verschlossen. 1981 wurde ein Zusatzfond zur Entschädigung von Härtefällen für nichtjüdische Verfolgte eingerichtet, der aber aufgrund der langwierigen, bürokratischen Verwaltung viel zu wenigen zu Gute kam. Viele starben, bevor sie eine Entschädigung bekamen, oder gaben resigniert auf, ihr Recht vor bundesdeutschen Gerichten einzufordern. Einigen, die eine Entschädigung durchgesetzt hatten, wurde diese nicht ausbezahlt, sondern mit der erhaltenen Sozialhilfe verrechnet. Sinti und Roma nennen die "Wiedergutmachungspolitik" der Bundesrepublik daher auch verbittert die "zweite Verfolgung" (Greußing, 1979). Das Trauma der NS-Verfolgung ist durch das erlittene Leid und den Verlust

---

[20] Zum Verbleib der Akten der "Zigeunerzentrale" und der Akten der RHF sowie deren weitere Nutzung durch "RassenhygienikerInnen" und die Polizei siehe Fings & Sparing (1995).

von Familienangehörigen noch immer präsent und prägt das Verhältnis zur Mehrheitsbevölkerung. Anders als bei anderen verfolgten Gruppen wird innerhalb dieser Gruppe, auch zwischen den Generationen, viel über den "Romani-Holocaust" bzw. *"Porajmos"*[21] gesprochen. Die Nichtbehandlung der NS-"Zigeunerverfolgung" im Schulunterricht und in der öffentlichen Diskussion stößt daher auf Unverständnis und wird als Diskriminierung empfunden (Lagrene, 1995, S.95). Durch die Welle rechtsradikaler Gewalt fühlen sich heute viele erneut von rassistischer Verfolgung bedroht.

3.2 Die Bürgerrechtsbewegungen

Lange Zeit hatten die Sinti und Roma weder eine nationale noch internationale Lobby und konnten somit weder die Verurteilung der TäterInnen noch ihr Recht auf Entschädigung einfordern. Um ebenso wie die jüdischen Verfolgten ihre Interessen besser vertreten zu können, versuchte 1948 Walter Strauß, eine *"Interessengemeinschaft NS-verfolgter Sinte"* zu konstituieren. Dies scheiterte jedoch an der Ablehnung von Angehörigen anderer Familien, sich ihm anzuschließen. Ein zweiter Versuch, die Gründung des *"Zentralkomitees der Zigeuner" 1958* gemeinsam mit seinen Verwandten Wilhelm und Johannes Weiß, beschränkte sich daher auf die Vertretung des eigenen Familienverbandes. 1956 gründeten Oskar und Vinzenz Rose den *"Verband und Interessengemeinschaft rassisch Verfolgter nicht jüdischen Glaubens deutscher Staatsbürger"*. Der Verband sowie das Zentralkomitee blieben allerdings ohne große Resonanz. Nach dem Tode von Oskar Rose schloß sich sein Bruder mit anderen Sinti 1971 zum *"Zentralkomitee der Sinti Westdeutschlands"* zusammen, das sich 1972 in *"Verband deutscher Sinti"* umbenannte. Spektakuläre, öffentlichkeitswirksame Aktionen wie die Kundgebung in der Gedenkstätte Bergen-Belsen 1979, der Hungerstreik von Mitgliedern des Verbandes in der Gedenkstätte Dachau 1980 und die Besetzung des Universitätsarchivs in Tübingen 1981 machten auf die Probleme dieser Minderheit aufmerksam. Unterstützt wurde die Arbeit der Bürgerrechtsbewegung durch die Menschenrechtsorganisation "Gesellschaft für bedrohte Völker" und die *"Internationale Romani Union"*.

Unter dem Eindruck des *"Romani Weltkongresses"* in Göttingen 1981 schlossen sich die unterdessen gegründeten, zahlreichen unabhängigen Orts- und Landesverbände 1982 im Dachverband *"Zentralrat Deutscher Sinti und Roma"* mit Sitz in Heidelberg zusammen. Vorsitzender wurde Romani Rose. Im gleichen Jahr erkannten der damalige Kanzler Helmut Schmidt sowie der Oppositionsführer Helmut Kohl den Völkermord aus rassischen Gründen an. Das *"Komitee der Zigeuner"*, eine internationale Frauenorganisation der Sinti, wurde 1979 von Theresia Seible ins Leben gerufen (Seible, 1979). Seit 1987 existiert in Heidelberg ein Kultur- und Dokumentationszentrum (Meueler & Papenbrok, 1987; Heuß, 1992). Eine soziale Beratungsstelle wurde eingerichtet, die "Wiedergutmachungsfälle" bearbeitet und in rechtlichen Fragen berät, die Koordinierung der Landesberatungsstellen übernimmt und sich auch um die soziale Betreuung kümmert. Ein weiteres Anliegen

---

21 "Porajmos" bedeutet auf Romanes "das Verschlingen" (Zimmermann, 1996, S. 38, 393, Anmerkung 124.)

des Kulturzentrums ist das entschiedene Vorgehen gegen rassistische Presseberichte und Diskriminierungen von Sinti und Roma. Zudem soll die Geschichte der Sinti und Roma aufgearbeitet werden, wobei der Schwerpunkt auf dem NS-Völkermord liegt. 1997 wurde eine diesem Thema gewidmete Dauerausstellung eröffnet. Konzerte und Veranstaltungen sollen der Darstellung und der Förderung künstlerischer Talente dienen, traditionelle Kenntnisse an die jüngere Generation weitervermitteln, aber auch den Dialog mit der Mehrheitsgesellschaft suchen.

Doch nicht alle Sinti in Deutschland sind im Zentralrat organisiert. Auch einige Roma fühlten sich dort nicht so recht vertreten, waren die Probleme dieser Gruppe doch eher die ungeklärte Staatsbürgerschaft und der unsichere Aufenthaltsstatus. 1968 konstituierte sich in Hamburg die *"Internationale Zigeunerrechtskommission"*, die sich dieser Probleme annehmen wollte. Da sie sich in der Asyldebatte nicht vertreten sahen, haben Roma seit Mitte der 80er Jahre weitere, eigene Verbände gegründet: die *"Roma-Union Frankfurt am Main e.V."*, der *"Rom e.V."* in Köln und die *"Rom & Cinti Union e.V."* in Hamburg. Der *"Roma National Congress"* (RNC), gegründet vom Leiter der *"Rom & Cinti Union e.V."* in Hamburg, Rudko Kawczynski, versteht sich als politische Vertretung der Roma, die nicht durch lokale, regionale oder landesspezifische Organisationen vertreten werden. Der RNC ist Beobachter bei der KSZE und unterhält Kontakte zu Europarat und -parlament. Der *"Rom e.V."* arbeitet in der OSZE als NRO (Nichtregierungsorganisation) mit. Ihre wesentlichen Aufgabengebiete sehen die Verbände in der politischen Einforderung von Rechten für Roma, in der Aufklärung über deren Lebensbedingungen, in der Förderung der Kontakte zu internationalen Roma-Initiativen, sowie im Protest gegen Diskriminierung und nicht gerechtfertigte Polizeieinsätze (Leidgeb & Horn, 1994; Rom e.V., 1994; Roma National Congress, 1993). Durch Aktionen Ende der 80er und zu Beginn der 90er Jahre, wie die Besetzung der Gedenkstätte Neuengamme, des Kölner Doms, der Gedenkstätte Dachau, der Vertretung der Europäischen Union in Bonn sowie Demonstrationen in Form von "Bettelmärschen", versuchten die Roma-Initiativen, ihren Protest in die Öffentlichkeit zu tragen und für die von Abschiebung bedrohten Roma-Familien ein Bleiberecht durchzusetzen. Als europäische politische Vertretung wurde 1990 *"EUROM"* gegründet, ein Zusammenschluß politischer Verbände von Roma aus ganz Europa. Auf europäischer Ebene arbeitet seit einiger Zeit eine Initiative an der Standardisierung und Verschriftlichung des Romanes, für die sich in Deutschland vor allem Rajko Djuric, Generalsekretär des *"Romani-P.E.N.-Clubs"* und Präsident der *"Internationalen Romani Union"*, engagiert.

Um eine Vermittlung der Kultur der Sinti und Roma und damit um einen in der Außenwirkung sehr wichtigen Bereich, bemühen sich Theatergruppen wie das Roma-Theater *Pralipe,* Musikgruppen wie das *Schnuckenack Reinhardt Quintett,* das *Häns´che Weiss Ensemble* und das *Titi Winterstein Quintett* – um nur einige zu nennen – sowie FilmemacherInnen wie Melanie Spitta. Im Mai 1995 unterzeichnete die Bundesregierung das europäische Minderheiten-Schutzabkommen und erkannte damit auch Sinti und Roma als nationale Minderheit an, wie dies schon zuvor für Dänen, Friesen und Sorben in einigen Landesverfassungen garantiert wurde. Ein langumstrittenes Anliegen des Zentralrats und der Roma-Verbände ging damit in Erfüllung.

4. Soziale Projekte

4.1 Die Entdeckung der "Zigeuner" als "soziale Randgruppe"

Durch die wirtschaftlichen Umstrukturierungen seit Beginn des 20. Jahrhunderts waren viele der von Sinti und Roma früher ausgeübten Berufe unrentabel geworden. Auch konnten traditionelle Handwerke nach der Ermordung von Familienangehörigen im Nationalsozialismus nicht mehr erlernt werden. Einigen gelang es, sich durch den Umstieg auf den Handel mit Schrott, Autos und Antiquitäten, die Gründung von Jahrmarktsunternehmen oder als MusikerInnen ein finanzielles Auskommen zu schaffen und so nach außen hin angepaßt zu leben. Andere dagegen haben, bedingt durch das Schulverbot im "Dritten Reich" und die Lageraufenthalte, keine Schul- und Berufsausbildung, keine feste Arbeit, wohnen abhängig von Sozialhilfe auf Wohnwagenplätzen, in Obdachlosenquartieren oder "sozialen Brennpunkten" an den Rändern der Städte.

Doch auch die Ausbildungssituation der Nachkriegsgeneration und ihrer Kinder bleibt problematisch. Da die Kinder mit Romanes als Muttersprache und einer eigenen Familientradition aufwachsen, erleben sie die Schule oft als eine sekundäre Sozialisation. Hinzu kommt die Furcht einiger Eltern vor einer kulturellen Entfremdung der Kinder durch den Schulbesuch, denn Bildungseinrichtungen dienten über Jahrhunderte hinweg zur Zerstörung ihrer Kultur. Eine hohe Zahl von Fehlstunden führt häufig zur Versetzung auf die Sonderschule oder zum gänzlichen Fernbleiben von der Schule. Viele gehen ohne einen qualifizierten Abschluß von der Schule ab, was sie auf dem Arbeitsmarkt chancenlos zurückläßt.

Städte und Gemeinden unternahmen in den ersten beiden Jahrzehnten des Bestehens der Bundesrepublik trotz der skandalösen Wohnverhältnisse – verrostete Eisenbahnwaggons, baufällige Baracken und Wohnwagen – und des Analphabetismus kaum etwas, um die Situation zu verbessern. Zum einen resultierte dies aus Desinteresse und dem Vorurteil, daß diese "Nomaden" nicht anders leben wollten, zum anderen befürchtete man durch Sanierungsmaßnahmen und Förderprogramme den Zuzug weiterer Familien.

In den 60er Jahren wurden neben Obdachlosen und "GastarbeiterInnen" auch die "Zigeuner" als "soziale Randgruppe" entdeckt, was sich entsprechend in den Publikationen zu diesem Thema von den 60er Jahren bis zum Beginn der 80er in Westdeutschland widerspiegelt. Unter dem Einfluß der "Studentenbewegung" und durch den Wechsel zur sozialliberalen Bildungspolitik in der Bundesrepublik kam es zu einer Veränderung des politischen Bewußtseins und der Richtlinien. Auch Angehörige von sozial benachteiligten Gruppen sollten nun eine Chance erhalten, am Bildungswesen zu partizipieren, sollten in die Gesellschaft integriert oder gar zu Trägern gesellschaftlicher Veränderungen werden. Zum anderen förderte ein rein pragmatischer Grund die Bereitwilligkeit zur Veränderung: Die Stadtverwaltungen benötigten im Zuge von Bauvorhaben die bisherigen Standplätze.[22]

Von besonderem Einfluß war die Studie von Lukrezia Jochimsen über "Zigeunerfamilien" auf einem Wohnwagenplatz in einer niedersächsischen Stadt zu Be-

---

22 In Köln erfolgte die Umsetzung vom Standplatz in Bickendorf schon 1958 (Weiler, 1979, S.120, 154)

ginn der 60er Jahre (Jochimsen, 1963). Seit langem waren diese Familien in der Stadt ansässig und hatten sich um den Einzug in feste Wohnungen und Arbeit bemüht. Aufgrund der gravierenden Vorurteile in der Mehrheitsbevölkerung sowie der – wie Jochimsen es nennt – "Anpassungsschwäche" der "Zigeuner"(Analphabetentum, Mangel an beruflichen Fertigkeiten) war dies nur wenigen gelungen (Jochimsen, 1963, S.107).[23] Obwohl den übrigen BewohnerInnen der Übergang zur seßhaften Lebensweise und die berufliche Umorientierung nicht entgangen war, waren die überkommenen Vorurteilsmuster – "Zigeuner sind andersrassige Nomaden", "Kriminelle" und "Arbeitsscheue" – für das Meinungsbild prägend. Diese Ablehnung blockierte die Integrationsbemühungen der Minderheit, was wiederum die Vorurteile bestärkte. Jochimsen konstatierte, daß ohne Durchbrechung dieses Zirkelschlusses die Isolation und Desintegration nicht veränderbar sei. Ihre Charakterisierung der "Zigeuner" als eine "Außenseitergruppe" und "soziale Randgruppe" wurde von nachfolgenden Studien übernommen.

Auch in anderen europäischen Ländern zeigten sich im Hinblick auf die Lebenssituation von "Zigeunern" ähnlich deprimierende Zustände. 1969 empfahl der Europarat den Regierungen, sich stärker gegen Diskriminierungen, für eine verbesserte Wohn-, Arbeits- und Ausbildungssituation für die Angehörigen dieser Minderheit einzusetzen, sowie Wohnwagenplätze anzulegen, die das Reisen auf legale Weise und unter humanen Bedingungen ermöglichen würden. Sonderklassen für "Zigeunerkinder", denen der Besuch einer Schule nicht möglich sei, sollten eingerichtet werden.[24] Auf die Europaratsempfehlung reagierte das "Bundesministerium für Jugend, Familie und Gesundheit" mit der Einrichtung einer aus "Experten" bestehenden Arbeitsgruppe für "Zigeunerfragen", an der allerdings kein Angehöriger dieser Minderheit beteiligt war. Zudem gab das Bundesministerium eine Studie über "Hilfen für Zigeuner und Landfahrer" (Freese, Murko & Wurzbacher, 1980) sowie eine Literaturanalyse des internationalen Forschungstandes zum Thema "Zigeuner und Landfahrer" (Hundsalz, 1978) in Auftrag.

Bei der erstgenannten Studie von Freese, Murko und Wurzbacher lag der Schwerpunkt auf "Zigeunern", die Sozialleistungen bezogen. Nach einer Vorerhebung wurden die Städte Duisburg, Freiburg i.Br., Marburg und München für Fallstudien ausgewählt. Die Zusammenfassung der Ergebnisse und Empfehlungen dieser Studie sowie einige Berichte über die Sozialarbeit in Köln und Freiburg gibt ein von der "Arbeitsgruppe 'Landfahrer' des Deutschen Vereins für öffentliche und private Fürsorge" (1981) herausgegebener Sammelband. Darüber hinaus wertete Georg von Soest in seiner Arbeit die sozialen Projekte in München, Köln und Freiburg aus (Soest, 1979), Hans Weiß berichtete aus der Projektpraxis in München

---

[23] Jochimsen spricht in diesem Zusammenhang von der "ersten Anpassungsphase" durch die Seßhaftwerdung, obwohl fast alle Interviewten berichten, daß sie vor der Verschleppung in Lager in festen Wohnungen lebten, also durch die nationalsozialistische Verfolgung als "rassefremde Nomaden" zu Nichtseßhaften gemacht worden waren.

[24] Die Empfehlungen des Europarates sind u.a. nachzulesen bei Geigges & Wette (1979, S.133f.).

(Weiß, 1982) und Margret Weiler über das Projekt in Köln (Weiler, 1979).[25] Obwohl sich die einzelnen Projekte in ihrer Verlaufsweise, Trägerschaften, Zusammensetzung der Gruppe der Betroffenen, sowie hinsichtlich der Konzepte und Ziele unterschieden, lassen sich doch Gemeinsamkeiten herauslesen:

- Es handelte sich nicht um flächendeckende Maßnahmen, sondern um die Initiativen einzelner Städte. Damit beziehen sich auch die Studien nur auf fünf Städte, wobei der Schwerpunkt auf den Projekten in Köln und München liegt.
- Die Projekte waren meist nicht durch die Stadtverwaltungen, sondern durch private oder kirchliche Träger und private Initiativen gegründet worden, ohne deren langjähriges und zähes Engagement die Verbesserungen nicht erreicht worden wären. Von seiten der Verwaltungen waren die Projekte meist zu kurzfristig angelegt.
- Die materiellen (Wohnungsbau und -sanierung, Einrichtung von Dauerstandplätzen, Einweisung in Notunterkünfte oder Sozialwohnungen) und immateriellen Hilfen waren oft nicht aufeinander abgestimmt.
- Die Betroffenen wurden kaum in die Planung einbezogen, was zu Irritationen bis hin zur frustrierten Verweigerungshaltung führte.
- Der Versuch einer Assimilation hatte nicht nur positive Auswirkungen. Einige verloren ihre Arbeit und ihr gewohntes Umfeld, ohne in ein neues integriert zu werden oder in einem neuen Berufssektor Arbeit zu finden, mit den entsprechenden sozialen und psychischen Auswirkungen.
- Eine Umsetzung von Standplätzen in Obdachlosenunterkünfte hatte eine verstärkte soziale Auffälligkeit der Umgesiedelten zur Folge.
- Trotz eines Umzuges kam es aufgrund der Randlage des neuen Wohngebietes bzw. Stellplatzes zu erneuter Ghettoisierung.
- Es gelang nicht, Wohn- und Arbeitsbereiche, z.B. durch das Anlegen von Schrottplätzen, zu verbinden. Dies führte zu erhöhter Abhängigkeit von Sozialleistungen.
- Bei der Planung von Dauerstandplätzen wurde oft nicht auf die Nähe der Schule zur Wohngelegenheit geachtet, was einen rückläufigen Schulbesuch bzw. dessen Einstellung zur Folge hatte.
- Ein an mittelschichtsspezifischen Werten und Normen orientiertes Schulsystem benachteiligte die betroffenen Kinder. Hinzu kamen weitere Faktoren: lange Schulwege aufgrund der abgelegenen Randgebiete; mangelnder Wohnraum für das ungestörte Arbeiten an den Hausaufgaben; kaum Unterstützungshilfe durch die Eltern; Mitarbeit der Kinder bei der Erwerbstätigkeit, Entlastung bzw. Freistellung der Mutter zur Berufsausübung durch die Betreuung jüngerer Geschwister; längere Abwesenheit durch die Reisen vor allem in den Sommermonaten; Diskriminierung durch KlassenkameradInnen und LehrerInnen. Die Schuld für

---

25 Die Projektstudie über den Ummenwinkel, eine Siedlung am Stadtrand von Ravensburg, erschien erst 1991, so daß sie in die Analyse der Studien nicht miteinbezogen wurde. Es soll aber auf die wichtigsten Ergebnisse verwiesen werden (Lindemann, 1991).

das schulische Versagen aber wurde den "Zigeunern" in einseitiger Weise zugeschrieben.

- Die Sperrung des Platzes für durchziehende "Zigeuner" oder die fehlende Berücksichtigung von genügend Freiraum zur Aufnahme von durchreisenden Verwandten und Gästen führte zum Verlust notwendiger Kontakte.
- Starke Vorbehalte in der Nachbarschaft erschwerten die Gemeinwesenarbeit. Im Kölner Projekt konnten Spannungen zwischen der seßhaften Bevölkerung und den "Zigeunern" durch gemeinsame Veranstaltungsbesuche und Mitgliedschaften in Vereinen abgebaut werden.

Obwohl einige Projekte Erfolge zeigten – so wurden Einrichtungen für die Kinderbetreuung, Jugend- und Erwachsenenbildung geschaffen; die Wohnsituation durch Umsetzung auf ausgebaute Standplätze oder sogar durch Neubau von auf die Bedürfnisse größerer Familien ausgerichteten Wohnanlagen verbessert;[26] sich um die berufliche Eingliederung bemüht –, bleiben doch wesentliche Kritikpunkte. Die Leitformel "Integration der 'Zigeuner' bei gleichzeitiger Wahrung der kulturellen Identität"[27] wurde zwar von allen postuliert, doch in der Realität erwies sie sich oft nur als Lippenbekenntnis.

Die Konzepte klingen zunächst demokratisch – Floskeln wie "dialogische Beziehung", "gleichberechtigter Dialog", "Selbstbestimmung", "freie Entfaltung der Persönlichkeit" wurden eingesetzt. Die ProjektplanerInnen schienen um die Beteiligung und Willensbildung bis hin zur Unterstützung einer politischen Selbstverwaltung der Betroffenen bemüht. Bei eingehender Betrachtung wird jedoch deutlich, daß etwa von der Verwaltung in München die Verteilung der Familien in Sozialwohnungen quer über die Stadt – und damit eine Isolation und kulturelle Entwurzelung – nicht nur in Kauf genommen, sondern geradezu als für die Integration von Vorteil angesehen wurde (Weiß, 1982, S.41). Integration ist hier nur ein Synonym für Assimilation. Diese Konzepte erinnern an die preußische "Zigeunerpolitik" in der ersten Hälfte des 19. Jahrhunderts, in der wiederholt die Forderung nach der Zerschlagung der Familienverbände erhoben wurde, damit "Zigeuner" endlich aufhörten, "Zigeuner" zu sein. In der Projektberichterstattung kommen die Betroffenen gar nicht oder nur gefiltert in gekürzten oder inhaltlich zusammengefaßten Interviewpassagen zu Wort. Auffällig ist in der Sprache des Sozialpersonals, aber auch der BerichterstatterInnen, die Distanz zu den Betroffenen. Diese werden in einigen Studien sprachlich von den Deutschen unterschieden, obwohl die Zielgruppe dieser Projekte Sinti, Roma und Jenischen sind, deren Familien schon seit Generationen in Deutschland leben. Es gibt zwar Sinti und Roma, die – auf Diskriminierung angesprochen – von den Diskriminierenden als den "Deutschen" spre-

---

[26] In Köln-Tenhoffen wurde in Zusammenarbeit mit den Betroffenen eine Siedlung mit Modellcharakter errichtet: variable Raumeinheiten je nach Familiengröße, geeignet auch für einen Mehrgenerationenhaushalt, ein zusätzlicher Schuppen und Freigelände etwa für das Lagern von Waren, Tierhaltung, Abstellen des Wagens etc. Auch im Projekt im Ummenwinkel konnte bei den Neubauten in Zusammenarbeit mit den Familien eine andere Wohnarchitektur für den sozialen Wohnungsbau erarbeitet und durchgesetzt werden.

[27] Dieses Schlagwort wurde von TeilnehmerInnen einer Tagung geprägt, die vom "Deutschen Verein für öffentliche und private Fürsorge" 1976 zum Thema "Sozialarbeit mit Zigeunern" durchgeführt wurde (Weiß, 1982, S.19).

chen. Dies ist aufgrund lebenslanger ausgrenzender Erfahrungen in der deutschen Gesellschaft zu verstehen. Merkwürdig ist aber, wie oft in den Berichten von den "Zigeunern" als den "anderen", den "Fremden", mit einer "andersartigen Kultur", einer "zigeunerischen Lebensweise" oder "zigeunerischen Identität" gesprochen wird, ohne daß ausgeführt wird, was darunter zu verstehen ist. Befremdend ist auch, wie häufig von "anderen Denkmustern", einer "anderen Psyche", einer "Unfähigkeit zu abstraktem Denken", einem "anderen Ich-Bewußtsein" gesprochen wird. Solches Gedankengut erinnert an die Arbeiten der NS-"RassenforscherInnen", deren Denkmuster bei einigen mit solchen Projekten Betrauten und VerfasserInnen der Studien noch präsent zu sein scheinen.

Neben Arnold gehörten zur Expertenkommission des "Bundesministeriums für Jugend, Familie und Gesundheit" Pfarrer Achim Muth von der durch die Katholische Bischofskonferenz eingerichteten "Zigeuner- und Nomadenseelsorge" und Silvia Sobeck als Sozialreferentin für die "Zigeunerseelsorge".[28] Auch gegen Muth und Sobeck richtete sich die Kritik des Zentalrates (Rose, 1987, S. 167f.). Beide arbeiteten teilweise mit Arnold zusammen, der noch 1973 das Vorwort zum "Zigeuner"-Sonderheft der "Caritas" schrieb. Muth sprach von der "andersartigen Mentalität" (Muth, 1981, S. 91), der vom Sippenverband anders geprägten Psyche und daher "undifferenzierten Ich-Persönlichkeit" der "Zigeuner" (S. 87). Sobeck vertrat die These von einer "kollektiven zivilisatorischen Rückständigkeit der 'Zigeuner'" (Bura, 1984, S. 131), sie bezeichnete sie als "Wildbeuter" (S. 133) und sprach ihnen aufgrund ihres Verhaftetseins in der "Stammesgemeinschaft" die Fähigkeit zu logischem und rationellem Denken ab (S. 126). Schulausbildung zerstöre ihre "arteigene Kultur des Analphabetismus" (Rose, 1987, S. 168). Obwohl sie sich auf der anderen Seite für Sinti und Roma einsetzte und sich von den "RassenforscherInnen" distanzierte, zeigte sie damit eine biologistisch-rassistische Grundhaltung und sorgte durch ihre international anerkannte Stellung als Expertin für deren Etablierung.

Einflußreich war zudem das "Projekt für Tsiganologie", das Ende der 70er Jahre an das Institut für Soziologie der Universität Gießen angeschlossen und von der "Deutschen Gesellschaft für Friedens- und Konfliktforschung" gefördert wurde. Die MitarbeiterInnen des Projektes entwarfen das Bild von Nomaden, deren Sozialordnung und Kultur der Integrierbarkeit in die Industriegesellschaft entgegenstehe, der sie sich mit "Eigensinn" und kulturellem Widerstand widersetzten. Vor allem die These Bernhard Strecks, der die "kriminalpräventiven" NS-Verfolgungsmotive aufwertete, und die Behauptung von Georgia Rakelmann, der "bewußte Verzicht auf das Schriftliche [sei] ein Teil der positiven ethnischen Identität für viele Zigeuner" (Münzel & Streck, 1981, S. 173), stieß auf vehemente Kritik.

---

28 Dieser "Sachverständigenkreis für Zigeunerfragen" soll bis 1976 im Bundesgesundheitsamt getagt haben. Winter zufolge gehörte diesem Kreis noch ein Sachbearbeiter des Gesundheitsamtes und ein Vertreter des Bundeskriminalamtes an (1988, S. 148f.), während Rose zwei Vertreter der Kriminalpolizei nennt (1987, S. 120). Einige der "ExpertInnen" setzten ihre Arbeit als "Arbeitsgruppe Landfahrer" des "Deutschen Vereins für öffentliche und private Fürsorge" fort (Deutscher Verein für öffentliche und private Fürsorge, 1981, S. 1; Winter, 1988, S. 148).

An den Projekten ist weiterhin zu kritisieren, daß die mit Angehörigen dieser Minderheit in den "sozialen Brennpunkten" dieser fünf (!) Städte gemachten Erfahrungen auf alle in der Bundesrepublik lebenden "Zigeuner" übertragen wurden und damit ein negatives Stereotyp kolportiert wurde. Ich möchte nicht in Abrede stellen, daß die Abhängigkeit von Sozialhilfe, mangelnder Schulbesuch und Schulabschlüsse sowie katastrophale Wohnverhältnisse weiterhin ein Problem darstellen. Doch sollte dies nicht dazu führen, die gesamte ethnische Minderheit als "soziale Randgruppe"[29] zu stigmatisieren. Immerhin gehören zu ihr auch Personen, die durch Handwerk, Handel oder in der Musikbranche wohlhabend geworden sind, als Angestellte, Schriftsteller oder Anlageberater arbeiten.

Als Gegengewicht zur Studie von Freese, Murko und Wurzbacher hatte das "Bundesministerium für Jugend, Familie und Gesundheit" 1978 eine Studie über nicht von der Sozialhilfe abhängige Sinti in Auftrag gegeben, die erhebliche Unterschiede, aber auch Gemeinsamkeiten zu den von Sozialleistungen Abhängigen aufzeigt. So haben die meisten einen höheren Bildungsstand, der Schulbesuch der Kinder wird mehr gefördert, Kontakte zu "Nichtzigeunern" sind intensiver, sie reisen weniger, obwohl das Reisen generell und die Einhaltung der Normen und Werte der eigenen Kultur noch als wichtig gesehen wird. Zudem ist ein Trend zur Kleinfamilie sowie zum Wohnen innerhalb der Gemeinde zu beobachten. Gemeinsam sind die Diskriminierungserfahrungen bei Ämtern, Arbeitgebern etc. (Hundsalz & Schaaf, 1982).

Die Betroffenen nicht als Zugehörige einer ethnischen Minderheit zu bezeichnen, mag mit dem Faktum verbunden sein, daß die Projekte sich an alle auf den Wohnwagenplätzen Lebenden richteten, also auch Jenische und andere SchaustellerInnen, ArtistInnen, angeheiratete "Nichtzigeuner" und aus unterschiedlichen Gründen obdachlos Gewordene subsumierten.[30] Meist geht aus den Projektbeschreibungen nicht eindeutig hervor, welche Familien zur ethnischen Minderheit zu rechnen sind, obwohl man dies sprachlich durchaus hätte differenzieren können.

Die paternalistische Grundhaltung in einigen der sozialen Projekte spiegelt sich etwa in Empfehlungen wider, besondere Standplätze einzurichten, die von einem "Platzwart mit qualifizierter Gruppenkenntnis und Ausbildung" bewacht werden sollten (Deutscher Verein für öffentliche und private Fürsorge, 1981, S.54). Wieso wird Sinti und Roma keine Selbstverwaltung zugetraut? Schließlich haben sie diese jahrhundertelang auf ihren Reisen ausgeübt. Aus dem "Dritten Reich" sind solche Platzwarte für "Zigeunerlager" wohlbekannt, die dort Zwangseingewiesene willkürlich mißhandelten und ausbeuteten. Diese Vorschläge verdeutlichen damit die Unsensibilität der ProjektmitarbeiterInnen im Umgang mit dieser Minderheit.

Tatsächlich wurden – außer in einigen Projektphasen in Köln – die Betroffenen an keiner Planungskonzeption beteiligt. Wegweisend ist dagegen ein in Köln 1975

---

[29] Zur Diskussion des Randgruppenbegriffes siehe Weiler (1979, S.80ff.) und Krause (1989, S.171ff.). Je nachdem, wie weit die Definition gefaßt ist, lassen sich unter diesem Oberbegriff auch ethnische Minderheiten subsumieren.

[30] Weiß hat auf diese Diskrepanz verwiesen und gebraucht den Begriff "ökonomisch schwache Sinti und 'Fahrende'" (Weiß, 1982, S.7ff., 15).

gestarteter Modellversuch vom "Zentrum für Gruppenstudien und Gemeinwesenarbeit", "Zigeuner" in der Gemeinwesenarbeit auszubilden. Nach der Vermittlung von Kenntnissen der Sozialerziehung und Methoden der Gruppen- und Gemeinwesenarbeit sollten diese selbständig arbeiten und neue Projekte gründen (Soest, 1979, S. 132).

Obwohl den "ExpertInnen" die schlechten Bedingungen – keine oder nur sehr mangelhafte Zubringermöglichkeiten zur nächstgelegenen Schule, fehlende oder nicht ausreichende Versorgung mit Kindergarten- und Hortplätzen, Ablehnung durch das Lehrpersonal sowie Einweisungen in Sonderschulen – bekannt waren, wird der mangelnde Schulbesuch meist der "andersartigen Kultur" der "Zigeuner" angelastet. Andere Projekte zeigen dagegen, daß Kinder bei verbesserten Außenbedingungen gute Schulleistungen erbringen können. So stieg im Projekt im Ummenwinkel der Besuch des Kindergartens und der Vorschule sprunghaft an, nachdem eine Sintizza dort die Arbeit aufgenommen hatte. Die vorbereitende Vorschule zeigte außerdem einen guten Erfolg: Die Schulergebnisse der Kinder waren besser; sie wurden nun nicht wie bisher auf die Sonderschule abgeschoben, sondern erreichten den Hauptschulabschluß und wechselten sogar aufs Gymnasium (Lindemann, 1991).

Aufgrund negativer früherer Erfahrungen standen viele "Zigeuner" der sozialen Arbeit skeptisch und ablehnend gegenüber. Dies resultiert auch aus der Rolle der Fürsorgerinnen im "Dritten Reich", die Mithilfe bei der Erfassung der Familien leisteten. Oft wurden die SozialarbeiterInnen als die "Handlanger der Behörden" angesehen. Der Beschäftigung von SozialarbeiterInnen brachten einige wenig Verständnis entgegen und meinten sogar, "daß deren Gehalt eigentlich für sie bestimmt gewesen sei und daß man es ihnen besser direkt ausgezahlt hätte". Andere entwickelten "eine Art übergeordneten Arbeitgebergefühles: ohne die Arbeit mit Zigeunern würden die Sozialarbeiter kein Einkommen beziehen" (Freese, Murko & Wurzbacher, 1980, S. 139). Durch die mangelnde Zukunftsperspektive kam es zu Rückschritten in der sozialintegrativen Arbeit, die fehlende gleichberechtigte Beteiligung führte zur gänzlichen Abgabe der Verantwortlichkeit, zu Frustration, Resignation, letztendlich zu Passivität und Verweigerung bei den "Zigeunern". SozialarbeiterInnen ihrerseits klagten über die zu hohe Erwartungshaltung, der sie nicht gerecht werden konnten, da maßgebliche Entscheidungen außerhalb ihres Einflußbereiches getroffen wurden.

Freese, Murko und Wurzbacher empfahlen als Quintessenz ihrer Studie – durch die Förderung des Bundesministeriums auch richtungsweisend –, sich vom Leitmotiv der "Integration der 'Zigeuner' bei gleichzeitiger Wahrung der kulturellen Identität" zu lösen und dagegen die Unabhängigkeit von Sozialleistungen zum obersten Ziel zu erheben. Selbstbestimmung fände dort ihre Grenzen, wo sie neue Abhängigkeiten zur Folge habe. Ihre "nomadisierende Lebensweise" habe sie seit Generationen psychisch geprägt, und ihre traditionelle Kultur führe dazu, daß sie ihre Lebensfähigkeit in der Mehrheitsgesellschaft eher verlieren als erhalten würden. Daher bedürfe es einer Veränderung traditioneller Denk- und Verhaltensmuster der "Zigeuner". Mittlere Zielebene solle es sein, ihre traditionelle Kultur zu modifizieren und ein partielle Integration und Assimilation zu verwirklichen. Auf der untersten Ebene solle eine Gleichbehandlung der Betroffenen durch die deutschen Behörden erreicht werden, anderseits aber auch der Abbau traditioneller "zigeunerischer" Rechtsvorstellungen, die mit dem bundesdeutschen Recht nicht vereinbar seien (Deutscher Verein für öffentliche und private Fürsorge, 1981, S. 138 ff.).

Dies deutet auf alles andere, als auf ein angestrebtes, gleichberechtigtes Kooperationsverhältnis hin. Es stellt sich allerdings generell einerseits die Frage, ob Integration das Hauptziel sozialer Projekte sein sollte und andererseits ob diese ohne Veränderung der kulturellen Identität überhaupt möglich ist. So hat sich allein durch den Einzug des Fernsehapparates in die Haushalte und damit die tägliche Präsenz der Mehrheitsgesellschaft einiges verändert. Wie nie zuvor ist diese Gruppe seitdem mit Außenkontakten konfrontiert. Ein Fernhalten der Kinder und eine ausschließliche Erziehung nach eigenen Normen und Werten ist nicht mehr möglich. Das Fernsehprogramm verdrängt die Erzählungen im Kreise der Großfamilie: Eine orale Tradition hört auf zu bestehen.

4.2 Schulbesuch und Alphabetisierung

Einige Studien beschäftigen sich besonders mit dem Schulbesuch von "Zigeunerkindern". Die wichtigsten Arbeiten zu diesem Thema – die von Andreas Hundsalz (Hundsalz, 1980) und Mareille Krause (Krause, 1989) – sollen hier kurz vorgestellt werden.

Hundsalz kam in seiner sozialpsychologischen Arbeit "Zigeunerkinder" zu dem Ergebnis, daß der geringe und unregelmäßige Schulbesuch und niedrige Grad der Ausbildung bedingt sei durch die Situation der "Zigeuner" als soziale Schicht (schlechte und beengende Wohnverhältnisse erschweren die Hausarbeiten; lange Schulwege; schlechte psychische und physische Konstitution der Kinder; mangelnde Ernährung), aber auch durch ihre "kulturell bedingte Andersartigkeit" (Zweisprachigkeit; Schwierigkeiten bei abstrakten und logischen Denkleistungen). Konfrontation mit den fremden Normen und Werten löse einen Entfremdungsprozeß gegenüber den Eltern aus, weshalb diese in der Schule einen Angriff auf die eigene Kultur sähen. Die Schule könne daher nur dann Erfolg haben, wenn die ethnische Besonderheit der "Zigeuner" berücksichtigt würde (Hundsalz, 1980, S. 212 ff.).

Die Ergebnisse von Hundsalz sind schon hinsichtlich der Auswahl seiner Methodik zu kritisieren. Es ist fraglich, inwiefern an Mittelschichtnormen standardisierte Verfahren zur Intelligenzmessung der zu dieser Zeit populären Leistungsmotivationsforschung auf Personen aus anderen Schichten, schon gar Kulturen, übertragen werden können. Obwohl Hundsalz die Fraglichkeit dieser Tests thematisierte (S. 41 f.), verwandte er solche[31] für seine eigene Untersuchung und folgerte daraus seine Ergebnisse. Trotz einer kritischen Debatte des Kulturbegriffes leitete er die Beschreibung der Kultur der "Zigeuner" nur aus der Literatur und der Befragung von SozialarbeiterInnen und PädagogInnen ab. Dies begründete er mit dem

---

[31] Hamburg-Wechsler-Intelligenztest; Invarianzaufgabe zum kognitiven Entwicklungsstand im Sinne von Piaget; Mann-Zeichen-Test nach Ziler. Hinzu kamen die Befragung der Kinder und des Lehrpersonals, eine soziographische Erhebung, die Verhaltensbeobachtung und der "psychologische Gesamteindruck" der Kinder (Hundsalz, 1980, S. 79 f.).

Mißtrauen der Angehörigen der betroffenen Gruppe gegenüber solchen Untersuchungen (S. 57). Als Begründung für das Absprechen der Fähigkeit zu abstraktem und logischem Denken führte Hundsalz den Aufbau des Romanes an. Als Beleg für diese These zitierte er u. a. die Arbeiten von Ritter, Justin und Sobeck (S. 43). Auch wenn die Sprachstruktur von der des Deutschen oder Lateinischen abweicht, so heißt das noch nicht, daß diese Sprache keine Logik enthält bzw. deren SprecherInnen unfähig zu abstraktem Denken sind. Diejenigen, die so etwas behaupteten, sind allerdings, ebenso wie Hundsalz, keine Romanes-SprecherInnen[32], geschweige denn LinguistInnen. Viele Sinti und Roma sind dagegen BilinguistInnen.

In ihrer 1989 veröffentlichten Dissertation stellte Krause die Frage nach der Kontinuität staatlicher Erziehungsmaßnahmen im Dienste der Vernichtung kultureller Identität von Roma und Sinti. Anhand mehrerer Schulen in Hamburg untersuchte sie die Schulsituation von Sinti- und Roma-Kindern. Ihre empirische Untersuchung zeigte ebenfalls eine überproportional hohe Analphabetenquote, eine völlig unzureichende Schulbildung, kaum reguläre Schulabschlüsse, aber auch eine weitgehende Unkenntnis und Desinteresse an der Kultur und Lebensweise der Sinti und Roma bei den LehrerInnen und dem Schulpersonal (Krause, 1989, S. 106ff.). Krause kritisierte, daß die bisherige Förderung der Kinder nur auf die Anpassung an das deutsche Schulsystem und den Arbeitsmarkt ziele. Sie schlug daher eine grundsätzliche Veränderung der Schule vor, hin zu einer neuen Schulform, der "offenen Schule", die flexibler auf die jeweilige Situation und Bedürfnisse der Kinder reagiere und sich "als Wegbereiter individueller Entwicklung" verstehe. Diese Schule müsse neben der Vermittlung von Lesen, Schreiben und Rechnen auch auf die Geschichte, Religion, Sprache, Normen, Werte und Kultur der Minderheit eingehen, um die kulturelle Identitätsfindung zu ermöglichen. Der kulturbezogene Unterricht, dessen Lerninhalte sowohl in der Muttersprache der SchülerInnen als auch in der deutschen Sprache gelehrt würden, könne auch außerhalb der Schule, unter Umständen auch in einer fahrenden Schule stattfinden. Die "offene Schule" solle sich als familiennahes Zentrum verstehen.

Krause greift damit die Forderungen des Zentralrates auf: Aufnahme der Geschichte der Sinti und Roma in die Schulbücher zum Abbau von Vorurteilen; eine spezielle Lehrerfortbildung zur Vermittlung dieses Wissens; Schaffung von geeignetem Lehrmaterial für die Kinder von reisenden Sinti und Roma (S. 108). Roma-Verbände wünschen darüber hinaus einen muttersprachlichen Unterricht und die Ausbildung von Roma zu MitarbeiterInnen und MediatorInnen im pädagogischen und sozialen Bereich (Rom e.V., 1994, S. 37).

Die Veränderung der jetzigen Schulmodelle sowie die Entwicklung anderer Schulmaterialen ist im Hinblick auf eine multikulturelle Gesellschaft durchaus zu überdenken. Die eingangs erwähnte Lehrerin der Berliner Vorbereitungsklasse hatte mehr Erfolg, als sie sich von Leistungsvorstellungen und einem starren Konzept

---

[32] Ritter behauptete infolge eines kaum dreiwöchigen Unterrichts durch einen Sinto Romanes gelernt zu haben. Seine Kompetenz zur Beurteilung dieser Sprache ist daher sehr in Zweifel zu ziehen. Von Justin wird berichtet, sie hätte ebenfalls Romanes gesprochen (Zimmermann, 1996, S. 141). Es ist allerdings fraglich, ob sie die Sprache fließend oder nur einige Wörter beherrschte, um das Vertrauen ihrer Opfer zu gewinnen.

trennte und aus den Erfahrungen im Umgang mit den Kindern eigene, neue Ansätze entwickelte. Auch aus anderen Studien geht hervor, daß die Kinder dem Unterricht wesentlich aufmerksamer folgten, wenn ihre eigene Geschichte und Kultur Thema des Unterrichts war oder die Lehrenden Worte aus ihrer eigenen Sprache einfließen ließen.

Die Konzepte einer "offenen Schule" und der Alphabetisierung in der eigenen Sprache werfen allerdings in der Praxis eine Reihe von Problemen auf. Die Integration des Schulunterrichts in den Alltag, wie beim Einkaufen mit den Kindern oder der Beratung bei sozialen Problemen, bedingt eine Mischform aus den Berufen LehrerIn und SozialarbeiterIn, die bisher nicht Inhalt der jeweiligen Ausbildungen ist. Sinti und Roma sprechen durch die Aufnahme von Lehnwörtern aus anderen Sprachen unterschiedliche Romanes-Dialekte. Ein standardisiertes Romanes wäre letztendlich eine Kunstsprache, die zukünftig die ursprünglichen Dialekte verdrängen könnte. Auf den Standplätzen leben nicht nur Sinti und Roma, sondern auch Jenische, SchaustellerInnen, ArtistInnen und ausländische Gruppen wie irische Tinkers etc. Auch an diese Menschen müssen sich die Maßnahmen richten, auch für ihre Kinder die schulischen Einrichtungen offenstehen. Ein Unterricht in Romanes und die Unterstützung nur für Angehörige der einen ethnischen Minderheit würde diese Familien ausschließen und eine ethnische Polarisierung vorprogrammieren. Das Ziel sollte zwar die Gleichstellung von Minderheiten sein, aber nicht ihre Atomisierung in ethnische Kleingruppen. Die Einführung segregierter Schulklassen für Sinti und Roma birgt außerdem die Gefahr der Isolierung dieser Kinder und damit die Verstärkung der Außenseiterstellung. Dies wird auch von einigen Sinti und Roma befürchtet und daher abgelehnt (Hundsalz & Schaaf, 1982, S.68). Zudem vertreten durchaus auch heute noch Sinti und Roma die Ansicht, ihre Sprache und Kultur solle vor Außenstehenden geheimgehalten werden. Dies würde bedeuten, daß aus Rücksicht auf diese Meinung das Lehrpersonal nur aus den Reihen der Betroffenen kommen könnte und die Lehrinhalte, zumindest teilweise, nicht offen gelegt werden dürften.

Dennoch gibt es Ansätze und Projekte in die von Krause empfohlene Richtung. So unterstützt das nordrheinwestfälische Kultusministerium das Pilotprojekt "Stützpunktschulen in NRW" zur Förderung der Kinder von Reisenden. Neben den Stammschulen am Winterstandort sollen sich Stützpunktschulen entlang den Kirmes- oder Zirkusstationen auf die besondere Betreuung der Kinder einstellen. In Zusammenarbeit mit der "European Federation for the Education of the Children of Occupational Travellers" (EFECOT) wurden Schultagebücher erarbeitet. Speziell für diese Kinder wurde die "Bunte Fibel – FARA-FU" entwickelt, die durch einen begleitenden Videolehrgang ergänzt werden soll (Kultusministerium des Landes Nordrhein-Westfalen, 1994).

Eine besondere Lesefibel zur Alphabetisierung von Sinti entstand in Bremen. Seit 1978 gibt es dort ein Kooperationsprojekt zur Alphabetisierung von Sinti des Bremer Sinti-Vereins, der Bremer Volkshochschule und des "Sinti Projektes" im Studiengang Sozialpädagogik der Bremer Universität (Manske & Müller, 1982; Manske 1984). Die Situation ist insofern eine andere als auf den Standplätzen, als sich hier in erster Linie Mitglieder einer bestimmten ethnischen Gruppe zusammenfinden.

Auch die "Entschließung zur schulischen Betreuung von Kindern von Sinti und Roma und Fahrenden" des "Rates und der im Rat vereinigten Minister für das Bildungswesen" vom 22.5.1989 sieht u. a. die Berücksichtigung von Geschichte, Kultur und Sprache der Sinti und Roma und der Fahrenden vor sowie eine versuchsweise Einführung des Fernunterrichts, die Weiter- und Zusatzausbildung für Lehrkräfte sowie Ausbildung und Einsatz von Sinti und Roma und Fahrenden als Lehrkräfte (Kultusministerium des Landes Nordrhein-Westfalen, 1993, S. 32 f.). In Hamburg, Köln und Hamm wurden Roma als LehrerInnen und SozialarbeiterInnen in Projektschulen eingestellt (Rom e.V., 1994, S. 33 ff.). Ansprechpartner für die Koordination und Betreuung europäischer Bildungsprojekte für diese Minderheit ist das "Centre de recherches tsiganes" der Universität René Descartes in Paris.[33]

Eine Analyse von Schulbüchern und Unterrichtsmaterialien für die Fächer Geschichte und Sozialkunde 1981 zeigte, daß sowohl die NS-Verfolgung dieser Gruppe als auch die aktuelle Situation bisher ausgeklammert blieb (Böhmer, 1981). Im November 1997 wurde auf einem Symposium des Georg-Eckert-Instituts, der Bundeszentrale für Politische Bildung und des Fritz Bauer Instituts in Braunschweig die Frage nach der Tradierung von Antiziganismus im Bildungsbereich diskutiert und das eklatante Forschungsdefizit in Hinblick auf die Geschichte und Kultur dieser Minderheit beklagt. Vorrangiges Ziel der vom Kultusministerium in Hessen unterstützten Arbeitsstelle "Schutz nationaler Minderheiten – deutsche Sinti und Roma", die 1998 ihre Arbeit aufnehmen soll, wird die Erarbeitung von Unterrichtsmaterialien zur Geschichte und Gegenwart von Sinti und Roma sowie die Durchführung von Lehrerfortbildungsveranstaltungen sein. Hierbei wird sie sich auf die Vorarbeiten des Fritz-Bauer-Instituts stützen, das Unterrichtsmaterialien zu diesem Themenkomplex erarbeitet (Georg-Eckert-Institut, 1997).

4.3 Roma als neue Zielgruppe sozialer Projekte

Ende der 80er Jahre verlagerte sich durch den Zuzug von Asylsuchenden und Bürgerkriegsflüchtlingen aus Süd- und Osteuropa das Interesse von den schon länger in Deutschland ansässigen "Zigeunern" auf ausländische Roma. Dies spiegelt sich sowohl in einer Fokussierung der sozialen Projekte auf diese neue Zielgruppe als auch in den Veröffentlichungen. In Süd- und Osteuropa waren Roma unter den kommunistischen Regierungen ebenfalls der Zwangsassimilierung, willkürlichen Umsiedlungen sowie Versuchen, ihre Kultur zu zerstören, bis hin zu Zwangssterilisierungen ausgesetzt. Viele Roma sind die eigentlichen Verlierer der Demokratisierung. Als HilfsarbeiterInnen in der Landwirtschaft wurden sie bei der Landverteilung der Kolchosen kaum berücksichtigt. Die zunehmenden wirtschaftlichen Probleme in diesen Ländern verführen zur Suche nach Sündenböcken, aufgestauter Haß eskaliert in pogromartige Ausschreitungen gegen Roma-Siedlungen. Auch in Deutschland richtet sich vor allem gegen die Roma eine neue Welle der Ausländer-

---

[33] Zu einem Überblick über die bisherigen Ergebnisse siehe Kommission der Europäischen Gemeinschaften (1997).

feindlichkeit. Unbewältigte Ängste und Agressionen werden wie so oft auf eine Minderheit projiziert, alte Vorurteile wieder hervorgeholt. Trotzdem wurde in einigen sozialen Projekten versucht, die Situation der nach Deutschland gekommenen Roma zu verbessern. Zwei Projekte mit Roma-Familien in Köln sollen hier exemplarisch vorgestellt werden.

Kinder von vorwiegend aus Jugoslawien stammenden Roma-Familien hatten durch Trickdiebstähle auf der Domplatte und Tageswohnungseinbrüche das Interesse der Medienberichterstattung auf sich gezogen. Die verantwortlichen Stellen mußten reagieren. Die Stadtverwaltung gründete 1987 den "Arbeitskreis Ethnische Minderheiten" für die Koordination der beteiligten Dienststellen. Das "Projekt Romakinder" des Jugendamtes, das ebenfalls 1987 seine Arbeit aufnahm, kümmerte sich in erster Linie um von der Polizei aufgegriffene Kinder. Dies hatte den deutlichen Rückgang der Kinderkriminalität zur Folge. Zusätzlich wurden ca. 20 ABM-Stellen für LehrerInnen an verschiedenen Schulen eingerichtet, die Roma-Kinder in besonderen Klassen auf den Einstieg in die Regelschule vorbereiten sollten. Eine ehemalige Textilfabrik in Köln-Niehl wurde für eine Großfamilie mit angrenzender Kupferschmiedewerkstatt umgebaut, andere in städtischen Sozialwohnungen und Flüchtlingsheimen untergebracht. Einigen Familien wurde ein Bleiberecht in Aussicht gestellt (1. Bleiberechtsgruppe). TrägerInnen und Privatpersonen fungierten als PatInnen bzw. PartnerInnen der Familien über einen Zeitraum von fünf Jahren für die 1. Bleiberechtsgruppe und standen im engen Kontakt mit den SozialarbeiterInnen und Roma aus dem Kölner Verein "Rom e.V." Kritisiert wurde später, daß die befristete Aufenthaltsgenehmigung an das "Patenschaftsmodell" gebunden war. Einer zweiten Gruppe wurde 1990 ebenfalls ein Bleiberecht in Aussicht gestellt (2. Bleiberechtsgruppe). Für alle Betroffenen war es belastend, daß sie zwar auf die Anerkennung des Bleiberechtes hoffen konnten, dies aber nicht mit Sicherheit gewährleistet war, da hierzu eine Reihe weiterer Bedingungen zu erfüllen waren.

1991 wurde das "Projekt Romakinder" (Brombach, 1990; Noack, 1989; Vetter, 1995) mit dem Auslaufen der ABM-Stellen aufgelöst und die "Zentrale Anlauf- und Beratungsstelle für Ethnische Minderheiten", eine Informationsstelle für zureisende Roma, aufgrund von Protesten – die Führung interner Akten wurde der Stadt als "Sondererfassung" vorgeworfen – geschlossen. Auch das ABM-Stellen-Programm für LehrerInnen wurde nach vier Jahren trotz guter Erfolge eingestellt. Aufgrund der Spannungen zwischen den in der ehemaligen Textilfabrik lebenden Roma, aber auch mit der angrenzenden Nachbarschaft wurde die Beendigung dieses Modellprojektes beschlossen. Nach dem Ablauf des fünfjährigen Engagements wurden die "Patenschaften" bzw. "Partnerschaften" zurückgenommen und die Aufgaben vom städtischen Sozialdienst übernommen.

Der Projektbericht macht deutlich, daß die Maßnahmen entweder nach kurzer Zeit eingestellt wurden oder für die befristeten ABM-Stellen kein Ersatz geschaffen wurde. Auch wenn ehrenamtlich begleitende "PartnerInnen" wichtig sein können, so sollte doch professionelle Sozialarbeit gewährleistet sein. Insofern bleibt auch in Köln der Eindruck, daß unter dem Druck der Öffentlichkeit kurzfristig Gelder bereitgestellt wurden, die Projekte aber nur eine Alibifunktion erfüllten, die wegfiel, sobald in den Medien nicht mehr spektakulär berichtet wurde.

4.4 Schlußbetrachtung

Resultierend aus den erwähnten Studien ergibt sich folgender Anforderungskatalog an zukünftige Sozialprojekte:
- Feldforschungen sollten im Vorfeld der Programme durchgeführt werden, um die Situation der betroffenen Gruppen, ihre Bedürfnisse und Interessen kennenzulernen.
- Ein Kommunikations- und Kooperationsnetz zwischen den beteiligten Ämtern, TrägerInnen und Betroffenen sollte eingerichtet werden.
- Die Programme sollten mit "Zigeunern" und nicht für sie entworfen werden. Die Betroffenen müssen bei der Selbstbeteiligung und -organisation zur Durchsetzung ihrer Interessen unterstützt werden und in verantwortlicher Funktion beteiligt sein. Sinnvoll ist die Ausbildung von "Zigeunern" als SozialarbeiterInnen, DozentInnen und MediatorInnen.
- Ausgehend von den Wünschen der Betroffenen sollten die Projekte mehr integrations- oder mehr traditionsorientiert konzipiert sein, denn nicht in allen Fällen ist Integration bzw. Assimilation um jeden Preis die zukunftsweisende Lösung. In einer pluralistischen Gesellschaft sollten beide Wege möglich sein.
- Die Einrichtung von Modellversuchen und ABM-Stellen ist zu kurzfristig. Eine behutsame Integration erfordert einen Prozeß über mehrere Generationen.
- Eine mehrgleisige Vorgehensweise ist notwendig, die neben der Arbeits- und Bildungsproblematik auch das Wohnen, die Gesundheitsfürsorge sowie die Gemeinwesenarbeit und damit die gesamte Lebenssituation berücksichtigt.
- Ein Umzug in ein anderes Wohngebiet sollte keine erneute Ghettoisierung nach sich ziehen.
- Eine Offenheit für eine andere Wohnarchitektur im sozialen Wohnungsbau wäre wünschenswert, die auch das Zusammenleben größerer Familieneinheiten sowie eine Verbindung von Wohn- und Arbeitsbereichen, z.B. durch Freiräume zur Lagerung von Altmetall, ermöglicht.
- Der Platz sollte nicht für durchziehende "Zigeuner" gesperrt sein, bzw. es sollte genügend Freiraum zur Aufnahme von durchreisenden Verwandten und Gästen zum Erhalt dieser Kontakte berücksichtigt werden.
- Die Förderung von Schulausbildung und Lehrstellen sollte ein zentrales Anliegen sein, was auch durch spezielle Förderkurse unterstützt werden sollte. Geeignetes Lernmaterial für Kinder von reisenden "Zigeunern" sollte erarbeitet bzw. weiterentwickelt werden.
- Alphabetisierungskurse sollten auch in Romanes angeboten werden.
- In speziellen Fortbildungsprogrammen sollten LehrerInnen und SozialarbeiterInnen Information über Geschichte und die besondere Lebenssituation der "Zigeuner" erhalten. Die Geschichte dieser Minderheit muß in die Schulbücher aufgenommen werden, damit Vorurteile nicht weiterhin tradiert werden.
- Aufklärungsarbeit gegen antiziganistische Vorurteile in der Bevölkerungsmehrheit ist dringend erforderlich. Zum Abbau von Vorbehalten in der Nachbarschaft

kann eine intensive Gemeinwesenarbeit – gemeinsame Veranstaltungsbesuche, Mitgliedschaften in Vereinen etc. – beitragen.

In der Sozialarbeit sollte eine Zusammenarbeit mit "Zigeunern" nicht von vornherein verworfen werden mit der Begründung, daß diese Gruppe so eine "andere Kultur" habe oder der Umgang mit ihr so "schwierig" erscheint. Bedingung ist allerdings die enge Einbeziehung der Betroffenen schon in die Projektplanung, das Wissen und die Rücksichtnahme auf ihre Verletzbarkeit aufgrund der historisch vorbelasteten Erfahrungen sowie die Einstellung auf die jeweilige Situation bzw. Gruppe, die jeweils auch andere Konzepte bzw. eine Flexibilität hinsichtlich der Lösungsmöglichkeiten verlangt. Dann kann dies zu einem positiven Lernprozeß für beide Seiten führen. So könnten neue Formen z.B. in der Architektur des sozialen Wohnungsbaus oder des Schulunterrichts sowie auch in der Ausbildung für LehrerInnen und SozialarbeiterInnen entwickelt bzw. weiterentwickelt werden. Hier empfiehlt sich ein verstärkter Erfahrungsaustausch zwischen den europäischen Ländern. Erforderlich ist eine kritischere Auseinandersetzung mit rassistischem Gedankengut und die Bewußtmachung der Kontinuität dieser Ideologie aufgrund der Tradierung durch einflußreiche "ExpertInnen". Dies sollte in die Ausbildung von LehrerInnen und SozialarbeiterInnen, generell in die Schulmaterialien, einfließen, damit dieser Teufelskreis endlich unterbrochen wird. Die Unabhängigkeit der "Zigeuner" von Sozialleistungen mag ein Ziel des Staates zur Verminderung der Staatsausgaben sein. Die Destabilisierung von Familien- und Lebensstrukturen der Betroffenen durch einseitige Forderung nach Integration bzw. Assimilation, ohne daß Unterstützungen zur Bewältigung dieses Konfliktes angeboten werden, hat aber weitreichendere Folgen als die kurzfristige Entlastung des Sozialetats. Allerdings erfordert Sozialarbeit mit "Zigeunern" auch die Bereitschaft, sich auf einen längeren Prozeß einzulassen entgegen der zeitgemäßen Einstellung mit einigen kurzfristigen ABM-Stellen und Pilotprojekten sei der Schuldigkeit Genüge getan.

Literatur

Acton, T. (1974). *Gypsy Politics and Social Change. The Development of Ethnic Ideology and Pressure Politics among Britisch Gypsies from Victorian Reformism to Romani Nationalism*. London: Routledge & Kegan.

Arnold H. (1958). *Vaganten, Komödianten, Fieranten und Briganten. Untersuchungen zum Vagantenproblem an vagierenden Bevölkerungsgruppen vorwiegend in der Pfalz*. Stuttgart: Thieme.

Arnold, H. (1961). The Gypsy Gene. *Journal of the Gypsy Lore Society XL*, 53-56.

Arnold, H. (1965). *Die Zigeuner. Herkunft und Leben der Stämme im deutschen Sprachgebiet*. Olten/Freiburg: Walter.

Arnold, H. (1980). *Fahrendes Volk. Randgruppen des Zigeunervolkes*. Neustadt: Pfälzische Verlagsanstalt.

Arnold, H. (1986). Abtreibung: Motive endlich untersuchen. *Ärztliche Praxis 38* (8), 65.

Arnold, H. (1988). *Medizin und Ethik. Problemfeld Eugenik*. Asendorf: MuT.

Berger, H. (1972). *Das Zigeunerbild in der deutschen Literatur des 19. Jahrhunderts*. Unveröff. Dissertation: University of Waterloo.

Bock, G. (1986), *Zwangssterilisation im Nationalsozialismus. Studien zur Rassenpolitik und Frauenpolitik*. Opladen: Westdeutscher Verlag.

Böhmer, T. (1981). Informationen über Geschichte und Lebensbedingungen der Sinti und Roma in heutigen Schulbüchern. Analyse von Schulbüchern und Unterrichtsmaterialien für die Fächer Geschichte und Sozialkunde. *Zeitschrift für Kulturaustausch, 31*, (4), 434-450.

Breger, C. (1995). Heinrich Moritz Gottlieb Grellmann – Überlegungen zu Entstehung und Funktion rassistischer Deutungsmuster im Diskurs der Aufklärung. In: B. Danckwortt et al. (Hrsg.), *Historische Rassismusforschung. Ideologen – Täter – Opfer* (S. 34-69). Hamburg: Argument.

Breger, C. (1998). *Ortlosigkeit des Fremden. "Zigeunerinnen" und "Zigeuner" in der deutschsprachigen Literatur um 1800*. Köln: Böhlau.

Breithaupt, R. (1907). *Die Zigeuner und der deutsche Staat. Ein Beitrag zur deutschen Rechts- und Kulturgeschichte*. Dissertation: Universität Würzburg.

Briel, P.-G. (1989). *"Lumpenkind und Traumprinzessin". Zur Sozialgestalt der Zigeuner in der Kinder- und Jugendliteratur seit dem 19. Jahrhundert*. Gießen: Focus.

Brombach, H. (1990). Roma-Kinder zwischen Gesetz und Tradition. *Theorie und Praxis der sozialen Arbeit, 41 (5)*, 191-197.

Bülow, von (1884). Zigeuner in Pommern. *Baltische Studien 34* (1), 66-78. Stettin.

Bura, J. (1984). Hitlers Erbe in der "Zigeunerfürsorge". Zur Kontinuität rassistischer Tendenzen in der etablierten bundesdeutschen Sozialarbeit. In: R. Bauer (Hrsg.), *Die liebe Not. Zur historischen Kontinuität der "Freien Wohlfahrtspflege"* (S. 123-138). Weinheim: Beltz.

Danckwortt, B. (1995). Franz Mettbach – Die Konsequenzen der preußischen 'Zigeunerpolitik' für die Sinti von Friedrichslohra. In: B. Danckwortt et al. (Hrsg.), *Historische Rassismusforschung. Ideologen – Täter – Opfer* (S. 273-295). Hamburg: Argument.

Danckwortt, B. (1997). Sinti und Roma – Geschichte und aktuelle Situation einer Minderheit in Deutschland. In: B. Danckwortt & C. Lepp, *Von Grenzen und Ausgrenzung. Interdisziplinäre Beiträge zu den Themen Migration, Minderheiten und Fremdenfeindlichkeit* (S. 80-114). Marburg: Schüren.

Dennler, G. (1918). *Onkel Knolle. Ein Bilderbuch mit lustigen Reimen* (2. Aufl.). Augsburg. [Auszüge erschienen bei Rom e.V. (Hrsg.). (1991). *Die Zigeunerfrieda, Dokumentation*, 1. Köln: Mühlberger.]

Deutscher Verein für öffentliche und private Fürsorge (Hrsg.). (1981). *Soziale Arbeit mit Zigeunern. Einige Orientierungshilfen aus der Praxis für die Praxis*. Frankfurt/M. [Zusammengestellt von der Arbeitsgruppe "Landfahrer".]

Djuric, R. (1995). *Roma und Sinti im Spiegel der deutschen Literatur* (= Studien zur Tsiganologie und Folkloristik, Bd.13). Frankfurt/M.: Peter Lang.

Djuric, R. et al. (1996). *Ohne Heim – Ohne Grab. Die Geschichte der Sinti und Roma*. Berlin: Aufbau Verlag.

Döring, H.-J. (1964). *Die Zigeuner im nationalsozialistischen Staat*. Hamburg: Kriminalistik.

Duvernoy, H. (1946). *Fingerleistenmuster bei Zigeunern Mitteldeutschlands*. Dissertation: Universität Tübingen.

Ehrhardt, S. (1950). *Morphologisch-genetische Untersuchungen am Hautleistensystem der Hand*. Unveröffentlichte Habilitation: Universität Tübingen.

Ehrhardt, S. (1974). Über Handfurchen bei Zigeunern. In W. Bernhard & A. Kandler (Hrsg.), *Bevölkerungsbiologie. Beiträge zur Struktur und Dynamik menschlicher Population in anthropologischer Sicht* (S. 265-269). Stuttgart: G. Fischer.

Eissler, K.R. (1994). Die Ermordung von wie vielen Kindern muß ein Mensch symptomfrei ertragen können, um eine normale Konstitution zu haben? In: H-M. Lohmann (Hrsg.), *Psychoanalyse und Nationalsozialismus. Beiträge zur Bearbeitung eines unbewältigten Traumas* (S. 159-209). Frankfurt/M.: Fischer.

Feuerhelm, W. (1987). *Polizei und "Zigeuner". Strategien, Handlungsmuster und Alltagstheorien im polizeilichen Umgang mit Sinti und Roma.* Stuttgart: Ferdinand Enke.

Fings, K. & Sparing, F. (1995). Vertuscht, verleugnet, versteckt. Akten zur NS-Verfolgung von Sinti und Roma. In *Besatzung und Bündnis. Deutsche Herrschaftsstrategien in Ost- und Südosteuropa* (S.181-201) (= Beiträge zur nationalsozialistischen Gesundheits- und Sozialpolitik, Bd. 12). Göttingen: Schwarze Risse.

Flöter, G. (1994). Arbeit mit Roma-Kindern in der Grundschule. In R. Busch (Hrsg.), *Sinti, Roma und wir* (S. 134-139) (= Forschung und Weiterbildung für die betriebliche Praxis, Bd. 9), Berlin: Zentrale Universitätsdruckerei.

Freese, C., Murko, M. & Wurzbacher, G. (1980). *Hilfen für Zigeuner und Landfahrer. Vorschläge zur Zielsetzung, Planung und Durchführung sozialer Hilfen für Zigeuner und Landfahrer unter besonderer Berücksichtigung der Möglichkeiten des § 72 Bundessozialhilfegesetz* (= Schriftenreihe des Bundesministers für Jugend, Familie und Gesundheit, Bd.86). Stuttgart: Kohlhammer.

Freudenberg, A., Freudenberg, G. & Heuß, H. (1992). "Verdrängte Erinnerung" – der Völkermord an Sinti und Roma. In H. Loewy (Hrsg.), *Holocaust: Die Grenzen des Verstehens. Eine Debatte über die Besetzung der Geschichte* (S. 52-70). Reinbek: .

Fricke, T. (1991). *Zwischen Erziehung und Ausgrenzung. Zur württembergischen Geschichte der Sinti und Roma im 19. Jahrhundert.* Frankfurt/M.: Peter Lang.

Fricke, T. (1996). *Zigeuner im Zeitalter des Absolutismus. Bilanz einer einseitigen Überlieferung. Eine sozialgeschichtliche Untersuchung anhand südwestdeutscher Quellen.* Pfaffenweiler: Centaurus.

Geigges, A. & Wette, B.W. (1979). *Zigeuner heute. Verfolgung und Diskriminierung in der BRD.* Bornheim-Merten: Lamuv.

Giere, J. (Hrsg.). (1996). *Die gesellschaftliche Konstruktion des Zigeuners. Zur Genese eines Vorurteils.* Frankfurt/M.: Campus.

Georg-Eckert-Institut. (1997). *Informationen, 34*, Dezember. Braunschweig.

Grellmann, H.M.G. (1783). *Die Zigeuner. Ein historischer Versuch über die Lebensart und Verfassung, Sitten und Schicksale dieses Volks in Europa, nebst ihrem Ursprunge.* Dessau /Leipzig.

Greußing, F. (1979). Das offizielle Verbrechen der zweiten Verfolgung. In T. Zülch (Hrsg.), *In Auschwitz vergast, bis heute verfolgt, Zur Situation der Roma (Zigeuner) in Deutschland und Europa* (S. 192-198). Reinbek: RoRoRo.

Gronemeyer, R. (1987). *Zigeuner im Spiegel früher Chroniken und Abhandlungen. Quellen vom 15. bis 18. Jahrhundert.* Gießen: Focus.

Haag, A. (1989). Das Schicksal der Zigeunerin J. E. und die Chronik einer "Wiedergutmachung" aus psychosomatischer Sicht. In W. Söllner et al. (Hrsg.), *Sozio-psycho-somatik. Gesellschaftliche Entwicklungen und psychosomatische Medizin* (S. 135-141). Berlin: Springer.

Hehemann, R. (1987). *Die "Bekämpfung des Zigeunerunwesen" im Wilhelminischen Deutschland und in der Weimarer Republik, 1871-1933*. Frankfurt/M.: Haag & Herchen.

Hesse, H. (1995). Wilhelm Mündtrath – Kriminalsekretär des Bremer "Zigeunerdezernats". In: Danckwortt, B. et al. (Hrsg.), *Historische Rassismusforschung. Ideologen – Täter – Opfer* (S. 246-272). Hamburg: Argument.

Heuß, H. (1992). Das Dokumentations- und Kulturzentrum Deutscher Sinti und Roma in Heidelberg. Aufgaben und Perspektiven vor dem Hintergrund des Holocaust. In *Jahrbuch für Antisemitismusforschung*, 1, (S. 152-159). Frankfurt/M.: Campus.

Heuß, H. (1996). Die Migration von Roma aus Osteuropa im 19. und 20. Jahrhundert: Historische Anlässe und staatliche Reaktion. Überlegungen zum Funktionswandel des Zigeuner-Ressentiments. In J. Giere (Hrsg.) *Die gesellschaftliche Konstruktion des Zigeuners. Zur Genese eines Vorurteils* (S. 109-131). Frankfurt/M.: Campus.

Hobsbawn, E.J. (1972). *Die Banditen*. Frankfurt/M.

Hobsbawn, E.J. (1979). *Sozialrebellen. Archaische Sozialbewegungen im 19. und 20. Jahrhundert*. Gießen: Focus.

Hohmann, J.S. (1981). *Geschichte der Zigeunerverfolgung in Deutschland*. Frankfurt/M.: Campus.

Hohmann, J.S. (1991). *Robert Ritter und die Erben der Kriminalbiologie. "Zigeunerforschung" im Nationalsozialismus und in Westdeutschland im Zeichen des Rassismus* (= Studien zur Tsiganologie und Folkloristik, Bd. 4). Frankfurt/M.: Peter Lang.

Hohmann, J.S. (1995). Die Forschungen des "Zigeunerexperten" Hermann Arnold". 1999. *Zeitschrift für Sozialgeschichte des 20. und 21. Jahrhunderts, 3,* 35-49.

Hund, W.D. (Hrsg.). (1996). *Zigeuner. Geschichte und Struktur einer rassistischen Konstruktion*. Duisburg: Diss. Verlag.

Hundsalz, A. (1978). *Stand der Forschung über Zigeuner und Landfahrer. Eine Literaturanalyse unter vorwiegend sozialwissenschaftlichen Gesichtspunkten* (= Schriftenreihe des Bundesministers für Jugend, Familie und Gesundheit, Bd. 64). Stuttgart: Kohlhammer.

Hundsalz, A. (1980). *Zigeunerkinder. Eine sozialpsychologische Untersuchung schulrelevanter Verhaltensmerkmale*. Frankfurt/M.: Peter Lang.

Hundsalz, A. & Schaaf, H.P. (1982). *Soziale Situation der Sinti in der Bundesrepublik Deutschland. Lebensverhältnisse Deutscher Sinti unter besonderer Berücksichtigung der eigenen Aussagen und Meinungen der Betroffenen* (= Schriftenreihe des Bundesministers für Jugend, Familie und Gesundheit, Bd. 129). Stuttgart: Kohlhammer.

Jochimsen, L. (1963), *Zigeuner heute. Untersuchung einer Außenseitergruppe in einer deutschen Mittelstadt*. Stuttgart: Ferdinand Enke.

Jütte, R. (1988). *Abbild und soziale Wirklichkeit des Bettler- und Gaunertums zu Beginn der Neuzeit. Sozial-, mentalitäts- und sprachgeschichtliche Studien zum Liber Vagatorum (1510)*. Köln: Böhlau.

Justin, E. (1944). *Lebensschicksale artfremd erzogener Zigeunerkinder und ihrer Nachkommen* (= Veröffentlichungen aus dem Gebiet des Volksgesundheitsdienstes, Bd. LVII, 4, Berlin: Verlagsbuchhandlung Richard Schoetz.

Kenrick, D. & Puxon, G. (1981), *Sinti und Roma, die Vernichtung eines Volkes im NS-Staat*. Göttingen.

Köpf, P. (1994). *Stichwort Sinti und Roma*. München: Heyne.

Kommission der Europäischen Gemeinschaften. (1997). *Die schulische Betreuung der Kinder von Sinti, Roma und Fahrenden. Bericht über die Durchführung der in der Entschließung vom 22. Mai 1989 durch den Rat und die im Rat vereinigten Minister des Bildungswesens angenommenen Maßnahmen.* Luxemburg.

Kopecny, A. (1980). *Fahrende und Vagabunden. Ihre Geschichte, Überlebenskünste, Zeichen und Sprache.* Berlin: Wagenbach.

Krause, M. (1989), *Verfolgung durch Erziehung. Eine Untersuchung über die jahrhundertelange Kontinuität staatlicher Erziehungsmaßnahmen im Dienste der Vernichtung kultureller Identität von Rom und Sinti.* Ammersbek: Verlag an der Lottbek.

Krüger-Potratz, M. (1991). *Anderssein gab es nicht. Ausländer und Minderheiten in der DDR.* Münster: Waxmann.

Küther, C. (1976). *Räuber und Gauner in Deutschland. Das organisierte Bandenwesen im 18. und frühen 19. Jahrhundert.* Göttingen: Vandenhoeck & Ruprecht.

Kultusministerium des Landes Nordrhein-Westfalen (Hrsg.). (1993). *Begegnung & Verständnis. Schulische und schulbegleitende Maßnahmen für Kinder aus Sinti- und Romafamilien.* Frechen: Verlagsgesellschaft Ritterbach.

Kultusministerium des Landes Nordrhein-Westfalen (Hrsg.). (1994). *Leben auf der Reise – Schulbesuch auf der Reise. Empfehlungen für den Unterricht von Kindern beruflich Reisender* (Ein Leitfaden für die Unterrichtspraxis). Frechen: Verlagsgesellschaft Ritterbach.

Lagrene, R. (1995). Mündliche Erzählkunst als Volkskultur – Betrachtungen aus der Innensicht. In W. Solms & D. Strauß (Hrsg.); *"Zigeunerbilder" in der deutschsprachigen Literatur* (S. 91-100) (=Schriftenreihe des Dokumentations- und Kulturzentrums Deutscher Sinti und Roma, Bd. 3). Heidelberg.

Leidgeb, E. & Horn, N. (1994). *Opre Roma! Erhebt Euch! Eine Einführung in die Geschichte und Situation der Roma.* München: AG SPAK.

Lindemann, F. (1991). *Die Sinti aus dem Ummenwinkel. Ein sozialer Brennpunkt erholt sich.* Weinheim: Beltz.

Lucassen, L. (1996). *Zigeuner. Die Geschichte eines polizeilichen Ordnungsbegriffes in Deutschland 1700-1945.* Köln: Böhlau.

Macfie, S.R. (1943). Gypsy Persecutions: A Study of a Black Chapter in European History. *Journal of the Gypsy Lore Society, 3* (22), 65-78. Liverpool.

Manske, C. (1984). *Sinti-Fibel. Alphabetisierung von Erwachsenen.* Frankfurt/M.: extrabuch.

Manske, C. & Müller, U. (1982). Alphabetisierung im Bremer Sinti-Haus. *Blätter der Wohlfahrtspflege, 126*, (6), 147-149.

Martins-Heuß, K. (1983). *Zur mythischen Figur des Zigeuners in der deutschen Zigeunerforschung.* Frankfurt/M.: Haag & Herchen

Mayerhofer, C. (1987). *Dorfzigeuner. Kultur und Geschichte der Burgenland-Roma von der Ersten Republik bis zur Gegenwart.* Wien: Picus.

Meueler, E. & Papenbrok, M. (1987). *Kulturzentren in der Kultur- und Sozialarbeit von Sinti und Roma. Ein interkultureller Vergleich.* Weinheim: Beltz.

Mode, H. & Wölffling, S. (1968). *Zigeuner. Der Weg eines Volkes in Deutschland.* Leipzig: Köhler & Amelang.

Münzel, M. & Streck, B. (Hrsg.). (1981). *Kumpania und Kontrolle. Moderne Behinderungen zigeunerischen Lebens.* Gießen: Focus.

Muth, A. (1981). Die Religion der Zigeuner unter besonderer Berücksichtigung der Möglichkeiten einer seelsorglichen Betreuung seitens der katholischen Kirche in Deutschland. In: Deutscher Verein für öffentliche und private Fürsorge (Hrsg.), *Soziale Arbeit mit Zigeunern. Einige Orientierungshilfen aus der Praxis für die Praxis* (S. 83-91). Frankfurt/M.

Niemandt, H.-D. (1992). *Die Zigeunerin in den romanischen Literaturen* (= Studien zur Tsiganologie und Folkloristik, Bd.6). Frankfurt/M.: Peter Lang.

Noack, B. (1989). Zigeunerkinder. Jugendämter mit dem Rücken an der Wand? *Blätter der Wohlfahrtspflege, 136* (2), 49-51.

Oertle, A. (1947). *Über die Hautleisten der Handflächen der Zigeuner*. Dissertation: Universität Tübingen.

Petersen, P. & Liedtke, U. (1971). Zur Entschädigung zwangssterilisierter Zigeuner. Sozialpsychologische Einflüsse auf psychische Störungen nationalsozialistisch Verfolgter. *Der Nervenarzt, 42* (4) 197-205.

Pischel, R. (1883). Heimath der Zigeuner. In *Deutsche Rundschau, 9*, Bd. 36. Berlin.

Pross, C. (1988). *Wiedergutmachung. Der Kleinkrieg gegen die Opfer*. Frankfurt/M.: Athenäum.

Reemtsma, K. (1996). *Sinti und Roma. Geschichte, Kultur und Gegenwart*. München: Beck.

Riechert, H. (1995). *Im Schatten von Auschwitz. Die nationalsozialistische Sterilisationspolitik gegenüber Sinti und Roma*. Münster: Waxmann.

Rinser, L. (1985). *Wer wirft den Stein? Zigeuner sein in Deutschland. Eine Anklage*. Stuttgart: Edition Weitbrecht.

Rom e.V. (Hrsg.). (1994). Opre Rom! Von der Randgruppe zum europäischen Volk. Die Renaissance des Romanes. *Jekh Chib, 2*, (3).

Roma National Congress (Hrsg.). (1993). *Roma und Deutschland. Situation der Roma in Europa und Deutschland seit der Wiedervereinigung. Eine Dokumentation des Roma National Congress*. Hamburg.

Rose, R. (1987). *Bürgerrechte für Sinti und Roma. Das Buch zum Rassismus in Deutschland*. Heidelberg.

Rose, R. (Hrsg.). (1995). *Der nationalsozialistische Völkermord an den Sinti und Roma* (2. überarbeitete Aufl.). Heidelberg.

Rose, R. & Weiss, W. (1993). *Sinti und Roma im "Dritten Reich". Das Programm der Vernichtung durch Arbeit* (2. veränd. u. erw. Auflage). Göttingen: Lamuv.

Ruch, M. (1986). *Zur Wissenschaftsgeschichte der deutschsprachigen "Zigeunerforschung" von den Anfängen bis 1900*. Dissertation: Universität Freiburg.

Salo, M.T. (1979). Gypsy Ethnicity: Implications of Native Categories and Interaction for Ethnic Classification. *Ethnicity, 6*, 73-96. New York.

Schenk, M. (1994). *Rassismus gegen Sinti und Roma* (= Studien zur Tsiganologie und Folkloristik, Bd. 11). Frankfurt/M.: Peter Lang.

Seible, T. (1979). Wir sind doch alle Deutsche. In T. Zülch (Hrsg.), *In Auschwitz vergast, bis heute verfolgt. Zur Situation der Roma (Zigeuner) in Deutschland und Europa* (S.201-202), Reinbek: RoRoRo.

Soest, G. von (1979). *Zigeuner zwischen Verfolgung und Integration. Geschichte, Lebensbedingungen und Eingliederungsversuche*. Weinheim: Beltz.

Solms, W. & Strauß, D. (Hrsg.). (1995). *"Zigeunerbilder" in der deutschsprachigen Literatur* (= Schriftenreihe des Dokumentations- und Kulturzentrums Deutscher Sinti und Roma, Bd. 3). Heidelberg.

Spitta, A. (1989). Entschädigung für Zigeuner? Geschichte eines Vorurteils. In L. Herbst & C. Goschler (Hrsg.), *Wiedergutmachung in der Bundesrepublik* (S.385-401). München: Oldenbourg.

Stoffels, H. (Hrsg.). (1991). *Schicksale der Verfolgten. Psychische und somatische Auswirkungen von Terrorherrschaft.* Berlin: Springer.

Tenfelde, R.E. (1979). Deutsche Zigeuner und Recht. In J.S. Hohmann & R. Schopf, *Zigeunerleben, Beiträge zur Sozialgeschichte einer Verfolgung* (S. 187-210). Darmstadt: ms-Edition.

Tetzner, T. (1835). *Geschichte der Zigeuner, ihre Herkunft, Natur und Art.* Weimar: Voigt.

Vetter, A. (1995). Roma. Erfahrungen aus dem Integrationsprozeß einer Gruppe heimatloser Roma in einer westdeutschen Großstadt. In J.S. Hohmann (Hrsg.). *Sinti und Roma in Deutschland. Versuch einer Bilanz* (S. 84-115) (= Studien zur Tsiganologie und Folkloristik, Bd.14). Frankfurt/M.: Peter Lang.

Vossen, R. (1983). *Zigeuner. Roma, Sinti, Gitanos, Gypsies zwischen Verfolgung und Romantisierung. Katalog zur Ausstellung des Hamburgischen Museums für Völkerkunde.* Frankfurt/M.: Ullstein.

Weiler, M. (1979). *Zur Frage der Integration der Zigeuner in der Bundesrepublik Deutschland. Eine Untersuchung der gegenwärtigen Situation der Zigeuner und der sozialpolitischen und sozialarbeiterischen Maßnahmen für Zigeuner.* Dissertation: Universität Köln.

Weiß, H. (1982). *Armut und Erziehung. Früherziehung und Schulbesuch von Kindern einer Wohnwagensiedlung am Rande der Großstadt.* Berlin: Carl Marhold.

Wiener, L. (1909). Gypsies as Fortune-Tellers and as Blacksmiths. *Journal of the Gypsy Lore Society, N.S. III,* 4-17. Liverpool.

Willems, W. (1997). *In search of the true gypsy. From enlightenment to final solution.* London: Frank Cass Publishers.

Winter, M. (1988). Kontinuitäten in der deutschen Zigeunerforschung und Zigeunerpolitik. In *Feinderklärung und Prävention. Kriminalbiologie, Zigeunerforschung und Asozialenpolitik* (S. 135- 152) (= Beiträge zur nationalsozialistischen Gesundheits- und Sozialpolitik, Bd. 6). Berlin: Rotbuch.

Wippermann, W. (1997). *"Wie die Zigeuner", Antisemitismus und Antiziganismus im Vergleich.* Berlin: Elefanten Press.

Wolf, S.A. (1956). *Wörterbuch des Rotwelschen. Deutsche Gaunersprache.* Mannheim: Bibliographisches Institut AG.

Yoors, J. (1982). *Die Zigeuner.* Frankfurt/M.

Zimmermann, M. (1996). *Rassenutopie und Genozid. Die nationalsozialistische "Lösung der Zigeunerfrage"* (= Hamburger Beiträge zur Sozial- und Zeitgeschichte, Bd. 33). Hamburg: Christians.

Zülch, Tilman (Hrsg.). (1979). *In Auschwitz vergast, bis heute verfolgt. Zur Situation der Roma (Zigeuner) in Deutschland und Europa.* Reinbek: RoRoRo.

Schwarze KlientInnen in Therapie und Beratung bei weißen TherapeutInnen

Ika Hügel-Marshall

Um zu verdeutlichen, wie sich stereotype Vorstellungen in bezug auf Schwarze entwickelt haben, die auch in Schwarz-weißen therapeutischen Verhältnissen eine Rolle spielen, werde ich kurz auf die Entwicklung rassistischer Ideologien eingehen.

Da Volkszählungen weder heute noch früher nach Hautfarbe differenzieren (was keinesfalls zu bedauern ist), läßt sich nicht feststellen, wie viele Schwarze bzw. Afrodeutsche in der Bundesrepublik leben.

Nach Schätzungen des Schweizer Historikers Micha Grin wurden von den Nationalsozialisten etwa 2000 Schwarze Menschen in Konzentrationslagern interniert (Jeune Afrique vom 9.10.1990). Rainer Pommerin belegt mit seinen Nachforschungen, daß zwischen 1937 und 1942 mindestens 400 Schwarze Deutsche zwangssterilisiert wurden. Eine geringe Anzahl von Afrodeutschen überlebten den Holocaust, da sie zu Propagandazwecken gebraucht und deshalb geschont wurden. (Ayim, 1995a, S.44)

Die Anzahl der heute 70-80jährigen ist daher sehr gering. Die Nachkriegsgeneration der Jahrgänge 1945 bis ca. 1950 wuchsen isoliert auf und hatten entweder keinen oder nur wenig Kontakt zu Schwarzen Menschen oder anderen Afrodeutschen. Eine ansteigende Tendenz der afrodeutschen Bevölkerung aus binationalen und afrodeutschen Partnerschaften ist seit den 60er Jahren zu verzeichnen. Afrodeutsche leben schon seit vielen Generationen in Deutschland.

Noch heute wird die Existenz Schwarzer Menschen, vor allem der Afrodeutschen jedoch geleugnet, d.h. sie existieren nicht im Bewußtsein weißer Deutscher als Deutsche bzw. deutsche StaatsbürgerInnen.

Afrodeutsche werden mit der Tatsache konfrontiert, weder in der Erwachsenenliteratur, noch in Kinder- und Schulbüchern als Deutsche vorzukommen. Wenn überhaupt, werden Schwarze Menschen in Büchern und Filmen als überwiegend hilfsbedürftig, bemitleidenswert, wild, triebhaft, primitiv, exotisch und unzivilisiert dargestellt. Diese Einstellungen und Vorurteile haben historische Wurzeln.

Stereotype Vorstellungen in bezug auf Menschen afrikanischer Herkunft lassen sich bis in die Zeit des Mittelalters nachweisen. Positive Vorstellungen über Schwarze Menschen existieren kaum. Die christlich-abendländische Farbsymbolik brachte die Farbe Schwarz von jeher mit dem Verwerflichen und Unerwünschten in Verbindung. In der frühen Literatur finden wir weiße Menschen, die durch unrechtmäßiges Verhalten zu "Mohren" werden. Religiös bestimmte Vorurteile bildeten das Fundament, auf dem sich in der Kolonialzeit rassistische Überzeugungen entfalten konnten. Schon hier waren es die "Mohren", die zu "Heiden" und zu Schwarzen Untermenschen ("Negern") gemacht wurden.

Systematisch wurden seit der Kolonialzeit Werke und Wirken oder auch soziales Ansehen von Afrodeutschen in der weißen Geschichtsschreibung verdrängt und bis heute totgeschwiegen. So zum Beispiel, daß die Gemahlin des englischen Königs Georg III. im 18. Jahrhundert eine Afrodeutsche namens Charlotte Sophia war, daß Anton Wilhelm Amo im 18. Jahrhundert an der Universität in Halle promovierte und daß Ludwig van Beethovens Großmutter afrikanischer Herkunft war.

Rassistische Ideologien wurden im Europa des 17. und 18. Jahrhundert entwickelt. Ihre biologistischen Argumentationsweisen finden wir auch noch in wissenschaftlichen Untersuchungen und politischen Debatten der Nachkriegszeit wieder. Hierzu einige Beispiele:

Was die rassischen Faktoren angeht, so ist anzunehmen, daß der Entwicklungsvorsprung, den die Mulattenkinder aufzuweisen haben, wahrscheinlich mit der Pubertät aufhören wird. Besonders die intellektuelle Leistungsfähigkeit dürfte nach vorliegenden Untersuchungen an amerikanischen Negermischlingen mäßig bleiben. Dagegen ist anzunehmen, daß die starke Triebhaftigkeit, die sich bei den Mulattenkindern zeigte, als negrides Rassenmerkmal bestehen bleiben wird. (Kirchner, 1952, S.1)

Kirchners Untersuchungen stützen sich kritiklos auf Forschungen und Auswertungen an AfrikanerInnen in deutschen Kolonien und auf anthropologische Untersuchungen im Nationalsozialismus, die die angebliche Minderwertigkeit von Menschen afrikanischer Herkunft beweisen sollten. Bezüglich afrodeutscher Heimkinder wertete er seine Untersuchungsergebnisse vor dem Hintergrund zweifelhafter US-amerikanischer Forschungen aus.

Am 19. März 1952 wurde die Debatte über Afrodeutsche von der antragstellenden Fraktion (SPD) auszugsweise in der Zeitschrift "Das Parlament" veröffentlicht:

Eine besondere Gruppe unter den Besatzungskindern bilden die 3093 Negermischlinge, die ein menschliches und rassisches Problem besonderer Art darstellen ...
Das Los der Mischlingskinder bereitet uns Sorge, weil sie sowohl von den Europäern als von den Schwarzen verachtet werden. Die Zwiespältigkeit des Mischlingslebens unter Europäern und Negern läßt sich nicht leugnen. Der Mischling rebelliert gegen den Stachel der Verachtung. Ein Teil der Mischlinge, der sich dem europäischen Lebensstil genähert hat, ist moralisch herabgekommen und nicht charakterfest. (Das Parlament, 19.3.1952)

Die folgende Geschichte, die eine Lehrerin 1997 ihren SchülerInnen erzählte, verdeutlicht, daß die Konstruktion "Fremdheit" naturalisiert wird, indem man ein Beispiel aus der Tierwelt (Biologie) nimmt:

Ein Frosch und eine Ziege wollen heiraten. Der Dompfaff, als Trauzeuge ernannt, sagt empört, daß eine Ziege und ein Frosch nicht heiraten können – DAS GEHT DOCH NICHT! Der Frosch und die Ziege heiraten dennoch und bekommen ein Kind. Es ist ein undefinierbares Geschöpf mit braunem, zotteligen Fell. Als das Kind im Wald und auf der Wiese spielt, wird es vom Jäger erschossen, der anschließend dem Kind das Fell abzieht und sich daraus eine warme Jacke schneidert.

An diesem Beispiel wird deutlich, daß das Übertreten von sogenannten Naturgesetzen bestraft wird: Wenn ein Frosch und eine Ziege heiraten, kann das Ergebnis nur eine Mißgeburt sein. Fremde – entartete und undefinierbare Wesen, "Mischlinge" –

stören die sogenannte Ordnung, die durch einen aggressiven Akt des Eliminierens (der Jäger erschießt die Mißgeburt) wiederhergestellt werden muß. Gleichzeitig wird die Person, die die natürliche Ordnung rekonstruiert, belohnt: Durch das Auslöschen des Fremden findet ein Aneignungsprozeß statt, und die Mißgeburt transformiert sich in eine warme Weste.

Da bis heute keine oder kaum eine Aufarbeitung der kolonialen Vergangenheit stattgefunden hat, werden Schwarze Menschen immer wieder mit den gleichbleibenden Klischees konfrontiert und dadurch diskriminiert.

Der deutsche therapeutische Kontext

Schwarze KlientInnen begegnen meist weißen TherapeutInnen, die in der weißen deutschen Kultur sozialisiert wurden und somit auf Stereotypen beruhende Bilder, Empfindungen und Gefühle, Theorien und Verhaltensweisen auf Schwarze KlientInnen projizieren. Eine Reflexion darüber findet häufig nicht statt. Häufig wird Schwarz-Sein von ihnen ethnisiert und exotisiert. Weiß-Sein ist die Norm, an der "andere" gemessen werden. Damit wird Schwarz-Sein und Rassismus zum Problem von Schwarzen, während dies eigentlich Probleme von Weißen sind. Da Schwarze KlientInnen sich grundsätzlich über die Unwissenheit weißer TherapeutInnen im klaren sind, wissen sie, daß sie damit rechnen müssen, mit den eigenen Problemen nicht verstanden zu werden. Oft werden ihnen rassistische Erfahrungen und Empfindungen weggenommen, umgedeutet oder schlichtweg negiert, wie z.B. bei folgender Reaktion einer weißen Therapeutin: "Wieso denn deine Hautfarbe? Guck doch mal nach den USA – da sagen die Schwarzen: 'Black is beautiful'". Hier wird deutlich, daß die Therapeutin die Probleme der Schwarzen Klientin nicht nur nicht versteht, sondern sie in Frage stellt, bzw. es "besser" weiß, denn: Black is beautiful. Die weiße Therapeutin stülpt der Schwarzen Klientin unreflektiert einen Slogan über, der seine Bedeutung aus der Erfahrung von Schwarzen in den USA erhalten hat. Hinzu kommt, daß aus der Perspektive der weißen Therapeutin eine Exotisierung stattfindet. In der Regel fühlen sich Schwarze KlientInnen in solchen und ähnlichen Situationen dazu aufgerufen, Aufklärungsarbeit zu leisten, eine alltägliche und mühsame Arbeit. Die Kraft reicht dann meist nicht mehr aus, sich selbst zu schützen oder gar zu öffnen, um eine Begegnung mit TherapeutInnen möglich zu machen.

Immer wieder kommt es in Therapien vor, daß weiße TherapeutInnen Schwarzen KlientInnen ihr Schwarz-Sein ("So schwarz sind Sie doch gar nicht.") sowie auch die damit in einer weißen Mehrheitsgesellschaft verbundenen Probleme ausreden ("War das wirklich so, daß Ihre Freundschaft deshalb auseinanderging, weil Sie Ihrer weißen Freundin rassistisches Verhalten Ihnen gegenüber vorgeworfen haben?").

Wenn man grundsätzlich davon ausgeht, daß Therapie ein Ort ist, wo alle Menschen Unterstützung und Hilfe erwarten können, dann nehmen Weiße selbstverständlich an, daß sie in der Therapie nicht zusätzlichen Verletzungen ausgesetzt werden. Für Schwarze KlientInnen trifft diese Sicherheit nicht zu. Schwarze Menschen wissen, daß es keinen Ort gibt, der von Rassismus frei ist. Deshalb bleibt Schwarzen KlientInnen in einem therapeutischen Abhängigkeitsverhältnis oftmals nichts anderes übrig, als rassistisches und verletzendes Verhalten der weißen TherapeutInnen zu entschuldigen. Ohnehin werden die realen Ängste der KlientInnen vor rassistischen Übergriffen in ihrem Alltag oder auch im therapeutischen Setting leicht als Paranoia pathologisiert.

Konfliktträchtige Botschaften

Wenn weiße TherapeutInnen selbstverständlich zu verstehen geben: "Ich bin hier, um Ihnen zu helfen", dann ist dies die erste Botschaft, eine Berufsbotschaft. Die zweite Botschaft resultiert aus der Situation, daß weiße TherapeutInnen sich nicht oder selten mit ihrer Kultureingebundenheit und deren Bedeutung der dominanten weiß-christlichen, homogen-deutschen Gesellschaft beschäftigt haben. In Abwesenheit einer Auseinandersetzung mit an Hautfarbe gebundenen Privilegien und Unterschieden werden weiße TherapeutInnen Aggressionen zeigen und Schwarze KlientInnen als übersensibel, zu emotional, paranoisch etc. bezeichnen. Schwarze KlientInnen wissen häufig um die sozialisierten Vorurteile, die ihnen von TherapeutInnen entgegengebracht werden. Mit der Aussage "Ich bin hier, um ihnen zu helfen" werden somit konfliktträchtige und widersprüchliche Botschaften ausgesandt, und das spiegelt für Schwarze KlientInnen ihre Alltagserfahrung wieder: Weiße sagen etwas anderes, als sie meinen.

Diese Konstellation von Widersprüchlichkeit wird auch noch einmal in besonderer Weise relevant in Prozessen der Übertragung und Gegenübertragung. Im Verlauf der Übertragung können Schwarze KlientInnen in die Situation kommen, weißen TherapeutInnen Unzulänglichkeiten zu "vergeben" und ihre Bedürfnisse nicht mehr deutlich zu formulieren, um die Beziehung aus ihrer Perspektive nicht zu gefährden. TherapeutInnen wiederum leben bei der Gegenübertragung häufig Vorstellungen und Phantasien aus, die sie bewußt oder unbewußt von Schwarzen Menschen haben. Die Bewältigung und Verarbeitung von Übertragung und Gegenübertragung im therapeutischen Prozeß erfordert somit eine andere und komplexere Reflexion seitens der TherapeutInnen als in der Therapie mit weißen KlientInnen.

Glaubwürdigkeit und Vertrauen

Schwarze KlientInnen haben Vorsicht gelernt und zweifeln häufig an der Glaubwürdigkeit der TherapeutInnen, denn sie wissen: Das Expertentum von TherapeutInnen, deren Hilfen, Informationen und Vorschläge sind an weißen Werten ausgerichtet. Schwarze KlientInnen haben in der Regel kein Vertrauen zu weißen TherapeutInnen, denn Vertrauen setzt für sie eine selbstreflektorische Offenheit voraus, die sie in ihrem rassistischen Alltag von Weißen kaum oder gar nicht erleben.

In der Regel sieht das therapeutische Verhältnis (in Deutschland) so aus, daß TherapeutInnen sich als Personen nicht in den therapeutischen Prozeß einbringen.

Doch im Schwarz-weißen therapeutischen Verhältnis ist dies eine unzureichende Methode. Schwarze KlientInnen müssen TherapeutInnen Fragen zu ihrer Person stellen können, auch wenn das unbequem ist und aus dem professionellen Rahmen fällt. Meist reagieren Weiße darauf mit Abwehr in Form von Schweigen, Rückzug und Aggressivität. Fragen zu stellen, bedeutet deshalb für Schwarze KlientInnen, sich zu vergewissern, ob und wie weit sich weiße TherapeutInnen mit ihrer Sozialisation auseinandergesetzt haben und wie sie in ihrem Alltag, in ihrem sozialen, politischen und privaten Umfeld mit Rassismus umgehen. Dieser Prozeß des Kennenlernens bildet die Grundlage für ein mögliches Vertauen seitens der Schwarzen KlientInnen.

Mißtrauen

Schwarze Menschen haben aufgrund ihrer rassistischen Erfahrungen gelernt, allen Weißen mit Mißtrauen zu begegnen, denn Weiße sind es, von denen ihnen Leid zugefügt wurde und wird. Für die meisten Schwarzen KlientInnen ist Mißtrauen in ihrem Leben zu einer Überlebensstrategie geworden: "Weißen kann und soll man nicht trauen." So unterschiedlich die Erfahrung und Sozialisation der einzelnen Schwarzen KlientInnen auch sein mag, sie alle haben rassistisches Verhalten von Weißen erfahren. Besonders bei Afrodeutschen war und ist es nicht nur das sozialweiße, rassistische Umfeld, das ihnen Leid zufügte, es war und ist in der Regel auch die eigene weiße Mutter, von der sie geliebt wurden und gleichzeitig rassistische Verletzungen erhalten haben. Sie haben früh gelernt, daß Liebe, Zuneigung und Wohlgesonnenheit von weißen Menschen sie nicht vor rassistischen Verletzungen schützen. Es reicht deshalb nicht aus, Vertrauen von seiten der weißen TherapeutInnen zu proklamieren, bzw. dasselbe von Schwarzen KlientInnen zu erwarten. Weiße TherapeutInnen werden nicht umhinkönnen, in jeder einzelnen Therapiestunde erneut Vertrauen aufzubauen und sich den Fragen der Schwarzen KlientInnen zu stellen. Mißtrauen entsteht nicht erst im therapeutischen Verhältnis, es wird unweigerlich von den Schwarzen KlientInnen hineingetragen.

Erwartungen

Schwarze KlientInnen haben häufig gelernt, keine allzu hohen Erwartungen an weiße TherapeutInnen zu stellen. Und doch haben sie Erwartungen. Oftmals machen sie die Erfahrung, daß ihre Erwartungen an Hilfe nicht erfüllt werden.

Schwarze KlientInnen werden nur die Probleme thematisieren, von denen sie wissen, daß sie besprochen werden können. Letztlich bedeutet dies, daß Schwarze KlientInnen sich durchaus momentane Hilfe holen können, grundsätzlich aber mit den Ursachen der Probleme allein bleiben. Eine alltägliche Erfahrung. Schwarze KlientInnen müssen sich dennoch Hilfe bei weißen TherapeutInnen suchen, die Hilfesysteme benutzen, deren Kompetenz und Vertrauenswürdigkeit sie in Frage stellen. Schwarze KlientInnen entwickeln daher ein Repertoire an Verhalten und

Emotionen, um überhaupt in die Therapie gehen zu können, und oft geben sie bereits im Vorfeld auf. Schwarze müssen tagtäglich ums Überleben kämpfen, und für die, die es nicht schaffen, ist oftmals ein Psychiatrieaufenthalt unumgänglich. Schwarze Menschen entwickeln Abwehrmechanismen, die es ihnen erlauben, sich cool zu geben, um so die eigenen Gefühle zu verbergen. Sie erscheinen z.B. völlig ruhig in dem Augenblick, wenn sie sich durch rassistisches Verhalten verletzt fühlen (Grier & Cobbs, 1971; Jones, 1985). Offene Aggressionen und Gefühle gegenüber ihrem weißen Umfeld (den gesellschaftlich Mächtigeren) und auch gegenüber weißen TherapeutInnen zu zeigen, ist gefährlich, und cooles Verhalten kann vor den Verletzungen der Weißen schützen. Schwarze setzen somit eine Reihe von adaptiven Verhaltensweisen ein, die sie sich in ihrer Sozialisation angeeignet haben, damit Weiße ihre Gefühle nicht erkennen und sie nicht verletzen können. Sie haben von Kindheit an gelernt, eine erhöhte Fähigkeit und Sensibilität im Entschlüsseln von Gedanken und Verhaltensweisen gegenüber den Mehrheitsangehörigen in der Gesellschaft zu entwickeln. Untersuchungen aus den USA (Kochman, 1981; Smith in Sue, 1981, S.79) zeigen, daß Schwarze im Gegensatz zu anderen Minderheitengruppen nonverbale Kommunikation besser entschlüsseln als Weiße.

Es muß davon ausgegangen werden, daß alle Schwarzen in Deutschland in irgendeiner Weise die verschiedensten Formen von Rassismus, seien sie individuell, gesellschaftlich, institutionell, intentional oder nicht intentional, erfahren haben und Therapie also nicht im luftleeren Raum stattfindet. Im therapeutischen Setting mit Schwarzen KlientInnen muß dieser Faktor immer in Erwägung gezogen werden.

Weiße TherapeutInnen müssen die Bereitschaft haben, sich zu öffnen und sich verletzbar zu machen. Es ist notwendig, daß sie ihre eigenen Grenzen erkennen und keine universalen Analysen automatisch auf Schwarze KlientInnen übertragen. Sie müssen sich für deren Erfahrungen in einer rassistischen Gesellschaft öffnen und sich die Privilegien der weißen Hautfarbe bewußt machen.

Bewußtsein der Stärken von Schwarzen KlientInnen

Wichtig ist, daß TherapeutInnen sich nicht nur ein Wissen und Verständnis über die zerstörerischen Auswirkungen von Rassismus im Leben und auf die Persönlichkeit von Schwarzen Menschen aneignen, sondern sich auch die Stärken vergegenwärtigen, über die Schwarze Menschen verfügen. In einer weißen Mehrheitsgesellschaft mit rassistischen Strukturen aufzuwachsen, bedeutet, daß Schwarze sich eine Vielzahl von Fähigkeiten und Sensibilitäten aneignen müssen, um in dieser Gesellschaft bestehen zu können und nicht schon früh an dem Alltagsrassismus zu zerbrechen. Zu diesen Sensibilitäten gehört, einen scharfen Blick für Menschen, ihre Eigenarten, ihre nicht verbalisierten Intentionen, ihre Unzulänglichkeiten und ihre Stärken zu entwickeln. Dies ist notwendig, weil Schwarze sich in der Begegnung mit Weißen nicht auf die in der weißen Gesellschaft gängigen Verhaltensweisen verlassen können, sondern durch-schauen müssen, um unerwarteten Reaktionen auf sie zuvorkommen zu können bzw. die eigene Betroffenheit mildern oder verbergen zu können. Schwarze können es sich nicht leisten, Wut, Verzweiflung, Trauer, Angst vor Weißen zu zeigen – all diese Reaktionsformen würden in der Regel bei

Weißen Abwehr, Befremden, Sich-belästigt-Fühlen, Aggressionen und nicht Empathie, Besorgnis oder eigene Betroffenheit hervorrufen.

Diese tägliche Auseinandersetzung mit weißen Menschen und mit Situationen, in denen Schwarze immer wieder einschätzen müssen, ob bestimmte Verhaltensweisen mit ihrer Hautfarbe oder mit z.B. der schlechten Laune ihres Gegenübers zu tun hat, erfordert ein hohes Maß an Fähigkeit zur Streßbewältigung (vgl. Ayim, 1995a, S.116). Es kostet Schwarze Menschen Kraft, sich immer wieder in den verschiedensten Situationen beweisen zu müssen; "besser" zu sein als alle anderen. Schwarze entwickeln im Laufe ihres Lebens Kräfte, derer sie sich manchmal selbst nicht voll bewußt sind. Aufgabe der weißen TherapeutInnen ist, diese Stärken als Ressourcen zu erkennen und Schwarze KlientInnen dabei zu unterstützen, sie positiv zu bewerten und in verschiedenen Bereichen zur Selbstverwirklichung einzusetzen.

Schließlich ist es wichtig für weiße TherapeutInnen, sich mit der Tatsache auseinanderzusetzen, daß Rassismus auch auf die Persönlichkeit von Weißen eine zerstörerische Wirkung ausübt. Das Charakteristische dabei ist, daß eine von Rassismus geprägte Umwelt bei Weißen nicht Stärken, sondern Schwäche, Ängste und Unzulänglichkeiten produziert. Die Konfrontation mit solchen Schwächen in sich selbst und in anderen Weißen mag zunächst dazu führen, daß weiße TherapeutInnen die eigenen Kompetenzen in Frage stellen und ein innerliches Konkurrenzgefühl hinsichtlich der Kompetenzen Schwarzer KlientInnen entwickeln. Verunsicherung ist jedoch die notwendige Begleiterin eines Perspektivwechsels und neuer Erkenntnisse, und weiße TherapeutInnen können nur von diesem Prozeß profitieren – für sich selbst, für ihre Arbeit mit Schwarzen KlientInnen und für ihre Arbeit mit weißen KlientInnen, deren Leben und Persönlichkeit direkt oder indirekt ebenfalls von den Gegebenheiten einer rassistischen Gesellschaft negativ beeinflußt ist. Idealerweise sollten weiße TherapeutInnen Schwarze SupervisorInnen haben oder eine Supervisionsgruppe mit Schwarzen Mitgliedern.

Schlußfolgerungen

Die meisten uns bekannten deutsch- bzw. englischsprachigen Ausbildungslehrgänge in Therapie/Beratung und Trainings sind kulturell exklusiv und richten sich an eine weiße Mittelklasseklientel. Unabhängig von der therapeutischen Orientierung oder Ausrichtung scheint die Effektivität einer Therapie von der erwarteten oder angenommenen Vertrauenswürdigkeit und dem ExpertInnentum der TherapeutInnen abzuhängen (Barak & Dell, 1977; Barak & La Crosse, 1975).

Weiße KlientInnen können davon ausgehen, daß TherapeutInnen sogenannte "ExpertInnen" sind, die über das notwendige Wissen von Therapie verfügen, eine spezielle Ausbildung erhalten haben und über dementsprechende Erfahrungen und Fähigkeiten, Techniken und Methoden verfügen. Haben TherapeutInnen eine Ausbildung bei einem renommierten Ausbildungsinstitut gemacht, bedeutet dies für weiße KlientInnen, daß die Qualität der Therapie, in der sie sich befinden, außerordentlich hoch ist. Daß die Ausbildung sich ausschließlich mit einer weißen Mittelklasseklientel befaßt, ist kein Bewertungskriterium. Für MinderheitenklientInnen ist dies jedoch ausschlaggebend. Sie kommen bei den unterschiedlichsten Ausbildungs- und Lehrinstituten weder in den Inhalten, noch als StudentInnen und Lehrpersonen vor. Sowohl in Kindergärten, an Schulen, Hochschulen und Universitäten als auch in Weiterbildungsinstitutionen finden wir nur vereinzelt, meist jedoch gar keine VertreterInnen von Minderheiten, die lehren, ausbilden oder unterrichten. In der Fort- und Weiterbildung privater und öffentlicher Einrichtungen, die explizit zu interkultureller Beratung arbeiten und ausbilden, ist Rassismus meist kein Thema. Es wird z.B. über die verschiedenen Kulturen gesprochen, ohne zu thematisieren, daß es Dominanzkulturen gibt, geschweige denn, wer wen dominiert. Es wird über Integration und Anpassung gesprochen, nicht jedoch darüber, wer wen wohin integrieren will, und schon gar nicht über Ausgrenzungen von Minderheiten in dieser Gesellschaft etc.

Im Schwarz-weißen therapeutischen Verhältnis (und nicht nur da) haben die TherapeutInnen die Verpflichtung, sich über ihre Unwissenheit klar zu werden und sich Wissen außerhalb der Therapie anzueignen. Sie haben die Pflicht, interkulturelle und antirassistische Therapie als einen Teil ihrer beruflichen Identität zu begreifen und nicht als eine zusätzliche Anforderung, der sie sich nach Belieben entziehen können, indem sie keine Schwarzen KlientInnen annehmen. Dazu gehört, daß in den Aus- und Fortbildungen die entsprechenden Qualifikationsangebote entwickelt werden, und zwar von interkulturell zusammengesetzten Teams. Da diese Voraussetzungen bisher in Ausbildungsgängen kaum gegeben sind, müssen sie von angehenden TherapeutInnen und engagierten Professionellen eingefordert werden.

Literatur

Ayim, M. (1995a). Die afrodeutsche Minderheit. In C. Schmalz-Jacobsen & G. Hansen (Hrsg.), *Ethnische Minderheiten in der Bundesrepublik Deutschland* (S. 39-52). München.

Ayim, M. (1995b). Weißer Streß und Schwarze Nerven, Streßfaktor Rassismus. In M. Schäfgen (Hrsg.), *Streß beiseite* (S. 100-119). Berlin.

Barak, A.S. & Dell, D. M. (1977). Differential Perception of Counselor Behavior: Replication and Extensions. *Journal of Counseling Psychology, 24,* 288-292.

Barak, A.S. & La Crosse, M.B. (1975). Multidimensional Perception of Counselor Behavior, *Journal of Counseling Psychology, 22,* 471-456.

Grier, W.S. & Cobbs, P. (1968). *Black Rage.* New York.

Jones, A.C. (1985). Psychological Functioning in Black Americans: A Conceptual Guide for Use in Psychotherapy. *Psychotherapy, 22,* 363-369.

Kirchner, L. (Hrsg.). (1952). *Eine anthropologische Studie an Mulattenkindern in Berlin unter besonderer Berücksichtigung der sozialen Verhältnisse.* Berlin.

Kochmann, T. (1981). *Black and White Styles in Conflict.* Chicago.

Sue, D.W. (1981). Evaluating Process Variables in Cross-cultural Counseling and Psychotheray. In A.J. Marsell & P.B. Pedersen (Eds.), *Cross-cultural Counseling in Psychotherapy.* New York.

Sue, D.W. & Sue, D. (1990) *Counceling the Culturally Different: Theory and Practice* (2nd ed.) New York.

Die Lage ist normal.
Normalisierungsdiskurse in
der Aus- und Weiterbildung

María del Mar Castro Varela

Irgendwo in unserem Hinterkopf gibt es etwas, das ich als "mythische Norm" bezeichne, von der jede einzelne von uns tief in ihrem Herzen weiß, "das bin nicht ich". In Amerika versteht man unter dieser Norm meistens: weiß, dünn, männlich, jung, heterosexuell, christlich und finanziell gesichert. Mit Hilfe dieser mythischen Norm bleiben die Fallstricke der Macht in dieser Gesellschaft erhalten. (Audre Lorde)

Heutige Realitäten sind chancen- wie risikoreich. Wir leben in einer Zeit "riskanter Freiheiten" (vgl. Beck & Beck-Gernsheim, 1994). Die Moderne mit ihrer Überschaubarkeit, Berechenbarkeit, Klarheit ist abgelöst von einer Postmoderne der Unübersichtlichkeit, einer Zeit, in welcher zwischen Möglichkeiten und Unmöglichkeiten verhandelt wird in einem ständigen Strom der Selbstreflexivität (vgl. Baumann, 1995). Paradox, wie sie nun mal ist, gebiert die Postmoderne auch immer neue Normalitäten und Normalisierungsdiskurse.

In diesem Text wird es darum gehen darzulegen, inwieweit psychotherapeutische Fort- und Weiterbildungen von Normalisierungsdiskursen durchdrungen sind, und welche Effekte diese (re)produzieren. Gleichermaßen geht damit notwendigerweise Therapiekritik einher. Eine kritische Haltung gegenüber Psychotherapie gehörte noch in den 70er und 80er Jahren zum unabdingbaren Repertoire gesellschaftskritischer Gruppen. Heute scheint sie weitestgehend in Vergessenheit zu geraten. Die Auseinandersetzung mit interkulturellen und antirassistischen Standards in der psychosozialen Versorgung indes macht sie – so zumindest meine Hoffnung – wieder zum Thema in der öffentlichen Debatte.

In den exemplarischen Ausführungen beziehe ich mich in erster Linie auf persönliche Erfahrungen innerhalb meiner psychodramatischen Weiterbildung. Dabei geht es mir jedoch nicht um einen Selbsterfahrungsbericht, sondern um prinzipielle Kritikpunkte, die lediglich beispielhaft illustriert werden und durch etliche weitere Beispiele ergänzbar wären.

Gewalt ist normal

Es gehört nach wie vor zum guten Ton einer an der Mittelschicht orientierten Intelligenzija, mindestens einmal im Leben eine Therapie durchlaufen/durchlitten zu haben. Die gängigen Therapien jedoch stabilisieren nicht nur das Individuum –

soweit es der Dominanzkultur angehört –, sondern auch die gesellschaftlichen Verhältnisse, die es repräsentiert. Es sind dies Verhältnisse, die sich weitgehend kennzeichnen lassen als enthumanisierend und ausgrenzend.

In diesen Verhältnissen dienen die "Anderen", so Birgit Rommelspacher, "als Spiegel für die eigene Selbstdarstellung" (1995, S. 15). Etwa wenn in einer Therapie die weiße deutsche Klientin darüber spricht, wie entsetzt und erschüttert sie war, als sie von dem Mordanschlag in Solingen erfuhr, bei dem Frauen und Kinder türkischer Herkunft Opfer rechtsextremer Gewalt weißer deutscher Männer wurden, und die ebenfalls weiße deutsche Therapeutin mit ihr – im therapeutischen Prozeß – erarbeitet, daß dies daran läge, daß sie sich immer – auch als Kind schon – fremd gefühlt habe und sich aus diesem einleuchtenden Grunde von solchen Tatsachen bedroht fühle, Angst habe. Die Therapeutin lenkt damit ab von dem Entsetzen und auch von den gesellschaftspolitischen Tatsachen, die einen solchen Mord möglich machten. So brauchen sich weder sie noch die Klientin mit Rassismus und der Verantwortung, die damit einhergeht, Mitglied der Dominanzkultur zu sein, auseinanderzusetzen. Statt dessen wird über die kindlichen Kränkungen gesprochen, das Lieblingsthema und allgegenwärtige Erklärungsmuster nicht nur der PsychoanalytikerInnen. Die Klientin ist erleichtert! Die Klientin ist entlastet! Die widerständige Kraft, die auch Teil von Entsetzen ist, wird ihr genommen. Sie selber ist nun Opfer, und alles bleibt – wie trefflich – beim alten.

Daß die Normalität solcher Gewalttaten thematisiert wird, scheint nicht möglich, wird verunmöglicht. Normalität ist stabilisiert: Es ist normal, daß Menschen in ihren Häusern ermordet werden, und wenn uns dies entsetzt und erschüttert, also ins Wanken bringt, so muß eine Ursache für das Entsetzen gefunden werden, die die gesellschaftspolitischen Umstände soweit wie möglich ausblendet: Dethematisierung ist ein wirksames Mittel zur Normalisierung von Gewalt in diesem Land.

Normalität ist ein Produkt moderner westlicher Gesellschaften. Sie bezeichnet ein Regulativ, welches heute gesamtgesellschaftlich sozial und politisch durchgesetzt wird (vgl. Link, 1995, S. 24f.). "Was normal und was abweichend ist, ist Gegenstand kultureller, machtbasierter, politischer Diskurse. Normalität ist also nichts Statisches. Zugleich wird die Normalitätsfiktion von Akteuren reproduziert, weil sie Bezugspunkt ihres Handelns wird" (Voswinkel & Lücking, 1996, S. 450f.). Sie ist fiktiv und normativ, da sie verlangt, daß sich das Handeln aller an ihr orientiert. "Diese Normalisierungsprozesse gehen auf die organisierte Aufdeckung der Anormalität durch die Experten für Gesundheit und Krankheit zurück" (Raab, 1998, S. 384). Die Psychologie gehört neben der Medizin zu den entscheidenden Disziplinen, die Normalität gewissermaßen schaffen und gesellschaftlich durchsetzen, indem sie die gesellschaftlich am weitesten gehende akzeptierte Definitionsmacht innehaben, über "gesund" und "krank" zu entscheiden. In Psychologie und Medizin finden wir die säkularen Götter und Hohepriesterinnen der Neuzeit.

In einer Gesellschaft wie der Bundesrepublik, die als pluralistisch gilt, existieren dennoch in den verschiedenen Lebenswelten jeweils spezifische Verhaltenskodizes, die es einzuhalten gilt. Um ihre Einhaltung zu gewährleisten, sind keine besonderen Sanktionen vonnöten. Die Angst, als nicht normal zu gelten, stigmatisiert zu werden, ist vollkommen ausreichend. Die Normalisierungsdiskurse sortieren, reglementieren, schaffen Eindeutigkeit, wo sich Chaos auszubreiten droht.

Normalisierungsdiskurse sind Dominanzdiskurse. Normal zu sein, heißt, mächtig zu sein (vgl. Goffmann, 1975). Normalisierung ist nach Foucault eines der großen "Machtinstrumente" westlicher Gesellschaften. "An die Stelle der Male, die Standeszugehörigkeiten und Privilegien sichtbar machten, tritt (...) ein System von Normalitätsgraden, welche die Zugehörigkeit zu einem homogenen Gesellschaftskörper anzeigen, dabei jedoch klassifizierend, hierachisierend und rangordnend wirken" (1994, S.237). Und so erhalten auch nur die, die normal sind oder sich dem Normalen unterwerfen, die Weihen der Therapeutin/des Therapeuten.

Normalisierende Initiationsriten

Psychosoziale Fort- und Weiterbildungen sind regulierte Orte. Es sind Treffpunkte selbsternannter Eliten. Wer Zugang haben möchte, muß zumeist mehrere Rituale durchlaufen und meistern. Nehmen wir das Beispiel einer Weiterbildung in Psychodrama. Zuerst wird ein einstündiges Einzelgespräch verlangt, bei dem bereits intimste, privateste Fakten preisgegeben werden müssen. Zum Beispiel wird gefragt, wie die Teilnehmerin oder der Teilnehmer lebt, ob sie oder er heterosexuell ist oder nicht, wie die Biographie aussieht, was sie oder er für Zukunftsvorstellungen hat etc. Fragen, die eigentlich nicht Bestandteil eines Gespräches sein sollten, welches primär geschäftlich bestimmt ist. In einem ersten Kontakt mit einer Weiterbildungsinstitution erhoffen sich potentiell Teilnehmende doch eher, Informationen über Art, Umfang und Kosten der Weiterbildung zu erfahren, und weniger, über die eigene Biographie plaudern zu müssen. Die meisten Gespräche verlaufen äußerst einseitig und haben eher den Charakter einer anamnestischen Erhebung. Dafür sind in der Regel zwischen 100 und 150 Deutsche Mark fällig, und die Kandidatin bzw. der Kandidat erfährt, ob er oder sie prinzipiell für geeignet gehalten wird. Wichtige Kriterien dabei sind psychische Stabilität und die Fähigkeit zu der besonderen Art von Kommunikation, die bei der gesamten Ausbildung erwartet wird. Eine Sprache, "die einerseits dem gegenseitigen Erkennen dient, einer 'Bekenntnissprache' also, die anderseits aber so unscharf und verschleiernd ist, daß diejenigen, die sie sprechen, weder sich selbst noch anderen gegenüber in der Lage sind, damit etwas Persönliches auch klar auszudrücken" (Gutschmidt, 1986, S.122).

Als zweiter Schritt folgt ein sogenanntes *Kennenlernwochenende*. Hier soll die Methode veranschaulicht werden. Dafür werden um die 400 bis 500 Deutsche Mark verlangt. Ist auch diese Hürde genommen, folgt ein verlängertes *Entscheidungswochenende*. Nun sollen sich KandidatInnen, aber eben auch AusbilderInnen, entscheiden. Zum dritten Mal wird über die Eignung der AspirantInnen entschieden. In meinem Fall endeten diese insgesamt vier schweißdurchtränkten Tage mit einem, sagen wir mal, interessanten Spiel: dem *Grenzspiel*! Es gibt drei "Grenzübergänge", die durch Kissen gekennzeichnet sind und Bezeichnungen tragen. Sie lauten: *Ich will an der Weiterbildung teilnehmen*, *Ich will nicht an der Weiterbildung teilnehmen* und *Ich will zu diesem Zeitpunkt nicht an der Weiterbildung teilnehmen*. Nach dem Aufbau stellen sich die AusbilderInnen an die Seite, und die dazu aufgeforderten KandidatInnen treten einzeln – wie Lämmer – vor die "Grenzposten" und müssen darlegen, warum sie sich für diese "Pforte" entschieden haben.

In dem Beispiel, welches ich im Kopf habe, bewegten sich alle – eine nach der anderen – zum "Übertritt" *Ich will an der Weiterbildung teilnehmen*. Was auch nicht ganz unlogisch ist, denn für das *Entscheidungswochenende* mußten sie 650 Deutsche Mark berappen. Damit sind mit Übernachtungsgeldern, Fahrtkosten, den Kosten des *Kennlernwochenendes* und des Vorstellungsgespräches fast 2000 Deutsche Mark bezahlt worden. Alle gehen also gesenkten Hauptes zum "Grenzpfosten" mit der Bezeichnung *Ich will an der Weiterbildung teilnehmen* und erzählen den "GrenzbeamtInnen", warum sie teilnehmen möchten und warum sie glauben, für diese Weiterbildung geeignet zu sein. Nach diesen Ausführungen erzählen sodann die "BeamtInnen", inwieweit sie diese Entscheidungen unterstützen können oder eben nicht. Die vielfach demütigende Szene gleicht einem Tribunal. Nur gibt es keine Verteidigung und keine Gesetze, auf die sich berufen werden kann. Im Falle der Nichtübereinstimmung mit der Einschätzung der LeiterInnen muß die/der Teilnehmende in Begleitung der LeiterInnen zu einem der anderen "Grenzübergänge" mitgehen. Wird die/der KandidatIn abgelehnt, so muß sie oder er sich zum "Übergang" *Ich will nicht* bewegen. Dort wird ihr oder ihm kurz dargelegt, warum es nicht so gut wäre, wenn sie oder er an der Weiterbildung teilnähme, und wird dann aufgefordert, durch diese "Pforte" zu treten. Schöner kann verinnerlichte Dominanz nicht verbildlicht werden: Das *Ich darf nicht* wird zum *Ich will nicht* gemacht. Alle unterziehen sich diesem Unterwerfungsritual, welches eine deutliche Botschaft sendet, wie die nächsten zwei Jahre Selbsterfahrung verlaufen werden und welcher Lehrplan auf der Tagesordnung stehen wird. Gelernt wurde ein wunderbares Mittel der Ausgrenzung: Willkür und Allmacht. Besonders gelungen ist dabei die Nutzung des Symbols der "Grenze". Welche Wirkung die Wahl dieser Methode auf Frauen und Männer im Exil, auf Jüdinnen und Juden sowie MigrantInnen hat, bedarf, so meine ich, keiner weiteren Ausführung.

Ausgrenzung kann nach diesen Initiationsritualen an verschiedener Stelle festgemacht werden. Da sind zum ersten ausgrenzende, normalisierende Praxen, die in perfider Weise Spiele genannt werden, wie eben das näher geschilderte "Grenzspiel". Des weiteren ist es die Selbstverständlichkeit, mit der davon ausgegangen wird, daß Menschen in der Lage und gewillt sind, 2000 DM auszugeben, ohne dafür auch nur das Mindeste zu erhalten – von den Kränkungen einmal abgesehen. Menschen, die wenig Geld haben und die keine Eltern oder PartnerInnen haben, die für die Ausbildung aufkommen, sind ohne weitere Diskussion ausgeschlossen. Hinzu kommt, daß es heute ja kaum noch als angemessen erscheint, nur *eine* Zusatzausbildung vorweisen zu können. Zwei bis drei Ausbildungen sind dagegen normal. Kaum ein Institut nimmt Rücksicht auf unterschiedliche finanzielle Möglichkeiten, und so ist es normal, daß nur die, die Geld haben, die es sich leisten können, den therapeutischen Weg beschreiten.

Fort- und Weiterbildungen im psychosozialen Raum erfordern ein hohes Maß an Selbstverleugnung und die weitestgehende Akzeptanz der selbsternannten MeisterInnen. So schreiben die Leiterinnen eines Psychodramaweiterbildungsinstituts den Teilnehmerinnen als Feedback nach dem ersten Weiterbildungsjahr: "Der Wunsch nach Transparenz ist ein Wunsch nach Sicherheit, der oft wenig mit der Situation in der Gruppe zu tun hat, da von einigen die Transparenz überhaupt nicht wahrgenommen wird oder werden kann." Das heißt, der Wunsch nach Transparenz ist im ersten Ausbildungsjahr nicht berechtigt, ist illegitim, da die Teilnehmerinnen noch nicht einmal dazu in der Lage seien, intellektuell zu erfassen, daß die Transparenz, die sie vermissen, vorhanden ist.

Doch denen, die die ersten drei Hürden genommen haben, fehlt es nicht an einem gewissen Maß an Euphorie. Sie haben das Gefühl gewonnen, gesiegt zu haben. Es ist ein zutiefst elitäres Gefühl. Bereits hier werden alle die, die als inkommensurabel erscheinen, weil sie die nötige Homogenität und Gruppenharmonie stören könnten, an der "Grenze" zurückgelassen. Wobei selbstverständlich auch die "Störungen" einer Normalisierung unterworfen sind. Es gibt "Störungen", die nicht stören, die sogar Vorrang haben; und es gibt "Störungen", die nicht hinnehmbar sind. Das liegt ganz im Ermessen der AusbilderInnen, denn sie haben die Macht, über "Störung" und "Nichtstörung" zu entscheiden.

Therapieausbildungen funktionieren quasi-klerikal

Wenn Zweifeln eine Fähigkeit ist, die das 20. Jahrhundert westlicher Gesellschaften charakterisiert (vgl. Lutz, 1997, S. 68 f.), dann hat das 20. Jahrhundert noch keinen Einzug gehalten in psychosoziale Fort- und Weiterbildungsinstitutionen. Denn hier sind Orte, die noch quasi-klerikal funktionieren. Die Leitung als Hüterin der Seelen, die den rechten Weg weiß und weist. Es ist sicherlich nicht zufällig, daß Institute für Therapieweiterbildung häufig Orte sind, in denen spirituelles Scheinwissen einen wichtigen Stellenwert hat. So werden Horoskope von Gruppen erstellt, Räume durch die Kraft der Steine gereinigt, Träume auf absonderliche Weise gedeutet. Gleichzeitig werden sie als Orte des Friedens und der Harmonie definiert. So brach die Leiterin meiner Psychodramaweiterbildung in Tränen aus, als in der Gruppe rassistische Strukturen thematisiert und angeprangert wurden. Sie war betroffen darüber, daß es innerhalb der Gruppe nicht anders sei als draußen "in der Welt". Als ob die Teilnehmerinnen der Weiterbildung ihr Leben, ihre Verstricktheit in die Widersprüche dieser Gesellschaft an der Eingangstür abstreifen könnten wie ihre Schuhe. Ganz im Gegenteil! Die Möglichkeit der Teilnahme setzt eine nicht unerhebliche Finanzkraft voraus. Ansonsten sind die Anforderungen nicht sehr hoch, selbst sogenannte seriöse Institute verlangen nicht immer ein Diplom in Psychologie. Nur die allerwenigsten Institute sind eingerichtet auf die unterschiedlichsten körperlichen Bedürfnisse. Wieviele Seminare etwa finden in rollstuhlgerechten Räumen statt? Interkulturelle, multilinguale, schwarz-weiße Teams sind eine Seltenheit. Die Bedingungen sind also normal: Bereits die Eingangsvoraussetzungen homogenisieren die Gruppe. Das heißt, je privilegierter meine gesellschaftliche Position, um so höher die Chancen, daß ich einen Weiterbildungsplatz erhalte, und um so höher auch die Chancen, daß ich eine solche Ausbildung bis zum Schluß ertrage. Und so ist denn das "Institut-Hopping" eine durchaus gängige Verhaltensweise bei denen, die sich dem üblichen Habitus nicht anpassen wollen oder können und die dennoch die Berechtigung erwerben wollen, therapeutisch tätig zu sein, oder die einfach nur gruppendynamische Methoden erlernen möchten, ohne sich dabei deformieren zu lassen.

Zur Notwendigkeit eines Gegendiskurses

Interessanterweise gibt es hierüber keine öffentliche kritische Auseinandersetzung, keinen Gegendiskurs. Geredet wird jedoch viel darüber, und zwar so, wie es in den Ausbildungsinstituten gelernt wurde: hinter vorgehaltener Hand. Es wird getuschelt, nicht kritisiert. Auch dieses Verhalten ist zutiefst normal. Niemand will sich fehlverhalten, keine/r will sich Chancen vertun, nur weil er oder sie kritisch ist. Und so durchlaufen die meisten, teilweise mit Unterbrechungen, die Ausbildungen, die sie später nicht dazu befähigen werden, in einer pluralen Gesellschaft psychosozial tätig zu sein, weil sie die elementarsten Fähigkeiten dazu nicht erworben haben. Diskussionen zur Notwendigkeit interkultureller Kompetenz sind rar, eher marginal; Auseinandersetzung mit Weiß-Sein werden nicht geführt; Rassismus und Antisemitismus sind Tabuthemen. Gesprochen wird lieber immer und immer wieder über die Beziehung zu Mutter und Vater, Bruder und Schwester. Dabei wird zumeist unwidersprochen von einer "Normalbiographie" ausgegangen. So wird z.B. gefragt, wo in Deutschland die TeilnehmerInnen geboren sind, und alle sollen sich innerhalb einer Deutschlandkarte positionieren. Daß in Deutschland Menschen leben, die nicht in diesem Lande geboren wurden, ist den LehrtherapeutInnen scheinbar entgangen. Ebenso zumeist unhinterfragt wird das Böse, das Schlechte, das Grauen mit der Farbe Schwarz nicht nur assoziiert sondern die Verbindung regelrecht antrainiert. Intervention der Lehrtherapeutin: "Dir geht es schlecht, alles ist ganz schwarz ..." Unnötig zu sagen, daß das Gute weiß und hell ist, denn Normalität benötigt das dualistische Weltbild, die klaren Gegensätze, das Entweder-Oder. Eben die schlichte, einfache Weltsicht, welche uns davor schützt, Ungemütliches, Anstrengendes, wie zum Beispiel Nachdenken, zu tun.

Kritik dagegen wird nicht als produktive, konstruktive Leistung gewertet, sondern mit dem Etikett "verkopft" stigmatisiert. Diejenigen, die es wagen zu kritisieren, sind "verkopft", also "nicht in Verbindung zu ihren Gefühlen", das heißt, sie sind noch nicht "reif", sie haben noch einen weiten Weg vor sich.

Christina Thürmer-Rohr beschreibt bereits 1986 Therapien als "Simulationen". Simuliert wird zum Beispiel – so die Autorin –, "hier fände das wirkliche Leben statt, und alles, wozu jemand 'kein Gefühl' habe, müsse diesen nichts angehen, so auch die Geschichte und die Gesellschaft mit ihren Gravuren der Unmenschlichkeit; die Tätigkeiten des Wertens, Urteilens und Entscheidens seien krankmachend und beengend" (S.119). Das "Simulieren" wird, nach meinen Erfahrungen, während der Weiterbildungen ausgiebig trainiert. Die Ausbildungssituation, vor allem während der ersten Selbsterfahrungsjahre, simuliert Therapien: Die AusbildungskandidatInnen sind sozusagen KlientInnen, die eine Therapie durchlaufen, die wiederum Leben simuliert. Eine Simulation der Simulation. Und so ist es auch nicht seltsam, daß sich die TeilnehmerInnen an einer Weiterbildung häufig wie AkteurInnen im falschen Film vorkommen, wo alles noch normaler ist, als es die unerträgliche Normalität ohnehin schon ist. Das Entscheidende hierbei scheint mir zu sein, daß die künstliche Situation mit der Realität verwechselt wird. Damit wird die Realität selbst verzerrt, während auf der anderen Seite Normalitäten versteinert werden. Die fiktiven Normalitäten regieren in diesem künstlichen, fast kritikfreien Raum totalitär und absolut.

Erwachsene Menschen werden behandelt wie Kinder. Die Infantilisierung der TeilnehmerInnen ist eine gängige Methode. Sie versetzt zurück in alte Kindertage, in denen das Wort der Lehrenden Wahrheit verkündete. Ganz gleich, ob sie andere SchülerInnen demütigten, rassistische Witze zum Besten gaben, die nationalsozialistische Terrorherrschaft verharmlosten. Die meisten Kinder hörten zu Hause: "Was der Lehrer sagt, ist richtig!", "Hör zu, wenn der Lehrer spricht!", "Widersprich nicht, wenn der Lehrer dir was sagt!" Nur wenige erinnern sich gern an diese Zeiten zurück, aber die meisten ergeben sich ohne Widerstand – vielleicht auch dankbar – erneut einer normalisierenden Institution.

Normalität beruht auf Durchschnittswerten. Doch die, die die Definitionsmacht an einem Ort innehaben, können auch immer wieder neu definieren, was normal ist und wo die Grenzen der Normalität liegen. Jürgen Link bezeichnet diese Form von Normalisierung deswegen auch als "Flexibilitäts-Normalismus". Für lesbische Therapeutinnen ist Lesbisch-Sein normal, allerdings gehört zur Normalität ein "ordentliches" Coming-out. Für heterosexuelle LehrtherapeutInnen ist es durchaus normal zu fragen, wie frau sich ihren Traummann vorstellt, ganz gleich welcher sexuellen Orientierung sie ist und welche Lebensentwürfe und Beziehungsmodelle sie präferiert.

Bei Methoden wie dem Psychodrama ist es völlig normal, sich in seinen Wecker zu versetzen oder als Hund zu sprechen. Jedoch nicht selten ist es verfehlt – also unnormal –, die Mißachtung, die die Gruppe einer Person oder anderen Gruppen gegenüber ausübt, zu thematisieren. In Therapieausbildungen ist Political correctness unnormal. Denn zu den "Zehn Geboten" gehören hier: "Alles ist erlaubt" und "Es gibt keine Tabus". Zeitgleich jedoch werden psychotherapeutische Ausbildungsinstitute beherrscht durch die großen Tabus dieser Gesellschaft: "Sprich nicht über deine Privilegien!", "Sag nicht, daß Deutschland ein Land ist, in dem Menschenverachtung bis hin zu Mord möglich und faktisch ist!", "Sprich nicht über Macht!", "Sprich nicht über Gewalt, die dir außerhalb deiner Familie angetan wurde!", "Sprich nicht über deine eigenen Verstrickungen!", "Sprich nicht über TäterInnenschaft!"

Schweigen und Tabuisieren normalisieren, halten das System in Gang, sind Schmiere im Getriebe einer enthumanisierten Gesellschaft. Die großen Mythen werden weitergesponnen. Die Lage ist normal!

Es erfolgt keine Dekonstruktion oder auch nur Infragestellung enthumanisierender Bilder oder rassistischer Praxen. Dazu zwei kurze Beispiele:

Bei einer Kleingruppenwahl wird ein Teilnehmer pakistanischer Herkunft mit den Worten gewählt: "Du bist so schön exotisch!" Darauf erwidert die Leiterin: "Ja, das ist er!" Punkt. Kein Entweichen. Wer jetzt interveniert, einschreitet, stört. Der Mann erlebt, was er wahrscheinlich häufig im Alltag erlebt: Er wird exotisiert. Er wird gewählt, nicht weil er kompetent oder sympathisch ist, sondern weil er "so schön exotisch ist". Die Leiterin verstärkt diese Wahl und damit das ganz normale Herrschaftsverhalten weißer IgnorantInnen, welches diese in ihrer therapeutischen Praxis ganz sicher nicht aufgeben, sondern ungebrochen weiterführen werden.

Zweites Beispiel: Ein Mann stellt in einer Szene dar, wie seine Partnerin ihn verläßt. Der Leiter schreitet ein und kitzelt dessen sexistische Phantasien heraus. Er krempelt ihm die Hemdsärmel hoch, beugt ihm den Ellenbogen und faßt an seinen Bizeps. Die Botschaft ist ganz klar: "Zeig, daß Du ein Mann bist!" Das tut er dann auch: "Am liebsten würde ich ihr die Gräten brechen." "Tu es!", ist die Intervention des Leiters. Daraufhin legt er los. Er beleidigt "sie", die durch einen Stuhl symbolisiert wird, erst verbal und beginnt später, auf "sie" einzutreten. Zufriedenes Gesicht beim Leiter. Das Ziel ist erreicht: Katharsis! Der "Klient" durfte seine Phantasien ausleben. Was in diesem Augenblick die anwesenden Frauen denken und fühlen, ist gleichgültig. Als bei der Feedbackrunde geäußert wird, die Szene sei sexistisch, gilt das als unzulässige Reglementierung. Auch hier ist die Botschaft klar: Gewaltphantasien sind normal. Sich von solchen bedroht zu fühlen, ist nicht normal.

Dies sind nur zwei von vielen Beispielen brutaler Normalisierungen. Interessant dabei ist natürlich auch, warum es so wenig Widerstand gibt. Meiner Ansicht nach gibt es hierfür eine Reihe von Gründen. Entscheidend ist die bereits genannte Selbstverständlichkeit, auf deren Boden die Institute selbstherrlich agieren. Qualitätssicherung setzt sich nur langsam durch und hat dann eher den Charakter von Lobbyvereinigungen, bei denen es darum geht, Pfründe zu erhalten, und weniger darum, Qualität zu sichern. Entscheidend sind natürlich auch die Methoden, vor allem wenn sie tiefenpsychologisch fundiert sind. In kürzester Zeit veröffentlichen – wie es im TherapeutInnendeutsch so schön heißt – die TeilnehmerInnen privateste, intimste Details aus ihren Biographien. Sie werden dazu angehalten, über ihre Verletzungen, Kränkungen und ihre Schwächen zu sprechen, das ist ein entscheidendes Eignungskriterium. Darüber hinaus verlangen viele Institute im ersten Ausbildungsjahr einen ausführlichen Lebenslauf, der angeblich wichtig ist, um "Übertragungen" sichtbar zu machen. Damit haben die LeiterInnen eine ungeheure Macht über die TeilnehmerInnen und verfügen über einen reichhaltigen Interpretationsfundus bei Störungen. Jede Kritik kann auf die Biographie zurückgeführt und bei mehrmaligem Auftauchen mit einer Diagnose gewertet, mit Widerständen erklärt oder gar als Kritiksucht pathologisiert werden. Die LeiterInnen sprechen dann gerne davon, daß die TeilnehmerInnen sich nicht auf die Methode einlassen wollen oder können. Hierzu noch einmal ein kurzes Zitat aus einem schriftlichen Feedback der Psychodramaleitung an eine Weiterbildungsgruppe nach dem ersten Jahr: "Sich einlassen heißt, sich auf die eigene Biographie einlassen, auch in bezug zu den Anderen und in bezug zu Autoritäten." *Sich einlassen* heißt also, Autoritäten anzunehmen, ihnen zu folgen und Widersprüche mit Widerständen gleichzusetzen, zu neutralisieren.

Ich bin inzwischen beim dritten Psychodramainstitut gelandet. Auf meiner Reise habe ich viele Methoden kennengelernt, die ich nie anwenden werde. Es wurde mir bewußt, wie subtil Gewalt sein kann. Ich habe gelernt, Tränen zu mißtrauen, Lob zu mißtrauen. Ich habe meine Skepsis gepflegt, meine Schutzmechanismen trainiert. Es war nicht alles umsonst.

Nun stelle ich die Frage in den Raum: Wie können Orte, an denen so respektlos mit Menschen umgegangen wird, wo die Lehrenden so unwidersprochen walten und richten können, an denen es keinen Raum und keine Strukturen für kritische Auseinandersetzung gibt, Orte sein, an denen gelernt wird, wie wir Menschen, die Unterstützung suchen – weil sie zweifeln und verzweifeln, weil sie in Frage stellen – respektvoll gegenübertreten, zuhören und verstehen?

Nach Foucault ist Kritik "Entunterwerfung". Kritik ist "eine moralische und politische Haltung, eine Denkungsart, (...): die Kunst, nicht auf diese Weise und um diesen Preis regiert zu werden" (1992, S.12). Institutionen, in denen Kritik keinen Raum hat, weil sie nicht ins Konzept paßt, weil sie nicht zum Fühlen paßt, sind Normalisierungsanstalten. Sie sind ungeeignet, den Schmerzen, die diese Gesellschaft verursacht, zu begegnen.

Fazit

Je weiter ein/e TeilnehmerIn von der *mythischen Norm* entfernt ist; je weniger er oder sie bereit ist, sich zu unterwerfen; je eher er/sie intellektuell und differenziert an eine Weiterbildung herangeht, desto weniger ist er/sie für eine solche geeignet; desto größer sind auch die *curricularen Lücken*, die sich auftun. Es ist über die genannte Kritik hinaus frappierend, wie wenig für MigrantInnen und Mitglieder ethnischer Minderheiten inhaltlich geboten wird. Die meisten psychotherapeutischen Weiterbildungsinstitute in der Bundesrepublik sind monokulturelle Orte, die die reale gesellschaftliche Pluralität ignorieren. Ihre Konzepte und Methoden sind durchdrungen von starren Dualismen und rigiden Strukturen. Solche Konzepte sind eben nicht in der Lage, Einfühlungsvermögen zu üben, Perspektivwechsel erfahrbar zu machen oder gar das erforderliche differenzierte Denken zu vermitteln. So ist es denn auch nicht verwunderlich, daß Angehörige ethnischer Minderheiten in Deutschland immer wieder eine desolate Situation psychosozialer Versorgung beklagen (vgl. etwa Czollek, Hügel und Osei, alle in diesem Band). Zu fordern wäre: der Einzug von Kritik in die psychosoziale Weiterbildung; das Überprüfen der Methoden auf interkulturelle Adäquatheit; das Einführen gleichberechtigter Lehrmethoden; vielleicht kurz: das Lernen von Dialog und Solidarität anstatt von Herrschaft und Zentrismen (etwa Egozentrismus, Phallozentrismus, Ethnozentrismus, Eurozentrismus); also: die Infragestellung des Normalen!

Literatur

Beck, U. & Beck-Gernsheim, E. (Hrsg.). (1994). *Riskante Freiheiten. Individualisierung in modernen Gesellschaften.* Frankfurt/M: Suhrkamp.

Baumann, Z. (1995). *Ansichten der Postmoderne.* Hamburg: Argument.

Foucault, M. (1992). *Was ist Kritik?* Berlin: Merve.

Foucault, M. (1994). *Überwachen und Strafen. Die Geburt des Gefängnisses.* Frankfurt/M: Suhrkamp.

Goffman, E. (1975). *Stigma. Über Techniken der Bewältigung beschädigter Identität.* Frankfurt/M: Suhrkamp.

Gutschmidt, G. (1986). Die Religion, die Psychotherapie und die Frauen. *beiträge zur feministischen theorie und praxis, 17*, 121-124.

Link, J. (1995). Grenzen des flexiblen Normalismus? In E. Schulte-Holtey (Hrsg.), *Grenzmarkierungen. Normalisierung und diskursive Ausgrenzung* (S. 24-39). Duisburg: DISS.

Lutz, H. (1997). Kontinuität und Diskontinuität: Selbst-Reflexivität als soziales Erbe der Migration. In K.-S. Rehberg (Hrsg.), *Differenz und Integration. Die Zukunft moderner Gesellschaften.* Kongreßband II des 28. Kongreß der Deutschen Gesellschaft für Soziologie in Dresden 1996 (S. 68-72). Wiesbaden: Westdeutscher Verlag.

Raab, S. (1998). Normalisierung. In S. Grubitzsch & K. Weber (Hrsg.), *Psychologische Grundbegriffe. Ein Handbuch.* Reinbeck: Rowohlt.

Rommelspacher, B. (1995). *Dominanzkultur. Texte zu Fremdheit und Macht.* Berlin: Orlanda.

Thürmer-Rohr, C. (1986). Die Gewohnheit des falschen Echos. *beiträge zur feministischen theorie und praxis, 17,* 113-120.

Voswinkel, S. & Lücking, S. (1996). Normalitäts-Management. *Soziale Welt, 47,* 450-479.

Wo? Kritisches zum Jetzt-Zustand

Die Bedeutung von "Rasse", Ethnizität und Macht für die klinische Arbeit

Elaine Pinderhughes

Um effektiv mit Menschen anderer kultureller und sozialer Herkunft zu interagieren und kompetent klinisch zu arbeiten, sollten wir Komplexität auf verschiedenen Ebenen handhaben können. Das setzt voraus:

(1) Den Erwerb von Wissen über spezifische Werte, Überzeugungen und kulturelle Praktiken von KlientInnen.

(2) Die Fähigkeit, Werte, Überzeugungen und Alltagspraktiken aller KlientInnen zu respektieren und anzuerkennen, einschließlich jener mit unterschiedlichen kulturellen Hintergründen. Die Fähigkeit, Individuen in deren kulturellem Kontext wahrzunehmen und nicht verzerrt durch die eigene "kulturelle Brille".

(3) Mit der Verschiedenheit anderer Menschen gut zurechtzukommen. Das setzt ein Bewußtsein des eigenen kulturellen und sozialen Hintergrundes voraus sowie der uns durch die Sozialisation vermittelten Überzeugungen und Vorurteile.

(4) Die Fähigkeit, Verantwortung für die eigenen Vorurteile zu übernehmen, sie im Blick zu behalten oder möglichst zu verändern, ist die Voraussetzung dafür, KlientInnen durch deren eigene "Brille" zu sehen und ihre Sicht der Dinge hören zu können.

(5) Flexibilität im Denken und Verhalten. Die Fähigkeit, auf verschiedenen Ebenen zu denken und sich gleichzeitig der Veränderlichkeit und Situationsgebundenheit von kulturellen und sozialen Einflüssen auf das Verhalten der KlientInnen bewußt zu bleiben.

(6) Ein Repertoire von Verhaltensweisen, mit denen keine Macht über andere ausgeübt wird. Respekt gegenüber dem Anderssein der KlientInnen. Sich selbst als Lernende und die KlientInnen als ExpertInnen ihrer Perspektive und ihrer Erfahrungen betrachten zu können. Die KlientInnen für eine partizipative Zusammenarbeit zu gewinnen und ihre Stärken zu fördern.

Diese Kompetenzen beschreiben helfendes Verhalten, das sich nicht in erster Linie auf Expertentum, Autorität und Machtausübung stützt. KlientInnen werden als KonsumentInnen und (sich) aktiv Verändernde gesehen. Psychosozial Tätige nutzen ihre Rolle für das Empowerment der KlientInnen, und um deren Problemlösekompetenzen zu verbessern. KlientInnen sollen ihre eigene Macht nutzen, um sich Ressourcen zu sichern und ihre Probleme zu lösen.

Die oben dargestellten Fertigkeiten und ihre Anwendung können stark beeinträchtigt werden ohne das Wissen darüber, wie Macht und Differenz menschliche

Verhaltensweisen beeinflussen; wie sie auf KlientInnen, auf ihr Verhalten und ihre Probleme wirken; welchen Einfluß sie auf den Prozeß der Hilfeleistung und sogar auf das Verhalten der psychosozial Tätigen haben. In diesem Artikel werden anhand von Beispielen aus der Arbeit mit Familien solche Macht- und Differenzdynamiken dargestellt.

Differenz und Macht im menschlichen Verhalten: Grundlegende Konzepte

Differenz

Macht ist in unserem Denken grundsätzlich eng mit Differenz verknüpft. Wenn davon die Rede ist, daß zwei Dinge verschieden sind, meinen wir in der Regel, das eine sei "besser" oder "weniger gut" als das andere. Wir sind nicht in der Lage, Differenz schlicht als "nicht gleich" zu betrachten, sondern fügen dem stets eine Wertung hinzu. Außerdem verstärken unsere gesellschaftlichen Werte wie Konkurrenz, "über andere Siegen" und "am besten Sein" dieses Denken. Angewandt auf Menschen und menschliches Verhalten heißt das entweder: "Ich bin OK, du bist nicht OK" oder: "Du bist OK, ich bin nicht OK".

Zu dieser Tendenz, bei Vergleichen eine Seite negativ zu bewerten, kommt hinzu, daß die Erfahrung von Verschiedenheit bei nahezu allen Menschen Unwohlsein oder sogar Angstzustände auslöst. An anderer Stelle habe ich über eine Workshopübung berichtet, bei der die Teilnehmenden sich über ihre ersten Erfahrungen mit dem Gefühl, verschieden zu sein, klar werden. Durchgehend erklärten 90-95 % der Teilnehmenden, daß diese Erfahrungen negativ waren (Pinderhughes, 1989). Die am häufigsten genannten Ursachen dafür hingen mit kultureller und sozialer Identität zusammen: mit Religion, "Rasse", Ethnizität, Hautfarbe und Geschlecht.

An dieser Stelle ist eine kurze Begriffsdefinition erforderlich. Mit dem Terminus *Kultur* beziehe ich mich im allgemeinen auf die Lebensstile, die Menschen entwickeln, um körperlichen und psychosozialen Bedürfnissen gerecht zu werden. Diese Verhaltensmuster werden von einer Generation zur nächsten weitergegeben, erlangen dabei symbolische Bedeutung und werden als Erwartungen über Denk- und Verhaltensnormen verinnerlicht. Ethnizität bezieht sich auf die Verbundenheit, die durch eine (in bezug auf Religion, Nationalität etc.) gemeinsame Identität und Geschichte entsteht. *"Rasse"* wird häufig austauschbar mit *Ethnizität* benutzt, obwohl die Begriffe eigentlich eine unterschiedliche Bedeutung haben (Davis & Proctor, 1989), und *Kultur* wird oft als übergreifende Bezeichnung für beides verwendet. Obwohl *"Rasse"* auf körperliche Merkmale Bezug nimmt, transportiert der Begriff auch eine ethnische Bedeutung, wenn die Mitglieder einer bestimmten rassistisch definierten Gruppe eine gemeinsame, spezifische Lebensweise entwickelt haben. *"Rasse"* hängt also eng mit dem Begriff *Ethnizität* zusammen.

Wenn Menschen auf diejenigen, die ihnen anders erscheinen, defensiv reagieren, so ist dies eine Folge der Angst und des Unbehagens, die so häufig im Zusammenhang mit Differenzdynamiken erlebt werden. Die Personen verwenden dann beträchtliche Energien darauf, sich gegen das empfundene Unbehagen zu schützen. So bleiben sie unfähig, einander zuzuhören, und distanzieren sich auf die eine oder andere Weise. Ein solches defensives, abwehrendes Verhalten, das sowohl bei psychosozial Tätigen als auch bei KlientInnen vorkommt, kann die Wirksamkeit der gemeinsamen Arbeit ernsthaft beeinträchtigen.

Die Angst, die beinahe jeder Mensch angesichts von Differenz empfindet, verstärkt sich insbesondere dann, wenn sich Menschen über ihren eigenen kulturellen und sozialen Hintergrund unklar sind oder wenn sie diesbezüglich Verwirrung, Ambivalenz oder stark negative Gefühle empfinden. Denn ein unkompliziertes Verhältnis zu Differenz hängt auch von einem positiven Bezug zur eigenen kulturellen Identität als Teil des Selbstbildes ab. Psychosozial Tätige müssen sich ein Bewußtsein dafür erwerben, wie bedeutsam diese Fragen für die Probleme ihrer KlientInnen sind. Da ein überwiegend positives Verhältnis zur eigenen kulturellen und sozialen Identität für jeden Menschen zentral ist, kann es auch für die psychosoziale Arbeit wesentlich sein, daß die KlientInnen mehr Klarheit und Wertschätzung ihren eigenen kulturellen und sozialen Bezügen gegenüber entwickeln.

Gleichzeitig müssen die Helfenden sich aber auch dessen bewußt werden, welche Bedeutung diese Fragen für sie selbst haben. Besonders dann, wenn sie ihrer eigenen kulturellen Identität und deren persönlicher Bedeutung mit Unbehagen, Verwirrung oder mit negativen Gefühlen gegenüberstehen, kann das ihre Kompetenz beeinträchtigen. Wenn Negativität, Entwertung, Konflikt, Ambivalenz, Verwirrung oder Fragmentierung ihr kulturelles Selbstbild bestimmen, werden bereits durch die bloße Anwesenheit kulturell anderer extrem schmerzhafte Reaktionen wie Schuld, Scham, Wut, Verwirrung oder Wertlosigkeitsgefühle mobilisiert. Es erfordert eine beträchtliche Anstrengung, diese unangenehmen Reaktionen abzuwehren. Die Auseinandersetzung mit dem Unbehagen steht dann so im Vordergrund, daß es den psychosozial Tätigen kaum noch möglich ist, sich unbefangen auf ihre KlientInnen einzulassen und die wertschätzende und respektvolle Beziehung aufzubauen, die für effektives Arbeiten unabdingbar ist.

Macht

Macht ist ein vielschichtiges, im System wirkendes und zum Teil paradoxes Phänomen, das auf allen Ebenen menschlichen Handelns bedeutsam ist. Obwohl Macht menschliches Verhalten – und auch helfendes Verhalten – stets begleitet, gilt "Macht" noch immer als unanständiger Begriff, der bis vor kurzem in der psychosozialen Praxis nicht thematisiert wurde. Macht kann als die Fähigkeit definiert werden, diejenigen Kräfte zum eigenen Nutzen zu beeinflussen, die die persönliche Lebenswelt prägen. Macht schließt die Fähigkeit ein, bei anderen eine erwünschte Wirkung hervorzurufen. Michael Basch behauptet, daß "während des ganzen Lebens und in allen Teilbereichen des Lebens das Gefühl, das eigene Schicksal in einem gewissen Maße selbst zu bestimmen, eine zentrale Rolle spielt" (Basch, 1975, S. 513). Zentral für die eigene psychische Gesundheit ist damit die Wahrnehmung von sich selbst als jemandem, der oder die eine gewisse Macht über die Kräfte hat, die das eigene Leben bestimmen. Machtlosigkeit ist schmerzhaft, und Menschen versuchen, diese Empfindung durch Verhalten zu vermeiden, das ihnen ein Gefühl von Macht vermittelt (McClelland, 1975). Weil es sich bei Macht um ein systemisch wirkendes Phänomen handelt, machen wir in vielen Lebensbereichen Erfahrungen damit, über ein gewisses notwendiges Ausmaß von Macht zu verfügen oder es zu vermissen. Macht ist ein Schlüsselfaktor für menschliches Funktionieren, von der individuellen Ebene – "Es ist eine der ersten und prägendsten Erfahrungen im menschlichen Leben, sich einer Macht zu unterwerfen" (Wrong, 1980, S. 3) – bis hin zu den Ebenen von Familie, Gruppe und Gesellschaft.

Macht und Machtlosigkeit erhalten damit entscheidende Bedeutung für das Leben von Menschen. Macht existiert verinnerlicht im Sinne von Können oder Kompetenz, auf der Interaktionsebene im Sinne von Dominanz, auf der Familien- und Gruppenebene im Sinne von Status, Führungsrollen, Einfluß und Entscheidungsgewalt, auf der institutionellen Ebene im Sinne von Autorität und auf der gesellschaftlichen Ebene als Gruppenstatus. Für soziale Rollen auf allen diesen Ebenen ist Macht zentral. Außerdem kann das Vorhandensein von Macht oder Machtlosigkeit auf einer dieser Funktionsebenen alle anderen Ebenen beeinflussen oder durch sie beeinflußt werden: von individuell-innerpsychischer, zwischenmenschlicher, familiärer Macht über Macht innerhalb der Gemeinde/Community bis hin zu kultureller und gesellschaftlicher Macht oder Machtlosigkeit. Z. B. zeigt sich Macht auf der Interaktionsebene in zwischenmenschlichen Beziehungen, die entweder von einem Dominanz-Unterordnungsverhältnis oder einem gleichwertigen Verhältnis (d.h. Wechselseitigkeit oder Symmetrie) geprägt sind. Diese verschiedenen Beziehungsformen werden wiederum teilweise beeinflußt durch

(1) die Rollenzuschreibung einer Person innerhalb der Familie oder Bezugsgruppe,
(2) die Rollenzuschreibung, die die Bezugsgruppe gesamtgesellschaftlich erfährt, und
(3) den Wert oder Status, der den jeweiligen Rollen gesellschaftlich zugeschrieben wird.

An dieser Stelle wird die Beziehung zwischen Kultur und Machtausübung deutlich. Durch Stereotypisierung und Diskriminierung bewertet Macht konstruierte Gruppenzugehörigkeiten und kreiert so eine Art Statuszuschreibung, d.h. einen Mehrheits- oder Minderheitenstatus für bestimmte, sich durch "Rasse", Ethnizität oder andere Merkmale (z.B. sexuelle Orientierung) unterscheidende Gruppen. Diese Bewertung von Gruppen als Mehrheit oder Minderheit innerhalb der Gesellschaft entscheidet über den Zugang zu Lebenschancen, Ressourcen, Lebensqualität und damit über die Realität, in der die Angehörigen der dominanten und der untergeordneten Gruppen leben. Die Bedingungen, in denen Gruppen je nach Statuszuschreibung leben, können sowohl die Art beeinflussen, wie Angehörige dieser Gruppe sich selbst und einander sehen, als auch die Art, wie Macht innerhalb der Gruppe, der Familie und auf der persönlichen Ebene ausgeübt wird.

Psychosozial Tätige müssen sich der Auswirkungen dieser Machtdynamiken auf ihre KlientInnen bewußt sein, die häufig auf mehr als einer Ebene machtlose Rollen einnehmen. Auch müssen sie die Auswirkungen von Macht(-losigkeit) auf sich selbst verstehen, auf ihre Helferrolle und auf ihre Beziehung zu den KlientInnen. Murray Bowen (1978) zeigt, daß auf der gesellschaftlichen Ebene die eine Gruppe (die Nutznießenden) eine andere Gruppe (die Opfer) als minderwertig oder inkompetent wahrnimmt und behandelt und sich damit projektiv selbst zu Stabilität verhilft. So kann die Hypothese aufgestellt werden, daß Opfergruppen (Arme, Menschen mit "anderer" Hautfarbe,[1] Frauen, Homosexuelle u.a.) in relativ machtlosen Positionen gehalten werden, um die Systeme, in denen sie leben, auszubalancieren. Sie stabilisieren die Privilegierten in diesem Prozeß: Weiße, Männer, Mittelschichtsangehörige und – das schließt Schwarze ein – Heterosexuelle. Als Ausgeschlossene und Vereinzelte bilden die Opfergruppen das Sammelbecken für einen Großteil der Spannungen, Konflikte, Widersprüche und Verwirrungen, die innerhalb der verschiedenen Systeme entstehen. Dieses Ausbeutungsverhältnis zeigt sich

(1) an der negativen stereotypen Sicht auf benachteiligte Gruppen – Stereotypisierung wird hier als Spannungsabbau verstanden;

(2) an der Schaffung von Ghettos, Reservaten und Vierteln, in denen eine große Anzahl von Schwarzen und Angehörigen ethnischer Minderheiten eng gedrängt inmitten von Lärm, Autobahnen, Warenhäusern, halbfertigen Häusern, Drogenmißbrauch und Gewalt leben; ganz im Gegensatz zu den Vorstädten, in denen eine Mehrheit der wohlsituierten Bevölkerung in relativem Frieden, Stabilität und Sicherheit lebt;

(3) an einer Sozialpolitik, die sich auf eine Philosophie des "noblesse oblige"[2] stützt, die die Stärken nichtwestlicher Menschen negiert und ihre Werte, Normen und Überzeugungen herabwürdigt. Das Ausbeutungsverhältnis zeigt sich auch an einer Sozialpolitik, die den Armen "hilft" und sie gleichzeitig entmachtet; die massenweise Programme ins Leben ruft, die die Opfer selbst für ihre Lage verantwortlich machen. Z.B. steht beim Kampf gegen Armut häufig nicht die soziale Situation, die Armut verursacht, im Mittelpunkt, sondern das Verhalten, durch das sich arme Menschen an ihre Situation angepaßt haben (Pinderhughes, 1986).

Dadurch, daß Menschen in machtlosen Positionen eine ausgleichende und Spannung reduzierende Rolle im sozialen System einnehmen, müssen sie lernen, als Opfer mit Streß, Konflikten und Widersprüchen zu leben. Sie müssen Wege finden, mit der Ohnmacht, die in ihnen hervorgerufen wird, klarzukommen und sich selbst zu stärken (Empowerment). An anderer Stelle habe ich darüber geschrieben, wie sich schwarze Frauen in die machtlose Rolle verstricken als diejenigen, die das System ausgleichen. Von ihnen wird erwartet, daß sie in ihren Familien und Gruppen Angst und Spannung abbauen. Sie sollen bei ihren Männern deren Entwertung kompensieren, sich selbst für die Gruppe aufopfern und ihren Kindern in einer feindseligen Umgebung beibringen, was Liebe ist. So verwickeln sie sich in Widersprüche: Sie entlasten ihre Familien und ihre Gruppe von Angst und Spannung;

---

[1] In den USA gibt es den Begriff "people of color" der nicht nur Menschen afrikanischer Herkunft bezeichnet, sondern alle, die unter Bezug auf ihre Hautfarbe oder ihr Aussehen rassistisch diskriminiert werden, z.B. auch Menschen indischer oder japanischer Herkunft. Wir übersetzen "people of color" als "Menschen mit 'anderer' Hautfarbe" (Anmerkung der Übersetzerinnen).

[2] "Adel verpflichtet" (Anmerkung der Übersetzerinnen).

jedoch sind diese selbst in ohnmächtigen Rollen gefangen, die im gesamtgesellschaftlichen System Spannung und Angst abbauen (Pinderhughes, 1986).

Dieses systematische Verschieben von Macht sowohl im Verhalten der Nutznießenden, die mächtige Rollen einnehmen, als auch im Verhalten der Opfer, die in ohnmächtigen Rollen gefangen sind, führt zu Reaktionen, die von den psychosozial Tätigen als solche verstanden werden müssen. Entsprechendes Wissen sollte nicht nur auf die KlientInnen, sondern auch auf die psychosozial Tätigen selbst angewendet werden.

Reaktionen auf eigene Macht

Personen, die Macht innehaben, erleben das als befriedigend und angenehm. Sie können auf Systeme einwirken, für sich selbst Chancen schaffen, Verantwortung und Führungsrollen übernehmen (vgl. "'Rasse', Ethnizität und Macht. Arbeitsblätter für WorkshopteilnehmerInnen" in diesem Band). Dennoch können sie auch Angst haben (vor den Ohnmächtigen oder davor, ihre Macht zu verlieren), wütend sein und sich schuldig fühlen. Da sie die Macht haben, die Machtlosen zu definieren, können sie ihre eigenen, inakzeptablen Eigenschaften wie Inkompetenz, Faulheit, Sexualität, Schmutz etc. auf diese projizieren. Derartige unerwünschte Tendenzen, die mit eigenen inneren Bedürfnissen zusammenhängen, werden unterdrückt, projiziert und dann bei den Machtlosen wahrgenommen (Pinderhughes, 1973). Projektionen werden außerdem als Rechtfertigung dafür benutzt, Macht und Kontrolle über die Opfer aufrechtzuerhalten. Mächtige können dann die Machtlosen dafür beschuldigen, daß diese die Projektionen in ihr Selbstbild übernehmen. Wenn die Machtlosen die Projektionen nicht akzeptieren, können die Mächtigeren sie trotzdem so wahrnehmen, als würden sie der Projektion entsprechen, oder sie werden auf die Machtlosen wütend (Bowen, 1978).

Andere Verhaltensweisen, die als Folge einer mächtigen Position entstehen können, sind kontrollierendes oder dominantes Auftreten, arrogantes Verhalten und Paranoia. Sie resultieren aus vermeintlicher Überlegenheit, Grandiosität und einer unrealistischen Anspruchshaltung. Solche Haltungen bringen eine erhebliche Gefahr von verzerrter Wahrnehmung mit sich und führen zur Unfähigkeit, die eigene Wirklichkeit und die der Machtlosen realistisch einzuschätzen (Ordway, 1973). An der Macht *festzuhalten* wegen der Befriedigung, die sie bringt, fördert die Tendenz, sich von den Opfern der eigenen Machtausübung zu isolieren, sie zu meiden und sich zu distanzieren. Das wiederum hat zur Folge, daß man sich unter seinesgleichen wohler fühlt und Unterschiede nicht toleriert. Solche Intoleranz bringt Rigidität mit sich. Außerdem kann Macht das psychologische Bedürfnis wecken oder befriedigen, ein Opfer zu haben, jemanden, den man als Sündenbock benutzen kann und über den man Kontrolle ausüben kann, um selbst im Gleichgewicht zu bleiben oder (nach Bowen, 1978) um Spannung und eigene Ängste abzubauen. Wenn dieses Machtgebaren überstark wird, kann es dazu führen, Aggression gegen Machtlose zu rechtfertigen. Es kann zu entwürdigendem Verhalten und in extremen Fällen zur Freude an menschlichem Leid führen (Ordway, 1973; Pinderhughes, 1973). Da wir als psychosozial Tätige einerseits Nutznießende solcher sozialen Prozesse sein können und möglicherweise gleichzeitig mit deren Opfern arbeiten, muß bei der Vorbereitung auf die Praxis ein Verständnis von diesen Dynamiken erworben werden.

Ein weiteres Moment, an dem die systemische Seite der Macht deutlich wird, sind die Projektionen der Mächtigen auf die Machtlosen, mit denen sie die Aufrechterhaltung ihrer Macht rechtfertigen. Sie haben u.a. die Möglichkeit, bestimmte Aspekte der Wirklichkeit (durch deren Definition und Etikettierung) so darzustellen, daß die eigenen Wahrnehmungen als richtig erscheinen. Der systemische Aspekt der Macht zeigt sich auch in der Falle, in die Mächtige geraten: Einerseits fühlen sie sich angesichts der Ungerechtigkeit, daß sie Macht über andere haben, nicht wohl. Andererseits sind sie wegen der Vorteile der Macht nicht bereit, diese aufzugeben oder zu teilen.

Diese Konzepte zur Erklärung von Machtdynamiken sind für das Verständnis von Diversität (was Kultur und andere Arten der Differenz angeht) in vielerlei Hinsicht relevant.

- Erstens sind sie für jede Beziehung bedeutsam, in der ein eindeutiger Machtunterschied besteht. Menschen werden nicht nur dadurch verstanden, wie sie ihre Kultur symbolisieren, sondern auch durch den Status der Gruppe, zu der sie gehören, und durch die Wirkung, die die Interaktion mit Menschen anderer, statushöherer oder -niedrigerer Gruppen auf sie hat. Diese Konzepte sind z.B. auf die Situation von Frauen gegenüber Männern anwendbar. Sie beziehen sich aber auch auf das Verhältnis von Mehrheitsangehörigen zu Angehörigen kulturell unterdrückter Bevölkerungsgruppen, wie ethnischen Minderheiten und Menschen mit "anderer" Hautfarbe, oder zu sozial machtlosen Gruppen, wie Homosexuellen und Armen.
- Das Verständnis für Machtdynamiken erleichtert es zweitens, einen Schwerpunkt auf die Stärken und Anpassungsleistungen von Angehörigen unterdrückter Gruppen zu setzen, ermöglicht aber auch einen fokussierten Blick auf die Ziele, Dynamiken und Interaktionsmuster der Mehrheit. Nur eine gezielte Analyse der Machtverhältnisse macht diese Perspektive möglich.
- Drittens wird durch die Erklärung von Machtdynamiken klar, daß die Kombination verschiedener Unterdrückungsformen eine doppelte oder sogar dreifache Gefährdung bedeuten kann. D.h. es lassen sich Ebenen und Grade der Ohnmacht konzeptualisieren. So bringt die Situation einer armen Frau, die einer ethnischen Minderheit angehört, Ohnmacht mit sich im Zusammenhang sowohl mit Armut, dem ethnischen Minderheitenstatus wie auch der Frauenrolle. Auf gleiche Weise kann die Mehrdimensionalität von Privilegien verstanden werden. Menschen können in einer Dimension mächtig und in einer anderen Hinsicht ohnmächtig sein.

Reaktionen auf eigene Machtlosigkeit

Psychosozial Tätige müssen auch verstehen, wie Menschen sich verhalten, wenn sie keine Macht haben (s. Tabelle in den o.g. Arbeitsblättern). Bestimmte manifest gewordene Verhaltensweisen stehen häufig in direktem Zusammenhang mit den Problemen, die die KlientInnen mitbringen. Z.B. reagieren Minderheitenangehörige "anderer" Hautfarbe auf ihre gesellschaftliche Rolle (als spannungs- und angstreduzierende Opfer) individuell mit Verhaltensweisen, die ihnen ein Gefühl der Macht verschaffen sollen und die somit gewissermaßen Überlebensstrategien sind. Viele kämpfen darum, die Projektionen der Mächtigen, daß sie inkompetent, dumm, verrückt, sexuell potent oder abhängig seien, nicht zu akzeptieren. Möglicherweise wird viel Kraft darauf verwendet, das Gefühl der Machtlosigkeit, das in solchen Selbstwahrnehmungen enthalten ist, zurückzuweisen. Andere reagieren auf ihre machtlose Rolle, indem sie diese Projektionen annehmen, sich mit den AggressorInnen identifizieren (was zu Gefühlen des Selbsthasses führt), indem sie zurückhaltend sind (was von den Mächtigen als paranoid angesehen wird) oder um sich schlagen (was von jenen als gewalttätig angesehen wird), und/oder indem sie widerständig, passiv-aggressiv oder autonom handeln (was von den Mächtigen oft als Sturheit ausgelegt wird). Zum Teil werden machtlose Menschen versuchen, sich dadurch ein Gefühl von Macht zu schaffen, daß sie die negativen Zuschreibungen der Dominanten in übertriebenem Maß übernehmen. Extremes Potenzgehabe, außerordentlich dummes, überabhängiges, völlig desorganisiertes Handeln sind Beispiele für Verhaltensweisen, die trotz ihrer Reaktivität das Gefühl fördern können, daß man aufgrund eigener Initiative handelt und nicht nur ein Opfer ist.

Chestang (1972) erörterte, wie Afroamerikaner einige dieser Verhaltensweisen, die er als *aggressive Anpassung* und *aggressive Passivität* bezeichnet, auf die Spitze treiben, um mit ihrer Verstrickung im System umzugehen. Überraschenderweise kann Abhängigkeit auch als Strategie angesehen werden, die ein Gefühl der Macht vermittelt, da es die Nähe zu Mächtigen ermöglicht (McClelland, 1975). Eine andere Überlebensstrategie ist es, die Bedeutung negativer Zuschreibungen umzukehren. Dies wird am afroamerikanischen Gebrauch sowohl des Adjektivs *schlecht* anschaulich, das *gut* bedeutet, und des Wortes "*Nigger*", das als Ausdruck für Zuneigung und Wärme verwendet wird. Draper (1979) schreibt, daß mit solchen Taktiken versucht wird, Schwäche in eine aktive Kraft zu verwandeln. Wenn man keine Macht hat, die Identifikation mit einem negativen Etikett zu beenden, kann man sich selbst durch einen Bedeutungswandel ermächtigen. So verstanden ist solches Verhalten eine Anpassungsleistung.

Paradoxien, Humor, Spitzfindigkeiten, Täuschungen und verschiedene Formen der Manipulation erleichtern es, eine paradoxe Wirklichkeit zu bewältigen, in der intensive Wut und negative Gefühle bearbeitet werden müssen und gleichzeitig Zuneigung und Familiensolidarität nicht verlorengehen dürfen. Auch dominante Machtausübung in zwischenmenschlichen Beziehungen kann die Suche nach angepaßten Lösungen für die Spannung und den Druck widersprüchlicher Rollen widerspiegeln (Pinderhughes, 1986). Diese Verhaltensweise zeigt sich am extremsten bei den Bewohnern von armen innerstädtischen Bezirken: Harte Fakten und unmenschliche Lebensbedingungen bringen dort Männer dazu, ein "gerisseneres, abweichenderes und bösartigeres Verhalten zu entwickeln", als dies möglicherweise unter anderen Bedingungen der Fall wäre (Brown, 1984, S.40). Da es ihnen an anderen Möglichkeiten der Darstellung ihrer Männlichkeit fehlt, kann eine übertriebene Reaktion darin bestehen, das Selbstwertgefühl an der Kinderzahl festzumachen. Gewalt und Mißbrauch – die niemals gerechtfertigt werden dürfen – können als Antwort auf lähmende Rollen verstanden werden.

Der Prozeß, durch den diese Mechanismen in Gang gesetzt werden, ähnelt paradoxen Kommunikationsprozessen. Solche Verhaltensweisen müssen von psychosozial Tätigen als Überlebensstrategien und Reaktionen auf die durch den Druck der Umwelt erzeugte Machtlosigkeit verstanden werden. Statt dessen werden sie allzu oft als Zeichen von Schwäche gesehen und ignoriert (Chau, 1991). Auch wenn diese Handlungsweisen eine Anpassungsleistung darstellen, so können sie doch eine Fehlanpassung sein, für die ein extrem hoher Preis bezahlt wird. Während abhängiges, manipulatives, widerständiges, passiv-aggressives und autonomes Verhalten ein notwendiges Gefühl von Macht verschaffen kann, handelt es sich doch eher um eine reaktive als um eine proaktive Verhaltensweise. Wenn das Repertoire eines Menschen auf reaktives Handeln beschränkt ist, wird es ihm oder ihr nicht möglich sein, die Initiative zu ergreifen, sich Ziele zu setzen, Entscheidungen zu treffen, zu planen oder Führungsrollen zu übernehmen (Pinderhughes, 1983). Er oder sie wird nicht das Gefühl entwickeln können, das Leben selbst im Griff zu haben (Aponte, 1994).

Konzepte zu Machtdynamiken sind für all jene relevant, die Verantwortung dafür übernehmen wollen, wie sie auf ihre persönliche Verstrickung in gesellschaftliche Prozesse reagieren; und für all die, die einen guten Kontakt mit anderen anstreben. Sie sind ebenso für Opfer relevant, die ihre machtlose Rolle so verändern wollen, daß sie wesentliche Aspekte ihres Lebens kontrollieren können; und für Nutznießende, die ihre Anfälligkeit für die einschränkenden Folgen von Privilegiertheit kontrollieren wollen. Zu diesen Konsequenzen zählen: voreingenommenes, verzerrtes und im Extremfall paranoides Denken, lähmende Schuld und Furcht sowie die Tendenz, die eigene Machtposition auszunutzen oder von ihr zu profitieren (Pinderhughes 1994a, 1994b, 1989, 1983).

Anwendung der Konzepte zu Macht und Diversität auf KlientInnen, psychosozial Tätige und auf den Prozeß der Hilfeleistung

Es ist wichtig, das Wissen über Machtdynamiken auf psychosozial Tätige ebenso wie auf ihre KlientInnen anzuwenden. Das Bewußtsein von den eigenen Machtbedürfnissen und den eigenen Reaktionen auf Macht ist zentral für die Selbsterfahrung, und zwar deshalb, weil psychosozial Tätige ebenso wie ihre KlientInnen ein Gefühl von Macht oder Können für ihre psychische Gesundheit brauchen. Und für beide Gruppen gilt, daß ihr Gefühl von Macht beeinflußt wird durch ihre Macht oder Machtlosigkeit in anderen Lebensbereichen und/oder auf anderen Ebenen – bzw. umgekehrt. Gleichzeitig verfügen psychosozial Tätige von vornherein über die Macht, die der Helferrolle innewohnt: die Macht, Einschätzungen vorzunehmen und zu intervenieren, zu belehren und zu behandeln, Ressourcen zu verteilen oder sie zurückzuhalten. Aus diesem Grunde müssen sie verstehen, wie diese Macht aus der helfenden Position heraus zur Befriedigung eigener Bedürfnisse nach Macht und Selbstachtung benutzt werden kann und allzu oft benutzt wurde (Pinderhughes, 1989; Heller, 1985). Die rasche Zunahme von Berichten über sexuellen Mißbrauch in der Therapie verdeutlicht, wie weit psychosozial Tätige gehen können, um ihre Person oder ihr Image künstlich aufzuwerten (Heller, 1985, S. 161).

Wenn KlientIn und psychosozial TätigeR einen unterschiedlichen Hintergrund und Status haben, wird die in der helfenden Beziehung ohnehin vorhandene Möglichkeit zur Ausbeutung verstärkt. Die Macht, die aus der Helferrolle erwächst, kann sich durch die Aufwertung mancher HelferInnen aufgrund ihrer sozialen/kulturellen Gruppenidentität und ihres Status verstärken. Die Anfälligkeit von psychosozial Tätigen, diese doppelte Machtrolle bei der Behandlung von KlientInnen aus sozial/kulturell weniger geachteten Gruppen auszunutzen – auch um ihre persönlichen Bedürfnisse zu befriedigen –, ist sehr viel größer als man denken mag.

Psychosozial Tätige, die dominanten, privilegierten Gruppen angehören (Weiße, Männer, Mittel- oder Oberschichtsangehörige oder andere Gruppen mit hohem Ansehen), können in der Therapiesituation ihren erhöhten Status ausnutzen, um eigene Ängste und Spannungen abzubauen, wann immer sie mit Personen aus Opfergruppen (Menschen mit "anderer" Hautfarbe, Arme, Frauen oder andere Gruppen mit geringem Ansehen) arbeiten. Allein durch ihre Anwesenheit können diese KlientInnen für psychosozial Tätige zum Spannungsabbau beitragen. In dem Moment, in dem die Helfenden bei ihren KlientInnen die Wahrnehmung bestehen lassen, daß sie selbst mächtige ExpertInnen sind, und in dem sie gleichzeitig deren Selbstwahrnehmung verstärken, weniger wert, inkompetent und machtlos zu sein, handelt es sich um Ausbeutung. Eine Intervention kann nur zu wirklichem Erfolg führen, wenn solche Anschauungen der KlientInnen verändert werden und sie lernen, sich als ebenbürtige, kompetente und wertvolle Personen zu sehen.

Psychosozial Tätige, die ethnischen Gruppen mit "anderer" Hautfarbe angehören, Homosexuelle oder Angehörige anderer unterdrückter gesellschaftlicher Gruppen sind von dieser Anfälligkeit nicht ausgenommen. Auch sie sind geneigt, KlientInnen auszunutzen, wenn sie nicht angemessen mit ihren negativen Reaktionen auf die eigene Zugehörigkeit zu einer Opfergruppe umgehen können. Tatsächlich sind sie anfällig dafür, die ihrer Helferrolle innewohnende Macht zur Kompensation der Machtlosigkeit zu gebrauchen, die sie in ihrer gesellschaftlichen Rolle selbst erleben.

Wenn psychosozial Tätige die Machtdynamiken in der helfenden Beziehung und die Bedeutung der eigenen sozialen/kulturellen Identität verstehen, so beugt dies der Ausbeutung von KlientInnen vor. Ein Verständnis für solche Anfälligkeiten und für den Sinn von Verhalten, das anfällig macht, erleichtert es, dieses zu kontrollieren. Um sich der Machtdynamiken in bezug auf "Rasse", Ethnizität, Geschlecht und Schichtzugehörigkeit bewußt zu werden, müssen psychosozial Tätige der Selbstprüfung in diesen Bereichen besondere Aufmerksamkeit schenken. An anderer Stelle habe ich ein Trainingsprogramm beschrieben, das solche Selbsterkenntnis fördert (Pinderhughes, 1989; vgl. auch o. g. Arbeitsblätter aus dem Workshop).

Im Zuge dieser Selbstprüfung sollten sie darauf achten, wie der gesellschaftliche Projektionsprozeß ihnen als WohltäterInnen und NutznießerInnen ein Gefühl von Kompetenz, Stabilität und Ordnung vermittelt und gleichzeitig Ängste und Verwirrung bei den Opfern (ihren KlientInnen) verstärkt. Psychosozial Tätige müssen sich die Frage stellen, ob und unter welchen Umständen sie als Helfende, die mit Angehörigen von Opfergruppen arbeiten, Befriedigung aus ihrer Helferrolle ziehen. Sie müssen sich eingestehen, wenn sie wirklich eine doppelte Machtrolle gegenüber ihren KlientInnen einnehmen, und prüfen, wie diese Anfälligkeit den Prozeß der Hilfeleistung gefährden kann. Sie müssen sich fragen, ob die von ihnen verfolgten Ziele und die angewandten Strategien von einem persönlichen Bedürfnis nach den Gratifikationen einer machtvollen professionellen und gesellschaftlichen Rolle getragen sind. Sie müssen ihrer eigenen Verwicklung in gesellschaftliche Projektionsprozesse und ihrer Anfälligkeit, mächtige Rollen auszunutzen, ins Auge sehen; und sie müssen die Verantwortung dafür übernehmen, mit ihren daraus resultierenden Verhaltensweisen umzugehen.

Wenn psychosozial Tätige sich unwohl fühlen, sobald sie nicht alles unter Kontrolle haben, *wenn* sie sich durch ihre gesellschaftliche/kulturelle Identität oder eine andere machtvolle Rolle aufwerten wollen, dann beeinträchtigt das die Fähigkeit, sich auf die für eine wirkungsvolle Arbeit mit den meisten KlientInnen so nötige Gegenseitigkeit, Wechselseitigkeit und Offenheit einzulassen.

Intervention: Empowerment

Den Kontext verstehen

Intervention muß – wie oben dargestellt – auf mehreren Ebenen ablaufen. Einige psychosozial Tätige sehen das Ziel der Intervention darin, KlientInnen aus ihrer systematischen Verstrickung und ihren machtlosen Rollen zu befreien, welche wiederum dazu beitragen, das gesamtgesellschaftliche System im Gleichgewicht zu halten. Diese Art von Intervention konzentriert sich auf die im System liegenden Widersprüche, denen diese Gruppen ausgesetzt sind. Sie fokussiert die von ihnen entwickelten Anpassungsleistungen, untersucht die Kräfte, durch die sie sich in gesellschaftliche Widersprüche verwickelt haben, und versucht, wenn möglich, die Ursache des Gefangenseins im System zu verändern. Intervention muß also mehrdimensional ansetzen: individuelles Funktionieren stärken, die familiären Strukturen und Prozesse verbessern, Unterstützung von außen vergrößern und Zugang zu Ressourcen dadurch ermöglichen, daß die lähmenden gesellschaftlichen Einflüsse gewandelt werden.

Diese Interventionsstrategien zielen darauf ab, daß die KlientInnen ihr spezifisches Problem oder ihre Bedürftigkeit mit dem gesellschaftlichen Kontext und den Bedingungen, die ihre Machtlosigkeit verstärken, wie Armut, Rassismus und zerstörerischen Hilfeleistungssystemen in Verbindung bringen (Korin, 1994). Die Stärken der KlientInnen werden unterstützt; sie sollen die von ihnen gefundenen Problemlösungsversuche als Zeichen dafür ansehen, wie hart sie gegen die Widersprüche und machtlosen Rollen, die ihre gesellschaftliche Position mit sich bringt, gekämpft haben: Sie gewinnen ein Verständnis dafür, daß die von ihnen gewählten Taktiken dem natürlichen Wunsch jedes Menschen entsprechen, machtlose Rollen zu überwinden, stark und den Dingen gewachsen zu sein. So wird ihr Kampf ums Überleben und um die Bewältigung der im System liegenden verwirrenden Widersprüchlichkeit wertgeschätzt und ihre Copingstrategien werden als Anpassungsfähigkeit, Kreativität, Einfallsreichtum und Widerstandsfähigkeit anerkannt. KlientInnen lernen zu sehen, daß ihr Streben nach Stärke auch einschließen kann, daß sie die negativen Zuschreibungen und Stereotype der Mehrheitsgesellschaft in Extremform übernehmen. Sie können dann verstehen, daß das Gefühl der Macht, das sie dadurch gewinnen, dem Wunsch entspringt, sich selbst als AkteurInnen zu sehen; daß übertriebenes Agieren ihren Glauben daran stärken soll, daß sie selbst ihr Verhalten im Griff haben.

Individuelles und familienbezogenes Verhalten unterstützen oder verändern

Auf der individuellen Ebene basieren viele Empowerment-Strategien auf den "neuen" kognitiven Interventionsansätzen der Verhaltenstherapie. Sie versuchen, Verhalten und kognitive Muster durch Bildungsmaßnahmen zu verändern. Bei diesen Ansätzen besteht ein geringeres Machtgefälle zwischen Helfenden und KlientInnen, als es bei Beratung und Therapie der Fall ist.

Eine andere Strategie ist die der Neubewertung und -benennung vieler Verhaltensweisen, die ursprünglich der Ermächtigung dienten und Anpassungsleistungen waren, die aber zugleich dysfunktional oder extrem erscheinen. Sie werden als Bilder für den Überlebenswillen der Menschen und ihr Streben nach Stärke gesehen. So wird der Kampf der Menschen anerkannt und ihre Lösungsversuche als Zeichen ihres Engagements und Verantwortungsgefühls neu bewertet. In der Familientherapie ist Umbenennen eine wirkungsvolle Strategie zum Umgang mit Ambivalenz und Widersprüchlichkeit (also Bedingungen, die von ethnischen Minderheiten, Menschen "anderer" Hautfarbe und Homosexuellen als Folge ihrer widersprüchlichen, ambivalenten Position im Gesellschaftssystem ganz allgemein erfahren werden). Eine isolierte Mutter, die darum kämpft, das Fehlen von unterstützenden sozialen Netzen zu kompensieren, und die deshalb überkontrollierend wird, sich allzusehr in den Mittelpunkt stellt und ihre Kinder psychisch erdrückt, kann so lernen, daß ihre heroischen Anstrengungen, die Familie zu organisieren, sie erschöpfen. Garcia-Preto (1983) schlägt vor, einer puertorikanischen Ehefrau, die Mißhandlungen toleriert, zu sagen, daß sie sich zu sehr darum bemüht, ihre Liebe zu beweisen. Einer mexikanischen Frau, die sich selbst verantwortlich macht und sich als Versagerin fühlt, weil sie ihre paradoxe Situation letztendlich nicht verändern kann, kann gesagt werden, daß sie zeigt, wie sehr sie sich für jedermanns Wohlergehen verantwortlich fühlt und wie sehr sie versucht, ihrer kulturellen Rolle treu zu bleiben (Falicov, 1983). Ein überfunktionierender Vater, der als zu autoritär und kontrollierend angesehen wird, kann verstehen, daß seine großen Bemühungen, seine Familie angesichts zerstörerischer und oftmals rassistischer "Unterstützungssysteme" zu versorgen und zu beschützen, notwendig gewesen sind, daß sie jedoch das persönliche Wachstum seiner Kinder behindern. Einem unterfunktionierenden Vater kann helfen, wenn er hört, daß sein Rückzug möglicherweise seine Art und Weise sei, Belastungen in der Familie zu vermindern, und daß sich darin seine Fürsorge und sein Wunsch ausdrücken, die Situation der Familie zu verbessern. In diesem Kontext wird seine "Unterfunktion" zu einer Strategie, den Frieden zu bewahren, Konflikte zu vermeiden, Streß zu reduzieren, Harmonie zu fördern und/oder Familienmitglieder zu schützen. Er sollte jedoch erkennen, daß seine Familie ihn braucht.

Mit diesem Ansatz ist es leicht, KlientInnen zu zeigen, daß weder sie noch ihre Anpassungsmechanismen falsch sind, daß es vielmehr um deren Ausmaß bzw. ihre Übersteigerung geht. So sind zum Beispiel harte Arbeit, Kampf, Stärke, persönliche Härte, Durchhaltevermögen, Entschiedenheit, Anpassungsfähigkeit, Kreativität und Vorsicht notwendige Strategien, um zu überleben und mit der eigenen machtlosen gesellschaftlichen Position zurechtzukommen. Unter Belastung kann Anpassungsbereitschaft jedoch leicht zu Unbeständigkeit werden, persönliche Härte und Stärke zu Mißhandlungen, Durchhaltevermögen zu Trotz, Vorsicht zu Lähmung und harte Arbeit zu zwanghaftem Engagement (Pinderhughes, 1986). Interventionsstrategien werden daher nicht darauf zielen, daß diese Verhaltensweisen, die für das Überleben äußerst nützlich waren, abgelegt werden. Statt dessen versuchen sie, die rigiden, ausschließlichen oder übersteigerten Aspekte von bestimmtem Verhalten bzw. Kognitionen zu verändern.

Interventionsstrategien haben weiterhin zum Ziel, das Handlungsrepertoire der KlientInnen zu erweitern. Sie lernen, daß ihre adaptiven Verhaltensweisen, welche sie in der Absicht benutzen, stark zu sein und mit ihrer Machtlosigkeit im sozialen System umzugehen, möglicherweise einen hohen Preis fordern. So kann zum Beispiel das Bedürfnis, immer die Kontrolle zu behalten und zurückzuschlagen, Machtkämpfe unnötig am Leben erhalten und eine Haltung verstärken, bei der man immer gewinnen, die Entscheidungsgewalt haben und/oder andere kleinhalten muß, bei der man u.U. sogar Gewalt braucht. Aber weder das eine noch das andere unterstützt das aufeinander bezogene, wechselseitige Verhalten, das für harmonische Beziehungen notwendig ist. Übertriebene Autonomie fördert die Bereitschaft, etwas allein durchzustehen, wenn scheinbar keine Hilfe zur Verfügung steht. Sie kann aber auch dazu führen, daß Hilfe nicht in Anspruch genommen wird, *selbst wenn sie verfügbar ist*. KlientInnen können lernen, daß es sich hierbei um *reaktive* Verhaltensweisen handelt, bei denen sie lediglich auf die Initiative der anderen (dominanten) Person reagieren. Aus diesem Grund müssen sie auch *proaktives* Verhalten erlernen, das – als eine neue Art der persönlichen Stärke – nicht auf der Macht über andere beruht. Das Setzen und Verfolgen eigener Ziele; Selbstbewußtsein, das nicht Machtverhältnisse verstärkt, andere erniedrigt oder Machtkämpfe am Leben erhält; die Fähigkeit zu Verhandlung und Kompromiß: das alles sind alternative, nichtreaktive Wege, stark zu sein. Sich gegen die weitere Eskalation einer Auseinandersetzung zu entscheiden und statt dessen eine nachgeordnete Position zu akzeptieren und verletzlich zu sein, auch eine Art, die Initiative zu übernehmen und Stärke zu zeigen. *Für Menschen, die durch ihre Überlebensstrategien in eine rigide Verteidigungsposition und Machtorientierung getrieben wurden, kann es sehr wichtig sein, die Fähigkeit zu erwerben, eine proaktive Rolle zu übernehmen und Toleranz gegenüber Verletzlichkeit zu entwickeln.* Das läßt sich natürlich am besten dann vermitteln, wenn die helfende Beziehung selbst als Modell für Wechselseitigkeit und Mitwirkung der KlientInnen wirkt.

Empowerment-Strategien für Familien, die auf einem Verständnis von Machtverhältnissen und systemischen Prozessen beruhen, werden nicht nur die Folgen von machtlosen gesellschaftlichen Positionen verändern wollen, sondern auch die Ursachen. Minderheitenangehörige sind besonders verletzlich, wenn sie von der Unterstützung durch die erweiterte Familie und ihre Community isoliert sind. Eine große Familie und die Gemeinschaft können die Folgen von Machtlosigkeit neutralisieren helfen und die Person in die Lage versetzen, ihre Rollen in der Familie, dem Arbeitsleben und anderen Bereichen auszufüllen. Familien und Gemeinden, die zur Zeit unter dem Einfluß von Urbanisierung, Industrialisierung, neuen Technologien und ökonomischen Zwängen auseinanderfallen, brauchen unbedingt versorgende und schützende Verbindungen zur Außenwelt. Andernfalls sind die Familien den oben beschriebenen lähmenden Kräften ausgeliefert (Auerswald, 1994). Es ist also Ziel der Intervention, die jeweilige Familie mit naheliegenden stützenden Instanzen wie etwa der erweiterten Familie, einer kirchlichen Gemeinschaft oder einer sonstigen sozialen Gruppe in Kontakt zu bringen. In solchen Zusammenhängen engagieren sich Menschen für eine Stärkung der Verbundenheit in der Gruppe. Dies ist Vorbedingung für eine Veränderung ihrer machtlosen gesellschaftlichen Rollen. Blanchard (1981) schlägt beispielsweise Lösungsansätze vor, durch die indische Frauen ihre Kompetenzen und ihr Selbstbewußtsein vergrößern, indem sie ihrem Volk helfen und für die eigene Gruppe arbeiten. Dadurch wird auf der einen Seite der für die Auseinandersetzung mit Unterdrückung notwendige Gruppenzusammenhalt gestärkt. Andererseits bietet dieser Lösungsansatz eine akzeptable Reaktion auf das Gefühl von Machtlosigkeit an.

Im Mittelpunkt stehen hier Strategien, die KlientInnen direkt in die Lage versetzen, ihre Kraft zur Sicherung benötigter Ressourcen einzusetzen: Es geht darum, modellhaft Fähigkeiten zu vermitteln, die zur Schaffung von Bündnissen, zur Überwindung organisatorischer Barrieren und zu politischem Engagement befähigen (Pinderhughes, 1989; Paster, 1985; Cornell Empowerment Group, 1989, S.2). Neue Systeme der Unterstützung sollten dann gebildet werden, wenn entsprechende Gruppen entweder nicht existieren oder aber dysfunktional sind – wie zum Beispiel bei stark pathologischen Großfamilien, die in ihrer Destruktivität erstarrt sind (vgl. Hopps, Pinderhughes & Shankar, 1995). Neuere Konzeptualisierungen von Empowerment-Strategien legen erfreulicherweise den Akzent darauf, daß die KlientInnen ihren Kontext verändern – also das größere soziale System, mit dem sie interagieren. Diese neuen Modelle von Empowerment konzentrieren sich auf die Bildung von Netzwerken sowie darauf, überkommene Strukturen von Organisationen, Gemeinschaften und Rechtssystemen durch Bildungsarbeit und politische Aktion zu wandeln.

Institutionelle Hilfeleistungssysteme

KlientInnen werden als Teilnehmende, Mitarbeitende, KonsumentInnen sowie als "AkteurInnen von Veränderung" angesehen; zentrales Ziel ist soziale Gerechtigkeit (Imber-Black, 1990; Saleebey, 1992; Waldegrave, 1990). Werden von einer Person verschiedene Hilfeleistungssysteme wie soziale Einrichtungen, Selbsthilfegruppen und therapeutische Gruppen in Anspruch genommen, so müssen diese sorgfältig untereinander koordiniert werden. Andernfalls können die KlientInnen sogar noch machtloser werden, wenn ein Chaos verschiedener Hilfsstellen, Konkurrenzverhältnisse unter den Behandelnden und andere Mängel bestehen, die auch die HelferInnen in systemische Konflikte und Widersprüchlichkeiten verwickeln, sie demoralisieren und ebenfalls hilflos machen (Hopps, Pinderhughes & Shankar, 1995). Ein Hilfeleistungssystem, das auf Empowerment abzielt, wird die KlientInnen in Aktivitäten einbinden, die sie wieder auf die Beine bringen und nicht pathologisieren. Dazu zählen z.B. die Beteiligung der KlientInnen an der Programmgestaltung der helfenden Institution oder die Möglichkeit, unangemeldet vorbeizuschauen, aber auch niederschwellige Outreach-Strategien, die Bereitschaft, sich sofort mit Krisensituationen auseinanderzusetzen und sich an solchen Orten mit KlientInnen zu treffen, an denen diese sich am wohlsten fühlen. KlientInnen werden ermutigt, sich "als MitbesitzerInnen der Einrichtung zu fühlen und Änderungen in Programmen zu empfehlen" (McGowen, 1988, S.23).

Die HelferInnen

Viele Empowerment-Strategien beruhen auf der gekonnten Anwendung einer nicht hierarchischen, nicht Macht ausübenden Haltung auf seiten der Helfenden. McGowen (1988) räumt ein, daß sich diese oft nur schwer durchhalten lasse, obwohl sich deren Notwendigkeit in ihrer Forschungsarbeit zeige. Schwierig sei, daß diese Haltung einen Verlust "vieler ihrer gewohnten Schutzmechanismen, Glaubenssätze und individuellen Befriedigungsmöglichkeiten" bedeute (S.25). Viele psychosozial Tätige äußerten Unbehagen, obwohl sie die Unerläßlichkeit von nicht-hierarchischen Verhaltensweisen generell anerkennen. McGowen schreibt, daß die HelferInnen Probleme hätten "mit der Erfahrung von Kontroll- und Machtverlust, die aber unvermeidlich ist" (S.25). Es kann beängstigend für sie sein, Macht und Kontrolle aufzugeben oder zu teilen, jedoch ist dies eine Möglichkeit, das Gefühl von Machtlosigkeit, in dem die KlientInnen gefangen sind, aufzuheben. Imber-Black (1990) kommentiert:

Es ist nicht unüblich, daß KlientInnen mit ihren HelferInnen kämpfen und versuchen, sie zu einer größeren Zusammenarbeit zu bewegen und so ein Gefühl von persönlichem Empowerment zu erreichen, während die psychosozial Tätigen auf einem komplementären Modell beharren, da sie daraus ihr einziges, wenn auch flüchtiges Gefühl von Ermächtigung beziehen.

Die folgende Episode illustriert das Empowerment einer Klientin durch eine Beraterin, die zeitweilig eine nachgeordnete Position einnimmt. Durch diese Intervention wurde der Klientin die Erfahrung von Macht und Kontrolle ermöglicht.

Frau H., eine schwarze Klientin mittleren Alters, war von ihrer ersten Beraterin, einer weißen Studentin der Sozialarbeit, als zu widerständig für eine Behandlung eingestuft worden. Ihre zweite Beraterin, ebenfalls eine weiße Studentin der Sozialarbeit, brachte sie zwar sehr schnell dazu, über ihre Sorgen bezüglich ihres Enkels zu reden. Es dauerte jedoch einige Monate, bis eine wirkliche Veränderung der Beziehung eintrat: Die Beraterin bekam zu Weihnachten eine Nähmaschine. Sie bemerkte, daß Frau H. trotz ihrer Armut und anderer realer Probleme in ihrer Umgebung besondere Fähigkeiten bei Handarbeiten hatte und fragte sie, ob sie ihr das Nähen beibringen könne. Nach einigen Unterrichtsstunden und dem Einkaufen von Nähmaterial fühlte Frau H. sich sicher genug, um sich der Beraterin zu öffnen. Mit großer Sorgfalt und Mühe hatte sie ihre Angst vor einem Zusammenbruch, dem Verschwinden oder Wahnsinnigwerden verborgen. Nach einigen Monaten der gemeinsamen Arbeit erreichten sie einige bescheidene Therapieziele, welche die erste Therapeutin für unmöglich gehalten hatte. (Pinderhughes, 1983)

In diesem Beispiel konnte die Klientin durch das Einnehmen einer Lehrerinrolle eine wirkliche Erfahrung von Macht und Kompetenz machen. Dadurch veränderte sich nicht nur die therapeutische Beziehung, sondern auch die Art der therapeutischen Intervention und die Handlungsstrategien der Klientin.

Unabhängig von der Funktionsebene, die durch Empowerment verändert werden soll, hängt viel von der Fähigkeit der psychosozial Tätigen ab, mit ihren persönlichen Machtbedürfnissen umzugehen:

- Die Bereitschaft, KlientInnen zu ermächtigen und ihre Stärken wertzuschätzen.
- Die Fähigkeit der HelferInnen, gegebenenfalls nachgeordnete Positionen einzunehmen.
- Die Bereitschaft, kulturelle Bedeutungen zu respektieren, die von den eigenen differieren, aber von KlientInnen geschätzt werden, deren kulturelle Zugehörigkeit gesellschaftlich herabgewürdigt wird.
- Die Fähigkeit, größere systemische Veränderungen in die Wege zu leiten.

Wie bereits gesagt: Psychosozial Tätige brauchen wie alle anderen Menschen ein Gefühl eigener Macht und Kompetenz. Wie alle anderen erfahren auch sie Macht oder Ohnmacht in verschiedenen sozialen Rollen auf verschiedenen gesellschaftlichen Ebenen. Es ist aber wichtig, daß sie mit ihren persönlichen, aus ihren Lebensumständen resultierenden Machtbedürfnissen so umgehen, daß sie ihre klinische Rolle nicht gegenüber KlientInnen ausnützen.

Während der Ausbildung, die unter anderem auch deswegen notwendig ist, um die eigene berufliche Position nicht zu mißbrauchen (Pinderhughes, 1989; Hardy & Laszloffy, 1994), lernen psychosozial Tätige, in ihren Denkmustern und/oder ihrem Verhalten flexibel zu sein und so ihre Arbeitsweise den Werten, Erwartungen und Präferenzen ihrer heterogenen Klientel anzupassen. Sie können dann aus einer Vielzahl von Strategien diejenigen auswählen, die für die ganze Bandbreite kultureller Gruppen, sozialer Klassen sowie Bildungs- und Akkulturationsniveaus ihrer KlientInnen nützlich sind. Sie sind mittels dieser unterschiedlichen Vorgehensweisen in der Lage, wirksam zu arbeiten, obwohl die Werte, aufgrund derer ein bestimmtes Verhalten von ihnen erwartet wird, von ihren eigenen Wertsystemen völlig verschieden sein können. Ebenso stark mögen sie von den Wertsystemen, die traditionellen Diagnose- und Therapieansätzen zugrunde liegen, abweichen. Dabei sollten die Helfenden durch *die zusätzlichen Schritte und die zusätzliche Mühe*, die sich aus dieser notwendigen Flexibilität ergeben, nicht überwältigt werden. Genausowenig sollten sie sich dazu verleiten lassen, die Reaktionen und Erfahrungen der KlientInnen abzuwehren, verzerrt wahrzunehmen oder jene Handlungen abzuwerten, die notwendig sind, um KlientInnen in eine tragende Beziehung einzubinden und um angemessen zu intervenieren. So ausgebildete psychosozial Tätige werden nicht aufhören, sich um Flexibilität zu bemühen. Wenn sie sich ihrer eigenen

Machtbedürfnisse und ihrer Reaktionen auf Macht sowie ihrer verinnerlichten Reaktionen auf Differenz bewußt sind, dann sind sie besser in der Lage, mit diesen umzugehen. Sie fühlen sich dann auch weniger als vorher bedroht, wenn eine hierachiearme und machtteilende Arbeitsweise notwendig wird. Statt dessen können sie sich leichter einlassen auf die Gegenseitigkeit, Wechselseitigkeit, Offenheit und auf die Fähigkeit, sich selbst zu zeigen, wie sie KlientInnen aus bestimmten kulturellen Gruppen von ihnen erwarten. Die oben genannten Qualitäten passen im allgemeinen zu den kulturellen Werten und Erwartungen von nordamerikanischen UreinwohnerInnen ebenso wie zu denen mancher PuertorikanerInnen und AfroamerikanerInnen.

Techniken der Machtverteilung sind notwendig für die Arbeit mit all jenen KlientInnen, deren Erfahrungen mit persönlicher und sozialer Machtlosigkeit dazu geführt haben, daß sie sich nur schwer einlassen. Ohne Strategien, die ihnen ein Gefühl der Macht und Kontrolle geben, sind sie nicht in der Lage, ihre Verwicklung in ihren Opferstatus aufzugeben.

Mit Hilfe von Training können HelferInnen lernen, solche Strategien selbstverständlicher anzuwenden, die sich durch Zusammenarbeit und gleichberechtigte Partizipation der KlientInnen auszeichnen,. Sie werden darauf vorbereitet sein, mit diesen in einen Dialog unter Gleichberechtigten einzutreten, und sie werden sich auf die "Macht-zusammen-mit-" statt "Macht-über-"Verhaltensweisen einlassen können, die für die neuen Empowerment-Ansätze nötig sind (Saleebey, 1992; Imber-Black, 1988; Guttierez, 1990). Die erworbene Flexibilität wird die psychosozial Tätigen jedoch gegebenenfalls nicht von einem angemessenen Gebrauch ihrer Autorität abhalten.

Dadurch, daß sie ihre negativen Reaktionen auf Differenz fest im Griff haben, sind die Ausgebildeten in der Lage, die oben beschriebenen Fähigkeiten anzuwenden. Ihr mit Differenz oder ihren Machtbedürfnissen zusammenhängendes persönliches Unbehagen verleitet sie nicht dazu, die Anpassungsleistungen ihrer KlientInnen, seien sie kulturabhängig oder eine Antwort auf Unterdrückung, automatisch als Pathologie oder Inkompetenz zu interpretieren. Sie sind wachsam gegenüber jedem Bedürfnis, Stereotype für den Abbau von Spannungen bei sich selbst zu verwenden, weil sie wissen, daß Stereotype die Bezugsgruppen der KlientInnen in Bildern von Schwäche, Abhängigkeit, Dysfunktionalität und Pathologie zeichnen. Wie nahe diese Gefahr liegt, illustriert Greenson et al. (1982), wenn er seinen Widerstand den Schilderungen gegenüber beschreibt, die ihm sein afroamerikanischer Patient während der Lehranalyse mitteilte. Er weigerte sich, dessen Erfahrungen, die er zunächst als Phantasien oder Anzeichen von Paranoia anzusehen geneigt war, als Realität zu akzeptieren. Bei diesem Widerstand gegenüber Informationen, die in Widerspruch zu seinen Überzeugungen über Afroamerikaner standen, handelte es sich offensichtlich um einen Schutzmechanismus gegenüber Scham- und Schuldgefühlen, die er in bezug auf seine weiße Identität empfand und die in der Interaktion mobilisiert wurden.

Psychosozial Tätige, die über die notwendige Kenntnis ihrer selbst verfügen, können ihre kulturell und sozial verschiedenen KlientInnen im Kontext ihrer jeweiligen Umgebungen wahrnehmen, wodurch es ihnen möglich wird, sie z.B. als von Wissen und gesellschaftlichen Möglichkeiten ausgeschlossen anzusehen. Die

HelferInnen erkennen, daß ihre KlientInnen in Positionen gefangen sind, bei denen das unzureichende Umfeld sowohl ein Faktor bei der Entstehungsgeschichte (Ätiologie) des Problems als auch bei der Suche nach Lösungen ist. *Dadurch sind sie eher bereit, auf die Stärken der KlientInnen zu setzen und an ihre Entwicklungsmöglichkeiten zu glauben.* Hopps, Pinderhughes und Shankar (1995, S. 88-91) stellten Untersuchungen über KlientInnen an, die über mehrere Generationen hinweg in Armut lebten. Sie fanden heraus, daß *hohe Erwartungen und ein hoher Glauben an die KlientInnen ein wichtiger Faktor für Erfolg sind.* Flexible und fürsorgliche psychosozial Tätige, die in der Praxis mit hohen Zielen an ihre KlientInnen herangehen und von ihnen erwarten, daß sie in die neuen Anforderungen hineinwachsen, sind die wichtigste vorhersagende Variable für eine erfolgreiche Veränderung der KlientInnen. Durch eine gute Ausbildung werden sie in die Lage versetzt, an die Machtpotentiale ihrer KlientInnen zu glauben, und sie werden dazu bereit sein, diese Potentiale zu mobilisieren. Auch können sie ihre KlientInnen darin bestärken, sich selbst als Gleichberechtigte, als Mitwirkende und als wertvolle Personen wahrzunehmen, die Teil einer wertvollen Gruppe sind und die für sich selbst als AkteurInnen von Veränderung aktiv werden können. Alle diese Verhaltensweisen konstituieren wirkliches Empowerment.

In der Welt von morgen wird ein multikulturelles Miteinander allgemein üblich sein. Glaubt man Zukunftsprognosen, dann werden der schon heute besorgniserregende Zerfall von Familien und die mangelnde gegenseitige Unterstützung von Menschen wahrscheinlich andauern und sogar eskalieren. Die Funktion von Familien zu verbessern und zu stärken, muß ein vordringlicher Inhalt zukünftiger psychosozialer Arbeit werden. Damit wird es unabdingbar, HelferInnen auszubilden, die Wissen über Macht, über menschliche Verschiedenheit und menschliche Lebenssysteme hochqualifiziert anwenden können.

Übersetzung: Irene Gropp und Anja Weiß

Literatur

Aponte, H. (1994). *Bread and Spirit: Therapy with the New Poor.* New York: W.W. Norten.

Basch, M. (1975). Toward a Theory that Encompasses Depression: A Revision of Existing Causal Hypotheses in Psychoanalysis. In J. Anthony & T. Benedek (Eds.), *Depression and Human Existence.* Boston, MA: Brown.

Blanchard, E.B. (1981). Observations on Social Work with American Indian Women. In A. Weick & S. Vandiver (Eds.), *Women, Power and Change* (S. 96-103). Washington, DC: National Association of Social Workers.

Bowen, M. (1978). *Family Therapy in Clinical Practice.* New York: Jason Aronson.

Brown, C. (1984, September 16). Manchild in Harlem. *New York Times Magazine,* S. 40.

Chestang, L. (1972). *Character Development in a Hostile Environment* (Occasional Paper No. 3). Chicago: School of Social Service Administration, University of Chicago.

Chau, K. (1991). Social Work with Ethnic Minorities: Practice Issues and Potentials. *Journal of Multicultural Social Work, 1* (1), 29-39.

Cornell Empowerment Group (October 1989). *Networking Bulletin, 1* (2).

Davis, L. & Proctor, E. (1989). *Race, Gender and Class: Guidelines for Practice with Individuals, Families and Groups.* Englewood Cliffs, NJ: Prentice-Hall.

Draper, B. (1979). Black Language as an Adaptive Response to a Hostile Environment. In C. B. Germain (Ed.), *Social Work Practice: People and Environments* (S. 267-281). New York: Columbia University Press.

Falicov, C.J. (1983). Mexican Families. In M. Mc-Goldrick, J. Pearce & J. Giordano (Eds.), *Ethnicity and Family Therapy* (S. 134-163). New York: Guilford.

Garcia-Preto, N. (1983). Puerto Rican Families. In M. McGoldrick, J. Pearce & J. Giordano (Eds.), *Ethnicity and Family Therapy* (S. 164-186). New York: Guilford.

Greenson, R., Torey, E., Lim, P. & Romero, A. (1982). Transference and Countertransference in Interracial Therapy. In W. Bass & Powell (Eds.), *The Afro American Family: Assessment, Treatment and Research Issues.* New York: Green and Stratton.

Guttierez, L. (1988). Working with Women of Color: An Empowerment Perspective. *Social Work 35* (2), 149-153.

Hardy, R. & Laszloffy, T. (1994). Deconstructing Race in Family Therapy. In R. Almeide (Eds.), *Expansions of Feminist Family Therapy through Diversity.* New York: The Haworth Press.

Heller, D. (1985). *Power in Psychotherapeutic Practice.* New York: Human Services Press.

Hopps, J.G., Pinderhughes, E. & Shankar, R. (1995). *The Power to Care: Clinical Practice Effectiveness with Overwhelmed Clients.* New York: Free Press.

Imber-Black, E. (1990). Multiple Embedded Systems. In M. Mirkin (Ed.), *The Social and Political Contexts of Family Therapy* (S. 3-18). New York: Allyn and Bacon.

Korin, E. (1994). Social Inequalities and Therapeutic Relationships: Applying Friere's Ideas to Clinical Practice. In R. Almeida (Ed.), *Expansions of Feminist Family Therapy through Diversity* (S. 75-98). New York: Haworth.

McClelland, D. (1975). *Power: The Inner Experience.* New York: Wiley.

McGowen, B. (1988). Helping Puerto Rican Families at Risk: Responsive Use of Time, Space and Relationships. In C. Jacobs & D. D. Bowles (Eds.), *Ethnicity and Race: Critical Concepts in Social Work* (S. 48-70). Silver Spring, MD: National Association of Social Workers.

Ordway, J. (1973). Some Emotional Consequences of Racism for Whites. In C. Willie, B. Brown & B. Kramer (Eds.), *Racism and Mental Health* (S. 123-145). Pittsburgh, PA: University of Pittsburgh Press.

Paster, V. (1985). Adapting Psychotherapy for the Depressed, Unacculturated, Acting out, Black Male Adolescent. *Psychotherapy, 22,* 408-416.

Pinderhughes, C. (1973). Racism in Psychotherapy. In C. Willie, B. Brown & B. Karma (Eds.), *Racism and Mental Health.* Pittsburgh, PA: University of Pittsburgh Press.

Pinderhughes, E. (1983) Empowerment for our Clients and for Ourselves. *Social Casework 64,* 331-338.

Pinderhughes, E. (1986). Minority Woman: A Nodal Point in the Functioning of the Social System. In M. Ault-Riche (Ed.), *Women and Family Therapy.* Rockville, MD: Aspen Systems Corp.

Pinderhughes, E. (1989). *Understanding Race, Ethnicity and Power: Key to Efficacy in Clinical Practice.* New York: Free Press.

Pinderhughes, E. (1991). The Delivery of Child Welfare Services to African-American Clients. *American Journal of Orthopsychiatry, 61,* (4) 599-605.

Pinderhughes, E. (1994a). Empowerment as an Intervention Goal: Early ideas. In L. Guttierrez & P. Nurius (Eds.), *Education and Research for Empowerment Practice.* Seattle, WA: School of Social Work, University of Washington.

Pinderhughes, E. (1994b). Diversity and Populations at Risk: Ethnic Minorities and People of Color. In F.G. Reamer (Ed.), *The Foundations of Social Work Knowledge.* New York: Columbia Press.

Saleebey, D. (1992). *The Strengths Perspective in Social Work Practice.* New York: Longman.

Waldegrave, C. (1990). Just Therapy. *Dulwich Centre Newsletter, l,* 5-46.

Wrong, D. (1980). *Power: Its Form, Bases and Uses.* New York: Harper & Row.

Diagnostik in der interkulturellen Therapie und Beratung

Dietrich F. Koch & Sylvia Schulze

Sylvia Schulze: Diagnostik in der interkulturellen Therapie und Beratung – dies ist zumindest in der deutschsprachigen Literatur ein weitgehend unbearbeitetes Thema. Das betrifft sowohl die mögliche kulturkritische Auseinandersetzung mit standardisierten diagnostischen Verfahren als auch diagnostische Eingangsgespräche im therapeutischen Setting.

Der Inhalt unseres Gespräches wird also im weitesten Sinne das Thema Diagnostik in der interkulturellen Therapie und Beratung sein. Dabei werden wir sicherlich nicht umhinkommen, auch über damit zusammenhängende Prozesse innerhalb therapeutischer Situationen nachzudenken.

Mich interessieren zum Thema Diagnostik zwei Schwerpunkte: Zum einen die Kulturgebundenheit von diagnostischen Kriterien bzw. der Klassifikation psychischer Störungen und damit einhergehend die unterschiedlichen Konstruktionen von psychischer "Gesundheit" und "Krankheit" in den verschiedenen Kulturen. Wessen Verhalten, Werte, Intentionen und kognitiven Stile werden also normativ als Standard vorausgesetzt?

Zum anderen interessiert mich ganz konkret, welche diagnostischen Materialien, Tests etc. sich in der interkulturellen psychosozialen Arbeit eignen.

Stelle bitte Dich und den Ort, an dem wir uns hier befinden, zunächst kurz vor.

Dietrich F. Koch: Ich bin Dipl.-Psychologe und habe eine Ausbildung in systemischer und methodenintegrativer Familientherapie. 1986 bin ich bei einer Initiative eingestiegen, die sich für ein Behandlungszentrum für Folteropfer engagiert hat, 1986 wurde dies konkretisiert in einer Vereinsgründung. Es entstand der Verein "Psychosoziale Hilfen für politisch Verfolgte". 1987 gründete dieser Verein die Psychotherapeutische Beratungsstelle für politisch Verfolgte und gab ihr den Namen *XENION*. Damals begannen wir, Beratungsgespräche mit Flüchtlingen aus verschiedensten Nationen zu führen. Heute vertreten wir einen psychosozialen Ansatz, der im wesentlichen drei Aspekte umfaßt:

Erstens die Menschenrechtsarbeit, also die Frage von politischer Verfolgung, Flucht und Exil. Zweitens die Behandlung von Extremtraumatisierung. Beide Aspekte machen den Kern unserer therapeutischen Arbeit aus. Und der dritte Punkt ist das Thema Interkulturalität.

Wir arbeiten in der Regel mit DolmetscherInnen in der Therapie, im letzten Jahr (1997) hatten wir unter den hilfesuchenden Flüchtlingen 21 Länder vertreten.

Sylvia Schulze: Welche diagnostischen Verfahren und welche Diagnosen sind für die Arbeit von XENION bedeutsam?

Dietrich F. Koch: Diagnostik ist für uns ein Eingangsgespräch, in dem wir klären müssen, mit welchem Anliegen die betreffende Person zu uns kommt. Die Hauptdiagnosen, die wir stellen, sind erstens die Posttraumatische Belastungsstörung nach ICD-10 bzw. DSM-IV und die sogenannten Anpassungsstörungen nach dem ICD, diese können beispielsweise nach Flucht und Exil auftreten. Darüber hinaus gibt es eine ganze Reihe nicht klar zuzuordnender psychischer Reaktionen, wie Depressionen oder auch Psychosen, die nach Jahren auftreten können und nicht unbedingt im direkten Zusammenhang mit der Traumatisierung nach Folter, staatlicher Gewalt oder Kriegserfahrungen stehen müssen.

In der letzten Zeit wird verstärkt die Frage der psychologischen Stellungnahmen an uns herangetragen, bei der es um Glaubwürdigkeit bei geschilderten Traumata bzw. Folter geht. Diese Stellungnahmen spielen eine bedeutende Rolle bei Asylverfahren oder bei Verlängerungen der Duldung von Kriegsflüchtlingen.

Zu den diagnostischen Instrumentarien: Am Anfang haben wir nach Instrumentarien gesucht, die Kulturvergleichen standhalten und die auch in einem interkulturellen Kontext validiert sind. Wir verwenden die "Hopkins Symptom Checklist 25" (HSCL 25), die von Mollica (1986) in den USA an Einwanderinnen und Einwanderern aus dem südostasiatischen Raum entwickelt wurde. Mollica hat untersucht, inwiefern westliche Instrumente, die hauptsächlich Depression und Angst messen, in anderen Kulturen anwendbar sind und inwiefern sie verändert werden müssen, damit sie wirklich verläßlich das messen, was sie zu messen vorgeben. Wir wissen jedoch überhaupt nicht, ob dieses diagnostische Instrument beispielsweise für die tamilische oder kurdische Kultur anwendbar ist. Es gibt Reaktionen, die von Kultur zu Kultur ganz unterschiedlich interpretiert werden müssen. Für die besonderen Eigenarten bestimmter Kulturen bin ich aber kein Spezialist sondern eher Generalist.

Die Lösung, die wir haben, um den verschiedenen Kulturen, die bei uns vertreten sind, wenigstens einigermaßen gerecht zu werden, ist die "In-vivo-Übersetzung". Wir arbeiten fast generell mit DolmetscherInnen. Wir machen also ein Angebot, und der/die DolmetscherIn versucht, dies so zu übermitteln, daß es kulturspezifisch paßt. Das ist schwierig und äußerst komplex. Die DolmetscherInnen machen eine Arbeit, die ich als Therapeut im einzelnen nicht mehr nachvollziehen kann. Sie sind nicht nur SprachmittlerInnen, sondern ebenso KulturmittlerInnen. Ich habe gelernt, die DolmetscherInnen als ungeheure Ressource in meiner therapeutischen Arbeit zu betrachten. Ein/e qualifizierte/r und an der Zusammenarbeit interessierte/r DolmetscherIn stellt die einzigartige Gelegenheit dar, mit jemandem in einen intensiven interkulturellen Dialog zu treten, der aus demselben Kulturkreis kommt, wie unser/e jeweilige/r KlientIn. Unersetzlich wird dieser Dialog dort, wo wir vermittelnd zwischen und mit den Kulturen arbeiten, wo wir als nicht bikulturelle Fachleute fast selbstverständlich viele Fehler machen müssen. Dort können uns qualifizierte[1] und mit den Zielen und Methoden therapeutischer Arbeit vertraute DolmetscherInnen aus ihrer jeweiligen bikulturellen Kompetenz heraus beraten.

---

[1] In enger Zusammenarbeit mit dem schwedischen Institute for Psychic Health, Stockholm, wurde in den vergangenen Jahren eine gezielte Schulung für die DolmetscherInnen der Beratungsstelle XENION durchgeführt.

Die Frage der Angst ist im Kurdischen beispielsweise sehr mit Scham verbunden, und die DolmetscherInnen müssen sehr vorsichtig Begriffe wählen, damit sie das treffen, was wir meinen. Es gibt keine diagnostischen Verfahren, die im Kurdischen validiert sind. Wir "stochern im Nebel" und werden vermutlich in Deutschland in den nächsten Jahren auch keine Fortschritte in Aussicht haben, denn die deutsche Psychiatrie ist sehr monokulturell angelegt, und es besteht kaum ein Problembewußtsein hinsichtlich der Notwendigkeit von Interkulturalität.

Die einzige Sprachgruppe, die ein wenig an diesem Selbstverständnis in Deutschland gerüttelt hat, ist vielleicht die türkische Minorität. Hier gibt es sogar einige Forschungsergebnisse, die aber immer noch weit von diagnostischen Instrumentarien entfernt sind. Die Sprach- und Kulturgebundenheit von psychologischen Tests ist ein bekanntes Phänomen.

Sylvia Schulze: Ich denke daran, daß zum Thema sprachfreie und sprachgebundene Intelligenztests beispielsweise im Bereich der kindertherapeutischen Diagnostik der Mythos existiert, es gäbe Intelligenz- und Entwicklungstests, die, weil sie sprachfrei sind, auch "kulturfrei" sind. Dies ist ein sehr hartnäckiger Mythos. Ich arbeite generell mit sprachfreien Intelligenztests, und im CMM (Columbia Mental Maturity Scale) beispielsweise gibt es kleine Bildchen, die die Kinder zuordnen müssen mit verschiedenen Gemüsesorten oder Tieren, die entweder nur in westlichen, weißen Gesellschaften vorkommen oder mit ganz unterschiedlichen Bedeutungen besetzt sein können. Dies betrifft genauso die projektiven Testverfahren, bei denen interpretativ nach Bedeutungen gesucht wird.

Gerade im Bereich der Intelligenzforschung gibt es mittlerweile einige Forschungsergebnisse aus den USA darüber, daß die Leistungsdiagnostik keinesfalls kulturfrei ist. Schwarze Menschen in den USA schneiden beispielsweise bei unseren herkömmlichen westlichen Intelligenztests meist schlechter ab als Weiße. Janet Helms (1995) nennt dies "race norming" und meint damit, daß insbesondere die Instrumente der Leistungsdiagnostik nur an weißen, westlich geprägten Kulturen entwickelt und normiert wurden. Sie plädiert dafür, eurozentristische und afrozentristische Werte, Bedeutungen und Normen zu erforschen und darauf aufbauend neue diagnostische Verfahren zu entwickeln.

Dietrich F. Koch: Es müßte für MigrantInnen zudem noch Tests oder Verfahren geben, die überhaupt erst einmal den Stand der Akkulturation bzw. Assimilation an die aufnehmende Gesellschaft feststellen, bevor mit standardisierten Verfahren Diagnostik betrieben wird.

Sylvia Schulze: Du hast vorhin kurz das Stichwort "Psychose" genannt. Dies ist ein Beispiel, an dem die Schwierigkeit diagnostischer Klassifikation deutlich wird. Boia Efraime (1997) beispielsweise beschreibt in seiner Arbeit mit Kindersoldaten in Mosambik, daß es zu Beginn seiner Arbeit bei den in westlichen Ländern ausgebildeten PsychotherapeutInnen Irritationen gab, weil viele der ehemaligen Kindersoldaten Stimmen gehört haben, nämlich die Stimmen der Ahnen, mit denen die Kinder kommuniziert haben. Die westlichen HelferInnen hätten das "Stimmenhören" als ein Kriterium für eine behandlungsbedürftige psychotische Störung gedeutet. Ihr Ziel war es also zunächst, gegen das Symptom zu arbeiten. Eindrücklich beschreibt Efraime, daß genau dies der falsche Weg war, weil "Stimmenhören" bzw. das Kommunizieren mit Ahnen ein ganz normaler, gesunder Bestandteil der mosambikanischen Kultur ist. Das Gegenmodell, also das "Kranke", wäre dementsprechend, wenn jemand nicht mit den Toten und mit seinen Ahnen in irgendeiner Weise kommunizieren würde.

Nun ist es aber in unserer westlich geprägten Kultur so, daß das Hören von Stimmen als akustische Halluzinationen ein diagnostisches Kriterium der schizophrenen Psychose ist.

Dietrich F. Koch: Ich war selbst einmal in der Situation, eine psychische Störung zu behandeln, für die nach westlicher Schulmedizin die Diagnose "Schizophrene Psychose" angezeigt gewesen wäre, bei der aber eine kulturdifferente Bedeutungsnorm vorlag. Ich habe mit einem Mann aus Bangladesch gearbeitet, der glaubte, von Schwarzer Magie verfolgt zu sein. Die "paranoide" Störung hätte in ihrer Ausprägung nach unserem deutschen Verständnis ohne weiteres als "psychotisch" gegolten. Wie geht man nun damit therapeutisch um? Wie kann man sich in dieses Denksystem einfühlen, eindenken, um bestimmte Veränderungen zu erreichen? Ich habe das Denk- und Glaubenssystem dieses Mannes als solches erst einmal anerkannt und ihm mitgeteilt, daß es durchaus möglich sei, daß er von Schwarzer Magie verfolgt werde. Er war sehr erstaunt, daß jemand aus der westlichen Kultur dies zu ihm sagte. In den folgenden Gesprächen über die Formen von Schwarzer Magie und die Möglichkeiten, sie zu bekämpfen, gewann ich Einblick in die kulturspezische "innere Landkarte" des Mannes. Ich habe dann in seinem Sinne Schwarze Magie bzw. "Weiße Magie" mit ihm betrieben.

Ich versuche, jemanden in seinem System zu Veränderungen zu bewegen, die für ihn zu diesem Zeitpunkt Sinn machen. Dazu muß man ihn oder sie soweit wie möglich verstanden haben.

Nun sind uns solche magischen Vorstellungen auch nicht ganz fremd.

Man wird jedoch solange Mißverständnisse produzieren, wie man den kulturellen und sozialen Kontext des einzelnen außer acht läßt. Die Diagnostik, die wir hier kennen, ist sehr individualistisch und sehr organisch-medizinisch orientiert und berücksichtigt die Dynamik sozialer Systeme wenig. Die Fragen, die uns beschäftigen, die Frage der Kulturen, haben aber immer etwas mit den sozialen Systemen zu tun, denen sie entstammen.

Sylvia Schulze: Ich habe Dich hinsichtlich des Mannes aus Bangladesch, der sich von Schwarzer Magie verfolgt fühlte, so verstanden, daß Deine Vorgehensweise zunächst war, Dich zu fragen: Welche Bedeutung hat die Schwarze Magie für diese Person? Welchen Zusammenhang gibt es zum sozialen und kulturellen Kontext, aus dem die Person kommt?

Dietrich F. Koch: Die Zusammenhänge – aus meiner westlichen Sicht – waren folgende: Der Mann war gezwungen, durch Heirat einen dauerhaften Aufenthaltsstatus in Deutschland zu erwerben. Er geriet an eine sehr viel ältere Frau. Diese Beziehung wurde zusätzlich noch unter insofern schwierigen Vorzeichen begonnen, daß die Frau ihm gegenüber Vorbehalte in bezug auf Muslime thematisierte. Er war aber Muslim, hatte sich jedoch deshalb der Frau gegenüber als Hindu ausgegeben. Dies war für ihn auch nicht ganz fremd, da seine Mutter Hindu war.

Die Schwierigkeiten traten auf, als er eines Tages von der Frau Schweinespeck zu essen bekam. In dieser Situation gab es nur zwei Alternativen: Entweder er hätte sich als Muslim zu erkennen gegeben und damit die Lüge in der Basis der Beziehung aufgedeckt, oder er hätte den Speck entgegen seiner religiösen Überzeugung gegessen. Da er zudem bereits längere Zeit daran glaubte, die Frau habe einen Verdacht geschöpft und versuche ihn nun durch solche oder ähnliche Arrangements zu überführen, geriet er in Panik.

Er hatte durch die "falschen" Voraussetzungen bei der Beziehungsdefinition von Anfang an die Weichen gestellt, die in die spätere Verfolgungssituation hinein mündeten. Durch das Präsentieren des Specks wurde er zur Offenbarung gezwungen. Dazu kam noch die Loyalität gegenüber der Frau, denn sie hatte ihm den Aufenthalt ermöglicht, so daß er sich in ihrer Schuld fühlte, und diese Schuld nahm er sehr ernst. Für ihn war aber klar, nach dem echten Versuch, mit der Frau zusammenzuleben, daß eine dauerhafte Beziehung nicht in Frage käme.

Ich dachte, ich müßte eigentlich mit beiden über ihre Trennung verhandeln, und habe dies dann letztendlich auch gemacht. Beide dachten, sie sollten besser die Beziehung auflösen, doch keine/r von beiden konnte sich aus der Loyalität und den gegebenen Versprechen entfernen. Der Mann hat seine Bindung, seine Loyalität zu der Frau nicht bewußt gesehen, sondern nur als magische Projektion von der Frau ausgehend erfahren. Er konnte sie nicht einfach verlassen, ohne ihr noch etwas zu "geben". Dies konnte ich nicht wie mit einem "durchschnittlichen" deutschen Paar bearbeiten: Er hätte seine Absichten, sich trennen zu wollen, im offenen Diskurs immer geleugnet.

Die Lösung bestand in dem Versuch, ihn zu ermutigen, sich mit seinen Traditionen wieder zu verbinden. Unsere "Weiße Magie" entstammte muslimischen Glaubensüberzeugungen. Er hat – auf mein Anraten hin – zu einem Hodscha Kontakt aufgenommen und sich eine Sure gegen Schwarze Magie geben lassen, die er dann in einem Silberröhrchen an einer Kette um seinen Hals bei sich tragen konnte. Das war der Schutz, den er brauchte. In seinem System gab es also durchaus Schutzmöglichkeiten, die wir für die Therapie nutzen konnten.

Sylvia Schulze: Nun könnte es ja auch sein, daß es in der Kultur Bangladeschs bestimmte Traditionen und Vorstellungen gibt, was jemand tut, der "in der Schuld" einer anderen Person steht. Ein Aspekt ist ja, daß diese Frau in der Tat viel für den Mann getan hat, vielleicht hat sie ihm sogar das Leben gerettet, indem sie ihn vor der Ausweisung bewahrt hat. Dies ist die politische Dimension, die neben der sozialen und kulturellen eine wichtige Bedeutung hat.

Dietrich F. Koch: Das war der Kern der Arbeit, wobei ich auch versucht habe, bestimmte Vorstellungen zu korrigieren. Er wollte sich durch eine hohe Geldsumme "freikaufen", doch damit hätte er die Frau vermutlich brüskiert.

Ich habe versucht, seine Bedeutung der Schuld, die er fühlte, zu relativieren. Er hatte, ohne es zu bemerken, ungeheure Konzessionen in Richtung der Frau gemacht und sich wenig ernst genommen und geschützt. Die Frau war z.B. wesentlich älter als er, während sein Traum die Gründung einer Familie mit eigenen Kindern war.

Die Frau mußte – neben aller Anerkennung – verstehen, daß das, was sie für diesen Mann getan hatte, in eine Sackgasse mündete und ihn auch "krank" gemacht hat.

Sylvia Schulze: Ich habe verstanden, daß der Weg für Dich in diesem Falle war, die Bedeutung der verschiedenen Kontexte, die Du benannt hast, zu verstehen. Gibt es denn auch Beispiele, bei denen Du sagen würdest: Ich habe eigentlich nichts verstanden, ich kann das nicht erfühlen oder mir erschließen, denn mein grundsätzliches Raster ist ein anderes.

Dietrich F. Koch: So ein Gefühl habe ich sehr häufig. Vielleicht ist das typisch für die Arbeit im interkulturellen Bereich. Ich bleibe mal bei den Kurden und Kurdinnen, weil mich diese ethnische Gruppe zur Zeit sehr beschäftigt. Wenn ich zum Beispiel einen kurdischen Klienten frage – jemanden, der früher Bauer oder Hirte war –, was sich verändern solle an seinem Gesundheitszustand oder an seiner Lebenssituation und was er glaube, was ich oder er dazu beitragen könne, dann kommt häufig als Antwort, daß das doch der "Doktor" wissen müßte. Nach vielen ähnlich gelagerten Erfahrungen weiß ich nun, daß der Klient sehr wohl ganz konkrete Vorstellungen darüber hat, was er von mir braucht, damit es ihm besser gehen kann, doch es wäre in seinem Verständnis ungeheuerlich, diese mir gegenüber als Autoritätsperson zu äußern. Ich brauche jedoch ein gemeinsames Ziel, um zu arbeiten, und dies ist schwer zu vermitteln. Entsprechend mühsam gestaltet sich dann die Planung der Therapie.

Die andere Seite, auf der sich für mich immer wieder ein neues Buch öffnet, ist der ganze Bereich der sogenannten "orientalischen", traditionellen Familie. Hier finden wir eine völlige Umkehrung unserer deutschen Erfahrung, was Individuum und sozialer Kontext zu bedeuten haben. In der deutschen Kultur ist der Familienkontext so weit relativiert, daß man sagen kann, er spielt kaum noch eine Rolle, höchstens im Unbewußten, z.B. bei Loyalitäten zwischen den Generationen. In der traditionellen Familie hingegen sind z.B. die Geschlechterrollen und das Verhältnis Individuum – Familie gänzlich anders geordnet. Hier gibt es für mich Grenzen dessen, was ich weiß, aber auch Grenzen des Verständnisses.

Sylvia Schulze: Ich würde gerne noch einmal zum Thema Diagnosen kommen. Du hast vorhin unter anderem gesagt, daß Ihr bei XENION die Diagnose Posttraumatische Belastungsstörung (post traumatic stress disorder – PTSD) verwendet. Die Diagnose PTSD ist ja von vielfältiger Seite, unter anderem von David Becker (1997) kritisiert worden. Dabei ist der wichtigste Kritikpunkt, daß das PTSD den politisch-gesellschaftlichen Kontext, innerhalb dessen Traumatisierung überhaupt stattfindet, nicht beachtet. David Becker setzt sich von daher eher für die Verwendung des Konzeptes der Extremtraumatisierung bzw. der Sequentiellen Traumatisierung nach Keilson ein. In seiner Studie über jüdische Kriegswaisen in den Niederlanden hat Keilson (1979) nachgewiesen, daß der Traumatisierungsprozeß auch nach dem augenscheinlichen Ende von Verfolgung und Terror weitergehen kann, nämlich dann, wenn die Gesellschaft, in der die jeweiligen Betroffenen leben, die Traumatisierung verleugnet, bagatellisiert oder "totschweigt".

Dietrich F. Koch: Das, was mit dem PTSD im ICD-10 beschrieben ist, ist eine individualisierte, privatpsychische Angelegenheit. Die Frage, in welchem Kontext eine psychische Störung entstanden ist, ist für die Diagnostik vielleicht auch nicht so wichtig, für die Therapie hingegen um so mehr. Für die Therapie von Extremtraumatisierungen ist das individualisierte Konzept nicht brauchbar. Zur Zeit kommen sehr viele Diskussionen zum Thema "Trauma" auf. Mein Eindruck ist, daß "Trauma" zum Modebegriff wird. Kliniken und Projekte schießen aus dem Boden, die mit dem Behandlungskonzept, das sie anbieten, in eine sehr klinische Richtung gehen. Das ist fatal. Es mag noch angehen, wenn das entsprechende Trauma ein singuläres Ereignis war, wie z.B., wenn jemand einen schweren Autounfall hatte. Die Traumata, mit denen wir jedoch zu tun haben, haben meist eine lange Geschichte im sozialen, politischen und persönlichen Kontext und bestehen oft aus vielen, sich überlagernden Sequenzen, wie extremen eigenen Gewalterfahrungen, Krieg, Flucht und dem Zusammenbruch kollektiver Schutzsysteme.

Für die Therapie macht es einen gewaltigen Unterschied, ob jemand einen Autounfall hatte, Opfer einer Naturkatastrophe wurde oder als Mitglied einer verbotenen Partei gefoltert bzw. aus ethnischen Gründen von einer Mehrheit "weggesäubert" werden sollte.

Trotzdem bin ich froh darüber, daß die psychiatrische Wissenschaft sich 1980 zur Aufnahme des Diagnosekriteriums der Posttraumatischen Belastungsreaktion in das DSM-III durchgerungen hat und damit zum ersten Mal ein äußeres Ereignis als Ursache von psychischer Krankheit kenntlich macht. Die psychiatrische Wissenschaft ist damit erstmalig vom Primat der innerpsychischen oder organischen Ursachen abgewichen.

Wir sind noch weit davon entfernt, daß den politischen Implikationen dieser kleinen Revolution auch nur im Ansatz Rechnung getragen wird, aber immerhin ist es ein erster Schritt in die richtige Richtung. Wir nutzen dieses Diagnosekriterium in unserer Arbeit, wenn auch mit allen Vorbehalten.

In der Tat verwenden wir inhaltlich sehr viel mehr das Konzept der Sequentiellen Traumatisierung von Keilson oder das neuere Konzept der Komplexen Posttraumatischen Störung (DESNOS), wie es Judith Herman (1993) beschrieben hat.

Ich plädiere also bei Diagnose und Behandlung von PTSD eher für eine ökologische Sichtweise im Sinne gemeindepsychologischer Konzepte. Ich plädiere dafür, individuell in jedem Fall zu explorieren, wie der soziale Kontext der Person aussieht und welche sozialen und persönlichen Ressourcen zur Verfügung stehen.

Es gibt einen interessanten Aufsatz von Mary Harvey (1996), die zum ersten Mal traumatisierte Personen (im Sinne des PTSD) mit und ohne Behandlung untersucht hat. In beiden Gruppen gab es Personen, die sich einigermaßen wieder erholen konnten, und andererseits diejenigen, die gefangen blieben in der traumatischen Situation und deren Symptome sich chronifizierten. Es muß also Faktoren geben, die genauso entscheidend sind für die Erholung vom Trauma wie eine Psychotherapie, z.B. der sogenannte Social support. Das heißt für mich als Therapeut, daß ich mich auch mit anderen Dingen beschäftigen muß als mit Betrachtungen und Deutungen einer innerpsychischen Dynamik, also beispielsweise damit, ob jemand unmittelbar Schutz hatte, nachdem er oder sie extremer Gewalt ausgesetzt war, und ob der Schutz vor Wiederholung traumatischer Erfahrungen begleitend zur Therapie gewährleistet ist. Wenn es um politische Verfolgung und Menschenrechtsverletzung bzw. Folter geht, ist bei uns immer eine zentrale Frage, ob jemand außer Gefahr ist und sich außer Gefahr fühlt. Das fordert die Auseinandersetzung mit der deutschen Gesellschaft, z.B. mit den Aufenthaltsbestimmungen und der hiesigen Flüchtlingspolitik. Wir haben es hier mit Faktoren zu tun, die weit außerhalb der Reichweite therapeutischer Interventionen liegen. Wenn wir aber in diesem Bereich sinnvoll arbeiten wollen, müssen wir unser traditionelles Instrumentarium erweitern und versuchen, mit dem Handwerkszeug, das wir haben, Dinge und AkteurInnen zu beeinflussen, die normalerweise in der Therapie nicht anwesend sind, z.B. Telefonate mit der Sozialbehörde führen, Fortbildungen zum PTSD und Extremtraumatisierung im Bundesamt mit den Entscheidungsträgern dort anbieten usw. Wir müssen oft selbst aktiv werden, neue Dinge lernen zu tun oder aber interdisziplinär mit anderen Berufsgruppen und anderen Engagierten zusammenarbeiten, um das komplexere Ziel der Erholung vom Trauma zu verwirklichen. Dort sehe ich auch eine Aufgabe unserer Zunft, die Idee von dem Gesundheitsrisiko "politische Verfolgung" und "Traumatisierung durch Gewalt" durchzusetzen und geeignete Wege ganzheitlicher Behandlung zu suchen. Die Posttraumatische Belastungsstörung ist zwar seit 1980 internationales Kriterium, das hat sich aber noch lange nicht überall herumgesprochen.

Literatur

Becker, D. (1997). Prüfstempel PTSD – Einwände gegen das herrschende Trauma-Konzept. In *Schnelle Eingreiftruppe 'Seele'. Auf dem Weg in die therapeutische Weltgesellschaft. Texte für eine kritische 'Trauma-Arbeit'* (Medico Report 20). Frankfurt: medico international.

Efraime Junior, B. (1997). *Traumaverarbeitung in der Community. Über die psychosoziale Arbeit von AMOSAPU in Mosambik mit kriegstraumatisierten Kindern.* (Vortrag gehalten auf dem Herbsttreffen der Bundesarbeitsgemeinschaft der Psychosozialen Zentren für Flüchtlinge und Folteropfer 1997 in Berlin.)

Harvey, M.R. (1996). An Ecological View of Psychological Trauma and Trauma Recovery. *Journal of Traumatic Stress, 9*, 3-23.

Helms, J. (1995). Why is there no Study of Cultural Equivalence in Standardized Cognitive Ability Testing? In N.R. Goldberger & J.B. Veroff (Eds.), *The Culture and Psychology* (S.674-719). New York: University Press.

Herman, J.L. (1993). Sequelae of Prolonged and Repeated Trauma: Evidence for a Complex Posttraumatic Syndrome (DESNOS). In R.T.J. Davidson & E.B. Foa (Eds.), *Posttraumatic Stress Disorder – DSM-IV and Beyond.* Washington: American Psychiatric Press.

Keilson, H. (1979). *Sequentielle Traumatisierung bei Kindern.* Stuttgart: Enke Verlag.

Mollica, R.F. (1986). *Hopkins Symptom Checklist 25.* Brighton: Indochinese Psychiatry Clinic, Brighton Marine Public Health Center.

Paradigmenwechsel in Frühförderkonzepten? Eine kritische Auseinandersetzung unter interkultureller Handlungsperspektive

Sylvia Nagel

In neueren wissenschaftlichen Arbeiten zur pädiatrischen Frühförderung und Frühbehandlung finden sich Überlegungen zu einem Paradigmenwechsel in der Grundlagenforschung und den praktischen Handlungskonzepten (vgl. etwa Leyendecker & Horstmann, 1997; Schlack, 1997).

Im folgenden soll versucht werden, den postulierten Paradigmenwechsel beispielhaft unter interkultureller Handlungsperspektive auf seine Aussagen, Implikationen und Grenzen hin zu befragen. Dies erscheint notwendig, da im Rahmen der Sozial- und Gesundheitspolitik sowohl der präventiven als auch rehabilitativen Behandlung ein immer größeres Gewicht beigemessen wird (vgl. Bodenbender, 1997). Die Intention der Behandlung rückt damit als zentraler Bestandteil einer wirtschaftlichen und ethischen Debatte heraus (vgl. Deichmann, 1997), die jedoch kaum öffentlich geführt wird.

Beispielhaft für die Art und Weise der internen Fachdebatte kann die Meidung der Auseinandersetzung mit der Gültigkeit von Entwicklungsnormen und Behandlungskonzepten für eine plurale Inanspruchnahmepopulation im Arbeitsfeld Frühförderung genannt werden. Dies erscheint jedoch um so brisanter, als andererseits die Qualitätssicherung in der Medizin, so Schlack, ein immer größeres Gewicht erhält. Das Bundesministerium für Arbeit und Sozialordnung hat im Jahr 1990 Qualitätssicherung in der Medizin definiert als "Gewährleistung einer humanen, zeitgemäßen und wirksamen Behandlung" (vgl. Schlack, 1997). Angesichts der Meidung der Auseinandersetzung über den Geltungsbereich und -anspruch der Frühförderkonzepte darf somit die Frage aufgeworfen werden, Qualitätssicherung für wen?

Eine weitere in der internen Fachdebatte vernachlässigte Dimension ist die weitgehend gemiedene Auseinandersetzung mit der Thematik Behinderung als gesellschaftliche Konstruktion in einer hochgradig leistungsorientierten Gesellschaft. Die medizinethische Haltung zu diesem Thema mag durch ein Zitat von R. von Weizsäcker – "Nicht behindert zu sein ist kein Verdienst, sondern ein Geschenk, das uns jederzeit genommen werden kann" – verdeutlicht (vgl. Deichmann, 1997) sein. Behinderung wird mit Leiden und Krankheit gleichgesetzt. Welche Bedeutung die in dieser Weise von der Gesellschaft zugeschriebene Normabweichung auf die Eigenwahrnehmung und Identitätskonstruktion der so beschriebenen Personen hat, wird ausgeblendet und bleibt unerwähnt.

Es folgt nun die Auseinandersetzung mit dem Geltungsbereich der Frühförderkonzepte, indem das Aufgabengebiet, das ethische und methodische Selbstverständnis, die theoretische Fundierung und die Alltagspraxis unter interkultureller Handlungsperspektive analysiert werden.

Aufgabengebiet/Handlungsfeld der Frühförderung

Unter Frühförderung und Frühbehandlung wird die medizinisch-psychologische Diagnostik und Therapie (Krankengymnastik, Ergotherapie, Logopädie, Heilpädagogik) von Früh- und Neugeborenen, Säuglingen sowie Klein- und Vorschulkindern, die umschriebene "Entwicklungsauffälligkeiten, -störungen" und/oder "Behinderungen" haben, verstanden. Hierunter werden "Behinderungen" gemäß einer medizinisch orientierten Sichtweise in unterschiedlichen Bereichen wie Wahrnehmung, Koordination und Sprache sowie emotionale Störungen und Verhaltensauffälligkeiten gefaßt. Die Maßnahmen werden von Kinder- und/oder FachärztInnen verordnet und von den Krankenversicherungen und den Kreissozialämtern finanziert. Sie finden ambulant als mobile Hausfrühfördermaßnahme und/oder in den sogenannten Frühförderzentren in der Regel einmal wöchentlich statt. Therapiebegleitend werden ggf. psychologisch-pädagogische Beratungsgespräche für die Familien und das soziale Umfeld (z.B. Kindergärten/Kindertagesstätten) angeboten. Frühförderzentren arbeiten in interdisziplinären Teams, die sich aus TherapeutInnen, KinderneurologInnen, PsychologInnen und PädagogInnen zusammensetzen. Eine individuelle Therapieplanung geht den Maßnahmen voraus, die fortlaufend evaluiert werden.

Selbstverständnis der Frühförderung

Frühförderung hat in der Bundesrepublik eine mittlerweile ca. vierzigjährige Geschichte. Sie entwickelte sich in der Folge der verstärkten Rehabilitationsbemühungen in den sechziger Jahren, in denen die Sonderpädagogik ausgebaut wurde. Der Grundgedanke bestand seinerzeit darin, durch möglichst frühzeitige Förderung und Behandlung, "Behinderungen" bei Kindern zu "verhindern" oder zu "minimieren". Um die Förder- und Behandlungsmaßnahmen koordinieren zu können, entstanden die Frühförderstellen/Frühförderzentren, an die sich die Eltern wenden konnten. Die Behandlung der Kinder wurde durch Anleitung und "Ausbildung" der Eltern zu sogenannten Ko-TherapeutInnen, die das Trainingsprogramm für ihre Kinder zu Hause fortsetzen sollten, ergänzt.

Theoretische Grundannahmen waren die Veränderbarkeit bzw. Heilbarkeit von körperlichen und intellektuellen Defiziten des Kindes durch medizinisch-funktionell orientierte und pädagogisch unterstützte Therapie. Dazu führte Schlack aus:

Wenn wir die Entwicklung der Frühförderung behinderter Kinder in der Nachkriegszeit betrachten, so war sie gekennzeichnet durch Aufbruchstimmung, Optimismus und das Bedürfnis nach Wiedergutmachung an den Behinderten. Die Initiativen kamen aus dem medizini-

schen und pädagogischen Bereich ... [Die] Erfolge nährten – ausgesprochen oder unbewußt – die Vorstellung von der prinzipiellen Heilbarkeit von Behinderungen, würde nur die richtige Methode mit der nötigen Intensität und zum frühestmöglichen Zeitpunkt eingesetzt ... [D]en betroffenen Kindern [kam] die Rolle der eher passiv beteiligten Empfänger [zu]. Die therapeutischen Methoden wurden als eine Art Arznei gesehen, die nach ihrer Verabreichung im Organismus des Kindes weiterwirkten, sein beschädigtes Gehirn neu programmierten und für alle weiteren Entwicklungsschritte letztlich verantwortlich seien (Schlack, 1997, S.15-22).

Unausgesprochene ethische Grundannahme war, daß "Behinderungen" allgemein als etwas Bedrohliches und zu Vermeidendes betrachtet wurden und ihre Existenz automatisch mit Normabweichung und Leiden für die betreffenden Personen und ihre Umwelt assoziiert wurde. Anpassung an eine gesellschaftliche Norm, in der Funktionstüchtigkeit, Gesundheit und körperliche Ästhetik fest verankert waren, war das allgemeine Rehabilitationsziel.

Vernachlässigte theoretische Diskurse in den Frühförderkonzepten

Sowohl zu Beginn der Frühförderarbeit vor dreißig bis vierzig Jahren als auch heute gibt es wenig Diskussion um den "Behinderungsbegriff". Am Arbeitsauftrag der Frühförderung (s.o.) ist vielmehr zu erkennen, daß primär eine individualisierende, medizinisch-defektorientierte Sicht in den Frühförderkonzepten ihren Niederschlag fand. Die Einbeziehung der sozialen Lebenswirklichkeit als determinierende Entwicklungsbedingung sowie der determinierende Charakter der gesellschaftlichen Konstruktion von Norm und Normabweichung findet sich auch in neueren wissenschaftlichen Artikeln zur Frühförderung kaum. Sozialpolitische Forderungen zur Veränderung der Lebenswirklichkeit tauchen z.B. nicht auf.

"Behinderung" als wissenschaftlicher und alltagsrelevanter Begriff ist jedoch nicht einheitlich definiert (vgl. Münch, 1997). Vielmehr handelt es sich um eine in unterschiedlichen Bezugssystemen (z.B. ökonomisch, sozialpolitisch, philosophisch, medizinisch, pädagogisch und psychologisch) verschiedene Sichtweise, die jeweils eigene Zielsetzungen impliziert. Die verschiedenen Definitionen des Begriffs "Behinderung" implizieren somit verschiedene "Deutungsmuster" (vgl. Münch, 1997). Damit entstehen aber für die so beschriebenen Menschen und die sie in dieser Weise Bezeichnenden unterschiedliche Folgen.

Münch unterscheidet drei Deutungsmuster: Behinderung als individuelles Problem, Behinderung als etikettierendes, begriffliches Konstrukt und Behinderungen als gesellschaftlich produzierte Hindernisse. Die beiden zuerst genannten Deutungsmuster stellen eine individualisierende, medizinisch-defektorientierte Sichtweise dar, die das dritte Deutungsmuster – die soziale Dimension einer Be-hinderung von Entwicklungsformen durch sozialpolitische Maßnahmen – ausklammern. Gerade die gesellschaftliche Behinderung von individueller Entwicklung stellt jedoch insbesondere aus Sicht von Menschen mit Behinderungen die weitreichendste und determinierendste Lebensbedingung dar (vgl. Münch, 1997): "Behinderung" tritt als soziales Konstrukt heraus.

Ein weiterer Reflexionsinhalt ist in der Frühförderforschung deutlich zu vermissen: Über die soziokulturelle, ethnische und sozioökonomische Zusammensetzung der Inanspruchnahmepopulation gab es zunächst keine Analysen, die Frühförderkonzepte wurden als allgemeingültig vorausgesetzt. Dies zeigt sich auch noch deutlich in der aktuellen Forschung. Hier manifestierte und manifestiert sich ein wissenschaftlich unreflektierter Universalitätsanspruch, der für die Frühförderpraxis handlungsleitend wurde.

Paradigmenwechsel in der Frühförderung?

In der neueren Fachliteratur findet sich nun die Aussage, daß sowohl die ethischen als auch die theoretischen Grundannahmen einen Paradigmenwechsel erfahren haben (vgl. Leyendecker & Horstmann, 1997).

Relevant wurde, daß die kindliche Entwicklung primär als selbstgesteuerter Prozeß zu betrachten ist, in dem nur die Therapien funktionelle Entwicklungsfortschritte erzielen, die die personale Handlungsaktivität und intrinsische Motivation des Kindes berücksichtigen. Nach Speck (1989) sollte Entwicklungsförderung Förderung von Entwicklungsbedingungen sein. Dies impliziert die Einbeziehung der Interaktionen mit und im sozialen Bezugssystem (z.B. intrafamiliär: die relevanten Bezugs-/Betreuungspersonen in Kern- und/oder erweiterter Familie; institutionelle, interindividuelle Interaktionsebene: Kindertagesstätte/Kindergarten, Kinderheim, Nachbarschaft etc.), d.h. die Einbeziehung der Lebenswelt des Kindes.[1]

Es erfolgte somit der Paradigmenwechsel von klassisch funktioneller Therapie des Kindes zur Etablierung des systemischen Denkens in der Frühförderung, womit die Einbeziehung des sozialen Umfeldes und Achtung des Kindes als aktiver Interaktionspartner gemeint ist (vgl. Schlack, 1997).

Interkulturelles Handeln in der Frühförderung – Zwischen Anspruch und Wirklichkeit

Der hier benannte Paradigmenwechsel müßte seinem eigenen Selbstverständnis folgend die interkulturelle Perspektive aufgrund seiner Lebensweltorientierung implizieren. Auf die berufliche Praxis bezogen könnte es bedeuten, diagnostische Instrumente in ihrer universellen Gültigkeit in Frage zu stellen und eurozentrische Erklärungsmodelle für Entstehungsbedingungen von Entwicklungsstörungen zu hinterfragen.

Monokulturelle Entwicklungsnormen, Diagnostik und Therapie
Sowohl wissenschaftliche Forschungsinstrumente als auch das methodische Vorge-

---

[1] Siehe Schlack, Hans-Georg: "Die aktuelle Lebenswelt des Kindes, insbesondere die Interaktion mit seinen Bezugspersonen, hat eine wesentlich stärkere Auswirkung auf die Entwicklung des Kindes als Behandlungs- und Förderprogramme" (1997, S. 19).

hen in psychologisch-diagnostischen Testverfahren[2] und medizinisch-therapeutischer Diagnostik (beispielsweise Beobachtung, Überprüfung und Einordnung der funktionellen Entwicklungsleistungen in z.B. feinmotorische Kompetenzen, grobmotorische Koordination etc.) orientiert sich jedoch an einer fiktiven Normpopulation, die monokulturell sowie sozioökonomisch als Mittelschicht identifiziert werden kann. Bei Kindern, die nicht in das Raster dieser Normpopulation fallen, wird das Nichterreichen der monokulturellen Entwicklungsnorm als klinisch relevant betrachtet und damit werden sie größtenteils als therapiebedürftig erfaßt. Es wird versäumt, die determinierenden Lebensbedingungen und eine mögliche psychologische oder soziale Sinnhaftigkeit bestimmter Entwicklungen/Entwicklungsäußerungen, die generalisierend als "Entwicklungsauffälligkeiten/-störungen" bezeichnet werden, einer genauen Analyse zu unterziehen (siehe Fallbeispiel).

Im Rahmen der empirischen Untersuchung der Stadtteil-Projektgruppe "Frühförderung" des Gesundheitsamtes der Stadt Köln beispielsweise wurde in einem ausgewählten Stadtteil zur Ermittlung des "Hilfebedarfs für auffällige Kinder im Kindergartenalter, Altersgruppe drei bis vier Jahre" ein Fragebogen an ErzieherInnen verteilt, in dem sie zu verschiedenen Problembereichen der Entwicklung der Kinder Aussagen machen sollten. Neben motorischen Defiziten, Verhaltensauffälligkeiten, emotionalen Störungen und Vernachlässigungssymptomen wird auch die Sprachkompetenz erhoben. Unter Item 2b. werden Angaben über "Sprachstörungen aufgrund von Fremdsprachlichkeit" erfragt.[3] Multilingualität wird nicht mit erhöhter, sondern mit gestörter Sprachkompetenz gleichgesetzt; zumindest erfolgt keine klare Differenzierung, wie der kausale Zusammenhang zwischen Sprachstörungen und Multilingualität zu verstehen sein könnte.

Die professionellen HelferInnen etablieren eine in ihrem Bedeutungsgehalt eindimensionale Diagnosenomenklatur, die Problemexklusivität beansprucht und machen die Familien damit z.T. handlungsunfähig (vgl. Tatzer, 1997).

Kinder aus Flüchtlings- und Migrantenfamilien sind davon in besonderer Weise betroffen: Für sie bedeutet das u.a., daß ihnen unreflektierte normative Erwartungen im Hinblick auf die Compliance der Familien (z.B. Akzeptanz der zugeordne-

---

[2] Die verwendeten psychologischen Standardtestverfahren (z.B. K-ABC, CPM etc.) sind in den zugehörigen Manualen als 'culture-fair' bzw. als nur in geringem Ausmaß kulturabhängig ausgewiesen. Die Begriffe 'Kulturabhängigkeit/ -unabhängigkeit' erfahren jedoch keine klare Definition und letztlich bleibt bei beiden genannten Tests offen, ob die TestautorInnen sie für 'culture-fair' halten oder nicht. Melchers und Preuß beispielsweise benennen einerseits eine "durch rassische oder ethnische Zugehörigkeit bedingte Testschiefe", die sie jedoch andererseits nur in geringem Ausmaß für relevant halten. Mehr als Zugeständnis an einen "eher humanistischen Ansatz" betonen sie, daß das theoretische Konstrukt, das der Intelligenzmessung des Verfahrens zugrunde liegt, durch beispielsweise Ausschluß des Schulwissens und der Akzeptanz zweisprachiger Antworten nur minimale Leistungsbeeinträchtigungen für Kinder nicht-deutscher Herkunft impliziert (vgl. Melchers & Preuß, 1991). Genaue empirische Untersuchungen geben sie nicht an.
Schmidtke, Schaller und Becker formulieren im Manual zum RAVEN-Matrizen-Test (CPM), daß der Test "im allgemeinen als 'kulturfair', bzw. als Test mit einer geringen Kulturabhängigkeit bezeichnet" wird, relativieren ihre Einordnung dann jedoch, indem sie auf Untersuchungen verweisen, die geringe Unterschiede in den Ergebnissen "zugunsten europäischer bzw. weißer Stichproben ermittelten" (vgl. Schmidtke, Schaller & Becker, S. 43).

[3] Vgl. Abel & Christiansen (1997). Die psychosoziale Versorgung in Köln, in: Leyendecker, Christian & Horstmann, Tordis (Hrsg.).

ten Diagnose, regelmäßige Inanspruchnahme der Vorsorgeuntersuchungen bei den KinderärztInnen, regelmäßiger Therapiebesuch und Unterstützung seitens der Familie durch häusliche Förderangebote) entgegengebracht werden. Hier fehlt eine Sensibilität im Umgang mit der Lebenswirklichkeit beispielsweise illegalisierter Flüchtlingsfamilien, die, so sie überhaupt einen Zugangsweg zur Frühförderstelle finden konnten, die geforderte Compliance u.U. aufgrund ihrer realen Lebenssituation nicht zu leisten vermögen (siehe Fallbeispiel).

Kenntnisse über den mehrfach determinierten Bedeutungsgehalt von Diagnosen bestehen bestenfalls in Bezug auf die Dominanzkultur. Von welchen bewußten oder unbewußten Erklärungsmodellen die Familien im Hinblick auf die Entstehungsbedingungen des Entwicklungsproblems ausgehen und damit die Compliance geprägt ist, wird nicht erfaßt. Hier sind z.B. intrafamiliär relevante Rollenzuschreibungen (z.B. die Mutter, die von ihrer Familie als "Schuldige" betrachtet wird, sich in ihrer Schwangerschaft in irgendeiner Weise "fehlverhalten" haben muß, da sie ein "behindertes" Kind geboren hat), sozialer Status und kulturell wirksame Bilder von Gesundheit/Krankheit oder Behinderung als Einflußfaktoren denkbar.

Die zuweisenden Stellen (KinderärztInnen, Gesundheitsamt, Kindergärten und -tagesstätten) üben sozialen und/oder strukturellen Druck aus, um die Compliance bei Kind und Familie zu erzielen (siehe Fallbeispiel).

Alltagspraxis in der Frühförderung – zwei Fallbeispiele
In den Frühförderzentren melden sich Familien, deren Kindern bereits ein "Anderssein" attestiert wurde. Dies kann seitens der Familien selbst oder durch das soziale Umfeld geschehen sein. Das "Anderssein" der Kinder kann sich sowohl auf motorische, sprachliche und/oder Verhaltensauffälligkeiten beziehen, wobei es bereits hier notwendig ist, das Bedingungsgefüge der Entstehungsbedingungen von Entwicklungsauffälligkeiten multikausal zu betrachten.

Die Diagnostikphase beginnt mit einem Anamnesegespräch und wird durch eine entwicklungspsychologische Untersuchung (standardisierte psychologische Tests), therapeutische Beobachtungsdiagnostik und bei Bedarf kinderneurologische Untersuchung ergänzt.

Ein fünfjähriges Kind polnischer Migranten beispielsweise, das aufgrund einer fraglichen Sprach- und/oder Verhaltensauffälligkeit vorgestellt wird, da es im Kindergarten durch introvertiertes bis mutistisches Verhalten aufgefallen ist – welche determinierenden Lebensbedingungen müssen hier zum Verständnis der Sorge der Eltern oder der "Entwicklungsstörung" anamnestisch eruiert und mitgedacht werden? Die Eltern sind aufgrund ihrer Vorerfahrungen u.a. mit den zuweisenden Stellen davon überzeugt (worden), daß eine manifeste Entwicklungsstörung vorliegt. Sie geben ein Erklärungsmodell an, in dem sie sich als unzureichend in ihren elterlichen Förderstrategien einschätzen ("Wir haben sicher viel falsch gemacht ... Wir haben zu wenig Anregungen geboten, zu wenig geübt.") und hoffen nun auf eine Therapie, die die vermeintlichen elterlichen Versäumnisse beim Kind behebt. Im Anamnese- und Ergebnisgespräch berichten sie von ihrer Angst, in der Öffentlichkeit mit ihrem Kind hörbar zu sprechen, da sie sowohl aufgrund ihrer polnischen Sprache als auch ihrer in ihren Augen unzureichenden deutschen Sprachkenntnisse immer als "Ausländer" identifiziert werden könnten.

In mehreren Gesprächen gelingt es in vielen gegenseitigen Annäherungsversuchen, den determinierenden Charakter ihrer realen Lebenssituation, die durch zahlreiche Diskriminierungserfahrungen gekennzeichnet ist, ansatzweise herauszuarbeiten. Die Schuldzuweisung der Eltern im Hinblick auf ihre Verantwortlichkeit für die Entwicklungsstörung des Kindes rückt als Reaktion auf Zuschreibungen der beispielsweise zuweisenden Stellen in den Blick.

Dem Ergebnisgespräch mit den Eltern vorangegangen war die interdisziplinäre Teambesprechung, in der die begrenzte Gültigkeit von Diagnoseschemata kontrovers diskutiert wurde. Über die Beschreibung der Symptomatik ("Sprachentwicklungsverzögerung", "emotionale Entwicklungsstörung") wurde bereits die erste Diskussion mit der Frage in Gang gesetzt: "Kann bei Bilingualität überhaupt von einer Sprachentwicklungsstörung ausgegangen werden, wenn aufgrund der fehlenden bilingualen Sprachkompetenz der LogopädIn die Kompetenz des Kindes nur in einer Sprache erhoben wird?" Die einen bejahen, die anderen verneinen.

Die Meinungen wichen auch in der Frage grundlegend voneinander ab, wie die Entstehungsbedingungen und aufrechterhaltenden Faktoren einzuschätzen sind, deren Kenntnis letztlich für die Therapieplanung relevant ist. Es wurde vertreten, daß grundsätzlich von der Bereitschaft der Eltern auszugehen ist, ihren Kindern als Vorbild für Sprachkompetenz in der deutschen Sprache zu dienen, da sie sich entschieden haben, in Deutschland zu leben. Erfüllen Eltern diese Funktion nicht, so haben sie – so wird behauptet – eine Beteiligung/Mitschuld an der Entstehung der Entwicklungsstörung!

Des Weiteren wurde die Meinung vertreten, daß die Angst der Eltern davor, in der Öffentlichkeit mit ihrem Kind sowohl polnisch als auch deutsch zu sprechen, da man sie in jedem Fall als "Ausländer" identifizieren könne, auf eine depressive psychische Störung der Eltern hinweise und diese sich psychotherapeutisch behandeln lassen müssen, damit letztlich die Sprach- und emotionale Störung des Kindes behoben werden kann.

Die konkrete Lebenswelterfahrung der Familie wird ausgeblendet und das beobachtbare Verhalten als pathologisch bewertet. Beide Ansichten stellen zweifellos eine rassistische Haltung der Professionellen dar. Schwierig gestaltet sich daher die Vermittlung eines Erklärungsmodells, das die Lebenswelt der Familie in den Fokus rückt: Ausgrenzungs- und Diskriminierungserfahrungen bei der Wohnungssuche, am Arbeitsplatz, in der Nachbarschaft etc. sind im geschilderten Fallbeispiel als konkrete Lebenserfahrungen zu nennen. Möglicherweise ist es unter den dargestellten Lebensbedingungen psychologisch sinnvoll, die Sprache der Dominanzkultur, die Rassismuserfahrungen produziert, nicht erlernen zu wollen.

Mit der Einbeziehung der konkreten ökonomischen, sozialen und aufenthaltsrechtlichen Lebensbedingungen wird die Multikausalität der Entstehungsbedingungen einer "Sprachstörung" betont: die stark pathologisierende Interpretation der o.g. Problemsicht, die das einzelne Individuum als Ursache für die "Störung" betrachtet, wird in eine gesellschaftspolitische Sicht gewendet, in der Be-hinderung als gesellschaftlich produziertes Hindernis verstanden wird. Dies bedeutet, den Zusammenhang von Lebensbedingungen und Entwicklungschancen sowie von Normalisierungsansprüchen in Diagnostik und Therapie als Erklärungsdimension in diagnostische und d.h. damit vor allem kategorisierende Prozesse einzubeziehen.

Hierzu ist eine entsprechende Sensibilisierung im Hinblick auf eine thematische Bearbeitung dieser Dimension im Rahmen der beruflichen Reflexion der diagnostisch und therapeutisch Tätigen erforderlich, wie sie z.B. in Supervision erfolgen sollte.

In einer weiteren Fallbeschreibung soll die z.T. problematische Kooperation mit den zuweisenden Stellen deutlich werden, die als struktureller bzw. institutionalisierter Rassismus (vgl. Osterkamp, 1997) einzuordnen ist.

Ein fünfjähriges Mädchen bosnischer Herkunft wird aufgrund einer motorischen Entwicklungsverzögerung, Adipositas und Verdacht auf eine oppositionelle Verhaltensstörung vorgestellt. Zum Anamnesegespräch kommen die Mutter und deren Schwester. Die Mutter lebt als illegalisierter Flüchtling hier, die Tochter, so berichtet sie, sei über den Schwager krankenversichert, so daß überhaupt eine Frühfördermaßnahme möglich sei. In weiteren Diagnostikterminen, zu denen die Mutter allein mit ihrer Tochter kommt, wird deutlich, daß sie suizidale Gedanken hat. Über die Zeit in Bosnien kann sie nicht sprechen, äußert mehrfach, geglaubt zu haben, nicht zu überleben. Wiederholt betont sie, daß sie niemals wieder nach Bosnien gehen werde und ebensowenig in Abschiebehaft, vorher würde sie sich umbringen. Sie fühle sich überflüssig und ohne Zukunft, da sie nicht für ihre Tochter sorgen könne, sondern auf die Hilfe der Verwandten angewiesen sei, die auch ohne sie zurecht kämen. Die Tochter habe aggressive Durchbrüche, schlage und beiße sie und sie habe Angst, die Tochter sei verrückt. Keinesfalls wende sie sich jetzt noch an andere Stellen, es sei schon eine Überwindung gewesen, sich in diesen Gesprächen zu öffnen.

Das Kind erhält im Frühförderzentrum eine psychomotorische Behandlung und die Mutter nimmt sporadisch das psychologische Gesprächsangebot ihren Bedürfnissen nach wahr. Weiterhin hat sie Angst vor einer Kontaktaufnahme zu einer Beratungsstelle für Flüchtlinge, da sie fürchtet, dort denunziert zu werden. Die psychische Verfassung von Kind und Mutter stabilisiert sich langsam, wobei immer wieder Krisen zu bearbeiten sind. Dies bedeutet zum einen wiederholte Beratungsgespräche mit den Kindergartenerzieherinnen zu führen, um die zeitweise Verstärkung des aggressiven Verhaltens des Mädchens pädagogisch einordnen und in der Kindergruppe auffangen zu können. Zum anderen bedeutet es, die intrafamiliären Spannungen und Konflikte, unter denen die Mutter aufgrund ihres ökonomischen und aufenthaltsrechtlichen Abhängigkeitsverhältnisses zu ihrer Schwester und ihrem Schwager stark leidet, in den Gesprächen mit ihr zu thematisieren und ihre Ressourcen herauszuarbeiten. Konkret heißt das beispielsweise ihre Ängste, daß sie bei Streitigkeiten fürchten muß, von ihren Verwandten denunziert zu werden, weil diese ihr das Kind wegnehmen wollen, ernst zu nehmen und gleichzeitig darauf hinzuarbeiten, diese Befürchtung immer wieder an der Realität zu überprüfen.

Nach sechsmonatiger Behandlungsdauer teilt der/die KinderärztIn plötzlich mit, daß er/sie kein weiteres Behandlungsrezept mehr ausstellt, da ihrer/seiner Ansicht nach, die Compliance seitens der Familie unzureichend ist. Hierunter versteht er/sie die fehlende Konsequenz in der Ernährung des Mädchens, das immer noch adipös sei. Zudem sei die Familie nachlässig in der Inanspruchnahme der kinderärztlichen Vorsorgeuntersuchungen und ändere auch nichts am inkonsequent-dysfunktionalen Erziehungsstil der Tochter gegenüber. Auch Gespräche seitens der

FrühfördermitarbeiterInnen mit dem/der KinderärztIn können keine Einstellungsänderung bewirken. Die Therapie muß abrupt beendet werden. Ein gemeinsames Nachdenken in einem Abschlußberatungsgespräch über Alternativlösungen für Kind und Mutter ist nicht mehr möglich, die Mutter zieht sich zurück und bricht den Kontakt zur Frühförderstelle ab.

Die Lebensrealität mit insbesondere den psychischen Auswirkungen für die von Illegalisierung betroffenen Menschen, d.h. hier Existenzängste sowie Suizidgedanken, werden negiert. Als Begründung dienen an monokulturellen Entwicklungsnormen orientierte Complianceerwartungen. Aufgrund ihrer Funktionen als DiagnostikerInnen und BehandlerInnen innerhalb des Gesundheitswesens besitzen die ÄrztInnen Definitions- und Entscheidungsmacht – in diesem Fall deutlich anhand der Indikationsstellung und Entscheidung über die Verordnungspraxis von Therapie. Die Handlungsweise des/der betreffenden KinderärztIn ist daher als struktureller bzw. institutionalisierter Rassismus zu bewerten. Dieser tritt als Ausschließungspraxis von Chancengleichheit von Menschen nicht-deutscher Herkunft auf, deren Lebensrealität nicht der bundesdeutschen Mittelschichtfamilie entspricht: Therapie wird vorenthalten und entzogen.

Universalitätsanspruch der Frühförderkonzepte – ein Ausschlußkriterium für einen Paradigmenwechsel unter interkultureller Perspektive

Die vorangegangene Darstellung macht deutlich, daß der Paradigmenwechsel der Frühförderkonzepte zum professionell systemisch-interaktionellen lebensweltorientierten Handeln keine Auseinandersetzung mit der Realität von Lebensverhältnissen in einer Einwanderungsgesellschaft beinhaltet. Kritisch anzufragen ist daher, ob der Paradigmenwechsel nicht vielmehr eine Lebensweltorientierung meint, in der bestimmte gesellschaftliche Gruppen, die als Minderheitenangehörige zu identifizieren sind wie Flüchtlinge und Migranten, von vornherein nicht mitgedacht und damit ausgeschlossen wurden. Der Universalitätsanspruch der Konzepte besteht ungebrochen fort und läßt sich als institutionalisierter Rassismus (vgl. Osterkamp, 1997) einordnen. Interkulturalität ist weder als theoretische noch praktische Dimension in den Konzepten zu finden. Von einem Paradigmenwechsel, der Lebensweltorientierung für sich reklamiert, kann somit aktuell nicht gesprochen werden.

Fazit und Ausblick

Interkulturelles Handeln in der Frühförderung bedeutet die faktischen Lebensbedingungen in einer Einwanderungsgesellschaft zu realisieren und die Konzepte und Alltagspraxis dahingehend zu verändern. Im Bereich der Forschung könnte das beispielsweise bedeuten, die Heterogenität der Inanspruchnahmepopulation überhaupt erst einmal wahrzunehmen und zum Gegenstand zu machen. Auf die berufliche Alltagspraxis bezogen könnte es bedeuten, Multilingualität als Können und Ressource zu sehen, multikulturelle Teams zu etablieren und die kategorisierende Funktion von Diagnosen zu reflektieren.

Der Paradigmenwechsel müßte seinem Selbstverständnis folgend, die handlungsleitende (sozialpolitische) Relevanz der theoretischen Diskussion um "Be-hinderung" und allgemein "Normabweichung" als soziales Konstrukt beinhalten. Auf die berufliche Praxis bezogen, könnte es bedeuten, Familien therapeutisch und beraterisch so zu begegnen, daß eine Defizitorientierung zugunsten einer Ressourcenorientierung ersetzt wird. Dies könnte u. a. erforderlich machen, den mehrfachdeterminierten Bedeutungsgehalt der Diagnose "Behinderung" beispielsweise zu erörtern und gemeinsam u. a. positive (Sprach-)Bilder zu entwickeln. Statt der Formulierung "ein behindertes Kind", beispielsweise die Formulierung "ein Kind mit einer Behinderung" zu wählen, um damit die Individualität des Kindes herauszurücken und Behindertsein als ein Merkmal, das aber nicht alle anderen überlagernd ist, zu entwerfen. Dabei tritt das Kind als Individuum und nicht als "Defektträger-In" heraus, die Biographie wird nicht durch Begriffe oder Diagnosen ersetzt (vgl. Münch, 1997).

Entscheidend ist somit die Reflexion der konzeptionellen und eigenen beruflichen Verortung in der Frühförderarbeit. Als sinnvoller und weitreichender Reflexionsansatzpunkt können hier die Überlegungen von Prengel genannt werden. Sie spricht von einer "Perspektive der egalitären Differenz",[4] die die Anerkennung der Freiheit der Individuen, sich auf der Basis demokratischer Gleichheit, unterschiedlich entfalten und entwickeln zu können, umfaßt.

Die Darstellung der Aussagen, Implikationen und Grenzen des Paradigmenwechsels in diesem Artikel macht deutlich, das eine solche Reflexion unbedingt indiziert und zu fordern ist, wenn in der fachwissenschaftlichen und öffentlichen Diskussion überhaupt von einem Paradigmenwechsel gesprochen werden können soll, der nicht als institutionalisierter Rassismus zu enttarnen ist.

Literatur

Abel, M. & Christiansen, U. (1997). Die psychosoziale Versorgung in Köln. In C. Leyendecker & T. Horstmann (Hrsg.), *Frühförderung und Frühbehandlung: wissenschaftliche Grundlagen, praxisorientierte Ansätze und Perspektiven interdisziplinärer Zusammenarbeit* (S. 89-104). Heidelberg: Edition Schindele.

Bodenbender, W. (1997). Gesundheitsförderung und Prävention in Nordrhein-Westfalen. In C. Leyendecker & T. Horstmann (Hrsg.), *Frühförderung und Frühbehandlung: wissenschaftliche Grundlagen, praxisorientierte Ansätze und Perspektiven interdisziplinärer Zusammenarbeit* (S. 85-89). Heidelberg: Edition Schindele.

---

[4] Prengel, Annedore (1994). Pädagogik der Vielfalt – die Pädagogik für alle Kinder!, in: die randschau, Zeitschrift für Behindertenpolitik, 3, S. 24.

Deichmann, D. (1997). Frühförderung und Rehabilitation aus der Sicht der Krankenversicherung. In C. Leyendecker & T. Horstmann (Hrsg.), *Frühförderung und Frühbehandlung: wissenschaftliche Grundlagen, praxisorientierte Ansätze und Perspektiven interdisziplinärer Zusammenarbeit* (S. 80-85). Heidelberg: Edition Schindele.

Melchers, P. & Preuß, U. (1991). *Kaufman-Assessment Battery for Children, Interpretationshandbuch*. Amsterdam: Swets & Zeitlinger.

Münch, J. (1997). Be-hindert – Schicksal, Fakt oder soziales Konstrukt? Zum aktuellen Stand der wissenschaftlichen und politischen Diskussion um den Behinderungsbegriff. *Neue Praxis. Zeitschrift für Sozialarbeit, Sozialpädagogik und Sozialpolitik, 3*, 236-243.

Osterkamp, U. (1997). Institutioneller Rassismus. Problematik und Perspektiven. In P. Mecheril & T. Theo (Hrsg.), *Psychologie und Rassismus* (S. 95-110). Reinbek: Rowohlt.

Prengel, A. (1994). Pädagogik der Vielfalt – die Pädagogik für alle Kinder! *die randschau, Zeitschrift für Behindertenpolitik, 3,* S.24.

Schlack, H.-G. (1997). Neue Konzepte in der Frühbehandlung und Frühförderung In C. Leyendecker & T. Horstmann (Hrsg.), *Frühförderung und Frühbehandlung: wissenschaftliche Grundlagen, praxisorientierte Ansätze und Perspektiven interdisziplinärer Zusammenarbeit* (S. 15-22). Heidelberg: Edition Schindele.

Schmidtke, A., Schaller, S. & Becker, P. *RAVEN-Matrizen-Test. Manual*. Weinheim: Beltz.

Speck, O. (1989). Entwicklung im System der Frühförderung. In O. Speck & M. Thurmair (Hrsg.), *Fortschritte der Frühförderung entwicklungsgefährdeter Kinder*. München: E. Reinhardt Verlag.

Tatzer, E. (1996). Multi-Problem-Familien, Helfer, Problemsysteme, Vortrag auf dem Münchener Symposium Frühförderung 1996. In *Frühförderung interdisziplinär, 16*. München: E. Reinhardt Verlag.

Der Schatten des Nationalsozialismus

Bettina Kaufmann

Vor dem Hintergrund der Arbeit mit Überlebenden der nationalsozialistischen Verfolgung und deren Nachkommen, der "Zweiten Generation" möchte ich hier einige Themen vorstellen, die bei dieser Gruppe in der Beratung und Psychotherapie auftreten. Damit soll Verständnis dafür geweckt werden, auf welche Weise die Verfolgung bis heute auf die Betroffenen einwirkt.

Meine Beobachtungen und Überlegungen sind aus der Arbeit bei "esra – Beratungszentrum für NS-Verfolgte und deren Familien" entstanden, also mit denjenigen, die in irgendeiner Form Unterstützung für die Bewältigung von psychischen oder sozialen Schwierigkeiten gesucht haben. Sie können daher nicht ohne weiteres auf alle Verfolgten verallgemeinert werden, jedoch gibt es durchaus Übereinstimmung mit anderen Beschreibungen der Situation von NS-Verfolgten (Stoffels, 1991, 1994; Kruse & Schmitt, 1995).

"Man-made-desaster"

Von den Menschen, die das Beratungszentrum aufsuchten, sind alle entweder selbst oder als Familienangehörige von einem Einbruch in ihr Leben betroffen, der in der Fachliteratur heute unter dem Namen "Extremtraumatisierung" oder "Man-Made-Desaster" behandelt wird. Mit diesen Begriffen wird vom allgemeinen Begriff des Traumas als Ereignis, das "außerhalb der üblichen menschlichen Erfahrung liegt und für fast jeden stark belastend wäre, z.B. ernsthafte Bedrohung des Lebens oder der körperlichen Integrität" (DSM III R, Diagnostische Kriterien der Posttraumatischen Belastungsstörung "PTSD" 309.89, A, S.307), worunter z.B. Unfälle, Naturkatastrophen und plötzliche schwere Erkrankungen fallen können, die traumatisierende Bedrohung und Zerstörung der körperlichen und psychischen Integrität unterschieden, die im sozialen Kontext angesiedelt ist. Der Ausdruck "Man-made-desaster" verweist auf die soziale Dimension, auf den gesellschaftlichen Kontext, wenn Bedrohung und Mißhandlung von staatlicher Seite ausgeübt werden, wie es bei politischer Verfolgung und Folter der Fall ist, oder die umgebende Gesellschaft diese billigt, wie die antisemitisch motivierte Verfolgung im Nationalsozialismus.

Mit dem Begriff *Extremtraumatisierung* beziehe ich mich auf eine Definition von Becker (1995). Er beschreibt Traumatisierung als prozeßhaft, also über Zeit hinweg andauernd, unter Umständen auch ohne klaren Abschluß, und als psychisches Ereignis innerhalb eines sozialen Kontextes. "Extreme traumatisation is characterized by a structure of power within the society that is based on the elimination of some members of this society by others of the same society. The process of extreme traumatisation is not limited in time and develops sequentially" (Becker, 1995, S.107). Becker stützt sich mit seiner Definition auf Bettelheim, indem er die Bedeutung der zwischenmenschlichen Dimension betont, und mit der Berücksichtigung des Prozeßcharakters von Trauma auf die Konzepte der kumulativen Traumatisierung von Khan und der traumatischen Sequenz von Keilson. Es wird hier also – im Gegensatz zum Trauma als einmaligem, plötzlichem Ereignis mit einem klaren Ende – eine über die Zeit anhaltende traumatisierende Situation beobachtet. Das Konzept der *kumulativen Traumatisierung* von Khan besagt, daß eine Traumatisierung auch das Ergebnis vieler einzelner Ereignisse sein kann, die für sich genommen nicht immer eine traumatisierende Auswirkung haben müssen, dies jedoch in ihrer Gesamtheit haben. Keilson wiederum richtete in seiner Studie über jüdische Kriegswaisen in den Niederlanden die Aufmerksamkeit auch auf die Zeitspanne nach dem Ende der unmittelbaren Verfolgung. Auch sie gehört zur *traumatischen Sequenz*. Er beobachtete, daß die Lebensumstände und das soziale Eingebundensein, nachdem die Verfolgung aufgehört hatte, für die Überwindung der psychischen Schädigungen bedeutsamer sein konnte, als das Ausmaß der Traumatisierung davor (Keilson, 1979).

Mit dem Ende der unmittelbaren Verfolgung, in der "posttraumatischen Phase" nach Keilson (1979) ist die Gefahr weiterer Traumatisierungen noch lange nicht vorbei – zum Beispiel wenn Überlebende nach 1945 nach und nach erfuhren, wer von ihrer Familie die Shoah nicht überlebt hatte, eine schmerzhafte Erfahrung von Verlust, die viele traf. So wie überhaupt das Überleben mit dem Wissen um die unvorstellbar große Zahl von Toten verknüpft war und auch kaum Freude oder den "Triumph, überlebt zu haben" erlaubte. Die posttraumatische Phase, d.h. der Lebensabschnitt nach dem traumatisierenden Ereignis, bezeichnet in etwa die Zeit der Wiedereingliederung in die Gesellschaft. Diese Aufteilung ist natürlich problematisch, denn wie kann man entscheiden, wann die Eingliederung gelungen ist. Es erhebt sich auch die Frage, ob sie überhaupt gelingen kann, oder ob nicht gerade die durch staatlichen Terror aus einer Gesellschaft Ausgestoßenen ihr Leben lang zu einem Teil Außenseiter bleiben, so daß das gesamte weitere Leben ein posttraumatisches wäre. Becker (1995) macht darauf aufmerksam, daß aufgrund gesellschaftlicher Umstände – z.B. wenn man weiter in der verfolgenden Diktatur lebt – aber auch aufgrund von individuellen Folgen der Traumatisierung möglicherweise überhaupt kein eindeutiger Zeitpunkt als Ende der traumatischen Situation zu bestimmen ist.

Bestandteil der posttraumatischen Zeit sind "Retraumatisierungen". Alleine die üblichen bürokratischen Verwaltungsakte, denen man in Behörden begegnet, können sich so auswirken, indem sie latente Ängste aus früheren Situationen aktualisieren, wo man einem unpersönlichen Verwaltungsapparat ohnmächtig ausgeliefert war. Für die Überlebenden der NS-Verfolgung ist eine typische Situation dieser Art die gesundheitliche Begutachtung, bei der sie schildern sollen, was ihnen widerfahren ist (vgl. Niederland, 1980). Um solche beängstigenden und demütigenden Gesprächen zu vermeiden, verzichteten manche darauf, überhaupt Entschädigungsanträge zu stellen.

Der Begriff Extremtraumatisierung mit den darin enthaltenen Konzepten der kumulativen Traumatisierung und der traumatische Sequenz wird also hier verwendet, weil die nationalsozialistische Verfolgung ein Prozeß war, der über Jahre hinweg und in vielen unterschiedlichen einzelnen Ereignissen die Sicherheit, die psychophysische Integrität und ganz unmittelbar das Leben der davon Betroffenen bedrohte. Als Gruppe verfolgt, mußte die/der Einzelne auch dann, wenn sie oder er selbst nicht unmittelbar in Gefahr war, im Vorbild der anderen das eigene Schicksal vor Augen haben. Das ganze Ausmaß aber der Zerstörung, die Nationalsozialismus und Zweiter Weltkrieg angerichtet hatten, trat erst nach der Befreiung nach und nach zu Tage und konnte sich noch lange danach in schädigender Weise auf das Leben von einzelnen auswirken.

In Deutschland kann man, mit dem sequentiellen Modell von Keilson von einer langen ersten traumatische Sequenz sprechen, der Phase der Diskriminierung und Einschränkungen, bevor die Verfolgung mit der direkten Vernichtungsabsicht einsetzte. (Hilberg unterscheidet zwei Phasen der NS-Politik mit unterschiedlicher Zielsetzung: von 1933 bis 1940 mit dem Ziel der Emigration und ab 1941 auf die Vernichtung ausgerichtet). Die Machtergreifung im Jahr 1933 brachte für die Juden nicht gleich eine Lebensbedrohung, bekanntlich galt die erste Verfolgungswelle des Regimes seinen politischen Gegnern. Doch es wurde sofort mit dem Ausschluß der Juden aus der Gesellschaft begonnen. Schon im April 1933 wurde das "Gesetz zur Wiederherstellung des Berufsbeamtentums" beschlossen, durch das "nicht-arische" Beamte in den "Ruhestand" versetzt wurden.

Enteignung und Entrechtung zielten noch darauf ab, jüdische Familien zur Auswanderung zu drängen, so daß es schien, als sollten nur in Deutschland keine Juden mehr leben. Mit dem Beginn der Deportationen und dem Massenmord in den Konzentrationslagern aber wandelte sich die Absicht. Jetzt war es das erklärte Ziel Hitlers, auch in den entlegensten Gegenden von Europa aller Juden habhaft zu werden und sie in die Vernichtungslager zu transportieren, um sie dort zu ermorden. In den anderen europäischen Ländern war entsprechend die erste traumatische Sequenz viel kürzer, zum Teil begannen mit der Okkupation unmittelbar auch Deportation und Ermordung, bzw. waren schon so geplant, wie es aus der Geschichte der Einsatzkommandos für den Überfall auf die Sowjetunion bekannt wurde.

Verfolgung aufgrund der Identität

Die Verfolgung aufgrund einer Identität, wie sie die Juden traf, unterscheidet sich von anderen Formen, wie z.B. der Verfolgung von politischen Gegnern des Regimes. Zur "Rasse" gehörte man qua Geburt, man konnte dies weder verändern noch aus der Gemeinschaft austreten, um zu entkommen. Die Selbstdefinition der einzelnen, ob sie sich nun zur jüdischen Gemeinschaft zugehörig fühlten, oder wie die assimilierten Juden Westeuropas weit davon entfernt hatten, spielte keine Rolle. Ähnlich unausweichlich waren von allen anderen verfolgten Gruppen noch die Sinti und Roma betroffen.

Da die Katastrophe von Menschen ausging, wurde das Vertrauen in andere Menschen nachhaltig beschädigt. In der Literatur über Verfolgte wird der Verlust von Vertrauen im zwischenmenschlichen Kontakt als eine der chronischen Persönlichkeitsveränderungen beschrieben. "Aus der Zerstörung des tragenden Bodens in der menschlichen Gemeinschaft läßt sich jene Generalisierung der mißtrauisch verbitterten Einstellung zur Mitwelt einsehen, welche bei nahezu allen schwerer Verfolgten nachweisbar ist." Diese Beobachtung machten die Psychiater von Baeyer, Häfner und Kisker (1964, S. 370). Nach Battegay wurden die Verfolgten zu lebenslangen Außenseitern, die, da sie sich überall als Fremde empfinden, nur schwer durch Psychotherapie erreichbar wären und sich auch auf Gruppen nur partiell einlassen könnten. Er sieht nur begrenzte Möglichkeiten für eine Psychotherapie, die vor allem dadurch heilsam wirken könnte, "daß sie gefühlsmäßig in ihrem Leiden begleitet werden und ihnen damit eine Verbindung, zumindest zu einem vorbehaltlosen Repräsentanten der Gesellschaft bleibt" (Battegay, 1994).

Einzeltherapie als therapeutische Begleitung

Auch unserer Erfahrung nach ist die genannte Begleitung eine wesentlich Aufgabe, vor allem der Einzeltherapie. Einzeltherapie hat oft die Form einer therapeutischen Begleitung, die längerfristig angelegt ist und weniger Anforderungen an die Verbindlichkeit stellt, also auch Pausen zuläßt oder eine niedrige Stundenfrequenz. Ich glaube allerdings, daß diese Form nicht nur als eine Anpassung an die geschwächte Fähigkeit, eine verbindliche therapeutische Beziehung aufzubauen, zu sehen ist, sondern auch als Möglichkeit für die Klient/innen, ihre Selbstbestimmung zu wahren. Sie können zum Beispiel größere Abstände zwischen den therapeutischen Stunden verlangen, wenn die Angst, in den Stunden von den unerträglichen Affekten ihrer Erinnerungen überschwemmt zu werden, zu groß wird. Hier kann nur der Maßstab der/des Klientin/en ausschlaggebend sein, und eine Therapeutin als selbst nicht Betroffene kann nur die Selbstregulierung der/s Klientin/en respektieren und bestärken. Die Wahrnehmung von Grenzen der Belastbarkeit, wie auch der eigenen Strategien, von Erinnerungen abzulenken, ist ein Schritt hin zur Stärkung der Regulierung von Affekten. Die "Abwehrstrategien", die jemand im Lauf des Lebens entwickelt hat, verdienen Anerkennung als Zeichen eigener Stärke. Wer sich dieser eigenen Leistungen bewußt wird, kann vielleicht flexibler werden und die Vorstellung, es gäbe nur entweder vollständige Abwehr oder Affektüberflutung aufgeben.

Ein wesentlicher Inhalt der Therapie ist also die *Stärkung von Ressourcen*. Wenn die Therapie aber dabei bleibt, kann sie leicht zu einem stillschweigenden Übereinkommen werden, die allgemein übliche Tabuisierung der Shoah fortzusetzen. Den Betroffenen würde vermittelt, daß die Therapeutin, wie alle, ihre schrecklichen Erinnerungen nicht anhören kann oder will. Auf der einen Seite wäre das erleichternd und angstreduzierend, andererseits muß eine solche Therapie als eine Wiederholung der oft erlebten Ablehnung in der Gesellschaft erlebt werden. Als Mitglied einer tabuisierenden Gesellschaft wird eine Therapeutin nicht frei von Widerständen gegen die Erinnerungen der/des Klient/in sein.

Das Gespräch über traumatische Inhalte hat seine Bedeutung als Versuch, die abgebrochene Kommunikation wieder in Gang zu bringen – im Bestreben, die Überlebenden vielleicht einen Schritt weit in die Gemeinschaft hereinzuholen. In dem Konflikt zwischen dem Wunsch nach Schutz vor Überflutung und dem Wunsch sich mitzuteilen, wäre es eine Aufgabe der Therapeutin, Andeutungen wahrzunehmen und sie aufzugreifen und ihre Bereitschaft zum Zuhören zu vermitteln.

Eine empathische Resonanz auf die traumatisierende Vergangenheit ist andererseits nur begrenzt möglich. Die *Gruppenzugehörigkeit* der Therapeutin oder des Therapeuten wird sich auf diese Fähigkeit auswirken: jemand aus der nachfolgenden Generation kann nicht über vergleichbare Erfahrung verfügen und bekommt vielleicht Schuldgefühle oder das Gefühl, völlig unzulänglich zu sein und sowieso nichts ausrichten zu können. Als Nachkomme von Verfolgten kann man zudem erleben, daß Gefühle aus der eigenen Elternbeziehung erwachen. Es können Ängste vor einer unüberbrückbaren Kluft zwischen sich und der/dem Klientin/en aufkommen oder der starke Wunsch, die/den anderen (die Eltern) zu schonen. Bei Therapeut/innen, die selbst verfolgt waren, ist ein hohes Maß an Empathie möglich, Grenzen gibt es aber wiederum durch die Notwendigkeit, sich vor eigenen zu schmerzhaften Erinnerungen zu schützen. Ob die/der Therapeut/in jüdisch ist oder nicht, spielt sicher für beide Seiten eine Rolle. Für eine nach Möglichkeiten empathische Haltung entscheidend ist jedoch letztlich eher die gründliche Reflexion der Gegenübertragung der/des Therapeutin/en als die jeweilige therapeutische Konstellation. Nur eine Konstellation, bei der Verfolgte tatsächlichen ehemaligen Tätern (oder mit dem verfolgenden Regime Identifizierten) als Therapeut/inn/en oder Ärzt/innen gegenüber sitzen, ist sicher nicht zu befürworten.

Traumatisierende Inhalte auszusprechen bezieht eine heilsame Bedeutung daraus, daß alles, worüber gesprochen werden kann, an Macht über den Menschen verliert. Die schreckliche Ohnmacht angesichts einer Lebensbedrohung verliert ihre Macht über das Gefühlsleben, wenn über das Erlebte gesprochen werden kann, ohne daß sich Panik und chaotische Überflutung wiederholen. Dies ist möglich, weil das Gespräch in einer sicheren Umgebung stattfindet. Im Gespräch mit einem anteilnehmenden Gegenüber liegt auch die Chance, wieder Verbundenheit mit einem Menschen zu erleben, anders als in der traumatisierenden Situation, wo das Gegenüber sich durch die Not nicht rühren ließ. Das ist ein wichtiger und grundlegender Unterschied beim Wiedererleben des traumatischen Affekts in der therapeutischen Situation. Allerdings sollte auch viel Wert auf die Selbstkontrolle der/des Klientin/en gelegt werden.

Die Definition von Trauma als ein Ereignis außerhalb des menschlichen Erfahrungsbereichs enthält gerade den Abbruch der menschlichen Beziehung, sie gilt immer für von Menschen verübte Angriffe. Das "Mitteilen" an jemand anderen stellt wieder ein geteiltes Wissen her und eröffnet zumindest darin eine Gemeinsamkeit. Ein Anliegen des therapeutischen Bemühens wäre also, die Erfahrung, die die Betreffenden außerhalb der menschlichen Gemeinschaft gestellt hat, zu einer mit anderen Menschen teilbaren Angelegenheit zu machen, so weit wie dies möglich ist. Schließlich hat die Therapeutin, wenn sie anteilnehmende Zuhörerin ist, als Vertreterin der Gesellschaft auch den Part eines "offenen Ohrs" in der Mauer des "Nicht-Wissen-Wollens", auf die viele Überlebende stießen und die in Deutschland gewiß besonders hartnäckig und undurchdringlich war. Dies entspräche der oben zitierten Funktion von Psychotherapie, wie Battegay sie sieht.

Eine Verfolgung aufgrund der Identität und nicht aufgrund dessen, was jemand tut, trifft zentral das Selbstgefühl. Noch umfassender und unbestimmter mußte dieser Angriff von Kindern empfunden werden, da sie die Gründe und Umstände ihrer Verfolgung oft nicht verstehen konnten. Sie hatten noch weniger als Erwachsene eine Möglichkeit, die darin enthaltene persönliche Entwertung von sich selbst abzulenken. Davon sind auch Kinder betroffen, die nicht unmittelbar, jedoch als Kind eines jüdischen Elternteils mittelbar unter den Auswirkungen der Verfolgung auf ihre Eltern litten. Bei den Kindern hat die Erfahrung, daß grundsätzliche Bedürfnisse nach Schutz und Fürsorge keine Erfüllung finden, eine Unsicherheit im zwischenmenschlichen Kontakt hinterlassen. Kontakte und Begegnungen tragen wahrscheinlich immer in höherem Maß als für andere Menschen die Gefahr der Ablehnung und persönlichen Verletzung in sich. Solche Unsicherheiten werden wiederum zum eigenen Schutz vor der Umwelt verborgen, um so eher, wenn es eine Umwelt ist, die gleichgültig oder feindlich erscheint. Es ist bekannt, daß die gesellschaftliche Tabuisierung bestimmter Themen es einzelnen fast unmöglich macht, sich damit zu offenbaren.

Ich möchte hier noch einmal an die verfolgten Kinder aus jüdisch-nichtjüdischen Ehen erinnern, die aufgrund der Rassegesetze verfolgt und zunehmend bedroht waren, gleichzeitig sich zu keiner Gemeinschaft zugehörig zählen konnten, weder zu den Deutschen noch zur jüdischen Gemeinschaft. Diese Erfahrung des "Nicht-zugehörig-seins" setzte sich nach 1945 fort: sie gehörten nicht zu den verfolgten Juden aber auch nicht wirklich zu den Deutschen; sie wurden nicht als verfolgt angesehen, denn waren ja zu klein gewesen, um etwas davon zu merken – zum Teil dachten so auch ihre eigenen Eltern.

Arbeit in Gruppen

Die Frage der *Zugehörigkeit* ist ein Thema in Gruppen. Es kann sich herausstellen, daß alle Mitglieder einer Gruppe darin ähnlich empfinden und erhält so verbindenden Charakter. Es kann auch reinszeniert werden, dann wird jemand aus der Gruppe ausgeschlossen oder schließt sich selbst aus. Der Widerstreit zwischen dem Wunsch nach einer Gruppenzugehörigkeit und dem Wiederaufleben der Überzeugung, nicht dazu zugehören, kann in extremer Form zum Ausdruck kommen: Eine Frau konnte einmal sehr bewegt in einer Gruppe mitteilen, wie gut sie sich aufgenommen fühlt, um kurz darauf den Kontakt völlig aufzukündigen.

Die Gruppe bietet gegenüber einer Einzeltherapie einen großen Vorteil. Die einzelnen können hier Aufnahme in eine "Schicksalsgemeinschaft" finden. Dies ist besonders wichtig für diejenigen, die sich mit ihrer Vergangenheit völlig isoliert fühlen, also etwa nicht Mitglieder in Jüdischen Gemeinden sind. Es betrifft gerade die ehemals verfolgten Kinder, da sie noch weniger als andere über ihr Schicksal sprachen, und weder unmittelbar nach 1945 noch später sich beispielsweise Verfolgtenverbänden anschlossen. Im Alter, und die jüngsten der in der Kindheit Verfolgten stehen jetzt zumindest am Beginn dieser Lebensphase, bringt die vermehrte Beschäftigung mit der Vergangenheit auch verstärkt Gefühle von Isoliertheit oder Fremdheit mit sich.

In einer Gruppe meinen viele Teilnehmer/innen, daß es ihnen selbst doch relativ gut ergangen sei und finden stets das Schicksal von anderen schlimmer als das eigene. Das erinnert an die besondere Verfolgungssituation von Kindern, nämlich gezwungen zu sein, alle Bedürfnisse unterdrücken zu müssen und sich zusammenzunehmen, um nicht aufzufallen, oder alle kindlichen Ansprüche an die selbst unter ständiger Angst und Not lebenden Eltern zurückzustellen. Die Auswirkungen dieser Einschränkungen können so weit gehen, daß die Fähigkeit, andere um Hilfe für sich zu bitten, verloren geht. Der Psychiater de Levita (mündliche Mitteilung) machte diese Beobachtung u.a. bei bosnischen kriegstraumatisierten Kindern. In einer Gruppe scheint sich das darin widerzuspiegeln, daß es für viele eher möglich scheint, der Geschichte von anderen zu folgen, als für ihr eigenes Schicksal Aufmerksamkeit zu fordern. Auf der anderen Seite spricht in einer Gruppe von ähnlich Betroffenen jede/r zu einem Teil für die anderen mit, so daß darüber wiederum Anknüpfungspunkte entstehen. Diese aufzugreifen kann eine wichtige Aufgabe für eine Therapeutin sein, die als Außenstehende weniger in solche Kommunikationsmuster eingebunden ist.

In Gruppen zeigt sich auch, daß trotz oder vielleicht sogar wegen der Verletzbarkeit des Selbstgefühls eine große Fähigkeit zur Empathie vorhanden ist. Man erlebt hier öfter eine außerordentlich große Akzeptanz füreinander – die als Kinder Verfolgten können für andere Betroffene außerordentlich viel Rücksicht und Aufmerksamkeit entwickeln, so als ob sie den anderen das gewähren, was sie selbst ebenso bräuchten. Diese Erfahrung steht im Gegensatz zu der Ansicht von Battegay, daß die ehemals Verfolgten nicht in der Lage wären, von therapeutischen Gruppen zu profitieren. Auch in der Literatur über Selbsthilfeaktivitäten der "Child-Survivors" in Nordamerika oder Skandinavien etwa vermittelt sich ein hoffnungsvoller Eindruck von den Fähigkeiten zur gegenseitigen Hilfe (vgl. Lemberger, 1994). Von den Betroffen selbst wird bestätigt, daß eine Selbsthilfegruppe oder andere Selbsthilfeaktivitäten eine Verbundenheit mit anderen herstellen, die hoch geschätzt wird und die es erlaubt, mit der Zeit etwas ruhiger mit der Vergangenheit zu leben. Die bessere Integration des eigenen Lebens – die Schicksalsschläge eingeschlossen – ist letztlich eine der wesentlichen Aufgaben der Therapie bei älteren Menschen.

Leben in Deutschland

Viele Verfolgte empfinden vermutlich stärker als andere die deutsche Widersprüchlichkeit. Deutschland vertritt den Anspruch, eine moderne Demokratie zu sein, die sich der Einhaltung der Menschenrechte verpflichtet sieht. Der Nationalsozialismus wird inzwischen als Teil der Geschichte angesehen, er hat seinen Platz in Gedenkritualen und man bezieht sich darauf, wenn es um humanitäre Anliegen geht, um zu versichern, daß Deutschland daraus eine besondere Verpflichtung erwachse. Diese Bekundungen werden in ritualisierter Weise vorgetragen, und selten kommt darin eine tatsächlich stattgefundene Auseinandersetzung zum Ausdruck. Der Mangel an wirklicher Aufklärung über die Verstrickung einer ganzen Gesellschaft mit den Verbrechen des NS-Regimes, wird bei uns kaum empfunden, ein

Bewußtsein über die ideologische und personelle Kontinuität aus dem Nationalsozialismus ist nicht vorhanden.

Einerseits haben sich viele Überlebende in diese deutsche Normalität eingefügt. Sie sind ein Teil davon geworden, auch eine Bestätigung dafür, daß in Deutschland wieder Juden leben können. Die Überlebenden brauchten und brauchen wie alle Menschen ein Gefühl von Normalität, um ihren Alltag zu leben. So hatten auch sie ein Interesse daran, das gesellschaftliche Schweigen über die NS-Zeit und deren Auswirkungen mit zu tragen. Es half auch ihnen, beunruhigende Erinnerungen fernzuhalten. Auf diesem Schweigen baut in Deutschland nicht zuletzt das Zusammenleben der ehemaligen Täter und der ehemaligen Opfer auf. (In Berichten über die Situation der jüdischen DPs in den Nachkriegsjahren wird deutlich, wieviel gegenseitige Befangenheit, Spannung und Abneigung zwischen Deutschen und Juden nach 1945 bestand, vgl. Eder, 1997).

Rassistische Ausschreitungen und antisemitische Vorfälle aber werden aufmerksam beobachtet, ebenso die Äußerungen von Politikern. Die Kommentierung von gesellschaftlichen Vorgängen ist dann auch immer wieder Inhalt von therapeutischen Gesprächen. Die Kritik an "den Deutschen" trifft auch eine Therapeutin, wenn sie Deutsche ist. Es wäre unsinnig und nicht realistisch, angesichts solcher Vorwürfe für sich beanspruchen zu wollen, man gehöre nicht dazu, etwa weil man selbst den Nationalsozialismus verurteilt. Es kann jedoch in solchen Momenten darum gehen, politisch Stellung zu beziehen, und damit die nicht wertende Haltung der Therapeutin zu verlassen. Es gibt Momente, in denen eigentlich nur eine persönliche Stellungnahme als Antwort richtig erscheint, so wie es überhaupt bei Opfern von Menschenrechtsverletzungen anerkannter und wichtiger Bestandteil von Therapien ist, Partei für sie zu ergreifen und die Verursacher zu verurteilen. Andernfalls würde man sich als Mensch verbergen und das Gegenüber wäre – einmal mehr – alleine gelassen. Die Therapeutin würde zur Repräsentantin der gesellschaftlichen Mehrheit, die die Anklage gegen ihre Untaten nicht hören will. Solche Situationen bergen natürlich auch eine Gefahr für die therapeutische Beziehung. Entweder kann durch Überidentifikation zu große Nähe entstehen und die Therapeutin empfindet sich gleichermaßen als ohnmächtiges Opfer gesellschaftlichen Unrechts. Oder aber, um dem vorzubeugen, entwickelt sie nicht genügend Empathie und bleibt zu sehr auf Distanz. Die Regulierung von Nähe und Distanz ist bekanntlich problematisch im therapeutischen Umgang mit Psychotrauma. In Deutschland können wir davon ausgehen, daß die emotionale Verstrickung mit unserer deutschen Vergangenheit erschwerend dazukommt.

Das Aufzeigen und Kommentieren von antisemitischen Tendenzen hat aber nicht nur in Bezug auf die Therapeutin eine Bedeutung, sondern kann auch als indirekter Ausdruck des eigenen Leidens gesehen werden. Jede offene antisemitische Äußerung ist eine Bestätigung dafür, daß die Verfolgten recht haben, wenn sie dem Frieden nicht trauen. Sie bestätigt den Verdacht, daß unter der toleranten, aufgeklärten Oberfläche doch mehr an Vorurteilen existiert, als man auf der Ebene der offiziellen politischen Äußerungen behauptet. Der Hinweis auf den immer noch bestehenden Antisemitismus kann aber nicht nur als Hinweis auf die "wahren" Verhältnisse verstanden werden. Diese Art von Äußerung kann auch eine Möglichkeit sein, auf indirekte Weise über das eigene Leiden zu sprechen. Wer sich über

Antisemitismus aufregt, kann damit auch zum Ausdruck bringen, daß der Antisemitismus heute schmerzhafte Erinnerungen an die eigene Vergangenheit auslöst. Der Affekt kommt zum Vorschein, jedoch mit einem anderen Inhalt verbunden, weil der eigentliche Inhalt einer Tabuisierung unterliegt.

Es ist eine Vermutung, die sicher noch weiter geprüft werden müßte, daß Kritik und Kommentierung von Politik und Gesellschaft in therapeutischen Sitzungen neben anderem die Funktion haben können, dem Leiden an der Vergangenheit Ausdruck zu verleihen. Man kann darin eine Fortsetzung der Auswirkungen von gesellschaftlicher Tabuisierung und Verleugnung sehen. Denn die Tabuisierung, leugnet ja auch, daß jemand nach Jahrzehnten noch unter der Verfolgung leiden könnte, ebenso wie den ganzen Bereich der generationsübergreifenden Folgen der Shoah. Die Betroffenen führen mit ihrer Kritik an den politischen Verhältnissen auch einen Kampf für die Anerkennung ihres Leidens. Wenn eine Gesellschaft, wie es in Deutschland nach 1945 der Fall war, die Existenz der Täter und ihrer Untaten in großem Umfang leugnet, wenn Reue und Eingeständnis von Schuld und Scham über diese Untaten öffentlich nicht geäußert werden, vermittelt dies den Opfern, daß auch ihr Leiden nicht existiert.

Literatur

Baeyer, W. von, Häfner, H. & Kisker, K.P. (1964). *Psychiatrie der Verfolgten.* Berlin: Springer.

Battegay, R. (1994). Überlebende des Holocaust: eine Außenseitergruppe. *Gruppenpsychotherapie und Gruppendynamik, 30,* 86-99.

Becker, D. (1995). The Deficiency of the Concept of Posttraumatic Stress Disorder When Dealing with Victims of Human Right Violations. In R.J. Kleber, C.R. Figley & P.R. Gersons (Eds.), *Beyond Trauma: Cultural and Societal Dynamics.* New York: Plenum Press.

Danieli, Y. (1988). Confronting the Unimaginable. Psychotherapists Reactions to Victims of the Nazi-Holocaust. In J.P. Wilson et al. (Eds.), *Human Adaption to Extreme Stress.* New York: Plenum Publishing.

Eder, A. (1997) Jüdische Displaced Persons im deutschen Alltag. Eine Regionalstudie 1945 bis 1950. In Fritz-Bauer-Institut (Hrsg.), *Überlebt und unterwegs: Jüdische Displaced Persons im Nachkriegsdeutschland. Jahrbuch 1997 zur Geschichte und Wirkung des Holocaust* (S.163-188). Frankfurt: Campus.

Hilberg, R. (1990). *Die Vernichtung der europäischen Juden.* Frankfurt: Fischer.

Keilson, H. (1979). *Sequentielle Traumatisierung bei Kindern.* Stuttgart: Enke.

Niederland, W. (1980). *Folgen der Verfolgung: Das Überlebenden-Syndrom Seelenmord.* Frankfurt: Suhrkamp.

Kruse, A. & Schmitt, E. (1995). Wurden die in der Lagerhaft erlittenen Traumatisierungen wirklich verarbeitet? Ergebnisse aus einem Forschungsprojekt zur psychologischen Nachwirkung des Holocaust. In Heuft, G. et al. (Hrsg.), *Interdisziplinäre Gerontopsychosomatik* (S. 31-39). Wiesbaden: Vieweg.

Lemberger, J. (Hrsg.). (1994). *A Global Perspective on Working with Holocaust Survivors and the Second Generation.* Jerusalem: JDC-Brookdale Institute.

Stoffels, H. (Hrsg.). (1991). *Schicksale der Verfolgten.* Berlin: Springer.

Stoffels, H. (Hrsg.). (1994). *Terrorlandschaften der Seele.* Regensburg: Roderer.

"Sind Sie in einer christlichen Kirche?" Kirchlich-diakonische Arbeitgeber in der psychosozialen Arbeit

Chris Lange

In der Bundesrepublik Deutschland wird ein großer Teil der psychosozialen Arbeit in Einrichtungen und Diensten geleistet, die sich nicht in staatlicher, sondern in kirchlicher oder wohlfahrtsverbandlicher Trägerschaft befinden. Zu den letzteren gehören alle Mitgliedsorganisationen der Spitzenverbände der "Freien Wohlfahrtspflege", also der Arbeiterwohlfahrt (AWO), des Deutschen Caritasverbandes (CV), des Diakonischen Werks der Evangelischen Kirche in Deutschland (DW), des Deutschen Paritätischen Wohlfahrtsverbandes (Paritätischer oder DPWV), des Deutschen Roten Kreuzes (DRK) und der Zentralwohlfahrtsstelle der Juden in Deutschland (ZWSt). Die konfessionellen Wohlfahrtsverbände Caritas und Diakonisches Werk sind Teil der jeweiligen Kirche, allerdings als rechtlich selbständige Organisationen, denen wiederum weitgehend eigenständige Untergliederungen und Mitgliedseinrichtungen angehören.

Bei allen Wohlfahrtsverbänden, die psychosoziale Arbeit mit ImmigrantInnen leisten, sei es in speziellen "Beratungsstellen für Ausländer" oder in Einrichtungen und Diensten, die auch von ImmigrantInnen in Anspruch genommen werden, steckt die Diskussion um interkulturelle Sozialarbeit und damit auch die Diskussion um interkulturelle Teams noch in den Anfängen – wenn sie überhaupt begonnen hat. Eine besondere Hürde für die Anstellung von Menschen unterschiedlicher kultureller bzw. religiöser Herkunft zeigt sich bei kirchlich-diakonischen Arbeitgebern. Diese Hürde möchte ich im Folgenden darstellen. Dazu werde ich nach einem kurzen, aber notwendigen geschichtlichen Rückblick auf die rechtlichen und damit strukturellen Bedingungen eingehen und dann ihre Wirkung in der Praxis beleuchten.

Der Schwerpunkt dieses Beitrags liegt beim Diakonischen Werk – oft auch kurz Diakonie genannt –, nicht bei Caritas und nicht bei den Kirchen selbst als Anstellungsträgerinnen, obwohl auch sie psychosoziale Arbeit leisten und vieles für sie gleichermaßen oder zumindest in ähnlicher Weise gilt.

Das Subsidiaritätsprinzip und die Beratung von MigrantInnen

Die Tatsache, daß sich viele Einrichtungen und Dienste der sozialen Versorgung in verbandlicher Trägerschaft befinden, ist ursächlich auf das Subsidiaritätsprinzip zurückzuführen, wie es sich vor allem während der Weimarer Republik und nach dem Hitlerfaschismus in der Bundesrepublik Deutschland herausgebildet hat (vgl. Tennstedt, 1992). Die konfessionellen Wohlfahrtsverbände spielten dabei eine dominante Rolle (vgl. Kaiser, 1995) und sind auch heute die beiden größten und einflußreichsten Wohlfahrtsverbände. Das Subsidiaritätsprinzip geht auf die katholische Soziallehre zurück und besagt, daß eine übergeordnete gesellschaftliche Einheit gegenüber den untergeordneten Einheiten "subsidiär", d.h. "hilfreich bestehend" wirken muß. Der Staat stellt nach diesem Verständnis die übergeordnete Einheit dar und die Wohlfahrtsverbände bilden die nachgeordnete Einheit (vgl. Münder & Kreft, 1992). In der Sozialgesetzgebung schlug sich das Subsidiaritätsverständnis nach dem Zweiten Weltkrieg so nieder, daß den Wohlfahrtsverbänden bei der sozialen Versorgung ein "bedingter Vorrang" vor den öffentlich-staatlichen Trägern zugebilligt wurde. Die Gesamtverantwortung für die Bereitstellung sozialer Leistungen liegt zwar beim Staat, der sie auch überwiegend finanziert, aber er soll sie nur dann selbst erbringen, wenn die Wohlfahrtsverbände nicht in ausreichendem Maße dazu bereit, in der Lage oder Willens sind. Seit Anfang der achtziger Jahre ist dieser Vorrang der Wohlfahrtsverbände durch die Selbsthilfebewegung in Frage gestellt (vgl. Heinze, 1986) und seit Anfang der neunziger Jahre durch Veränderungen in der Sozialgesetzgebung zunehmend zurückgeschraubt worden.

Hinsichtlich der Beratung für MigrantInnen hat das so verstandene Subsidiaritätsprinzip dazu geführt, daß während der Zeit der Anwerbung "ausländischer ArbeitnehmerInnen" in den fünfziger und sechziger Jahren drei Wohlfahrtsverbände die Sozialberatung der MigrantInnen übernahmen. Davon ausgehend, daß sie früher oder später in ihre Heimat zurückgehen würden, sollte die Beratung vor allem der Eingliederung in die Betriebe und der Vermittlung zwischen MigrantInnen und den gesellschaftlichen Institutionen dienen. Die Aufteilung der Zuständigkeiten erfolgte nach der Religionszugehörigkeit der MigrantInnen: die Arbeiterwohlfahrt war für die "Nicht-ChristInnen" (aus der Türkei, Marokko, Tunesien) zuständig, der Caritasverband für die KatholikInnen (aus Italien, Spanien, Portugal) und das Diakonische Werk für die orthodoxen GriechInnen (vgl. Dewe, 1993). Obwohl einerseits viele dieser Beratungsstellen engagierte Arbeit leisten, so betreiben diese "Betreuungsverbände" doch andererseits bis heute eine überwiegend paternalistisch-ausgrenzende Hilfekultur, die die "Interessen der Ausländer im Sinne der spezifischen Eigeninteressen des deutschen Organisationssystems"[1] instrumentalisiert (Bauer, 1997) und die durch die staatliche Finanzierung stabilisiert wird. Selbsthilfeinitiativen und Selbstvertretungsansprüche der MigrantInnen haben dagegen einen schweren Stand.

Die Situation hat sich seit den sechziger Jahren völlig verändert: Die ArbeitsmigrantInnen blieben, sie bekamen Kinder und Enkelkinder. Zudem leben Flüchtlinge, AsylbewerberInnen, Asylberechtigte und Menschen mit anderem ausländerrechtlichem Status aus Ländern aller Kontinente in der BRD. Zumindest in den Großstädten werden heute z.B. auch arabische, türkische, vietnamesische, tamilische und ghanaische Kinder in vielen evangelischen Kindergärten betreut und Menschen unterschiedlicher nationaler, ethnischer und religiöser Herkunft tauchen

---

[1] Puskeppeleit & Thränhardt (1990, S. 168) zitiert nach Bauer (1997) in sozial extra, Juli/August, S. 5.

in diakonischen Beratungsstellen, in konfessionellen Krankenhäusern, Jugendeinrichtungen, Heimen etc. auf.

Insbesondere in den Ballungsgebieten, in denen zum Teil bis zu 45 % Nichtdeutsche leben – beispielsweise in Berlin-Kreuzberg –, wäre es sinnvoll und nötig, Beratungsstellen sowohl in den Ämtern als auch bei den sogenannten "freien Trägern" mit Teams aus MitarbeiterInnen verschiedener ethnischer Herkunft zu besetzen. Nach Untersuchungen von Gaitanides in Frankfurt am Main ist die nichtdeutsche Bevölkerung in der BRD sozial deutlich unterversorgt, der Bedarf aufgrund der erschwerten sozialen Situation der meisten MigrantInnen jedoch eher größer als bei der deutschen Bevölkerung. Seine Untersuchungen belegen, daß der Anteil der Ratsuchenden sofort sprunghaft ansteigt, wenn ein entsprechendes Angebot gemacht wird – z.B. durch die Anstellung muttersprachlicher BeraterInnen aus dem jeweiligen Kulturkreis (vgl. Pavkovic, 1992).

Einige statistische Angaben

Obwohl in den neuen Bundesländern immer noch viele Einrichtungen von den Kommunen betrieben wurden, befanden sich 1993 bundesweit ca. 70 % aller Einrichtungen der stationären Jugendhilfe, ca. 60 % aller Betten in Altenheimen und ungefähr 40 % aller Plätze in Kindertagesstätten in verbandlicher Trägerschaft; davon wiederum knapp die Hälfte der Jugendhilfeeinrichtungen, 65 % der Betten in Altenheimen und sogar 85 % der Kita-Plätze bei den konfessionellen Wohlfahrtsverbänden Caritas und Diakonie. (Vgl. BAG-Gesamtstatistik und die Einrichtungsstatistiken von CV und DW 1993.) Für 1994 gibt die Jugendhilfestatistik des Statistischen Bundesamtes an, daß etwas über die Hälfte aller Kindertagesstätten mit über 60 % aller Kita-Plätze von christlichen Trägern unterhalten wurden. In diesen Zahlen enthalten sind alle Plätze der Diakonie und der Caritas sowie der katholischen und evangelischen Kirche, jedoch nicht die Kindertagesstätten in der Trägerschaft von Freikirchen.

Während in der Evangelischen Kirche ca. 200.000 MitarbeiterInnen hauptamtlich beschäftigt sind (Häfner, 1997), arbeiten in der Diakonie über 400.000 (Gesamtstatistik BAG) und bei der Caritas über 460.000 MitarbeiterInnen – einschließlich der Ordensangehörigen. Damit gehören die beiden konfessionellen Wohlfahrtsverbände zu den größten Arbeitgebern in der BRD.

Fiktiver Fall einer Einstellung

Bei einem diakonischen Träger ist die Stelle eines/r SozialarbeiterIn in einer offenen Beratungsstelle (Sozialhilfeberatung, allgemeine soziale Beratung) neu zu besetzen. Die Beratungsstelle befindet sich in einem Stadtteil, in dem viele Menschen aus arabischen Ländern leben, die auch die Beratungsstelle aufsuchen. In der Stellenausschreibung heißt es: "Wir wünschen uns eine evangelische Mitarbeiterin." Angenommen, eine Sozialarbeiterin nicht-christlicher Herkunft, die von der

Ausschreibung erfahren hat, würde sich bewerben, obwohl eine evangelische MitarbeiterIn gewünscht wird. Sie bekäme früher oder später vom möglichen Arbeitgeber die entscheidende Frage gestellt: "Sind Sie in einer christlichen Kirche?" Da sie diese Frage verneinen müßte, wäre ihre Einstellung äußerst unwahrscheinlich. Wie aber kann das sein, fachlich-inhaltlich wäre ihre Einstellung doch ausgesprochen sinnvoll?

Um diese Frage beantworten zu können, ist es notwendig, sich den rechtlichen Hintergrund der Arbeitsbeziehungen bei Kirche und Diakonie und das Selbstverständnis der diakonischen Arbeitgeber anzuschauen.

Rechtlicher Hintergrund und "besondere Dienstgemeinschaft"

Die Evangelische und die Katholische Kirche sowie ihre rechtlich selbständigen Werke (Diakonisches Werk und Caritasverband) genießen ein verfassungsrechtlich garantiertes Selbstverwaltungs- und Selbstbestimmungsrecht (vgl. Richardi, 1992). Obwohl Gesetze wie das Mutterschutz-, Erziehungsurlaubs-, Kündigungsschutzgesetz und andere selbstverständlich auch für die Beschäftigten bei den Kirchen und ihren Werken gelten, können sie die arbeitsrechtlichen Beziehungen zu ihren hauptamtlichen MitarbeiterInnen und deren Interessenvertretungen eigenständig gestalten ("Tendenzschutz"). Nach einem Urteil des Bundesverfassungsgerichts von 1985 schließt dieses Selbstverwaltungs- und Selbstbestimmungsrecht die Personalauswahl ein (vgl. Baumbach, 1997).

Nur in sehr wenigen Diakonischen Werken und Landeskirchen gibt es Tarifverträge. Die meisten Landeskirchen und die Einrichtungen des Diakonischen Werks und des Caritasverbands wenden den sogenannten "Dritten Weg" an: Er bedeutet, daß ein paritätisch mit VertreterInnen der diakonischen Arbeitgeber und VertreterInnen der MitarbeiterInnen besetztes Gremium, die Arbeitsrechtliche Kommission, Regelungszuständigkeiten hat, die in anderen Arbeitsbereichen den Tarifpartnern zusteht (vgl. Richardi, 1992).

Als Voraussetzung für die Einstellung potentieller MitarbeiterInnen bei einem diakonischen Arbeitgebern hat sich neben den fachlichen Kriterien eine Regelung entwickelt, die zunächst nur die Wählbarkeit zur Mitarbeitervertretung nach dem Mitarbeitervertretungsgesetz betraf. Sie besagt, daß nur Mitglieder einer der Arbeitsgemeinschaft Christlicher Kirchen (ACK)[2] angeschlossenen Kirchen in die Mitarbeitervertretung gewählt werden dürfen (die sogenannte ACK-Klausel). Diese Bestimmung wurde für die Einstellungspraxis übernommen. Deshalb gilt die unge-

---

2 Die Arbeitsgemeinschaft Christlicher Kirchen besteht aus 14 Mitgliedern: Die beiden großen "Volkskirchen" Evangelische und Katholische Kirche und z. B. die Alt-Katholiken, die Freikirchen, die Syrisch-Orthodoxe Kirche und die Heilsarmee. Daneben gibt es noch Gastmitglieder und Organisationen als ständige Beobachter. Ziel der ACK ist es, die ökumenische Einheit der Christinnen und Christen zu fördern. Dies geschieht vor allem durch die "Ökumenische Centrale", die z. B. außer Presse- und Öffentlichkeitsarbeit Tagungen organisiert, Verbindungen zu den regionalen Arbeitsgemeinschaften und überregionalen kirchlichen Organisationen pflegt, ökumenische Literatur übersetzt und selbst erarbeitet.

schriebene Regel, daß MitarbeiterInnen einer dieser christlichen Kirchen angehören sollen bzw. müssen.

Die Besonderheit der Arbeitsbeziehungen im kirchlich-diakonischen Bereich sind durch das Leitbild der "Dienstgemeinschaft" gekennzeichnet. Die MitarbeiterInnen bilden qua Einstellung eine "Dienstgemeinschaft", in die sie nicht nur mit ihren professionellen Kompetenzen, sondern mit ihrer ganzen Person eingebunden sind – also über das Arbeitsverhältnis hinaus. Wie Beyer und Nutzinger (1994) in einer der wenigen empirischen Studien zum kirchlich-diakonischen Arbeitsrecht feststellten, steht der Begriff der "Dienstgemeinschaft" zwar in den einschlägigen Regelwerken, ist jedoch sehr unbestimmt und bietet keine Handlungsanleitung zur Bewältigung konkreter Konfliktsituationen. Im Gegenteil, er erzeugt ein spezifisches Spannungsfeld, das die Arbeitszufriedenheit und das Arbeitsklima erheblich beeinträchtigen kann. Kirchlich-diakonische Einrichtungen sind einerseits reguläre Arbeitgeber mit wirtschaftlich abhängigen und weisungsgebundenen MitarbeiterInnen und andererseits erwarten sie eine besondere Loyalität von ihren MitarbeiterInnen, die durch das Selbstbestimmungsrecht möglich und höchstrichterlich abgesegnet ist.

Die Praxis

Nach diesem Ausflug in das Gebiet des Rechts nun zurück zur alltäglichen Realität: Wie in im oben beschriebenen fiktiven Fall wird also die Sozialarbeiterin nicht-christlicher Herkunft trotz gleicher Qualifikation höchstwahrscheinlich nicht eingestellt, und zwar, weil sie keiner christlichen Kirche angehört, die dem Arbeitskreis Christlicher Kirchen angeschlossen ist. Dasselbe gilt auch für BewerberInnen, die aus der Kirche ausgetreten sind oder nie einer dieser Kirchen angehörten (es sei denn, sie erklären sich bereit, in die Kirche einzutreten und weisen schon entsprechende Schritte nach).

Nicht immer spielte die Kirchenzugehörigkeit eine solch große Rolle in der Einstellungspraxis: In den siebziger und achtziger Jahren, als die soziale Arbeit massiv ausgebaut wurde und qualifizierte MitarbeiterInnen gefragt waren, nahm man es bei der Einstellung nicht so genau. Erst als es auf dem Arbeitsmarkt enger und die Finanzierung sozialer Arbeit schwieriger wurde, legten die Entscheidungsträger wieder stärkeres Gewicht auf das Auswahlkriterium "Kirchenzugehörigkeit". Diese liberalere (man könnte auch sagen: egalere) Haltung während der Wachstumsphase findet sich inzwischen nur noch selten. Heute gilt wieder: ohne Kirchenzugehörigkeit – in der Regel – keine Einstellung. Allerdings wird auch diese Regel durch Ausnahmen bestätigt. So steht in der Satzung einer kleinen Mitgliedseinrichtungen des Diakonischen Werks Berlin-Brandenburg, die im Ostteil der Stadt tätig ist: "Die hauptamtlichen MitarbeiterInnen *sollen* [Hervorhebung der Autorin] die diakonische Aufgabenstellung sowie die damit verbundene Zielstellung bejahen". Als weiteres Beispiel kann eine diakonische Einrichtung zur Betreuung arabischer Jugendlicher genannt werden, die auch muslimische MitarbeiterInnen einstellt. Es ist also durchaus möglich, daß ein kirchlicher oder diakonischer Arbeitgeber Nicht-Kirchenmitglieder anstellt. Allerdings kommt es dabei auf den guten Willen, bzw. die Einstellungspolitik des jeweiligen Arbeitgebers an: Er muß nicht, aber er kann – wenn er will.

Vor allem in den neuen Bundesländern hat sich gezeigt, daß eine Kirchenzugehörigkeit als Einstellungsvoraussetzung nicht durchzuhalten war. Diakonisches Werk und Caritasverband haben zum Teil sehr große Einrichtungen (Krankenhäuser, Behindertenanstalten u.a.) von den Kommunen übernommen, deren Personal natürlich nicht oder nur zu einem geringen Prozentsatz einer Kirche angehörte. Das Auswahlkriterium "Kirchenzugehörigkeit" erwies sich auch bei Neueinstellungen als nicht praktikabel, weil schlicht zuwenig qualifizierte Kräfte in der Kirche sind. Unter dem Eindruck des sinkenden Kirchensteueraufkommens verstärkt sich jedoch in letzter Zeit der Druck auf die bereits eingestellten MitarbeiterInnen, in die Kirche einzutreten, um ihren Arbeitsplatz zu erhalten und auf potentielle MitarbeiterInnen, um überhaupt eine Anstellung zu finden.

Fazit

Mit dem vorletzten Abschnitt ist die Frage, warum die nicht-christliche Bewerberin im oben konstruierten Fall nur geringe Chancen auf eine Einstellung hat, weitgehend beantwortet: Ihre Nicht-Mitgliedschaft in einer Kirche erlaubt den kirchlichen und diakonischen Arbeitgebern, diejenigen Bewerberinnen zu bevorzugen, die Kirchenmitglieder sind und damit faktisch trotz gleicher Qualifikation eine Ungleichbehandlung vorzunehmen.

Ob eine rein formale Mitgliedschaft jedoch genügt, um die Übereinstimmung der inneren Haltung und der Motivation einer Mitarbeiterin mit dem christlichen Auftrag zu dokumentieren, ist auch innerhalb von Kirche und Diakonie umstritten, denn der Begriff "christlicher Auftrag" wird sehr unterschiedlich definiert (vgl. Baumbach, 1997). Im Grunde sagt die Kirchenmitgliedschaft nur aus, daß die- oder derjenige einen "Mitgliedsbeitrag" in Höhe von 9% der Einkommens- oder Lohnsteuer in Form der Kirchensteuer an die Kirche zahlt, von dem die Wohlfahrtsverbände durch Zuschüsse von den Kirchen profitieren. Bedingt durch die zunehmenden finanziellen Schwierigkeiten hat in den letzten Jahren bei allen Wohlfahrtsverbänden eine Rückbesinnung auf das "Eigene", das "Proprium" stattgefunden. Bei den konfessionellen Verbänden erschöpft sich dieses Proprium jedoch bei der Auswahl der MitarbeiterInnen häufig in dem äußerlichen Kennzeichen der Kirchenzugehörigkeit.

Unglaubwürdig werden konfessionelle Wohlfahrtsverbände meines Erachtens, wenn sie z.B. zusammen mit Ausländerbeauftragten und anderen Institutionen eine Plakataktion zum besseren Zusammenleben mit "Ausländern" unterstützen, gleichzeitig jedoch eine muslimische Frau nicht einmal als Reinigungskraft anstellen würden, während eine muslimische Putzfrau über eine Reinigungsfirma, bei denen bekanntlich nicht die besten Arbeitsbedingungen herrschen und die sehr schlechte Gehälter bezahlen, jeden Tag die Räume putzt.

Mit einer gewissen Berechtigung kann meiner Meinung nach die Verfaßte Kirche die Mitgliedschaft ihrer Beschäftigten erwarten – vor allem in Arbeitsgebieten des sogenannten Verkündigungsdienstes. Viele diakonische Einrichtungen dagegen benötigen pädagogisch, heilpädagogisch, psychologisch, therapeutisch, sozialarbeiterisch und medizinisch qualifizierte MitarbeiterInnen sowie Fachkräfte für die Bereiche Verwaltung, Finanzen, Hauswirtschaft etc. Bei deren Leistungen kommt es auf professionelle Arbeit an, und professionelle Arbeit ist an sich weder christlich noch nicht-christlich, sondern sie kann nur gut oder schlecht ausgeführt werden (vgl. Siegel, 1997). Die notwendigen Qualifikationen müssen alle BewerberInnen, christlich oder nicht-christlich, gleichermaßen mitbringen, aber die Entscheidung, wer die "richtige" Mitarbeiterin/der "richtige" Mitarbeiter für den zu besetzenden Arbeitsplatz ist, hat mit der Kirchenzugehörigkeit wenig, oft gar nichts zu tun.

Nach ihrer eigenen, christlichen Überzeugung wollen die konfessionellen Wohlfahrtsverbände den Ärmsten, "den Mühseligen und Beladenen", helfen. Bisher ist jedoch kaum darüber diskutiert worden, daß in ihren Einrichtungen, insbesondere in denjenigen mit nicht nur deutsch-christlichem Klientel auch MitarbeiterInnen nicht-christlicher Herkunft und/oder Glaubens arbeiten sollten. Heute ist klar, daß Hilfesuchenden am besten geholfen werden kann, wenn sie auf Menschen treffen, die einen ähnlichen kulturellen und religiösen Hintergrund haben und die ihre Sprache sprechen. Nicht-deutsche und nicht-christliche Menschen stellen einen überproportionalen hohen Anteil der Ärmsten in unserer Gesellschaft. Deshalb ist es an der Zeit, die Diskussion um die Öffnung der Dienste für MitarbeiterInnen anderer religiöser und ethnischer Herkunft zu führen. In der Diakonie hat eine solche Diskussion zwar begonnen, steckt aber noch in den Anfängen (vgl. Schirmer & Bastian, 1997). Ziel dieser Diskussion muß meines Erachtens sein, die Beschränkungen in der Einstellungspraxis abzuschaffen, d.h. MitarbeiterInnen nicht-deutscher Herkunft anzustellen, und die interkulturelle Kompetenz der vorhandenen Mitarbeiterschaft zu wecken und zu stärken.

Literatur

Arbeitsgemeinschaft Christlicher Kirchen in Deutschland e.V. (ACK). (1997). *Informationsbroschüre*.

Bauer, R. (1997). Sozialarbeit und Migration. *sozial extra 7/8*, 3-6.

Baumbach, R. (1997). Die ACK-Klausel – aus der Sicht eines Diakonikers: Weshalb wir in der Diakonie ein neues Arbeitsrecht brauchen. *Zur Orientierung – Zeitschrift für Mitarbeiterinnen und Mitarbeiter in der Behindertenhilfe*, 1, 38-39.

Beyer, H. & Nutzinger, H.G. (1994). Dienstgemeinschaft – Besonderheiten und Probleme kirchlicher Arbeitsbeziehungen. In C. Sachße (Hrsg.), *Wohlfahrtsverbände im Wohlfahrtsstaat* (S.155-178). Kassel.

Bundesarbeitsgemeinschaft der Freien Wohlfahrtspflege (BAG). *Gesamtstatistik der Einrichtungen der Freien Wohlfahrtspflege*, Stand 01.01.1996.

Dewe, B. (1993). "Multikulturelle Sozialarbeit" – Konsequenzen für eine professionelle Praxis. In B. Dewe (Hrsg.), *Professionelles soziales Handeln: soziale Arbeit im Spannungsfeld zwischen Theorie und Praxis* (S.149-171). Weinheim: Juventa.

Diakonie. *Statistische Informationen, Einrichtungsstatistik*, Stand 01.01.1996.

Caritas Korrespondenz. *Die katholischen Einrichtungen der Caritas in der Bundesrepublik Deutschland*, Stand 01.01.1996, Heft 10, 1996.

Gaitanides, S. (1995). Interkulturelle Öffnung der sozialen Dienste. In K. Barwig & W. Hinz-Rommel (Hrsg.), *Interkulturelle Öffnung sozialer Dienste* (S. 65-82). Freiburg i.B.: Lambertus.

Häfner, S. (1997). Eine Dienstgemeinschaft von Frauen – Die evangelische Kirche als Arbeitgeberin. *Frauen unterwegs, Zeitschrift der Evangelischen Frauenhilfe Deutschland e.V. 8*, 13-14.

Heinze, R.G. (Hrsg.). (1986). *Neue Subsidiarität: Leitidee für eine zukünftige Sozialpolitik.* Opladen: Westdeutscher Verlag.

Kaiser, J.-C. (1995). Von der christlichen Liebestätigkeit zur freien Wohlfahrtspflege: Genese und Organisation konfessionellen Engagements in der Weimarer Republik. In T. Rauschenbach, C. Sachße & T. Olk (Hrsg.), *Von der Wertgemeinschaft zum Dienstleistungsunternehmen. Jugend- und Wohlfahrtsverbände im Umbruch* (S.150-174). Frankfurt/M: Suhrkamp.

Münder, J. & Kreft, D. (Hrsg.). (1990). *Subsidiarität heute.* Münster.

Pavkovic, G. (1992). Interkulturelle Beratungskonstellationen in der psychosozialen Arbeit. *Informationsdienst zur Ausländerarbeit IZA, 3/4*, 118-125.

Puskeppeleit, J. & Thränhardt, D. (1990). *Vom betreuten Ausländer zum gleichberechtigten Bürger.* Freiburg i.B.: Lambertus.

Richardi, R. (1992). *Arbeitsrecht in der Kirche: Staatliches Arbeitsrecht und kirchliches Dienstrecht* (2. völlig neubearb. Aufl.). München: Beck.

Schirmer, M. & Bastian, K.-D. (1997). Innovation durch interkulturelle Öffnung. In J. Gohde (Hrsg.), *Jahrbuch Diakonie 1996/1997* (S.62-68). Reutlingen: Diakonie Verlag der Gustav-Werner-Stiftung.

Siegel, H. (1997). "Diakonisches Profil" im Selbstverständnis einer diakonischen Einrichtung am Beispiel der Diakoniestätten. *Zur Orientierung – Zeitschrift für Mitarbeiterinnen und Mitarbeiter in der Behindertenhilfe, 1*, 26-28.

Statistisches Bundesamt (Hrsg.). (August 1996). *Statistik der Jugendhilfe, Teil III.1: Einrichtungen und tätige Personen 1994 – Tageseinrichtungen für Kinder.* Wiesbaden.

Tennstedt, F. (1992). Die Spitzenverbände der Freien Wohlfahrtspflege im dualen Wohlfahrtsstaat. Ein historischer Rückblick auf die Entwicklung in Deutschland. *Soziale Arbeit, 10/11*, 342-356.

Weiße Mütter – Schwarze Kinder.
Über das Leben mit rassistischen Konstruktionen von Fremdheit und Gleichheit[1]

Gotlinde Magiriba Lwanga

Aber ich verstand es nicht. Ich war erfüllt von einem schrecklichen Staunen, das mir Schmerzen in der Brust verursachte und meine Zunge lähmte. Weil du schwarz bist. Ich versuchte zu denken, doch es gelang mir nicht. Ich sah immer nur diese Polizisten, diese Hände, deren Berührung wie die Berührung von Ungeziefer war, diese mordlustigen Augen. Waren das Menschen? "Caleb", fragte ich, "sind Weiße auch Menschen?"

James Baldwin
Tell me how long the train's been gone

Vorbemerkung

Zentrales Thema im vorliegenden Artikel ist die Hautfarbe. Ausgehend von Interviews mit Weißen Müttern Schwarzer Kinder versuche ich einzelne Aspekte der Konstruktion von Schwarzer und Weißer Hautfarbe zu beschreiben.

Die Interviews entstanden im Rahmen eines Forschungsprojekts zum Thema "Rassismus und Antisemitismus als Faktoren der Sozialisation", das Dagmar Schultz 1993 an der Alice-Salomon-Fachhochschule für Sozialpädagogik (Berlin) initiiert hatte. Insgesamt wurden Mütter sechs verschiedener Herkunfts- oder Zugehörigkeitskonstellationen befragt. Die Beschränkung auf Mütter hatte zunächst zweierlei Gründe. Zum einen folgten wir damit der traditionellen geschlechtsspezifischen Arbeitsteilung von Erziehung, zum anderen war dies ein pragmatisches Zugeständnis an die Realisierbarkeit des komplexen Vorhabens. Mit der Frage nach den Wirkungsweisen von Rassismus und Antisemitismus in der Sozialisation betraten wir Neuland in der Forschungslandschaft Deutschlands. Die Interviews hatten daher in erster Linie explorativen Charakter. Die in diesem Beitrag vorgestellten Ausführungen sind überwiegend Ergebnisse der Untersuchung.

---

[1] Der vorliegende Artikel ist eine überarbeitete Version eines Vortrags mit gleichem Titel, gehalten beim Kongreß der Deutschen Gesellschaft für Verhaltenstherapie im Februar 1996.

Die Ausgangsüberlegung bestand also nicht darin, ob und wenn, welche kulturellen Besonderheiten Schwarz-Weiße Familien aufweisen. Statt dessen gingen wir davon aus, daß Rassismus in Familien jeder Herkunft und Zugehörigkeit ein Thema ist und die Frage ist, in welcher Weise. Wir befragten sowohl Angehörige von Minderheiten, als auch Angehörige der dominanten Mehrheit, gleichzeitig waren diese Positionen auch in der Forschungsgruppe vertreten. Diese Kombination gewährleistete einerseits eine Vielzahl unterschiedlicher Perspektiven, andererseits stellten wir uns ein gemeinsames Problem: Wie nehmen die Befragten in bezug auf ihre Kinder Rassismus wahr und wie gehen sie mit diesen Herausforderungen um. Ziel der Untersuchung war es, zur Verbesserung bestehender (psycho-)sozialer Angebote beizutragen.

Für mich persönlich war bei der Wahl der Weißen Mütter als Interviewpartnerinnen ein weiteres Argument ausschlaggebend. Mich interessierte die (selbst-)kritische Hinterfragung dieser sozialen Position einer Angehörigen der Dominanzkultur. Eine Befragung der Väter erschien mir zu diesem Zeitpunkt, sowohl in Anbetracht des Standes der Forschung in Deutschland (Schwarze als Objekte, nicht Subjekte der Forschung), als auch meines persönlichen Erkenntnisstandes problematisch.

Bei Themen wie "Schwarze in Deutschland" oder "Partnerschaften zwischen Schwarzen und Weißen" ist es üblich, von interkulturellen Fragestellungen auszugehen. Ein sehr verbreiteter Ansatz arbeitet mit Begriffen wie Fremdheit und Gleichheit. Ich greife diese Begrifflichkeiten auf, werde aber zeigen, daß ein von vornherein interkulturell angelegter Ansatz, der von einem Kulturkonflikt zwischen "eigener" und "fremder" Kultur ausgeht, den Herausforderungen von Weißen Müttern und ihren Schwarzen Kindern nicht gerecht wird. Für die Weißen Mütter, die ich im folgenden vorstelle, sind die Schwarzen Kinder keine "Fremden". Im Gegenteil – sie sind sich so nah, daß sie eher Schwierigkeiten haben, die verschiedenen Erfahrungs- oder Lebenswelten, in die sie qua Hautfarbe eingebunden und ausgegrenzt sind, wahrzunehmen. Es handelt sich hier nicht um inter- oder bikulturelle, sondern sozusagen um innerkulturelle Phänomene, die sich zu Konflikten entwickeln können – oder auch nicht. Beide – Weiße Mütter und ihre Schwarzen Kinder – werden mit unterschiedlichen Zuschreibungen konfrontiert. Einige dieser Fremdbilder mögen sie verinnerlicht haben bzw. verinnerlichen, andere wehren sie ab oder setzen ihnen durch die eigene Erfahrungswelt geprägte Selbstbilder entgegen.

Meiner Ansicht nach muß man das spezifische Verhältnis zwischen jedem einzelnen Mitglied der Schwarz-Weißen Familie, der dominanten deutschen Gesellschaft und der interkulturellen Community berücksichtigen, wenn man die Beziehungsdynamiken innerhalb der Familie verstehen lernen will. Ihre Themen sind Themen der Gesamtgesellschaft. Die Frage nach der sozialen Konstruktion von Hautfarbe ist eines von ihnen. Wenn der vorliegende Beitrag die Position Weißer Mütter ins Zentrum rückt, wirft er deshalb auch ganz grundsätzlich die Frage nach der Konstruktion Weißer Hautfarbe auf und reicht weit über den Kreis der sogenannten Betroffenen hinaus.

Einleitung

Ich gehe davon aus, daß die sozialpolitischen und sozialpsychologischen Bedeutungen von Hautfarbe keine von vornherein feststehenden, quasi naturgegebenen Konstanten sind. Niemand ist in wörtlichem Sinne weiß oder schwarz und es ist auch nicht festgelegt, ob damit dunkle oder helle Haut-, Haar- und Augenfarbe gemeint sind oder einzelne dieser Merkmale. Es ist also bereits mehrdeutig, auf welche körperlichen Merkmale Farbzuschreibungen wie Schwarz und Weiß bezogen werden und es gibt dabei sowohl zwischen, als auch innerhalb von Gesellschaften, zum Teil große Unterschiede: Meine Großmutter bezeichnete beispielsweise bereits Menschen südländischen Typs als "schwarz", unser Sohn wird im Herkunftsland seines Vaters als muzungu (Europäer=Weißer=Reicher[2]) bezeichnet, in den USA würde er als Schwarzer gesehen und in Deutschland als Ausländer.

Um also kenntlich zu machen, daß es sich bei den Begriffen Schwarz und Weiß um Konstruktionen handelt, wähle ich als Hilfsmittel die Großschreibung.[3] Mit dieser Begriffswahl riskiere ich, zum Fortbestand der kritisierten Zuschreibungen beizutragen. Da es aber derzeit in Deutschland keinen kritischen Diskurs über Hautfarbe gibt, halte ich es für verfrüht, alternative Begriffe vorzuschlagen. Dies würde eher die bestehende Vermeidung stützen, als eine Konfrontation mit emanzipatorischer Zielsetzung bewirken.

Die Bedeutungen von Hautfarbe entwickelten sich im Kontext von Rassismus. Das heißt, es gab und gibt in den verschiedenen Gesellschaften einen historischen Prozeß, in dem Hautfarbe rassifiziert wurde und wird. Neben Nation, Religion, Sprache und Ethnizität ist Hautfarbe eine der Ebenen geworden, auf der "das Fremde" und "das Eigene" definiert werden. Um das Spektrum von Schwarz-Weiß-Konstruktionen umfassend verstehen zu lernen, wäre es daher wichtig, auch diese Ebenen zu berücksichtigen und zu fragen, zu welcher Melange sie sich im Leben einzelner Individuen verdichten. Dies würde allerdings den Rahmen dieses Beitrags sprengen – es soll an dieser Stelle genügen, daß ich auf diese Beschränktheit aufmerksam mache.

Im Alltagsverständnis der (mehrheits-)deutschen Gesellschaft sind zwei Umgangsweisen mit Hautfarbe verbreitet. Die eine könnte man als "Farbenblindheit" bezeichnen. Diese Haltung ist eine antirassistisch intendierte Strategie, die meiner Ansicht nach ihr Ziel verfehlt, weil sie die bestehenden Ungleichheiten und gesellschaftlichen Machtverhältnisse ignoriert. Adrienne Rich (1979, S.299) bezeichnete sie als "white solipsism": zu denken und zu handeln, als würde Weiß-Sein die Welt beschreiben. Ich schlage in diesem Zusammenhang den Begriff Blankozentrismus vor, weil darin in meinem Sprachempfinden der Mangel an Vorstellungsvermögen

---

[2] Es handelt sich hier um eine Art Klassenbegriff. Damit werden Aussagen über den sozialen Status getroffen, nicht über Zugehörigkeit. Diese wird anhand anderer Kriterien festgemacht, z.B. der Verwandtschaft/Nichtverwandtschaft, die nicht nur innerhalb der Familie Geltung erfährt, sondern auch gesellschaftlich.

[3] Das Darstellungsmittel der Großschreibung ist eine Notlösung. Das großgeschriebene Schwarz ist ursprünglich ein politischer Begriff Schwarzer Bewegungen. Wenn ich Weiß durch Großschreibung hervorhebe, intendiere ich damit ein Projekt der Demaskierung der sozialen Zuschreibungen an Weiße Hautfarbe durch Angehörige von Weißen Dominanzkulturen. Eine Analogie zum politischen Begriff Schwarz wäre aufgrund der Asymmetrie von Machtverhältnissen politisch reaktionär.

besser aufgehoben ist. "Blanko" verstehe ich in doppeltem Sinne: englisch "blank" – Lücke, Leere, Öde, Nichts – im Zusammenhang von Worten, Buchstaben und Gedanken und französisch "blanc" – weiß. Ein anderer Umgang mit unterschiedlicher Hautfarbe besteht in der dichotomen Wertung von Unterschieden im Sinne eines "besser als/schlechter als". Handelt es sich um eine Negativzuschreibung an Schwarze, wird sie unschwer als Rassismus erkannt. Ist es aber eine Positivzuschreibung, wird häufig übersehen, daß die Exotisierung oder Idealisierung auf derselben Matrix beruht, wie die offensichtlich rassistische – sie ist ihr Spiegelbild.

Im Verhalten einzelner Individuen treten beide Umgangsweisen – die hierarchisierende Wertung von unterschiedlicher Hautfarbe und die Farbenblindheit – meist nebeneinander auf. Je nach Situation rückt das eine oder das andere Muster in den Vordergrund. Die Mühe, die wir damit haben, Unterschiede und Gleichwertigkeit widerspruchsfrei zu denken und entsprechend zu handeln zeigt, daß wir immer noch weit von einer Ent-rassifizierung von Hautfarbe entfernt sind.

Über die Schwierigkeiten, Kindern Rassismus zu erklären

Wie kann man Kindern Rassismus erklären, ohne dadurch selbst wieder Rassismus zu reproduzieren? Diese Frage sollten sich nicht nur Weiße Mütter Schwarzer Kinder stellen, sondern grundsätzlich alle, die mit Kindern oder Jugendlichen zu tun haben und nicht- bzw. antirassistische[4] Ansprüche stellen. Bestimmte Situationen sind allerdings auf Weiße Kinder in Deutschland nicht analog übertragbar. Eine charakteristische Situation ist die erhöhte Aufmerksamkeit in der Öffentlichkeit, die im folgenden näher beschrieben werden soll.

Sichtbarkeit Schwarzer Kinder in der Öffentlichkeit: "Mama, warum kucken die mich so an?"

Ich kann mich an einige Fragen erinnern, als Muriel vier Jahre alt war, also als sie so richtig quatschen konnte. Die Leute haben sie natürlich angekuckt in der U-Bahn oder im Bus. Daß sie mich gefragt hat: "Mama, warum kucken die mich so an?"

Eine Erfahrung, mit der wohl die meisten Schwarzen Kinder in Deutschland von klein auf umgehen lernen müssen, ist die erhöhte Sichtbarkeit, die um so größer ist, je weniger Schwarze in der Umgebung wohnen, zur Schule gehen, am jeweili-

---

[4] Ich ziehe nichtrassistische Konzepte den antirassistischen vor. Die dem Antirassismus zugrundeliegenden Richt- oder Orientierungslinien erscheinen mir zu sehr auf ein reagieren zugespitzt zu sein, während der nichtrassistische Anspruch durch seinen visionären Charakter im Idealfall eine Transformation anstrebt. Wichtiger als die Wortwahl ist jedoch welcher Rassismusbegriff den Bezeichnungen zugrundeliegt. Ich würde mit Paul Gilroy (1995) argumentieren, daß Rassismus weit mehr ist als ein Tick "ewig Gestriger" oder eine Oberflächenerscheinung moderner Gesellschaften. Im Gegenteil – er reicht bis ins Zentrum, nicht nur der britischen, sondern auch der deutschen Politik.

gen Arbeitsplatz arbeiten. Die Aufmerksamkeit an sich ist mehrdeutig – sie mag wohlwollend oder feindselig sein. Wichtig daran ist zunächst, daß sie nicht freiwillig gewählt oder provoziert wurde, z.B. durch Aufmerksamkeit erregendes Verhalten. Während manche Weiße viel Mühe darauf verwenden, die Blicke der Öffentlichkeit auf sich zu ziehen, um sich von der Masse abzuheben, kann es für Schwarze in Deutschland ein Anliegen sein, in der Masse unterzutauchen und nicht – vor allem nicht permanent – auf dem Präsentierteller zu sitzen.

Im oben genannten Beispiel geht es darum, daß ein Schwarzes Kind seine Sichtbarkeit registriert und die Mutter um eine Erklärung bittet. Monika[5] antwortete ihrer Tochter:

Dann hab ich gesagt, dein Vater ist schwarz und ich bin weiß und du bist die Mischung davon. Wenn man in einen schwarzen Kaffee Milch tut, dann ist er nicht mehr schwarz und nicht mehr weiß.

Monikas Antwort bewegt sich auf zwei Ebenen. Zum einen enthält sie einen Wechsel der Perspektive: Monika antwortet nicht aus der Sicht der Schwarzen Tochter, die sich angestarrt fühlt, sondern aus der Sicht der Weißen Schauenden. Indem Monika das "Warum" der kindlichen Frage auf Muriels Hautfarbe bezieht, statt auf die Aufdringlichkeit der Leute, bekräftigt sie die Relevanz des Blicks von außen und damit die Bedeutung von Fremdbildern anstelle von Selbstbildern. Im Grunde genommen antwortet sie auf eine Frage, die das Kind gar nicht gestellt hat. Zum anderen enthält die Antwort eine Botschaft über Muriels Hautfarbe: "nicht mehr schwarz und nicht mehr weiß". Diese doppelt verneinende Umschreibung signalisiert, daß mit dieser Hautfarbe etwas nicht stimmt. Sie ist nicht ganz, sie ist unvollständig, irgend etwas fehlt. Die gutgemeinte, scheinbar harmlose Erklärung vermittelt an das Kind eine negative Bedeutung seiner Hautfarbe. Sie konstruiert sich über das dichotom konstruierte Koordinatensystem Schwarz-Weiß, in dem das Kind mit seiner Hautfarbe des Sowohl-Als-auch nicht vorgesehen ist. In einer Welt des Entweder-Oder hat es keine autonome Existenz, die eigene Hautfarbe gerät zur Komposition von Defiziten.

Diese Botschaft war von der Seite der Mutter mit Sicherheit nicht intendiert. Trotzdem transportiert ihre Antwort in der Wirkung auf das Kind Rassismus. Sie ist zwar nicht intentional – also nicht in Absicht oder Zielsetzung, jedoch funktional rassistisch. Diese Unterscheidung zwischen intentionalem und funktionalem Rassismus ist mir sehr wichtig. Häufig scheitern Auseinandersetzungen und Diskussionen am erklärten moralischen Anspruch, nicht rassistisch sein zu wollen. Diesem Ideal entsprechen Weiße Mütter Schwarzer Kinder ebensowenig in jeder Situation, wie Personen anderer Sozialisationsinstanzen auch.

Eine andere Interviewpartnerin, Carola, äußert sich ebenfalls zum Thema erhöhte Aufmerksamkeit in der Öffentlichkeit:

Warum soll ich meinem Kind sagen, wenn dich jetzt jemand anguckt, mußt du immer damit rechnen, daß er dich anguckt, weil du ein Mischling bist. Das ist doch Quatsch. Da belaste ich das Kind so negativ. ... Das finde ich schlecht, weil dann geht das Kind nämlich auf die

---

5 Die Namen wurden geändert.

Straße, und wenn es angeguckt wird, dann ist das erste im Kopf – "ah, der guckt mich an, weil ich eine andere Hautfarbe habe". Aber, daß der vielleicht guckt, weil das Kind was Hübsches anhat oder ... weil sie ein hübsches Gesicht hat ... oder was weiß ich. Dann wird das Gucken sofort immer, das ist ja schon Rassismus wieder in sich, daß er mit dem Gefühl auf die Straße geht, Menschen hassen mich, weil ich anders aussehe.

Carola erklärt die Aufmerksamkeit der Leute nicht unter Bezugnahme auf die Hautfarbe ihres Kindes, sondern rekuriert auf schöne Kleidung oder hübsches Aussehen als mögliche Auslöser. Sie versucht die Mehrdeutigkeit der Sichtbarkeit des Kindes ins Zentrum zu rücken. Ihr explizites Ziel besteht darin, das Kind vor negativer Belastung zu schützen. Dieses Anliegen ist wichtig. Das Kind hat ein Recht auf Schutz und Unbeschwertheit. Die Erwachsenen sollten, soweit dies möglich ist, vermeiden, das Kind mit Rassismus zu konfrontieren. Unvermeidliche Konfrontationen stellen sich ohnehin ein. Eine antirassistisch intendierte "Aufklärung", die das Kind in eine Auseinandersetzung mit Rassismus zwingt, die gar nicht ansteht, legt ihm unnötig Steine in den Weg.

Im nächsten Schritt wäre zu fragen, wie Carola ihr Anliegen, das Kind zu schützen, umsetzt. Sie nimmt eine Wertung der Blicke vorweg, indem sie unterstellt, sie seien durch etwas Positives ausgelöst. Ihre Intervention arbeitet also mit einer Dosis Manipulation – die Aufmerksamkeit wird als Bewunderung gedeutet. Dieser "Trick" kann angemessen sein, wenn dies in der Situation einigermaßen stimmig ist und nicht als Methode überstrapaziert wird. Ich würde ihn in Zusammenhang von Alter, Situation und Häufigkeit betrachten. Vorsicht vor Faustregeln ist geboten. Denn grundsätzlich ist die Wahrnehmung und das Empfinden des Kindes ausschlaggebend. Seine Sicht braucht Raum und Anerkennung – auch und gerade für Interpretationen und (situative) Schlußfolgerungen, die von der Sicht der Mutter abweichen. Denn eine Schwarze Sicht kommt in der Weiß dominierten Welt in der Regel zu kurz. Der Trick, den Carola einsetzt, folgt schließlich immer noch dem Blick der fremden Leute und verortet so den Anlaß für das Schauen am Kind. Sie lenkt ihn zwar von der Hautfarbe auf andere Äußerlichkeiten um, aber sie wirft ihn vom Standpunkt des Kindes aus nicht auf die Anderen zurück.

Stigmatisierung: "Iiih, du bist ja schwarz"

Der Wunsch Schwarze Kinder vor negativer Belastung zu schützen ist eine Sache. Früher oder später geraten sie jedoch in offen rassistische Situationen. Die Frage ist, welche Angebote, welche Anregungen die Kinder dabei unterstützen könnten, diese Erlebnisse zu verarbeiten. Denn das Umfeld nimmt keine Rücksicht auf das Alter, ob das Kind ein ausgeprägtes Selbstbewußtsein entwickeln konnte oder nicht, ob es in der Familie emotionalen Rückhalt hat oder nicht.

Stigmatisierungs- und Diskriminierungserfahrungen sind nicht vermeidbar.

Da gab es schon mal die eine oder die andere, die gesagt hat "Iih, du bist ja schwarz" oder so. Dann habe ich mal nachgefragt, wer das ist oder ich habe mir dann ein Bild zeigen lassen von dem Kind auf dem Klassenfoto. Dann habe ich nur gesagt, überleg' mal, warum so ein Kind so was zu dir sagt. Das mußt du mal sehen, wie die zu Hause ausgestattet sind... Das (Kind) weiß das nicht, das hat das von zu Hause nie gelernt, das mußt du ihm eben vermitteln können. Und wenn du dir mal die Mutter oder den Vater auch anguckt hast, dann ist es eigentlich deine Pflicht, das Kind aufzuklären.

In diesem Beispiel ist die Situation eindeutig – Kind und Mutter können die Abwertung der Hautfarbe klar erkennen. Carolas Antwort enthält diesmal – anders als im oben genannten Beispiel – die Zurückweisung der Botschaft nach dem Motto "nicht du bist das Problem, sondern dieses Kind hat ein Problem". Die Defizitzuschreibung geht an den Absender zurück und das Schwarze Kind erhält die Bestätigung, daß es selbst völlig in Ordnung ist. Außerdem erfährt es, daß rassistische Diskriminierung keine naturwüchsig gegebene menschliche Eigenschaft ist, sondern unter bestimmten Bedingungen gelernt wird.

In diesem ersten Schritt ist Carolas Intervention insofern antirassistisch, als sie den Rassismus erkennt und an den Aggressor und sein Umfeld zurückweist. Im nächsten Schritt kippt die Argumentation jedoch in das um, was ich Blankozentrismus nennen würde: Die Mutter gibt dem Schwarzen Kind vor, was es dem stigmatisierenden Kind gegenüber empfinden und wie es sich verhalten soll. Die Gesprächsstruktur ist damit monologisch, nicht dialogisch. Sie eröffnet dem Kind weder den Raum, sich über seine Gefühle klarzuwerden, noch welche Art von Handeln aus seiner Sicht angemessen wären. Ein weiteres Zitat mag das deutlicher illustrieren:

Du, wenn jemand was dagegen (gegen deine Hautfarbe) sagt, versuch' es ihm zu erklären und sei nicht gleich sauer. Das ist eigentlich deine Pflicht, nicht weil du eben anders bist, sondern das ist ja mein Anspruch an die Menschheit ... Das ist meine Pflicht als Mensch unter Menschen. Und das habe ich versucht, meinen Kindern rüberzubringen.

Carola vertritt ihren Schwarzen Kindern gegenüber radikal den Wert der Gleichheit, ausgedrückt im Anspruch, antirassistisch aufklärerisch zu wirken. Aber welche Farbe hat "der" Mensch unter welchen Menschen?

Was würde sich an der Situation ändern, wenn Carola zu einem Weißen Kind sprechen würde? Ein Weißes Kind in Deutschland wird – wenn überhaupt – sehr selten in die Situation geraten, daß es unter Bezugnahme auf seine Hautfarbe beleidigt wird. Selbst wenn das passiert, wären die Bedingungen ganz anders gelagert: nicht nur, weil es hier in einer Weißen Mehrheit lebt, sondern auch, weil diese die Produktion der sozial relevanten Bilder besetzt hält, in denen Weiß-Sein die Norm darstellt. Dies wirkt sich auf die emotionale Relevanz der Situation aus. Die Voraussetzungen, sich als Mensch zu erfahren, sind an die Körperlichkeit und damit an die Hautfarbe geknüpft. Aus der Abwandlung der Situation wird deutlich: Die Häufigkeit, mit der Schwarze und Weiße mit derlei Erfahrungen konfrontiert sind, ist anders und die Position, in der sie sich in dieser Gesellschaft befinden, ist anders. Die Beschwörung der Farbenblindheit unterstellt Weiß-Sein als universal menschliche Daseinsform und Perspektive, "Gleichheit" gerinnt zur Vereinnahmung. Vereinnahmung bedeutet Ausgrenzung eigener Sicht- und Erlebnisweisen. Schwarze (Kinder) werden von Weißen immer wieder an ihre "andere" Hautfarbe erinnert, gerade weil Schwarze Lebenserfahrung in der Vorstellung vom Menschen in der blankozentrischen Sichtweise eine Leerstelle darstellt. Und nicht nur das. Auch die Beschränktheit oder Relativität der durch Weiße Hautfarbe umschriebenen Erlebniswelten bleibt ausgeblendet. Die "menschliche Pflicht" zur Aufklärung über Schwarze Hautfarbe würde für Schwarze in einer mehrheitlich Weißen Gesellschaft zu einer Dauerbeschäftigung mit dem absurden Ziel, "als Menschen" überhaupt Anerkennung zu finden. Selbstverständlich auf eigene Kosten, denn die Dienstleistung, diese Lücken im blankozentrischen Weltbild zu füllen, müßten einseitig aus dem eigenen Energiehaushalt erwirtschaftet werden: 1. emotionale Distanzierung von Beleidigung und Ausgrenzung, 2. sozialpsychologische Fallanalyse des Gegenübers, 3. auf den Einzelfall bezogene Konzeptentwicklung und 4. Durchführung von Bildungsangeboten. Und was ist, wenn die strukturell immer wieder eingeforderten Bemühungen um Aufklärung erfolglos bleiben? Wie verarbeite ich als Schwarzer, wie als Weißer Mensch solche Kommunikationsfehlschläge, wie gewinne ich Distanz? Denn Ungeduld und Ärger werden oft als Überempfindlichkeit, als emotionale Unreife interpretiert. Liegen die Ursachen für derartiges Scheitern in meiner unzureichenden Erklärungsweise oder sind sie in der Pathologie meines Gegenübers begründet?

Universalität ist kein Gut, das der eine besitzt und die andere nicht, sondern ein Wert, ein Ideal, das permanenter allseitiger Anstrengungen bedarf. Universalität erfordert den nach allen Seiten hin offenen, auf Gleichberechtigung zielenden Dialog, der Ungleichheit anerkennt.

Mit der verschiedenen, qua Hautfarbe zugeschriebenen Position in einer von Rassismen durchwirkten Gesellschaft, unterscheiden sich auch die Gefühlsqualitäten und die individuell zu treffenden Entscheidungen. Vielleicht kann ich das so veranschaulichen: Wenn ich in meinem Alltag immer wieder in Situationen gerate, in denen ich über meine Hautfarbe verunglimpft werde, brauche ich einen eigenen Sortiermechanismus, um zu entscheiden, ob ich sauer bin oder nicht, ob ich mein Gegenüber belehren will oder nicht. Der emotionale Maßstab für den Sortiermechanismus meiner Gefühle, Aktionen und Reaktionen, kann nur bei mir selbst liegen. Er wird sich sowohl aus meinen konkreten Erlebnissen entwickeln, als auch aus den verschiedenartigsten Anregungen, die ich aus meinem Umfeld zu dieser Herausforderung erfahre. Umgang mit Personen zu haben, die meiner Erfahrungswelt als Schwarzer Mensch möglichst nahe sind, ist deshalb sehr wichtig. Die Vielfalt der Verhaltensweisen anderer Schwarzer zeigen mir Modelle, aus denen ich lernen kann – ob in Form von Nachahmung oder in Abgrenzung dazu. Die Weiße Welt kann hierzu – zur Zeit – sehr wenig bieten. Ihre Vorstellung "vom Menschen" ist unter den vorherrschenden Bedingungen (noch) defizitär.

Folgen von Rassismus

Im folgenden möchte ich anhand eines Beispiels zeigen wie komplex es sein kann, wenn verschiedene Erfahrungswelten im Konfliktfall aufeinandertreffen. Es geht dabei um die unterschiedlichen Erfahrungen, die Mutter und Kind mit Rassismus machen – den Rassismus, den ein Schwarzes Kind erfährt und den Rassismus, den die Weiße Mutter erlebt.

Die Mutter und die etwa zehnjährige Tochter befinden sich in einem Ferienlager. Delia und ein Junge, in den sie ein bißchen verliebt ist, streiten sich aus irgendeinem Grund. Da fällt der Ausdruck "Negerfresse" oder ähnliches. Die Mutter wird zum Schauplatz gebracht. Delia sitzt weinend auf der Straße, fuchtelt mit einem Taschenmesser herum und droht sie wolle sich umbringen. Als sie ihre Mutter sieht, schreit sie: "Warum hast du mit Papi geschlafen!?" Die Mutter antwortet, "Ich hab' deinen Vater geliebt."

Die Situation liegt Jahre zurück. Während die Mutter erzählt, kämpft sie mit den Tränen.

Interpretation der Erfahrungswelt des Kindes

Der Junge, der Delia rassistisch beschimpft, ist für sie nicht irgendwer, den sie einfach links liegen lassen könnte. Sie fühlt sich offensichtlich zu ihm hingezogen, er ist ihr wichtig. Ihre Sympathie, Zuneigung, Liebe weist der Junge mit einer massiven Verunglimpfung ihrer Schwarzen Hautfarbe zurück. Diese, auf ihre Hautfarbe bezogene Herabsetzung entwertet, verunstaltet ihr ganzes Sein. Sie ist in dieser Schärfe, in dieser Totalität nicht umkehrbar – selbst wenn Delia wollte, sie könnte den Jungen nie so treffen. Rassismus ist auch Liebesentzug, Vorenthaltung von Zuwendung und Anerkennung. Delia ist dieser emotionalen Bedrohung durch die Weiße Welt mit Haut und Haar ausgeliefert. Rückzugsmöglichkeiten in eine Welt, in der sie als Schwarze bedingungslose Anerkennung finden könnte, hat sie nicht. Im Extremfall kann Rassismus zu existentieller Verzweiflung führen. Delia hat gelernt, daß sie aufgrund ihrer Hautfarbe in der Weißen Welt nichts gilt: "weil du schwarz bist", "weil du weder schwarz noch weiß bist". Sie richtet ihre Aggression also folgerichtig gegen sich selbst, gegen ihre eigene Hautfarbe, nicht gegen den Aggressor. Daran wird deutlich, daß sie die negativen Zuschreibungen an Schwarze Hautfarbe als Ursache von Diskriminierung zu diesem Zeitpunkt verinnerlicht hat – ihre Hautfarbe macht sie zum "Monster", als "Monster" ist sie nicht liebenswert. Die Androhung von Selbstmord zeigt, daß der Leidensdruck bereits sehr groß gewesen sein muß; die Beschimpfung des Jungen ist der Tropfen, der das Faß zum Überlaufen bringt.

Delia hat aber nicht nur gelernt, daß ihre Hautfarbe Ablehnung, Abweisung, Ausgrenzung verursacht, sondern auch, daß die Ursache für ihre Hautfarbe bei einer bestimmten Person liegt, nämlich der Mutter. Daran wird deutlich, daß Hautfarbe (auch) eine biographische Geschichte hat.[6] Hätte die Mutter einen Weißen, statt einen Schwarzen Partner gewählt, bestünde für Delia das Problem Hautfarbe nicht – sie fände bedingungslose, uneingeschränkte Anerkennung. Ihre Autoaggression findet als einziges, nach außen gerichtetes Ventil eine Person, die in Hinblick auf ihre Hautfarbe offenbar Handlungsspielraum hatte: "Warum hast du mit Papi geschlafen!?"

---

[6] Die Zusitzung meiner Interpretation stellt sicherlich nur einen Bruchteil des Gesamtkonflikts dar. Mein Anliegen beschränkt sich hier darauf zu zeigen, daß die soziale Konstruktion von Hautfarbe überhaupt einen ernstzunehmenden Faktor darstellt.

Interpretation der Erfahrungswelt der Mutter

Die Not der Tochter ist für Magdalena hochgradig schockierend. Sie liebt ihr Kind mit Haut und Haar und trotzdem geht dabei etwas schief. Aber was? Das Kind scheint ihr vorzuwerfen, daß sie es (Schwarz) auf die Welt gebracht hat. Sie antwortet auf der Ebene, auf der das Kind sie verbal konfrontiert und berührt dabei auch das Thema, um das es im Kern wohl auch geht: Liebe über die colorline. Magdalena signalisiert der Tochter, daß sie ihren Schwarzen Vater liebenswert empfand. Die verschiedenen Botschaften über Hautfarbe, die mit ihr und der Tochter ganz konkret zusammenhängen, bleiben implizit.

Ich habe mir diese Situation oft durch den Kopf gehen lassen, weil sie mich sehr bewegt hat und habe folgende Schlüsse gezogen: Der mögliche Handlungsspielraum dieser Situation erschließt sich aus den Botschaften, die Delia indirekt und unterschwellig an die Mutter richtet: Die eine Metabotschaft könnte heißen: "Ich komme mit der Zurückweisung durch Weiße nicht klar – Hilf mir." Die andere hieße: "Du bist schuld an meiner Not bzw. Hautfarbe." Schließlich enthält der Ausbruch auch Andeutungen über das Verhältnis des Kindes zum Vater, gegen den sie – für die Mutter und gegen sich – Partei ergreift.

Die Antwort auf der ersten Metaebene würde bedeuten, dem Kind einerseits deutlich zu zeigen, daß es so, wie es ist, liebenswert und schön ist. Andererseits ginge es darum, die Richtung von Delias Wut auf den eigentlichen Aggressor zu lenken, ihr zu zeigen, daß die Wut/Verletzung von der Mutter und den weiteren Anwesenden geteilt oder verstanden wird, und daß daraus weitere Handlungsschritte folgen, indem der Junge für sein Verhalten zur Verantwortung gezogen wird. Voraussetzung wäre, erstens, daß die Mutter selbst Klarheit darüber hat, daß der Junge – auch als Kind – lernen muß, für sein Verhalten Verantwortung zu übernehmen, zweitens bräuchte sie dabei die Unterstützung der anderen Weißen. Denn die Definitionsmacht, die der Junge gegenüber Delia ausübt, hat er nicht als Individuum. Um dieser Macht, die Delia bereits verinnerlicht hat, entgegenzutreten oder sie gar zu brechen, bedarf es einer kollektiven Anstrengung. Der andere Ton müßte als gesellschaftlicher Konsens, als soziale Norm auftreten, um für Delia mittelfristig glaubwürdig zu werden.

Die Antwort auf der zweiten Metaebene hätte zur Voraussetzung, daß Magdalena mit ihren eigenen Gefühlen im reinen ist, um mit Delia über die Bedeutung von Zuschreibungen und Schuldzuweisung sprechen zu können. Die Auseinandersetzung mit Ausgrenzung und Stigmatisierung ist – wenn die Unterschiede Teil der Reflexion sind – eine potentielle Quelle für die explizite Solidarisierung zwischen Mutter und Kind.

Delias "Ausrasten" trifft Magdalena jedoch an einem der empfindlichsten Punkte ihrer Biographie. Sie hatte, als sie mit Delia schwanger wurde, Schritt für Schritt die emotionale Geborgenheit ihrer Eltern, die Respektabilität im sozialen Umfeld, und die Verläßlichkeit ihrer moralischen Bezugspunkte verloren (siehe nächster Abschnitt). Vielleicht gibt oder gab sie sich an diesen Verlusten selbst die Schuld. Delias Konfrontation – "Warum hast du mit Papi geschlafen?" – aktiviert die Erinnerung und die damit verbundenen Gefühle wie schmerzhafte Hilflosigkeit, Ohnmacht, Fassungslosigkeit. Delias Not ist in gewisser Weise Magdalenas eigene überwältigende Geschichte – Liebesentzug im Angesicht der colorline. Delias aktuelles Trauma ist Magdalenas Retraumatisierung. Daß Magdalena letztendlich ihr Kind mit seinen Nöten und Ängsten allein läßt, weil sie selbst allein gelassen wurde und wird, ist unter diesen Umständen ebenso verständlich wie Delias Ausbruchsversuch.

Magdalena hat auch heute noch das Gefühl, ihre damalige Reaktion Delia gegenüber sei unzureichend, sie hätte mehr sagen, mehr tun sollen – aber was? Sie ringt um Worte, sie sucht nach einer angemessenen Sprache, sie ringt mit den zu engen Grenzen des Verstehens und einem tiefen Schmerz.

Relevanz des sozialen Kontextes

Die psychologische Dimension offensiv rassistischer Äußerungen – ob von Kindern oder Erwachsenen – hängt also damit zusammen, welche (emotionale) Bedeutung diese Personen für das Schwarze Kind einerseits, die Mutter andererseits, haben. Sie hängt aber auch ganz wesentlich davon ab, ob es ein soziales Netz gibt, das die emotionale Brisanz abfedern kann.

Das geschilderte Ereignis spielt sich nicht zu Hause in der Abgeschiedenheit ab, sondern in aller Öffentlichkeit. Es gibt sogar qualifizierte Begleitung, denn mit von der Partie waren ErzieherInnen, SozialarbeiterInnen und ein Psychologe. Magdalena schildert deren Verhalten folgendermaßen:

Sie waren einfach betroffen. Es kam zuerst 'ne absolute Betroffenheit und Sprachlosigkeit. Und sie wußten nicht damit umzugehen ... Vielleicht hab' ich sie überfordert mit dieser Fragestellung. So. Und komisches Mitleid in dem Sinne, das kann man nicht brauchen und das war auch nicht angesagt. Aber sie waren einfach nicht in der Lage, mich zu unterstützen, war nicht drin.

Magdalena hätte dringend der qualifizierten Unterstützung bedurft. Um ihre Tochter stabilisieren zu können, hätte sie stabilisiert werden müssen. Es wäre zu erwarten, daß die Professionellen in diesem Fall keine "flash-backs" von eigenen Ausgrenzungserfahrungen haben. Auf diese Situation sind diese aber nicht vorbereitet und so verfehlen sie ihre Aufgabe. Und nun gerät Magdalena in die nächste Falle. Sogar im Rückblick ist sie noch bereit, die Verantwortung für den offensichtlichen Kompetenzmangel der Professionellen auf sich zu nehmen: "Vielleicht hab ich sie überfordert ..." Aus ihrer Stimme sprechen Zweifel und Trauer, aber kein an die Mitverantwortung anderer Personen verweisender Ärger. Auch daraus spricht die Tendenz, Schuld/Verantwortung[7] schwerpunktmäßig bei sich zu verorten. Die Expertinnen und Experten für Soziales begehen keinen bewußten Akt von unterlassener Hilfeleistung – sie stoßen selbst an die Grenzen ihrer Weißen Vorstellungswelt und sind irritiert, sprachlos und vor allem, betroffen unbetroffen. Daß es in dieser Gesellschaft Rassismus gibt, wie man sich dazu verhalten kann, wie man die Verarbeitung rassistischer Erfahrungen unterstützen kann, ist für sie unbekanntes Ter-

---

[7] Obwohl es interessant wäre, will ich hier nicht in eine differenzierende Diskussion von Schuld und Verantwortung einsteigen. Wichtig erscheint mir hier die Verteilung – die einen nehmen zu viel auf sich, die anderen zu wenig.

ritorium. Dieser Teil der menschlichen Existenz ist in ihrem Arbeitsalltag ganz offensichtlich nicht vorgesehen. Für Delia und Magdalena hat diese professionelle Ignoranz, die an dieser Situation punktuell sichtbar wird, Konsequenzen. Bald nach dem Vorfall fanden die JugendarbeiterInnen mit Spielen wie "Wer hat Angst vor'm Schwarzen Mann" und Liedern wie "Zehn nackte Neger" wieder zur Feriennormalität zurück. Delia brach ein zweites Mal zusammen. Nach der Reise war Magdalena mit Delia schließlich wieder allein zu Hause und für die VertreterInnen der Öffentlichkeit war die Welt wieder in Ordnung. Magdalena und Delia haben dann wieder ein privates, innerfamiliäres Problem. Oder?

Bezieht man das öffentliche Setting und die Krisensituation von Mutter und Tochter um Hautfarbe aufeinander, wird folgendes deutlich: Bei beiden sind die kollektiven Bezüge gebrochen. Beide treffen auf die Beschränktheit der Weißen Vorstellungswelt und erleben die dabei auftretenden Konflikte als persönliche Unzulänglichkeit, als individuelles Scheitern. Magdalena ist als Weiße Mutter eines Schwarzen Kindes in hohem Maß auf sich allein gestellt, Antworten auf die Fragen zu finden, die sie in ihrem Alltag bewegen. In dem umfangreichen Theorie- und Praxisangebot zu Fragen der Sozialisation erhält sie weder diskursive Anregungen, noch erfährt sie unterstützende Interventionen, gerade wenn sie sie am dringendsten braucht. Parallel dazu wird Delia dem stigmatisierten Kollektiv "Schwarze" zugeordnet. Von diesem Makrokollektiv erfährt sie aus dem Weißen Umfeld verzerrte Phantasmen oder Leerstellen. Zugang zu realen Schwarzen Personen, die ihr über ihr Sprechen und Handeln Modelle vorleben und sie auf diese Weise in der Entfaltung ihrer Individualität unterstützen könnten, hatte sie (zu diesem Zeitpunkt) nicht. Schließlich erhält die einige Jahre zurückliegende Trennung von Mutter und Vater und das Tochter-Vater-Verhältnis durch den alltäglichen Rassismus, eine zusätzliche Portion emotionaler Sprengkraft. Der Alltagsrassismus trägt dazu bei, daß der abwesende Vater und die mit ihm zusammenhängenden Gefühle immer und immer wieder aktualisiert wird; und zwar bei beiden. Die emotionale Verabschiedung des Vaters/Partners kann also durch bestimmte gesellschaftlichen Verhältnisse blockiert sein. Der Schwarze Vater/Partner erhält eine Schicksalsmacht zugeschrieben, die mit ihm persönlich nicht mehr viel zu tun hat. Wird dieser Kontext ignoriert, besteht die Gefahr einer rassistisch gefärbten Dämonisierung.

Die Auswirkung von gebrochenen kollektiven Bezügen sind für Mutter und Tochter ähnlich. Beide sind extrem auf sich alleingestellt und müssen für ihr soziales Überleben sehr viel mehr an individueller Schöpfungskraft aufbringen, als es für Weiße und Schwarze zutrifft, die an kollektives Wissen und an Solidaritätsbezüge anknüpfen können. Für die Entwicklung von Individualität ist es daher von nicht zu unterschätzender Bedeutung, ob man dies im Schutze einer Mehrheit (oder wenigstens einer Minderheits-community) tun kann, zu der man dann z.B. selbstbewußt Abstand nehmen kann, oder ob man unfreiwillig in ein Einzelkämpferdasein gezwungen wird. Ist letzteres der Fall, kann Dazugehören die Brisanz einer Existenzfrage annehmen, weil das Nichtdazugehören als persönliche Abnormalität bzw. Pathologie, als persönliches Versagen erlebt werden kann. Gleichzeitig sind diese Erfahrungen auch eine Quelle von Erkenntnis, Wissen und Kompetenzen. Diese Ressource mag verschüttet sein, es käme darauf an, sie freizulegen.

Zusammenfassung

Weiße Mütter und Schwarze Kinder leben qua Hautfarbe in zwei innerkulturell verschiedenen Erfahrungswelten. Die Weiße Gesellschaft beruht auf Diskursen und Praktiken, die Rassismus zum Teil intentional, zum Teil funktional als Problematik der Ausgegrenzten konstruiert, ohne den eigenen Anteil an der Produktion des Problems in Erwägung zu ziehen.

Ich habe hier zwei Muster vorgestellt. Das erste besteht darin, die Diskriminierung des Kindes auf seine Hautfarbe zurückzuführen und Schwarzen Kindern durch dichotome Schwarz-Weiß-Konstruktionen zu vermitteln, sie seien defizitär. Das zweite besteht darin, durch eine blankozentrische Anspruchshaltung die Erlebnis- und Gefühlswelt der Kinder zu vereinnahmen und die Begrenztheiten der eigenen (Weißen) Position auszublenden.

Im dritten Beispiel habe ich gezeigt, daß die psychische Dimension offensiv rassistischer Äußerungen davon abhängt, welche emotionale Bedeutung die diskriminierende Person für das Kind hat und ob es Selbstbilder entwickeln konnte, die es stabilisieren. Hat es die stigmatisierenden Fremdbilder verinnerlicht, kann das Kind in Konfliktsituationen sehr krisengefährdet sein. Von großer Bedeutung – sowohl für die positive Selbstbildentwicklung, als auch für etwaige Krisenintervention – ist ein emotional tragfähiges soziales Netz.

Ein wichtiges Thema für die Situation Weißer Mütter und Schwarzer Kinder ist damit die Bedeutung kollektiver Bezüge. In dem Beispiel, das ich erläutert habe, standen (unfreiwillig) gebrochene kollektive Bezüge im Vordergrund. In solchen Situationen sind die Anforderungen an individuelle Leistungen der Problemverarbeitung besonders hoch. Das heißt umgekehrt aber auch, daß sowohl dem Halten, als auch dem Neuknüpfen von sozialen Netzen Aufmerksamkeit geschenkt werden sollte, für die es sicherlich auch Beispiele und Vorbilder gibt, wenn man danach sucht.

Von zentraler Wichtigkeit erscheint mir, daß die Mütter, die mit der Hautfarbe verbundenen, unterschiedlichen Erfahrungswelten anerkennen. Denn gerade in der Anerkennung der Verschiedenheit, mit dem Verstehenlernen der individuellen und strukturellen Weißen Position, könnten neue Berührungspunkte, gemeinsamer Stoff für Erkundungen und neue Horizonte gewonnen werden. Dieses Thema – die (strukturelle) Position Weißer Mütter – will ich im nächsten Abschnitt etwas vertiefen.

Der rassistische Mythos "schwarzer Körperlichkeit"

Die Diskriminierung der Weißen Mutter

Um zu verdeutlichen, warum es für die Mütter wichtig ist, sich über die eigene Position klar zu werden, schildere ich ein weiteres Beispiel: Claudia wird in Anwesenheit ihrer Kinder von einem älteren Mann als "Schlampe", die sich "mit Negern einläßt", beschimpft. Ihre etwa sechs Jahre alte Tochter reagiert mit großer Empörung auf die Beleidigung und fragt sie, warum der Mann so etwas sage. Claudia erinnert folgende Antwort: "Daß manche Leute Andere nur nicht mögen, weil sie eben braun sind."

Um den zitierten Satz verstehen zu können, muß man wissen, daß Claudia ihre Kinder als "braun" bezeichnet, ihren Mann umschreibt sie dagegen mit Begriffen wie Schwarz, afrikanisch oder nennt seine Nationalität. Der Begriff braun bezieht sich also auf ihre Kinder. Wie problematisch eine Kausalbegründung von Diskriminierung mit Schwarzer Hautfarbe ist, habe ich bereits beschrieben. In diesem Beispiel geht es jedoch um weit mehr, denn die diskriminierende Bemerkung war nicht gegen die Kinder gerichtet, sondern gegen die Weiße Mutter: Obwohl der Mann die Weiße Mutter beschimpft, bezieht sie seine Äußerungen auf die Kinder.

Daran wird deutlich, daß sich die Mutter als Weiße aus der rassistischen Situation völlig ausklammert. Zwar spielen ihre Schwarzen Kinder für den Aggressor eine Rolle, aber sie fungieren als Symbolträgerinnen für die sexuellen Beziehungen der Weißen Mutter. Insofern enthielt Claudias Antwort einen richtigen Kern: Sie wird über die Hautfarbe der Kinder für den Mann als "Schlampe" sichtbar. Zielscheibe des Rassismus sind aber nicht die Kinder, sondern Claudias Verhalten als Weiße Frau. Weil sie diese Systematik des Rassismus selbst nicht begreift, leitet sie den rassistischen Affront bei ihrer Erklärung an die Kinder weiter.

Die Zuschreibung "Schlampe" oder noch deutlicher – "Negerhure" – ist für alle Frauen, die ich interviewt habe, Thema. Zugleich ist sie der kleinste gemeinsame Nenner der sonst sehr unterschiedlichen Biographien und Persönlichkeiten. Teil dieses Stigmas sind essentielle Phantasien über "schwarze Körperlichkeit". Diese Phantasien sind auch dann vorherrschend, wenn das Werturteil positiv gefällt wird, wie folgendes Zitat verdeutlicht:

Ich hab' auch so Fälle auf Parties schon erlebt, daß so deutsche Frauen gesagt haben, – nu tanz doch mal oder nu mach doch mal. Das find' ich auch wieder so daneben, so den afrikanischen Mann als Schaustück oder so als wildes Objekt – er ist hoffentlich noch schön exotisch.

Hier wird der Schwarze Partner exotisiert und erotisiert, d.h. die rassistischen Zuschreibungen bleiben im Kern die gleichen, nur werden sie "positiv" – sozusagen philorassistisch – bewertet. Als Person wird der Schwarze Partner unsichtbar, ein Eigenleben hat er nur in Relation und Abhängigkeit zur Weißen Partnerin: "als wildes Objekt" der Begierde, als Schmuckstück.

Die Auseinandersetzung mit dem Phantasma "schwarze Körperlichkeit" ist ein Schlüsselthema – nicht nur auf der Suche nach der individuellen Positionierung Weißer Frauen mit einem Schwarzen Partner – sondern auch für das Verständnis der *Konstruktion von Weißer Hautfarbe*.

Im folgenden werde ich zunächst anhand einer biographischen Sequenz zeigen, worin systematische Muster gegenüber Weißen Partnerinnen Schwarzer Männer bestehen, welche Konsequenzen die Position der Mutter für das Kind haben kann und wie die interviewten Mütter mit ihrer Lage emotional umgehen. Danach werde ich kurz Aspekte der Exotisierung diskutieren.

"Das gefallene Mädchen"

Magdalena schildert die Reaktion ihrer sehr religiösen Eltern auf ihre Schwangerschaft:

Meine Mutter brach zusammen, mein Vater sagte zu mir: "Wir schaukeln das Kind schon." Meine Mutter hat's bis heute nicht verkraftet. Und dann kam man in die übliche Klischeekiste, die Frau, die überwältigt wurde von einem potenten Schwarzen Mann – also alles in Anführungsstrichen – das arme gefallene Mädchen – oder ganz negativ – die Negerhure.

Anders, als man es bei einer religiösen Familie erwarten würde, machen die Eltern Magdalena weniger den Verstoß gegen die Sexualmoral zum Vorwurf, als die Tatsache, daß der Vater des Kindes Schwarz ist. Ein uneheliches Kind zu erwarten, ist ein Verstoß gegen Regeln, einen Schwarzen Partner zu wählen, der Bruch eines Tabus.

Jetzt werden sämtliche Register der Doppelmoral gezogen: Die religiösen Eltern verlassen den eigenen Moralkodex und legen der Tochter – über Dritte – eine Abtreibung im Ausland nahe. Die Institution Kirche, vertreten durch einen Pfarrer, an den sich Magdalena hilfesuchend wendet, schlägt vor, das Kind ins Heim zu geben.

Beide "Lösungsvorschläge" laufen darauf hinaus, das werdende Kind aus der Familie zu entfernen, obwohl die junge Mutter sich für das Kind entschieden hat, obwohl keine ökonomische Notlage vorliegt. Warum soll das Kind weg? Das Schwarze Kind wird zum Symbolträger einer Grenzüberschreitung der Weißen Mutter, zum sichtbaren Ausdruck der Schande, unschön ausgedrückt, von "Rassenschande" (auch wenn es nicht offen ausgesprochen wird und in den Ohren weh tut). Mit anderen Worten: Es geht um den Verlust der Stellung der Weißen Frau im Weißen Zentrum der Gesellschaft. Die Eltern, der Pfarrer, verhalten sich keineswegs vulgärrassistisch, sondern aus ihrer eigenen Sicht wahrscheinlich liberal. Ihre Vorschläge zielen nicht auf unmittelbare Ausgrenzung der jungen Mutter, z.B. durch Verleugnung und Beziehungsabbruch, sondern darauf, ihren sozialen Status als Weiße Frau zu "retten". Aus Sicht der Eltern kommen eigene Ängste vor Statusverlust hinzu – das Schwarze Enkelkind würde auch ihre gesellschaftliche Position mit einem Makel markieren.

Dahinter steht ein klassischer, aber nach wie vor aktueller rassistischer Mythos: Sexuelle Beziehungen zwischen Weißen Frauen und Schwarzen Männern beruhen entweder auf Vergewaltigung oder auf Prostitution. Als Opfer von Verführung oder Vergewaltigung können sich Weiße Frauen einen Rest an Weißer Solidarität zusichern, als Prostituierte werden sie zu Mittäterinnen und damit gänzlich zu Geächteten. Beide Bilder enthalten die Vorstellung der Hypersexualität von Menschen afrikanischen Ursprungs.[8] Körperlichkeit, Sexualität von Schwarzen Männern wird deshalb als besonders bedrohlich stilisiert, weil sie die Rolle Weißer Frauen als biologische Reproduzentinnen des Weißen Kollektivs potentiell bedroht. Diese Zuschreibung an ihr "schwarzes" Wesen ist in klassischem Sinne rassistisch. Dadurch werden Schwarze in der Weißen Vorstellungswelt in essentiellem Sinne von sozialer Respektabilität ausgeschlossen. Die soziale Respektabilität einer Weißen Frau dagegen wird unmittelbar an ihr Partnerwahlverhalten geknüpft.

---

[8] Auch bei anderen Formen des Rassismus spielen sexuelle Zuschreibungen und Bilder eine Rolle. Es ist jedoch wichtig zu fragen, welche inhaltlichen Akzente diese Bilder (z.B. gegenüber Juden, Orientalen etc.) setzen, in welchen historischen Kontexten sie sich herausbilden, wie sie sich über Zeit entwickeln und über welche regionalen Entfernungen sie Verbreitung finden. Körperlichkeit und Sexualität von Menschen afrikanischen Ursprungs stehen mittlerweile seit Jahrhunderten im Mittelpunkt rassistischer Diskurse.

Mutter und Tochter im Labyrinth gebrochener Zugehörigkeiten

Magdalena widersetzte sich der Trennung von ihrer Tochter und erlebte dabei tiefe Brüche – den Vertrauensverlust in alle, bis dahin für sie relevanten Bezugspersonen einerseits, den Zusammenbruch ihres religiösen Weltbildes als Orientierungsrahmen andererseits. Rückblickend sagt sie heute, sie habe damals ihr Urvertrauen verloren.

Die Stellung des Enkelkindes im Familienverband entwickelte sich zu einem permanenten Spannungszustand zwischen öffentlicher Schande und privater Scham: Magdalenas Mutter hatte z.B. große Schwierigkeiten, ihre Enkeltochter vorzustellen oder über sie zu sprechen. Fotos hängte sie nur dann auf, wenn sie zu Besuch kamen. Magdalena beschreibt die Stimmung mit Worten wie: "es war kein offener Umgang", "sie wußten nicht mit mir umzugehen", "über allem lag eine Atmosphäre von komischer Verlegenheit".

Magdalenas Energie war damals darauf ausgerichtet, diese Spannungen zu überspielen oder – wie sie selbst mit sehr selbstkritischem Unterton sagt – zu normalisieren. Mein Eindruck ist jedoch, daß sie mit ihren intuitiven Normalisierungsversuchen im Grunde genommen die emotionalen Defizite ihrer Eltern gegenüber ihrem Kind, deren Enkelkind, zu kompensieren suchte. Zwar spielt sie das Spiel der verheimlichenden Scham mit und vermeidet es, die Eltern mit ihrem unsozialen Verhalten zu konfrontieren, aber aus meiner Sicht tut sie das nicht nur, um ihnen "die Bürde der Schande" zu erleichtern, sondern auch um für sich und die Tochter das Unerträgliche erträglich zu machen. Emotional steht sie vor dem Dilemma, daß die Liebe, die die Großeltern der Enkeltochter vorenthalten an Magdalenas eigenen Sturz aus der Geborgenheit der Weißen Welt rührt, in der sie jetzt den Status einer Geduldeten besitzt und in der sie Grenzgängerin geworden ist – wider Willen und ohne diese neue Position verstehen zu können.

Für Delia bedeutete diese Situation, daß ihre familiäre Zugehörigkeit von den Großeltern von klein auf in Frage gestellt wird. Während ihre Mutter geduldet wird, ist sie, überspitzt ausgedrückt, Zerstörerin der heilen Welt der Großeltern. Ihr Menschsein, ihre Person rückt im Kontext von Scham und Schande in den Hintergrund – im Vordergrund steht ihre Funktion im Beziehungsgeflecht von Mutter und Großeltern. Ich stelle mir vor, daß sie dieses Spannungsverhältnis als Vexierbild von Zwei- und Mehrdeutigkeiten erlebt, bis sie sich einen eindeutigen, gegen sich und die Mutter gerichteten Reim darauf macht. Es wäre möglicherweise auch denkbar, daß sie den prekären, aus Angst vor Liebesverlust gesteuerten Balanceakt ihrer Mutter als Verrat, als Mittäterschaft an ihrer Ausgrenzung und Stigmatisierung erlebt.

Nach Abraham Maslow[9] gehört die Zugehörigkeit (belonging) neben den physischen Bedürfnissen wie Nahrung und Schutz/Obdach (shelter) zu den fundamentalsten menschlichen Bedürfnissen. Helena Jia Hershel (1995) knüpft an diese These an und setzt Zugehörigkeit in Zusammenhang mit phänotypischen Merkmalen. Sie argumentiert, daß in rassistisch strukturierten Gesellschaften die Anerkennung der Zugehörigkeit dann entzogen wird, wenn das Kind durch seine Hautfarbe einer

---

[9] Wiedergegeben nach Helena Jia Hershel (1995, S. 170).

anderen "Rasse"[10] zugeordnet wird. Auf diesem Hintergrund zeigt sich, daß die soziale Konstruktion von Hautfarbe existentielle Reichweite hat.

Einem Kind abzusprechen, daß es zur Familie gehört, kann deshalb die Brisanz der Bedrohung seiner Existenz annehmen, vor allem dann, wenn weitere erschwerende Bedingungen hinzukommen.

Zur Bedeutung körperlicher Merkmale im Prozeß der Nicht-/Anerkennung möchte ich ein Beispiel aus meiner Erfahrung einflechten, um zu verdeutlichen, daß – trotz Rassismus – paradoxer Weise auch konstruktives Verhalten möglich ist: Als ich mit meinem vier Wochen alten Sohn zum ersten Mal meine Großmutter besuchte, die den Kontakt zu mir abgebrochen hatte, setzte sie sich stundenlang neben das Kind und begutachtete jedes Körperteil nach dem Motto "dieses Merkmal ist von uns und jenes ist nicht von uns". Auf diese Weise gelang es ihr jenseits von Hautfarbe ein auf die Dauer emotional tragfähiges Zugehörigkeitsverhältnis zu ihrem Enkelkind herzustellen. Sie hatte ihre Abwehr sozusagen ausagierend verarbeitet.

Die Zugehörigkeit zum erweiterten Familienverband hat nach Herschel zentrale Bedeutung im Prozeß der Identitätsentwicklung, der das ganze Leben hindurch in persönlichen und öffentlichen Beziehungen andauert. Im Fall von Delia und Magdalena hat der Weiße erweiterte Familienverband ganz offensichtlich aus rassistischen Motiven heraus versagt, während der Schwarze erweiterte Familienband, der ja auch nach einer Trennung soziale Bezüge bieten könnte, nicht präsent war. Dieser Aspekt – die fehlenden oder eingeschränkten Kontakte zu Großeltern, Tanten, Onkeln, Cousinen etc. der erweiterten Familie des Schwarzen Vaters (oder der Mutter) ist übrigens ein – zur Zeit noch – wichtiges Charakteristikum für die Sozialisationsbedingungen Schwarzer Kinder in Deutschland. Auch die Bedeutung des erweiterten Familienverbandes ist für Schwarze Kinder in Relation zur umgebenden Gesellschaft zu sehen. Je stärker die gesellschaftlichen Impulse sind, die Zugehörigkeit von Mutter und Kind in Frage zu stellen, um so größer ist die Bedeutung der erweiterten Primärfamilie, dem Kind soziale Zugehörigkeit zu bestätigen. Und umgekehrt: Je weniger die Primärfamilie ihrer Aufgabe nachkommt, dem Kind Zugehörigkeit zu versichern, desto wichtiger wird die Anerkennung des Kindes im sozialen Umfeld. Damit ist aber auch angedeutet, daß die Kleinfamilie mit Sozialisationsaufgaben tendenziell überlastet sein kann. Die Mitverantwortung und Kreativität der öffentlichen Sozialisationsinstanzen ist gefragt.[11]

Denn die sogenannte primäre Zugehörigkeit zum (erweiterten) Familienverband wird, so schildern es Weiße Mütter und Schwarze Kinder immer wieder, auch in der Öffentlichkeit angezweifelt. Das geschieht z.B., indem unterstellt wird, die Mütter hätten das Kind adoptiert. Wie stark die damit unter Umständen ausgelö-

---

10 Ich verwende den Begriff "Rasse" dann, wenn er zur Verdeutlichung von Konstruktionszusammenhängen beiträgt. Als analytischen Begriff, also als Gegenstand von Rassismus (wie dies z.B. in der anglophonen Literatur verbreitet ist), halte ich "Rasse" für irreführend. Dadurch wird der Facettenreichtum der Konstruktionen, von denen Hautfarbe/Phänotyp nur einer unter vielen ist, verdeckt.

11 Hier bestände eine Vielzahl von Möglichkeiten, z.B. die Sensibilisierung des Personals in allen sozialen Institutionen, die ausländerrechtliche Förderung von Familienbesuchen, Steuererleichterungen für Besuchsreisen, Kinder- und Jugendaustauschprogramme, Aufbau und Förderung Schwarzer/Schwarz-Weißer Kinder- und Jugendgruppen, "Großelterndienste" u.v.a.m.

sten Irritationen für das Kind sind, hängt davon ab, wie oft es solche Situationen miterlebt und ob bzw. wie stark es in seinen primären Zugehörigkeitserfahrungen Anerkennung findet. Darüber hinaus ist es von Bedeutung, wie es der Mutter gelingt, Stellung zu beziehen. Denn die implizite Botschaft der Frage nach der Adoption rührt immer auch an ihre Stellung in der Weißen Gesellschaft, an die Frage ihrer sozialen Respektabilität. Hat sie das Kind adoptiert, steigt ihr Prestige, denn dann tut sie ein gutes Werk für die "armen Anderen". Ist es ihr eigenes, steht sie unversehens im sozialen Zwielicht.

"Ich bin doch keine Amimieze"

Magdalena lernte im Laufe der Zeit die in der Frage nach der Adoption subtil übermittelten Botschaften offensiv zu kontern: "Wenn Sie nichts dagegen haben, habe ich's selbst gemacht."

Schwieriger wird es, wenn der Affront direkt ist "Iiih, die hat mit einem Neger geschlafen" oder als nonverbale soziale Distanzierung ausgedrückt wird (geschnitten werden, abschätzige Blicke etc.). Claudia rekurriert in ihren Erzählungen auf derartige Situationen mit betontem Gleichmut und spielt ihre emotionale Betroffenheit herunter, wenn sie sagt: "also das fand ich nicht so schlimm", "das hat mir nicht so viel ausgemacht", "eigentlich ist mir das egal".

Magdalena schwankt bei direkten Beleidigungen zwischen ausblenden und verletzt sein. Zuerst sagt sie "das hat mir ganz schön zugesetzt" und zwei Sätze später: "Ich denke, diese Bauarbeiter haben mich nicht fertig gemacht. Ich hab' nur so gestutzt, ich denke merkwürdige Reaktion, ja. Da hat's mich nicht so getroffen."

Beide Frauen reagieren auf die rassistische Beleidigung mit Relativierung, überwiegend mit sich dumm stellen und Leugnung. Das Eingestehen der Verletzung und vielleicht gerade deswegen auch die offensive, innerlich distanzierte Entgegnung, fällt offensichtlich schwer. Es tut weh, ausgegrenzt zu werden. Ausgrenzung ist im Grunde genommen dumm. Aber aus einem Reflex der Scham über die öffentliche Bezugnahme auf ihr sexuelles Verhalten, wird die Wirkung der Grenzüberschreitung der Bauarbeiter im Inneren versenkt und begraben. Rassismus ist Demütigung, Erniedrigung, Bloßstellung und hat nichts, aber auch gar nichts Heroisches, nichts, was ein Opfer moralisch in irgendeiner Weise adelt, wie von Weißer, mehrheitsdeutscher Seite auch unterstellt wird. Wer so denkt, hat nichts begriffen. Rassismus entehrt, entwürdigt, ist Scham und Schande, verklumpt zu einem Stein in den Eingeweiden. Die Leugnung der Verletzung ist daher zwar ein verständlicher, aber fehlgeleiteter Versuch, die eigene Würde zu behaupten. Um Erkennen zu können, daß Rassismus ein Angriff auf die Würde ist, braucht es den Schmerz vielleicht als Durchgangsstadium und in der Folge dialogisches Reflektieren, Differenzieren und innere Distanzierung. Souveränität dieser Art könnte ein Lernziel sein – sie fällt nicht vom Himmel und wird nicht in die Wiege gelegt, sie ist ein Produkt der sozialen Kultur.

Während Claudia und Magdalena sich durch defensive Leugnung gegen Rassismus zu schützten versuchten, setzte Carola eine offensive Variante ein:

Ich gehöre einfach nicht zu dieser Sorte Mensch. Wenn ich mit meinem Mann durch die Straßen gelaufen bin, dann hat bestimmt keiner gesagt: "Aha, die geht mit einem Schwarzen" – oder es hätte ja auch ein farbiger Amerikaner sein können – "die Amimieze". Das hat keiner gesagt. Weil ich das eben auch nicht ausgestrahlt habe, weil ich das nicht signalisiere. Das habe ich nicht und das hat mein Mann nicht.

Carola weicht der rassistischen Stigmatisierung als Weiße "Schlampe" aus, indem sie sie an andere Frauen weiterreicht. Ihre Botschaft läuft auf eine Variation des Sprichwortes "Jeder ist seines Glückes Schmied" hinaus: Wer diskriminiert wird, ist selbst dran schuld. Sie schützt sich durch Arroganz vor möglicher Verletzung und Auseinandersetzung. Aber auch die Grenzen von dieser Art Abwehrmechanismus werden gegenüber den eigenen Kindern deutlich.

Einer ihrer Söhne wurde von einem Lehrer als Sündenbock für alle in der Klasse auftretenden Übel ausgewählt. Ihr Gespräch mit dem Lehrer kommentiert sie:

Also der hat bestimmt gedacht, ich bin auch eine – wie wir immer so schön sagen – Amimieze. Und als er mich dann sah, war das eigentlich geklärt. Und dann komme ich schon wieder darauf zurück, weil das hat immer was mit persönlicher Ausstrahlung zu tun, das ist einfach so.

Das was Carola mit dem Begriff "Ausstrahlung" beschreibt, ist das In-Szene-setzen des Klassenhabitus einer Angehörigen der Oberschicht: resolutes Auftreten und Einschüchterung des Gegenübers durch gezieltes Ausspielen seiner Autoritätshörigkeit. Die Instrumentalisierung der eigenen strukturell dominanten Position als Weiße mag – in Abhängigkeit von der Persönlichkeit – ein wichtiges Mittel der antirassistischen Intervention sein. Weiße Mütter im besonderen, Weiße im allgemeinen sind sich oft über diesen Spielraum an Handlungsmöglichkeiten nicht bewußt. Wahrscheinlich sollten solche Verhaltensmöglichkeiten regelrecht trainiert werden, denn nicht jede/r wurde von zu Hause mit unerschütterlichem Selbstvertrauen "ausgestattet" und gehört der "richtigen" Klasse an.

Gleichzeitig sind die Grenzen dieser Intervention nicht zu übersehen: Ohne die Weiße Mutter wäre der Schwarze Sohn dem Lehrer ausgeliefert gewesen. Denn wenn Carola in ihrer Argumentation konsequent wäre, müßte sie schlußfolgern, es fehle ihm an "persönlicher Ausstrahlung". Der Status des Schwarzen Kindes steigt und fällt mit dem, was sie als Weiße Mutter an Klassenstatus inszenieren kann – sonst wäre das Lehrergespräch schließlich nicht notwendig geworden. Diese Inszenierung von Oberschichtsangehörigkeit trifft an der colorline (und an der culturline) eine noch schwer überwindbare Grenze: Weiße, Mehrheitsdeutsche werden als Individuen mit einem bestimmten Klassenstatus wahrgenommen, real oder vermeintlich Fremde als kollektives Phantasma ihrer ethnischen, nationalen etc. Gruppe.

Verführung zu Komplizinnenschaft: Der Schwarze Mann / die Schwarze Familie als Weißes Statussymbol

Ich hatte bereits angedeutet, daß zum Mythos Schwarzer Körperlichkeit auch die Exotisierung gehört – das philorassistische Spiegelbild. In diesem Zusammenhang hatte ich Claudia zitiert, deren Ausführungen ich an dieser Stelle fortsetze:

Das ist so dieses Muster, das sich so manche vorstellen: Alle Afrikaner sind Volkskünstler, virtuose Köche oder irgendwas Spezielles. Aber daß das dann so ganz normale Durchschnittstypen sind, ist dann, na ja, für manche vielleicht enttäuschend.

Ihr Mann entspricht diesen Erwartungen nicht: "Er ist kein begabter Musiker oder Sänger, er trommelt nicht, er singt nicht, er tanzt auch durchschnittlich."

Claudia empfindet diese Erwartungshaltung irritierend, belastend, jedenfalls bereitet sie ihr deutliches Unbehagen. Aber was ist denn "so daneben"? Die Weißen "Freaks" machen Claudia ein verführerisches Angebot: Wenn dein Mann unseren Erwartungen entspricht, kriegst du unsere Anerkennung, Bewunderung, dann entsprichst du dem Geschmack unserer Szene, dann gehörst du dazu. Das heißt, Claudias Status hängt hier davon ab, ob ihr Partner (scheinbar) den rassistischen Stereotypen entspricht oder nicht. Als Unterhaltungskünstler für gelangweilte Weiße ist er interessant, erhält er Anerkennung und Aufmerksamkeit – schließlich verhielte er sich dann "wesensgemäß". Und an diesem "Glorienschein" dürfte Claudia partizipieren, sozusagen als Dompteuse im Zirkus.

Was ich ausgehend von diesem Beispiel zeigen will ist, wie problematisch Bewunderung für die Weiße Frau durch andere Weiße sein kann, sofern sie auf der Funktionalisierung des Schwarzen Partners und/oder der Kinder beruht. Dazu zwei weitere Interviewbeispiele:

Wir waren eigentlich immer so eine Vorzeigefamilie. Es gab also immer Leute, schon damals, schon vor Jahren, also da war das ja schick: 'Ach, wir kennen eine gemischte Ehe und da sind so entzückende Kinder und die Frau ist so nett und der Mann, und das Niveau – die laden wir ein.' Immer waren wir so repräsentativer Durchschnitt für Mischehen. Und dann gehört man dazu und dann denkt man, was soll's.

Philorassismus ist ein Integrationsangebot – man wird eingeladen, man wird gemocht, man wird sogar bewundert: Das gemischte Paar gilt als "schick". Und wenn frau ihre Familie zum "repräsentativen Durchschnitt" erklärt, macht sie gleichzeitig antirassistische Lobbyarbeit – auch eine Art des positiven Denkens. Der Preis besteht darin, den Schwarzen Partner als gesichtsloses Statussymbol zu funktionalisieren. Für die Weiße Frau gerät die Partizipation an der Exotik zur Unterstreichung ihrer Individualität:

Ich war ja so die Exotin im Amt, die Frau, die alles kann, die auch noch Kinder hat und noch einen Mann hat, der eine dunkle Hautfarbe hat und keine Probleme hat im großen und ganzen.

Carola geht in der Rolle der Macherin – "die Frau, die alles kann" – auf. Aber wofür wird Carola denn eigentlich bewundert? Dafür daß ihre Kinder so schön sind, ihr Mann so viel Niveau hat? Ich denke nein. Die Bewunderung ist deshalb so laut und grell, weil im Grunde genommen erwartet wird, eine sogenannte Mischehe sei problematisch. Es wird Carola als besondere Kompetenz angerechnet, daß sie die qua Hautfarbe der Kinder und des Mannes scheinbar vorgegebenen Probleme überwinden, lösen oder umschiffen kann. Daß ihr Mann ganz wesentlich daran beteiligt ist, die Schwierigkeiten des Lebens gemeinsam zu bewältigen, bleibt völlig außen vor.

Auch in diesem Beispiel wird deutlich, daß es die Weiße Hautfarbe ist, die scheinbar zur Rolle der Akteurin qualifiziert. Der Schwarze Partner wird von der

Umwelt in seinem Handeln als Gefährte und Vater ignoriert, übersehen, nicht wahrgenommen. Sein bloßes Vorhandensein unterstreicht Carolas herausragende Leistungen und damit ihre soziale Anerkennung.

Dieses Weiße Gesellschaftsspiel zeigt aber auch, daß nicht nur Klassen-, sondern auch traditionelle Geschlechterrollen an der colorline relativ werden: Der gesellschaftliche Status der gesamten Familie wird – gewürzt mit einer Prise Exotik – von der Person, dem Habitus, der Klasseninszenierung der Weißen Ehefrau abgeleitet. Solange beide, Mann und Frau zumindest nach außen hin mitmachen und das soziale Umfeld nicht mit ihrem liberalen Rassismus konfrontieren, werden sie akzeptiert und geschätzt. Für Carola bedeutet die tendenzielle Umkehrung der Geschlechterrollen in der öffentlichen Wahrnehmung eine Ausdehnung ihres (traditionellen) Handlungsspielraumes, für den Mann wird sie zur Beschränkung seiner "Männlichkeit" auf Privaträume oder allenfalls soziale Kontakte im Abseits der Mehrheitsgesellschaft. D.h. er wird in der modernen Weißen patriarchalen Gesellschaft strukturell entmündigt.

Diese Umkehrung von Rollenzuschreibungen in der Öffentlichkeit kann unter Umständen ein wichtiger Faktor sein, wenn es darum geht, mögliche Konfliktdynamiken in Schwarz-Weißen Partnerschaften verstehen zu lernen:

Also ich denke mal so, ich bin ja immer stärker geworden und er ist immer bequemer schwächer geworden. Das denke ich schon, weil der hat ja eine Frau, auf die kann man sich absolut verlassen, in jeder Beziehung, egal was.

Von Weißen Frauen, die mit Schwarzen Partnern leben, wird häufig mit negativem Unterton gesagt, sie seien besonders dominant. Ich habe hier angedeutet, daß es strukturelle Bedingungen im gesellschaftlichen Umfeld sind, die die öffentliche Position der Frau auf Kosten der des Mannes aufwerten. Auf diesem Hintergrund wäre es wichtig zu fragen, wie sich die beiden selbst ihre Rollen erklären, ob und inwiefern sie dabei auf rassistische Klischees zurückgreifen oder nicht und welche sozialen Strukturen sie suchen und aufbauen können, um das Koordinatensystem dieser Fremd- und Zerrbilder zu verlassen oder wenigstens zu kompensieren.

Schlußfolgerungen und Ausblick

Ich habe gezeigt, daß Hautfarbe eine Art Markierung für die An- bzw. Aberkennung von Zugehörigkeiten darstellen kann. Außerdem habe ich verdeutlicht, daß Zugehörigkeit zur Palette der menschlichen Grundbedürfnisse zählt. Deshalb ist es wichtig, die verschiedenen sozialen Zusammenhänge, private und öffentliche, daraufhin zu betrachten, wie hier Zugehörigkeit anerkannt oder vorenthalten wird und wie diese Sphären zusammenwirken. Am Beispiel eines konflikthaften Sozialisationsverlaufs habe ich verdeutlicht, daß die erweiterte Familie für Kind und Eltern von zentraler Bedeutung ist. Einerseits bietet sie die Möglichkeit, in der Umwelt erlebte Ausgrenzungen zu kompensieren – vorausgesetzt es gelingt hier, ein emotionales Fundament für Zugehörigkeit zu vermitteln. Andererseits kann die Familie aber gerade in dieser Funktion ausfallen oder völlig versagen.

Zum Verständnis der Position der Mütter gegenüber ihren Kindern ist der rassistische Mythos "schwarzer Körperlichkeit" von zentraler Bedeutung. Er markiert das Koordinatensystem der asymmetrischen Zuschreibungen an Weiße und Schwarze Hautfarbe. Schwarze Hautfarbe wird über das Phantasma des Wesens rassifiziert, wohingegen Weiße Hautfarbe über das Einhalten von "Rassegrenzen" in Hinblick auf die biologische Reproduktion konstruiert ist: Schwarze sind sozusagen passiv, Weiße (die sich nicht an die Regeln halten) aktiv "minderwertig". Deshalb erscheint Weiß-Sein in Deutschland paradoxerweise als Nicht-Farbe, Nicht-"Rasse" im Sinne von Nicht-Zielscheibe sein für (Weißen) Rassismus. Dieser Logik folgte z.B. Claudia, als sie ihre Beschimpfung als "Schlampe" unbewußt an die Kinder weiterreichte: "weil ihr braun seid". Der rassistische Unterbau von Weiß-Sein als handelnde Norm wird durch die asymmetrische Konstruktion der Gegenüberstellung verschleiert und nur die Abweichung von dieser Norm, das Schwarz-Sein, wird als "Rasse" sichtbar. Daher richtet sich im Weißen Alltagsverständnis Rassismus ausschließlich gegen Schwarze (und sonstige Andere), während es im Kern um die Bewahrung und Aufrechterhaltung einer Weißen (kulturell mehrheitsdeutschen) Gesellschaft geht. Dieser Wagenburgmechanismus wird nicht mehr durch Zwang – offensive Propaganda und Gesetze – aufrechterhalten, er ist ein Teil der vorherrschenden Hegemonie[12], die Weiß als universale Norm des Menschseins konstruiert.

Die Asymmetrie der Rassifizierungen von Hautfarbe kompliziert meiner Auffassung nach die Entwicklung geeigneter Umgangsweisen in der Interaktion zwischen Weißen Eltern und Schwarzen Kindern. Warum? Weil die Analogiebildung der Diskriminierungserfahrungen zwischen Schwarzen Kindern und Weißen Müttern nicht funktioniert. Die Ausgrenzung der einen ist die zur Disposition stehende Eingrenzung der anderen. Asymmetrisch heißt also auch: Die Diskriminierungserfahrungen und ihre emotionale Verarbeitung von Weißen Müttern und Schwarzen Kindern können nicht analog entschlüsselt werden, sondern bedürfen der Übersetzung, des Dialogs, des breiten Diskurses über die colorline. Die colorline beruht also nicht auf unterschiedlichen Kulturgütern, die den Menschen in die Haut gebrannt sind, sondern auf Machtverhältnissen. In diesem Sinne wäre die Dynamik zwischen Weißen Eltern und Schwarzen Kindern im Kontext innerkultureller bzw. innergesellschaftlicher Machtkonstellationen zu betrachten.

Weißer Rassismus[13] gegenüber Schwarzen richtet sich in seinem Kern gegen das menschliche Sein, das heißt, er hat eine essentielle Qualität. Weißer Rassismus gegenüber Weißen wird in der nachkriegsdeutschen Verdrängungskultur erst beim Regelbruch von Weißen Frauen sichtbar und bezieht sich auf ihr Handeln, wie es in ihrer Partnerwahl zum Ausdruck kommt: Schwarze SIND und Weiße TUN. Weiße und – trotz der sexistischen Reduktion auf sexuelles "Wohlverhalten" – auch Weiße Frauen, werden dem Universum sozialen Handelns zugeordnet und

---

[12] Siehe Ruth Frankenberg (1996, S. 55): "Sehr häufig, besonders jedoch in Zeiten und an Orten, wo eine rassistische Ordnung relativ stabil ist, wird sie für ihre weißen BürgerInnen-Subjekte häufiger durch Hegemonie als durch Zwang aufrechterhalten; wie männliche Privilegien werden weiße Privilegien eher als gegeben hingenommen als benannt, und für ihre NutznießerInnen sind sie eher unsichtbar als sichtbar. Vom Standpunkt der Begünstigten aus wird rassistische Dominanz nur dann bewußt, wenn sie in Frage gestellt wird."

[13] Ich stelle damit nicht in Abrede, daß es auch Schwarzen Rassismus gegen Weiße und Schwarze gibt - aber auch hier ist Vorsicht vor Umkehrschlüssen und Analogien geboten. Zum Verständnis gehört als systematischer Kontext die Asymmetrie von Machtverhältnissen.

gelten als Mitglieder der Gesellschaft – ihre Stellung wird in Abhängigkeit zu ihrem Anstand gesehen. Schwarze werden dagegen auf ihr "Wesen" reduziert, d.h. ihre Stellung wird als unabhängig von ihrem Verhalten betrachtet und dadurch werden sie jenseits der Weißen Gesellschaft verortet (z.B. Tierwelt – Animalität).[14]

Auf diese Weise werden zwei Kollektive konstruiert, die einander gegenseitig ausschließen. Weiße Frauen werden über ihr Sexualverhalten zu Bewahrerinnen oder (potentiellen) Zerstörerinnen der Schnittstelle zwischen zwei als unvereinbar gedachten Kollektiven. Weiße Frauen mit Schwarzen Partnern und/oder Schwarzen Kindern sitzen, stehen, balancieren auf dieser Barrikade, die die Weiß konstruierte Welt des Handelns von der Schwarz konstruierten Welt des Seins trennt – zumindest in einem abstrakten, strukturellen Sinne. Schwarze, die in einer Weiß konstruierten Gesellschaft leben, machen je nach Kontext mehr oder weniger intensiv die Erfahrung, daß sie behandelt werden. Ihr eigenes Handeln wird einfach übersehen oder überhört, z.B. wenn das Gegenüber in sogenanntes Ausländerdeutsch verfällt.

Die Weißen und die Schwarzen Elternteile partizipieren – bewußt oder unbewußt – an der polarisierten und polarisierenden Konstruktion von Wirklichkeit. Das heißt sie erleben, re-/produzieren und sie transformieren diese Lebensbedingungen im Familienalltag. Ich habe einige Aspekte dieser Partizipation für die strukturelle Position Weißer Mütter beschrieben.

Gleichzeitig habe ich auch anzudeuten versucht, wie ich mir Wege und Brücken über die colorline vorstelle. Zum einen halte ich es für wichtig, daß Weiße Mütter/Väter Schwarzer Kinder ein (selbstbewußt kritisches) Verständnis für die eigenen Position in Rassifizierungsprozessen entwickeln. Dies bedeutet eine Sensibilisierung für Blankozentrismen und die darin angelegten Ein- und Ausgrenzungen. Dazu gehört das Eingeständnis der Begrenztheit der Weißen Wahrnehmung und Perspektive und damit die Öffnung für den inner- und interkulturellen Dialog. Schwarze Kinder haben das Recht auf eine "egozentrische" Perspektive und dürfen nicht von klein an dazu angehalten werden, sich mit den Augen von Außenstehenden (Weißen) zu betrachten. Während das Schwarze Kind im Extremfall davon bedroht sein kann, auf allen Ebenen seiner sozialen Existenz ausgegrenzt zu werden, ist die soziale Existenz seiner Mutter strukturell gespalten. Das heißt sie steht in einem Spannungsverhältnis zwischen der Loyalität oder Komplizenschaft gegenüber dem Weißen Zentrum und der Loyalität gegenüber der Erfahrungswelt des Schwarzen Kindes. Ein Spannungsverhältnis ist grundsätzlich etwas dynamisches – Anspannung ist eine Kraft, die Verspannungen lösen kann und Spannung ist ein Ausdruck für Neugier – Lust auf neue Erkenntnisse. Wie es im einzelnen gestaltet ist, ist Teil der gesellschaftlichen und biographischen Geschichte. Die Anerkennung von Differenzen der Wahrnehmung und der strukturellen Position ermöglicht schließlich die Präzisierung gemeinsamer Interessen und Ziele wie private und öf-

---

14 Auf der Grundlage meiner Untersuchung kann ich diese These nur für diese Beziehungskonstellation darlegen. Ich fände es sehr interessant, sie für die Position Weißer Männer in Partnerschaften mit Schwarzen Frauen zu untersuchen. Ich vermute, daß auch deren Situation durch die gesellschaftlichen Zuschreibungen weit komplexer ist, als frau meinen könnte. Wie bestraft das Weiße Patriarchat seine "abtrünnigen" Männer – vor allem wenn sie legitime Bindungen zu ihren Frauen und Kindern eingehen und welche Integrationsangebote werden ihnen gemacht? Wie gehen sie damit um?

fentliche Anerkennung, Wertschätzung, Gleichberechtigung, Respekt. Und gerade in diesem Sinne ist der Alltag nicht monolithisch, er enthält immer auch Situationen, in denen Hautfarbe keine Rolle spielt. Ein unverstandenes, irrationales Spannungsverhältnis kann viel bedrohlicher, verunsichernder, angstbesetzter erlebt werden als die Klarheit über die eigene, meist nur in mancher Hinsicht, prekäre Lage.

Meine Ausführungen sind, bei aller Skizzenhaftigkeit, paradigmatisch. D.h. ich schlage einen Modus vor, die Frage nach der sozialen Bedeutung von Hautfarbe wissenschaftstheoretisch zu verstehen. Ich bin dieser Frage zwar am Beispiel Weißer Mütter und ihre Schwarzen Kinder nachgegangen, gleichzeitig habe ich aus dieser Sicht gezeigt, daß sie längst nicht die einzigen sind, die diese Frage betrifft. Die strukturelle Position der Weißen Mütter verstehen zu lernen, ist nur einer unter vielen möglichen Zugängen, Anhaltspunkte für gesamtgesellschaftliche Prozesse der sozialen Konstruktion von Hautfarbe zu gewinnen. Diese Fragestellung betrifft alle gesellschaftlichen Gruppen, denn die Konstruktion Schwarzer Hautfarbe hängt eng mit der Konstruktion Weißer Hautfarbe zusammen. Wenn der Hegemonialcharakter dieser Gesellschaft darauf gerichtet ist, eine Weiße Gesellschaft biologisch und kulturell zu reproduzieren, müßte man beispielsweise auch fragen, was Weiße monokulturelle (heterosexuelle) Partnerschaften und Familien so attraktiv macht. Welche Erwartungen und Wünsche, Ängste und Enttäuschungen stehen dahinter, wenn in multinationalen, multiethnischen, multikulturellen Gesellschaften an einer endogamen Partner/innenwahl festgehalten wird? Wo und wie durchkreuzt hier die colorline Handeln und Bewußtsein? Welche Hautfarbe, welchen Phänotyp werden die Weißen Frauen für ihr Kind wählen, wenn sie sich für künstliche Befruchtung im Rahmen der modernen Reproduktionstechnologie entscheiden? Warum Weiß? Warum Schwarz? Solange die Norm der endogamen Partner/innenwahl nicht kritisch in Frage gestellt wird, bleibt die Frage nach der exogamen Partner/innenwahl im Kontext asymmetrischer Machtverhältnisse befangen und reproduziert polarisierende Muster von Stigmatisierung und Idealisierung.

Innerkulturelle Spannungsverhältnisse um Zugehörigkeiten und Ausgrenzungen mit ihrer Reichweite vom Kinderzimmer bis zum Europarat und zurück[15], stellen die einzelnen, mal mehr, mal weniger, vor die Herausforderung, sich im Niemandsland des "Dazwischen", des "Weder-Noch", in einer gewissen Heimatlosigkeit zu orientieren gegebenenfalls auch einzurichten. Gleichzeitig hat dieses Nirgendwo die utopische Qualität eines Sowohl-Als-auch. Das ist ein weitläufiges Gelände, mit einem noch schwer überschaubaren Reichtum an Vielschichtigkeiten. Aus diesem Nirgendwo werden gesellschaftliche Defizite sichtbar und für mögliche Veränderung zugänglich. Und weil dieser Ort bereits real existierende Daseinsqualität hat, entwickeln sich hier individuelle Lebensentwürfe, Witz, KünstlerInnentum und entsprechende soziale Bezüge. Schließlich geht es um politische Grundfragen: Wen meinen wir, wenn wir WIR sagen? Demokratie muß Farbe bekennen.

---

[15] Wer wird wann, warum, zu welchem Preis als einer Nation (Deutschland) oder einem supranationalem Gebilde (Europa) zugehörig anerkannt und wer nicht und wie werden auf diesem Hintergrund nationale Herkunft, Sprache, Religion, Ethnizität und Hautfarbe zu Symbolträgern für Norm und Abweichung gemacht? Es gibt viele Facetten des kulturellen Sowohl-Als-Auch.

Anmerkung

Ich danke meinen Interviewpartnerinnen, nicht nur für ihre Bereitschaft, mir Einblicke in ihr Leben zu gewähren, sondern auch dafür, daß sie mir mit ihren Erzählungen die Gelegenheit zu intensivem Nachdenken gegeben haben.

Ich habe insgesamt fünf ausführliche Interviews mit Frauen geführt, die der gebildeten Mittelklasse angehören und in sozialen Berufen arbeiten. Teile der Auswertung und Interpretation haben wir in der Forschungsgruppe intensiv diskutiert. Für Anregungen, Kritik und Ermutigung danke ich Gülsen Aktas, Ika Hügel, Rivka Jaoussi, Doris Nahawandi und Dagmar Schultz. Schließlich gilt mein Dank Ellen Friebel-Blum und Silvia Vogelmann für kritisches Lesen.

Literatur

Frankenberg, R. (1996). Weiße Frauen, Feminismus und die Herausforderung des Antirassismus. In B. Fuchs & G. Habinger (Hrsg.), *Feminismen & Differenzen, Machtverhältnisse und Solidarität zwischen Frauen.* Wien: ProMedia.

Gilroy, P. (1995). The End of Antiracism. In J. Donald & A. Rattansi (Hrsg.), *"Race", Culture & Difference.* London: Sage Publications.

Hershel, J.H. (1995). Therapeutic Perspectives on Biracial Identity Formation and Internalized Oppression. In N. Zack (Hrsg.), *American Mixed Race. The Culture of Microdiversity.* Boston: Rowman & Littlefield Publishers.

Rich, A. (1979). Disloyal to Civilisation. In A. Rich, *On Lies, Secrets and Silence. Selected Prose 1966-78.* New York.

Interkulturelle Teams. Sprachlosigkeit und verwobene Machtstrukturen. Zum Rassismus im Alltag feministischer Frauenprojekte

Maureen Raburu

Einleitung

Seit fast sieben Jahren arbeite ich in der feministischen Mädchenarbeit. Während dieser Zeit habe ich als Praktikantin, Honorarfrau, als Pädagogin im Anerkennungsjahr, als Vereinsfrau und schließlich als feste Frau die Struktur von Frauenteams kennengelernt. Es handelte sich überwiegend um rein weiße Teams mit Honorarteams, die zu unterschiedlichen Teilen aus women-of-color bestanden.

Meine Auseinandersetzung mit Rassismus in der Frauenbewegung begann mit dem Einstieg in feministische Frauenzusammenhänge. So kämpfte ich zugleich um Sichtbarkeit in den Frauenschwerpunktskursen meiner weißen feministischen Dozentinnen, wie auch um die Sensibilisierungsarbeit in bezug auf Rassismus im Alltag der Mädchentreffs. Nach ersten Erfahrungen von Fassungslosigkeit und Ohnmacht entwickelte sich Wut und ein Bedürfnis, die Dinge beim Namen zu nennen, in der alten "Diva-Tradition", "zu sagen, was gesagt werden muß".

Aus dem anfänglichen Entsetzen, daß die Schutzräume für Frauen und Mädchen, für die ich mitkämpfte, keine für mich sind und daß Rassismus zur Grundstruktur weißer Frauenprojekte gehört, entwickelte ich ein Bewußtsein für meine Situation. Ich fand Zugang zu dem Denken Schwarzer Feministinnen. In der Auseinandersetzung mit Arbeiten Schwarzer feministischer Theoretikerinnen erkannte ich die universelle Kritik von Women-of-color an einer Frauenbewegung, die unter anderem rassistisch ausgrenzt.

Mit dem Abschnitt "Geteilter Feminismus" zeige ich eine Facette der Geschichte der Frauenbewegung. Meine Absicht ist es, den Rassismus der weißen Frauenbewegung zurückzuverfolgen, um mit einem der Mythen, einer angeblich langen "antirassistischen" Tradition, aufzuräumen. Ich will den Bezug zur heutigen Frauenbewegung herstellen. Als konkretes Beispiel habe ich eine Auseinandersetzung in dem Frauenprojekt gewählt, in dem ich arbeite. Mein Ziel ist, einen Umriß des gemeinsamen Arbeitsalltags von Women-of-color und weißen Frauen zu zeichnen, um ein anschauliches Beispiel dafür zu geben, wo sich das Konzept von Feminismus, wie wir es in der BRD kennen, "teilt". Damit bezeichne ich solche Prozesse wie den der Außerkraftsetzung allgemeingültiger feministischer Prinzipien im Umgang weißer Frauen mit Women-of-color. Mein Ausblick besteht darin, die Auseinandersetzung mit Rassismus zu einem Teil des Alltags in Frauenteams zu machen, mit der Aussicht auf eine ernsthafte Annäherung.

Schaut mich an!
Seht ihr meine Arme? Ich habe gepflügt und gepflanzt und die Ernte eingebracht und ich konnte mit jedem Mann Schritt halten – und bin ich etwa keine Frau? Ich konnte arbeiten, so viel wie jeder Mann und die Peitsche standhaft ertragen. – Bin ich etwa keine Frau? Ich habe fünf Kinder geboren, und habe erleben müssen wie die meisten von ihnen in die Sklaverei verkauft wurden, und – als ich aufschrie mit dem Zorn und der Trauer einer Mutter – niemand außer Jesus hört mich. – Bin ich etwa keine Frau?
Sojourner Truth, in hooks 1982, S. 160

Geteilter Feminismus

Dieses Zitat Sojourner Truths, einer Schwarzen Aktivistin, Feministin, Abolitionistin, Suffragette, Sklavin und Mutter ist einer Rede entnommen, die sie 1852 auf der "Second Annual Convention of the Womens Rights Movement" in Akron, Ohio, hielt. Ihr Auftritt war begleitet – wie für diese Zeit üblich" durch Rufe wie "Laßt sie nicht sprechen, laßt sie nicht sprechen!" seitens weißer Feministinnen. Bei jedem Auftritt Sojourner Truths protestierten weiße Suffragetten lautstark.

Kennzeichnend für diese Zeit war die Weigerung weißer Feministinnen, mit Schwarzen Suffragetten in der Frauenbewegung um ein gemeinsames Wahlrecht zu kämpfen. Kennzeichnend war auch das offizielle Redeverbot und das Verbot des öffentlichen Auftretens Schwarzer Suffragetten auf "conventions" der Frauenrechte durch weiße Feministinnen. Darüber hinaus bestand sogar teilweise ein Anwesenheits- und Teilnahmeverbot auf Frauenversammlungen. Sojourner Truth, wie andere bekannte Schwarze Suffragetten des Südens, etwa Mary Church Terrell und Josephine Ruffin, mußten um das Recht, öffentliche Reden auf "conventions" der Frauenrechte zu halten, kämpfen. So wurde Sojourner Truth in Akron z.B. erst Zutritt zur Bühne und das Rederecht gewährt, nachdem ein weißer männlicher Sprecher ein Plädoyer gegen das Frauenwahlrecht gehalten hatte, basierend auf dem Argument, Frauen seien Männern körperlich unterlegen, und daraus ließe sich eine grundsätzliche Unterlegenheit ableiten. Welch ein besseres Gegenbeispiel gab es, als eine Schwarze Sklavin, die Arbeiten verrichtet hatte, zu denen mancher weißer Mann nicht in der Lage gewesen wäre. In solchen Fällen instrumentalisierten weiße Suffragetten Schwarze Sklavinnen und ihre Erfahrungen, um die Argumente sexistischer weißer Männer zurückweisen zu können. Sie weigerten sich gleichzeitig, Schwarze Frauen in ihren Forderungen nach einem Frauenwahlrecht einzuschließen. Es ging den weißen Suffragetten allein um ihr eigenes Wahlrecht. So waren sie bereit, sich auf ihre weiße Vormachtstellung zu berufen und sich mit weißen Männern zu verbünden, sogar mit der Forderung, daß Schwarze Männer ohne Wahlrecht bleiben müssen.

"Ich protestiere gegen die Verleihung des Rechtes zum Wählen an einen Mann, einer anderen Rasse, bis die Töchter Jeffersons, Hancocks und Adams mit ihren

Rechten gekrönt werden", forderte beispielsweise Elizabeth Cady Stanton, eine der bekanntesten weißen Suffragetten des Nordens. Von Schwarzen Frauen war nicht einmal die Rede!

In ihrem Buch "Ain't I A Woman "Black Women and Feminism" durchleuchtet die Schwarze Theoretikerin bell hooks kritisch den Rassismus in den Gedanken und den Handlungen vieler progressiver, politisch denkender, linker, weißer Feministinnen, die größtenteils aus der Mittelschicht stammen. So beschreibt sie den Umgang solcher sozial privilegierter weißer Feministinnen mit Schwarzen Frauen und ihre Reaktion auf Forderungen nach einer grundlegenden Auseinandersetzung mit Rassismus. Sie stellt die Erfahrungen von Ausgrenzung, Diskriminierung und Gewalt, die Schwarze Frauen in der Frauenbewegung erleb(t)en, in einen größeren historischen Zusammenhang und verfolgt den Rassismus weißer Feministinnen bis in die früheren Phasen der Bewegung zurück. bell hooks zeigt, daß es zu allen Zeiten der Frauenbewegung massiven Rassismus von politisch aktiven weißen Feministinnen gegeben hat.

In Anlehnung an bell hooks ergibt sich daraus für mich die Schlußfolgerung, daß intellektuelle, linke, oder sich als politisch definierende weiße Feministinnen bereit sind, bewußt rassistische Handlungen zu praktizieren und zu dulden. Dies geschieht in einer Form, die so offensichtlich in ihrer Ungerechtigkeit ist und gleichzeitig in ihrer Massivität so einschneidend, daß diese Tatsache nicht wegzureden ist. Darüber hinaus sind diese politisch engagierten, weißen Feministinnen bereit, an ihren Privilegien und an ihren rassistischen Verhaltensweisen festzuhalten.

Aus diesem Grund versuche ich im folgenden Text nachzuvollziehen, in welchem Maße und mit welcher Begründung linke, weiße Feministinnen in der heutigen Zeit und hierzulande im Arbeitsalltag der Frauenprojekte Schwarze Frauen unterdrücken und diskriminieren. Ich suche nach Beschreibungen für die Bereitschaft, mit der solche Frauen feministische Grundsätze und Regeln, die sie im Rahmen eines allgemeinen feministischen Anspruchs für "Frauen" einklagen, in bezug auf Schwarze Frauen jedoch mal eben außer Kraft setzen. Darüber hinaus versuche ich ansatzweise, die Mechanismen darzustellen, derer sich weiße Feministinnen bedienen, um sich gegen eine grundlegende Auseinandersetzung mit Rassismus zur Wehr zu setzen. Damit zeige ich ebenfalls einen Teil der Spaltung der Frauenbewegung hierzulande auf. Abschließend werde ich einige Anregungen auflisten, die auf dem Weg zu einer Gleichberechtigung *aller* Frauen in der Frauenbewegung sowie in unserem Alltag innerhalb der Frauenprojekte ein Anfang sein können.

Zu meinem Hintergrund

Ich habe meinen politischen Hintergrund in der Bewegung zur Self-Empowerment Schwarzer Frauen und Männer und zur Befreiung der Schwarzen Gemeinschaft und der Menschen-of-Color von den Zwängen des Rassismus. Dieses Streben nach grundlegenden Menschenrechten ist unweigerlich mit dem Kampf gegen ökonomische und sexistische Ausbeutung verwoben. Als solches ist mein Selbstverständnis das einer Menschenrechtlerin, Frauenrechtlerin und Minderheitenrechtlerin.

Der Konflikt

In den folgenden Ausführungen soll das mögliche Spannungsfeld in Teams von Schwarzen und weißen Frauen so konkret wie möglich durchleuchtet werden.

Häufiges Dilemma im Verlauf von Auseinandersetzungen um Rassismus ist die fehlende Dokumentation. So bleiben zwar diffuse Gefühle in Erinnerung, aber faktisch wenig Greifbares. Aus diesen Gründen erfolgt mein Einstieg über die Schilderung und Interpretation einer konkreten, von mir erlebten Konfliktsituation. Darauf aufbauend möchte ich die verallgemeinerungswürdigen Punkte in einen Gesamtkontext herkömmlicher Strukturen innerhalb von Frauenprojekten stellen. Damit will ich so greifbar und so nah wie möglich die jeweiligen Facetten dieses Prozesses darstellen.

Projektbeschreibung und Ausgangskonflikt
Zum Zeitpunkt der Auseinandersetzung arbeiteten dreizehn feste Pädagoginnen, acht Honorarfrauen und zwei Supervisorinnen im Projekt. Von diesen Frauen war ich die einzige Woman-of-color. Um es deutlicher zu fassen, alle anderen 22 Frauen sind weiße, deutsche Frauen. Der Ursprungsgedanke, der diesem Konflikt zugrunde liegt, ist die Schaffung einer nunmehr 15. Stelle für die 14. weiße, deutsche Frau im Team und die damit 23. weiße, deutsche Frau im Projekt. Dies wäre die elfte Stelle in der Zufluchtsstätte und die 15. im Gesamtteam. Die Frau, die diese 15. Stelle besetzen soll, hat ein Jahr lang als Berufspraktikantin im Projekt gearbeitet und anschließend eine halbjährige Urlaubsvertretung für eine Kollegin übernommen. Mehrere Frauen wollten sie gerne im Projekt behalten und machten sich darüber Gedanken, wie es gehen könnte. Aus diesen Bemühungen heraus entstand die Idee einer ständigen Urlaubsvertretung.

Ich bemühe mich in meinen Beschreibungen weder um eine scheinbare Objektivität noch um eine ebensolche Neutralität. Die einzige mögliche und m.E. sinnvolle Haltung im Umgang mit der betreffenden Frau und ihren Forderungen ist der Versuch, eine Distanz zu persönlichen Wünschen und Emotionalität zu behalten und die arbeitsinhaltliche und politische Dimension im Vordergrund zu sehen.

Politische Dimension des Konfliktes
Alle Bemühungen, die 14. weiße Frau in einem fast ausschließlich weißen Team einzustellen, beinhalten unweigerlich in ihrem Ursprung eine politische Dimension.
1. Ein ausschließlich weißes Team, bestehend aus zehn weißen, deutschen Frauen um eine weiße, deutsche Frau zu verstärken, ist sowohl eine arbeitsinhaltliche als auch eine politische Entscheidung und hat klare unmittelbare Konsequenzen für alle Mädchen-of-Color in der Einrichtung. (Wir haben einen konstanten Anteil von ca. einem Drittel Mädchen-of-Color in der Zufluchtsstätte.)
2. Ein Team, bestehend aus 13 weißen Frauen und einer Schwarzen Frau, um eine weiße, deutsche Frau zu vergrößern, ist sowohl eine arbeitsinhaltliche (etwa hinsichtlich des Austauschs) als auch eine politische Entscheidung (was die Mehrheitsverhältnisse und Entscheidungs- Gewicht/Gewalt anbelangt) und hat klare und unmittelbare Konsequenzen für die Schwarze Kollegin.

3. Es gibt in diesem Projekt einen Beschluß. Er lautet, daß die nächste frei werdende Stelle mit einer Woman-of-color zu besetzen ist. Dieser Beschluß existierte bereits, als die Idee innerhalb des Teams entstand, die 14. weiße, deutsche Frau einzustellen.
4. Schon die bisherige Einstellungspraxis dieses Projekts zeichnete sich dadurch aus, daß bei den letzten drei Stellen in der Entscheidung zwischen einer Woman-of-color und einer weißen projektinternen Frau die Entscheidung zugunsten der weißen Frau fiel. Die Begründung lautete, das Projekt durch die Kontinuität der Arbeit abzusichern, etwa durch die Übernahme der (weißen) Pädagogin im Anerkennungsjahr.

Mir ging es darum, daß die Situation nach Möglichkeit nicht fortgesetzt und erst recht nicht ausgebaut wird. Daß von paritätischer Besetzung mit einer Woman-of-color nicht die Rede sein kann, versteht sich von selbst. Die Besetzung einer Stelle mit einer weiteren weißen, deutschen Frau sollte sich mit einem Beschluß wie dem oben angeführten eigentlich von selbst verbieten.

Bin ich etwa keine Frau?

Die Auseinandersetzung fand auf den wöchentlichen gemeinsamen Teamsitzungen insgesamt über einen Zeitraum von etwa vier Monaten statt. Während dieser Zeit wurde ich mit der weißen und damit rassistischen Struktur des Projektes einerseits und mit rassistischen Äußerungen und Handlungen meiner weißen Kolleginnen andererseits konfrontiert. In den folgenden Abschnitten gehe ich auf Teilaspekte dieser Situation ein. Ich versuche damit deutlich zu machen, wie eine weiße Mehrheit, die nicht sensibilisiert ist in bezug auf Rassismus, mit einem solchen Konflikt umgeht. An diesem Punkt ist dieses Projekt mit anderen Frauenprojekten, in denen Women-of-color stark unterrepräsentiert sind, austauschbar.

Die beschriebenen Mechanismen, wie etwa die Blockierung einer öffentlichen Auseinandersetzung, zähle ich kurz in ihrer konkreten Form in diesem Abschnitt auf, um sie danach in den gesellschaftlichen Kontext zu setzen. Ich unterscheide wie oben angeführt zwischen zwei Ebenen der Konfrontation, der *strukturellen* und der *individuellen* Ebene. Diese sind aber auch gleichzeitig miteinander verwoben und bedingen sich gegenseitig. Die strukturelle Ebene schafft die Voraussetzungen, um individuelle rassistische Handlungen zu erleichtern. Die individuelle Handlungen im Gegenzug verstärken die rassistische Struktur.

Hauptbestandteil der strukturellen Ebene bildete für mich das Verhältnis zwölf weiße Frauen zu einer Woman-of-color. Diese Mehrheit ermöglichte es meinen weißen Kolleginnen, "demokratische" Entscheidungen zu treffen, wenn auch unter ihnen eine oder zwei anderer Meinung waren. Für sie war es damit auch möglich, sich eine Auszeit zu nehmen, entweder durch einfaches Fernbleiben von der Teamsitzung oder durch Schweigen. Eine solche Entscheidung meinerseits hätte bedeutet zu riskieren, daß ein Entschluß ohne die Berücksichtigung meiner Position und die der Mädchen-of-Color in der Einrichtung gefällt wird.

Ein anderer wesentlicher Bestandteil der Struktur zeigte sich in den uns zur Verfügung stehenden Interventionsmöglichkeiten. Alle Klärungsinstanzen des Projektes – die Supervisorinnen, die Vorstands- und Vereinsfrauen, die Kolleginnen aus anderen Frauenprojekten – sind weiß.

Ich traf eine Entscheidung gegen das Einbeziehen einer weiteren weißen Frau, weil der sensible Umgang mit Rassismus in den Frauenprojekten der Umgebung bestenfalls in den Kinderschuhen steckt.

Nach den ersten zwei Teamsitzungen, in denen wir über das Thema diskutierten, kamen verschiedene Kolleginnen mit der Idee, es würde gar nicht um Rassismus gehen, sondern um andere Konflikte, die es im Projekt gibt. Ihrer Ansicht nach ging es entweder um Schwierigkeiten zwischen den Arbeitsbereichen, oder um Hierarchie, oder sogar um persönliche Konflikte. Ich sehe darin einen Versuch der Gleichsetzung. Das Konfliktthema Rassismus deutlich zu benennen bietet klare Fronten und zieht die Konsequenz nach sich, daß jede weiße Frau mit ihrem Gewaltpotential und ihrer Sensibilisierung konfrontiert wird. Ganz anders wäre es, ginge es um allgemeine Konfliktthemen, von denen alle gleichermaßen betroffen sind, wonach alle gleich verantwortlich sein könnten.

In Form von Gesprächsrunden wurde auf darauffolgenden Teamsitzungen nach einem "Kompromiß" gesucht. Die Grundlage sollte die Prämisse bilden, daß keine Mehrbelastung für irgendeine Kollegin entstehen sollte. Einige Kolleginnen empfanden es als eine Mehrbelastung, keinen extra Urlaub nehmen zu können. Als ich eine weitere weiße Frau in einem Team von immerhin zwölf zu eins als Mehrbelastung für mich geltend machen wollte, wurde dies zurückgewiesen. Ich wurde gebeten, gedrängt und bedroht, meine Meinung zu ändern. Meine Bezeichnung von dem Umgang mit mir als rassistisch wurde zurückgewiesen, unter anderem mit solchen Äußerungen wie "Ich sehe das nicht so". Ich machte die Erfahrung, daß all meine Hinweise auf Grenzverletzungen bezüglich der Situation übergangen wurden. Es reichte nicht, Nein zu sagen. Meine Wahrnehmung wurde ausgehebelt, indem einige meiner weißen Kolleginnen behaupteten, an ihre Grenzen gekommen zu sein und bei Fortsetzung der Auseinandersetzung gehen zu müssen. Diese Art von Gleichsetzung "Uns geht es allen gleich schlecht" verleugnet den Machtaspekt. Sie verleugnet, daß eine rassistische Situation für eine Woman-of-color eine Gewalterfahrung ist und sie anders belastet als eine weiße Frau in einer Konfliktsituation. Damit komme ich zu der von der ersten schwer trennbaren zweiten Ebene – der individuellen Ebene.

Das Team schaffte eine Situation, in der es aussah, als hätte ich die gleiche Macht, d.h. Gewaltpotential, Möglichkeiten zu verletzen (?), Äußerungsmöglichkeiten, Beeinflußungsmöglichkeiten und die Möglichkeit, mich verständlich zu machen, wie meine weiße Kollegin oder wie die anderen (weißen) Teamfrauen. Doch "per Mehrheit" wurde bestimmt, ob ich verständlich war oder nicht. Auf die Idee, zu fragen, warum eine weiße Person ohne Rassismuserfahrung bestimmte Aspekte, die eine Überlebende von Rassismus erzählt, möglicherweise nicht auf Anhieb versteht, kamen die wenigsten. Es wurde "per Mehrheit bestimmt", wo meine Grenzen zu sein hatten. Mir wurde "weiß" gemacht, daß die Erfahrungen der Gruppe maßgebend seien, nur die Gruppe könnte ich niemals sein. Die Realität meiner weißen Kolleginnen wurde mir übergestülpt. Es wurde "übersehen", daß in einem Konflikt um Rassismus eine Woman-of-color jenseits von der allgemeinen persönlichen Belastung des Sich-Auseinandersetzens zusätzlich in einer kollektiv unterlegenen Position ist und somit anders verletzbar.

Die Atmosphäre war geprägt von rassistischen Äußerungen und Handlungen vieler meiner weißen Kolleginnen, wie etwa von unsensiblem Sprachgebrauch bis hin zu öffentlichen Bekenntnissen, meine Argumente zu verstehen und sehr wohl zu sehen, daß zwei berechtigte Interessen sich gegenüberstanden, und trotzdem von ihrer Macht als Mehrheit Gebrauch zu machen.

In den folgenden Abschnitten lenke ich meinen Blick auf der Basis dieser konkreten Erfahrungen zum allgemeinen Umgang in weißen Teams mit dem Thema Rassismus.

Zum Thema Privilegienausbau

1. Es ist ein Privileg, in der Mehrheit zu sein.
2. Es ist ein Privileg, eine selbstverständliche Benennung zu haben, so daß es gar nicht notwendig ist, sie zu erwähnen.
3. Es ist ein Privileg, in weißen Strukturen zu leben als Weiße.
4. Es ist ein Privileg, sich aussuchen zu können, sich mit Rassismus auseinanderzusetzen oder es sein zu lassen, weil du nicht direkt betroffen bist.
5. Es ist ein Privileg, die eigene, die persönliche Position vertreten zu können, weil es genug andere mit dem gleichen Hintergrund gibt, die andere Ebenen, wie etwa die inhaltliche oder die arbeitsrechtliche Ebene übernehmen können.
6. Es ist ein Privileg, keine existentiellen, durchgängig rassistischen Macht- und Autoritätskonflikte mit weißen Klientinnen durcharbeiten zu müssen.
7. Es ist ein Privileg, auf weiße Reflexionsinstanzen, Supervisorinnen, Schlichtungsfrauen, Vereinsfrauen zurückgreifen zu können.
8. Es ist ein Privileg, die eigene Sprache als Kriterium der Kompetenz eingestuft zu bekommen.
9. Es ist ein Privileg, nicht permanent im Arbeitsalltag, d.h. in Teamsitzungen, in Besprechungen, in der Supervision, mit Gewalt in Form etwa von unreflektierten rassistischen Sprüchen/Verhaltensweisen der Kolleginnen konfrontiert zu sein.
10. Es ist ein Privileg, stets umgeben zu sein von vielen Klientinnen, die den eigenen Hintergrund spiegeln.
11. Es ist ein Privileg, auf solchen Ebenen, wie der im Umgang mit Ämtern, in politischen Verhandlungen, in Arbeitskreisen usw. nach "weißen Regeln" zu spielen als Weiße.
12. Es ist ein Privileg, sich nicht immer wieder erklären zu müssen.
13. Es ist ein Privileg, den Standpunkt einer anderen "vergessen/übersehen" zu können.

Die Vergrößerung eines fast ausschließlich weißen Teams um eine weiße, deutsche Frau stellt einen unmittelbaren Ausbau der Privilegien jeder einzelnen weißen Frau dar.

Ein Wort zu Entscheidungsstrukturen

Alle Mehrheitsentscheidungen, die in einem Rahmen getroffen werden, in denen Minderheiten stark unterrepräsentiert oder gar nicht erst vertreten sind, sind zunächst einmal in erster Linie machtpolitische Entscheidungen.

Zum Prinzip des Ausschlusses und das Prinzip des Männerklos
Eine Mehrheitsentscheidung als weiße Mehrheit zu treffen in einer Auseinandersetzung um Rassismus ist ein Absurdum, wenn es dazu dient, eine Überlebende von Rassismus zu überstimmen. Es kommt an Absurdität folgendem Beispiel gleich: Ein Team, in dem zwölf Männer und eine Frau arbeiten, hat in der Einrichtung nur Männerklos vorgesehen, und zwar in Form von Wand-Urinalen. Nun fordern einige der Kollegen ein sechstes "Männerklo". Es wird abgestimmt. Zehn Männer sind dafür, zwei dagegen. Die Frau ist klar dagegen. Sie ist überstimmt. Eine Mehrheits- und damit demokratische Entscheidung? Tatsächlich ist es eine absolut minderheitenfeindliche Entscheidung, bei der die berechtigten Interessen der einzigen Frau völlig übergangen werden.

Zu den häufigsten Phänomenen in Auseinandersetzungen um Rassismus

Der Versuch der Leugnung einer politische Dimension
Zum Beispiel wird das Argument bemüht, es würde gar nicht um das Thema Rassismus gehen, sondern etwa nur um das Politikum, Arbeit für (weiße) Frauen zu schaffen. Alle Argumente, die zur Grundlage haben, den Gesamtfokus von rassistischen Strukturen weg zu bewegen und abzulenken vom Thema Rassismus, verleugnen die politische Dimension.

Der Versuch, die eigene Macht zu verschleiern über das Betonen von Betroffenheit
Ich gehe von der Annahme aus, daß es in Auseinandersetzungen um Rassismus keiner Seite gutgeht.

Für weiße Frauen bedeutet es die Konfrontation mit der eigenen Täterinschaft und Schuldgefühlen. Für Women-of-color bedeutet es erneute Gewalterfahrungen im Zusammenhang mit dem "Sich-ständig-erklären-müssen".

Das häufigste Phänomen und zugleich eines der m.E. meist in Erscheinung tretenden Formen weiblicher Konfliktbewältigung ist der Ausstieg aus dem Klärungsrahmen des Konflikts über das Einklagen persönlicher Betroffenheit durch weiße Frauen.

- Punktueller oder kompletter Ausstieg aus der Auseinandersetzung, weil sie "nicht mehr können."
- Ausstieg aus dem Rahmen der Klärung des Konfliktes, z.B. Teamsitzungen, durch Wegbleiben.
- Nur noch Erwähnung des eigenen Gemütszustandes anstatt inhaltlicher Auseinandersetzung.

- Entscheidungen über persönliche Betroffenheit erzwingen ("sonst werde ich kündigen müssen", "ich halte es nicht mehr aus" usw.).
- Komplettes Abbrechen der Auseinandersetzung, weil Frauen ihre Grenzen erreicht haben.

Ob und ab welchem Punkt die Grenzen der Woman-of-color von dem Rassismus ihrer weißen Kolleginnen so massiv eingetreten worden sind, daß sie sich nur noch mühevoll zusammenhält, spielt eine verschwindend geringe oder gar keine Rolle. Von den weißen Frauen, die so reagieren, wird unabsichtlich oder absichtlich von dem Konflikt und damit auch der Inhaltsebene abgelenkt.

Wesentlich ist, daß weiße Frauen damit ihre Verantwortung abgeben, ihr Verhalten zu reflektieren und gegebenenfalls die Konsequenzen ihrer Rassismen zu tragen bzw. ihr Verhalten zu ändern.

Der Versuch, keine öffentlichen Auseinandersetzungen zuzulassen
Auseinandersetzungen um Rassismus aus dem öffentlichen Raum heraus zu manipulieren ist ein Machtinstrument weißer Strukturen.
- *Argument der Zeitknappheit*. Im Rahmen der Organisationsplanung, durch Mangel an Teamzeit gerechtfertigt. Es gäbe Wichtigeres zu regeln. Rassismus wird zum Randthema erklärt, nicht als Arbeitsalltag der Kollegin-of-Color anerkannt. Die Beschäftigung mit den rassistischen Teamstrukturen wird als Luxus dargestellt und nicht als unerläßliche Arbeitsgrundlage im Sinne der allgemeinen feministischen Forderungen, gewaltfreie Räume für Frauen zu schaffen.
- *Belastungsargument*. Die allgemeine Kulisse von Frauenprojekten besteht aus Streß. In dieser Atmosphäre zieht besonders das Argument "wir machen Krisenarbeit, deshalb haben wir keine Kapazitäten oder Kraft für aufwühlende Konflikte". Wenn dieses so ausartet, daß kein Raum mehr bleibt um das eigene Gewaltpotential zu reflektieren, arbeiten weiße Frauen an dem feministischen Grundsatz der Gewaltfreiheit vorbei.
- *Argument der Rang- und Reihenfolge von Themen*. Es gibt immer eine Vielfalt von Grundsatzdebatten in Kollektiven/Frauenprojekten, die angegangen werden müssen. Diskussionen um Teamstruktur, um Macht und Hierarchie, um Projektprinzipien, inhaltliche Themen zu spezifische Fragestellungen und, und, und. So hat die Diskussion um Rassismus schnell einen marginalen Platz.
- *Deklarierung von Privatkonflikten*. Es würde gar nicht um das Thema Rassismus gehen, sondern um persönliche Streitigkeiten, um zwei, "die sich nicht abkönnten" oder ein Problem miteinander haben "Sie will sie nicht im Team haben".
- *Nebenschauplätze*. Verschleierung des Konfliktes durch das Hervorholens von allem, was noch in irgendeiner Form offen oder klärungsbedürftig ist.
- *Personifizierung und Entpersonifizierung*. Alle inhaltlichen sowie politischen Forderungen der Woman-of-color werden als rein persönliche Bedürfnisse betrachtet. Dadurch wird das Reagieren darauf nicht als eine Gewährung von zustehenden Rechten, sondern als Gefallen betrachtet. Gleichzeitig werden aber wiederum alle Äußerungen der woman-of-color zusammengefaßt in einer Art

"Women-of-color Position". Sie werden verallgemeinert "Bei denen ist das so – sie arbeiten eben anders". Womit ihr eine persönliche Position und grundsätzlich eine Differenzierung und Variationen von Positionen der Women-of-Color aberkannt wird.

Allzu oft bedeutet es darüber hinaus, die Einzige zu sein, die rassistische Strukturen und Muster erkennt und darauf aufmerksam macht. In der allgemeinen Verwirrung, mit der Diskussionen um Rassismus verbunden sind, muß es also die Frau-of-Color sein, die stets beim "Thema" bleibt, gleichbedeutend oft damit, daß sie unzureichend, kaum, bis hin zu gar nicht, wie es für ihre weiße Kolleginnen möglich ist, auf sich selbst, auf persönliche Gründe und Gefühle gucken kann, weil sonst keine mehr den (Über-)Blick auf dem Thema, um das es geht – nämlich Rassismus – behält.

Die 15. Stelle gibt es nicht. Die Frau um die es ging, hat das Projekt verlassen. Der Beschluß, eine Frau-of-Color einzustellen, galt – bis zur nächsten, in ihrer Struktur fast austauschbaren Konfrontation. Rassismus bleibt ein zentrales Thema.

Jenseits dieser lähmenden Sprachlosigkeit

To Black Women the issue is not whether white women are more or less racist than white men, but that they are racist.
bell hooks

Die Schwarze Theoretikerin bell hooks schreibt in ihrem Aufsatz "Rassismus und Feminismus – Die Frage von Verantwortlichkeit" über die Abwehr, mit der weiße Feministinnen reagieren, wenn sie mit eigenen rassistischen Verhaltensweisen konfrontiert werden.

Sie schreibt, daß weiße Frauen sich weigerten zuzuhören, als ihnen Schwarze Frauen zu erklären versuchten, daß das, was sie erwarten, nicht verbale Schuldzugeständnisse sind, sondern vielmehr bewußte Gesten und Taten, die zeigen würden, daß sie ernsthaft versuchen, ihren Rassismus zu überwinden:

Eine weiße bürgerliche Frauenbewegung, die für sich in Anspruch nimmt, für alle Angehörigen des weiblichen Geschlechts zu sprechen und somit versucht, alle Frauen ohne Rücksicht auf ihr Unterdrückungspotential und ihre Position in der sozialen Hierarchie "gleichzumachen", verkennt die Realität Schwarzer Frauen völlig.

Die Auseinandersetzung mit Rassismus muß zum Bestandteil des Alltags in Frauenteams werden.

Die Beschäftigung mit der Reflexion des eigenen rassistischen Gewaltpotentials muß ein Bestandteil des Alltags in Frauenteams werden.

Feministische Grundsätze wie das Recht auf gewaltfreie Schutzräume für Frauen müssen für *alle* gelten.

Feministische Grundsätze wie der, daß Frauen geglaubt wird, wenn sie auf (gewalttätige) Verletzungen ihrer Grenzen hinweisen, müssen für *alle* geltend gemacht werden.

Feministischen Arbeitsprinzipien wie der Orientierung an und die Spiegelung von Lebensrealitäten muß für *alle* Klientinnen Rechnung getragen werden.

Mädchen-of-Color haben ein Recht auf professionelle Betreuung, Beratung und Begleitung durch Pädagoginnen, die ihre Lebensrealitäten in Form eines gemeinsamen "Hintergrunds" reflektieren.

Literatur

hooks, b. (1982). *Ain't I A Woman.* Boston: South End Press.

Davis, A.Y. (1984). *Rassismus und Sexismus.* Berlin: Elefanten Press.

Collins, P.H. (1990). *Black Feminist Thought. Knowledge, Consciousness, and the Politics of Empowerment.* London: Routledge.

Chambers, B. (1969). *Chronicles of Black Protest.* New York: The New American Library.

Raburu, M. (1995). *ZERRBILDER: Schwarze Frauenbilder – Wahrnehmungen einer weißen Gesellschaft* (unveröff. Diplomarbeit an der staatlichen FH Kiel).

Transkulturelle Weiterbildung und Organisationsentwicklung in den Niederlanden

Ergül Kaygun

In den meisten Ländern Europas ist Einwanderung und damit kulturelle Differenz und Vielfalt kein neues Phänomen. Anders aber als in der Vergangenheit führt die gegenwärtige kulturell vielfältige Realität zu neuen Fragen und sie erfordert neue Antworten. Bisher gingen pädagogische Ansätze gegen Rassismus und Diskriminierung entweder von der allmählichen Assimilation der Allochthonen aus (Ausländerpädagogik), oder sie versuchten, eine als statisch angenommene traditionelle Kultur der Allochthonen mit der "modernen" Kultur der Autochthonen[1] in Kontakt zu bringen (Interkulturelle Ansätze). Der Transkulturelle Ansatz greift die unterschiedlichen Qualifikationen aller Menschen kulturspezifisch und kulturübergreifend auf und versucht, sie für gemeinsame Arbeit fruchtbar zu machen. Transkulturelle Ansätze können helfen, Antworten zu finden, mit denen wir gemeinsam eine Gesellschaft ohne Rassismus und Diskriminierung schaffen können.

Ich beziehe mich auf Beispiele aus den Niederlanden, weil ich meine Erfahrungen mit der transkulturellen Arbeits- und Denkweise dort gesammelt habe. Ich bin jedoch der Ansicht, daß es einige Ähnlichkeiten zwischen Deutschland und den Niederlanden gibt. Ansätze, die in den Niederlanden entwickelt wurden, können auch in Deutschland im Rahmen der Zusammenarbeit zwischen Allochthonen und Autochthonen, aber auch in der Beratung und Betreuung von Allochthonen durch Autochthone angewendet werden. Aufgrund der zahlreichen historischen und anderen Unterschiede zwischen beiden Ländern ist es aber nicht möglich, transkulturelle Ansätze aus den Niederlanden unverändert zu übertragen.

---

[1] In den Niederlanden werden gegenwärtig verschiedene Bezeichnungen für die Benennung von Minderheit und Mehrheit verwendet. Sie sind in den letzten Jahrzehnten nach und nach entstanden. Sobald ein Begriff zu sehr kritisiert wurde, entwickelte sich ein neuer. Alle diese Begriffe sind problematisch: Sie wecken negative Assoziationen, konstruieren "Problemgruppen" und kein einziger ist in jeder Hinsicht neutral. In diesem Artikel werden die Begriffe 'Allochthon' für die Minderheiten und 'Autochthon' für die Mehrheit gebraucht.

Hintergrund und Entwicklungen in den Niederlanden

Ebenso wie in Deutschland ist die Gesellschaft in den Niederlanden multikulturell. Auch hier leben verschiedene Gruppen aus vielen Herkunftsländern, gibt es vielfältige kulturelle und religiöse Gruppen. Allerdings gehen die beiden Länder mit dieser Diversität unterschiedlich um.

In den Niederlanden reagierte man zunächst überhaupt nicht auf Diversität. Bei den ersten "GastarbeiterInnen" gingen alle davon aus, daß sie in ihre Herkunftsländer zurückkehren würden. Zur Vorbereitung auf die Rückkehr wurden später muttersprachlicher Unterricht und die "Ausländerberatung" angeboten. Erst nachdem sich herausgestellt hatte, daß es für die meisten "GastarbeiterInnen" keine Rückkehr ins eigene Land geben wird, sind in den Niederlanden andere Konzepte und Maßnahmen entwickelt worden, wie z.B.:

- Integration unter Beibehaltung der eigenen Identität
- "Positive Action"[2]
- Kommunales Wahlrecht für Allochthone[3]

Das Gesetz zur Förderung anteilsmäßiger Beschäftigung von Allochthonen (WBE-AA) soll private Organisationen dazu motivieren, mehr Allochthone einzustellen. Gleichzeitig wurden eine Reihe von pädagogischen Konzepten für die Erwachsenenbildung entworfen. Obwohl die gesetzlichen Maßnahmen die pädagogische Arbeit unterstützen, reichen sie nicht aus, um tatsächliche Veränderungen zu bewirken. Zwar ist das kommunale Wahlrecht eindeutig eine große Verbesserung für Allochthone. Eine Maßnahme wie z.B. Positive Aktion verändert an sich jedoch nicht viel, da ein Gesetz nicht die Vorurteile der ArbeitgeberInnen abschaffen kann. Zur Zeit wird positive Aktion fast nur von öffentlichen ArbeitgeberInnen angewandt.

Bildungskonzepte

1. Ausländerpädagogik

Zunächst einmal ist in den Niederlanden ein Ansatz entstanden, der der deutschen "Ausländerpädagogik" ähnelt. Diesem Konzept liegt die Defizithypothese zugrunde. Es wird angenommen, daß mangelnde kulturelle und sprachliche Kenntnisse auf Seiten der Allochthonen deren Integration in die Gesellschaft und den gleichberechtigten Zugang zum Arbeitsmarkt verhindern. Im Mittelpunkt stehen bei diesem Konzept die Allochthonen selbst. Diese werden als Problem definiert; ihnen muß geholfen werden (blaming the victim).

---

[2] Die Bevorzugung von Allochthonen bei gleicher Qualifikation. Ziel ist, daß Allochthone in Institutionen gemäß ihrem prozentualen Anteil an der Bevölkerung vertreten sind.

[3] Das kommunale Wahlrecht hat jede Person, die sich seit mindestens fünf Jahren legal in den Niederlanden aufhält – unabhängig davon, ob es sich um EU-BürgerInnen handelt oder nicht.

2. Interkulturelle Kommunikation

Dieser Ansatz beruht auf der Differenzhypothese. Die Eigenwertigkeit jeder Kultur und Sozialisation, Unterschiede und nicht Mängel werden hier betont. Im Mittelpunkt steht der Gedanke, daß Schwierigkeiten zwischen Menschen verschiedener Herkunft durch mangelndes Wissen über die Kultur und Kommunikationsweise der anderen bedingt sind. Durch Aufklärung sollen diese Schwierigkeiten überwunden werden. Nach Meinung der AnhängerInnen führt dieser Ansatz zu mehr Verständnis und das führt wiederum automatisch zu Veränderungen. Das Wissen über die andere Kultur ist dabei zentral (blaming the culture).

3. Antirassismus

In diesem Ansatz geht es um die autochthone Bevölkerung. Autochthone werden mit ihren Vorurteilen und ihrer diskriminierenden Gesellschaft konfrontiert. Im Mittelpunkt steht das Machtgefälle zwischen autochthonen und allochthonen Gruppen in der Gesellschaft. Dieser Ansatz ist oft sehr konfrontativ und kann zu Schuldgefühlen führen (blaming the structure).

4. Transkultureller Ansatz

Der transkulturelle Ansatz versucht, die Deutungsmuster und Denkweisen bei den Angehörigen der kulturellen Minderheit und Mehrheit zu verändern. Dies ist eine für beide Seiten konfrontative und wechselseitige Veränderung. Beim transkulturellen Ansatz wird Diversität sehr geschätzt und die Unterschiede sollen produktiv genutzt werden. So gesehen ist der transkulturelle Ansatz kulturübergreifend und Diversität die Grundlage für kulturübergreifende Veränderungen. Übereinstimmung und Ähnlichkeiten zwischen Menschen verschiedener Herkunft haben ihren Platz in diesem Ansatz. Viel wichtiger ist jedoch, daß unterschiedliche Kompetenzen und Talente bei der Entwicklung einer neuen Gesellschaft gebraucht werden, die allen gesellschaftlichen Gruppen genügend Raum bietet. Auf dem Weg zu einer transkulturellen Gesellschaft muß kultureller Ballast abgeworfen werden. Es geht darum, neue Alternativen für die Lösung der gegenwärtigen Probleme zu suchen.

Gewerkschaftliche Konzepte zur bevorzugten Beschäftigung von Allochthonen

Erwerbstätigkeit oder der Zugang zum Arbeitsmarkt auf all seinen Ebenen ist meiner Meinung nach eine sehr wichtige Voraussetzung dafür, daß Allochthone zu allen Bereichen der Gesellschaft Zugang finden. Trotz der multikulturellen Gesellschaft sind in den Niederlanden die meisten Betriebe und Institutionen monokulturell geblieben. Durch den innerbetrieblichen Widerstand gegen die Einstellung von Allochthonen oder durch traditionelle Anwerbemethoden, die sie oft ausschließen, bleibt der Zutritt zu monokulturellen Betrieben und Institutionen für viele von ihnen versperrt. Positive Aktion hat hier zwar einiges verändert, aber noch nicht genug. Autochthonen KollegInnen vermittelt die Einstellung Allochthoner aufgrund Positiver Aktion oft das Gefühl, daß letztere nicht wegen ihrer Qualitäten und Talente, sondern ausschließlich wegen ihres Minderheitenstatus eingestellt werden. Das führt zur weiteren Stigmatisierung von Allochthonen als Problemgruppe: Kompetenzen werden nicht wahrgenommen, Fähigkeiten können sich nicht entfalten. Solange die Einstellung von Allochthonen von ihren autochthonen KollegInnen nicht akzeptiert wird, bleibt es schwer, Verbesserungen zu erreichen. Der holländische Gewerkschaftsbund FNV hat darum in Zusammenarbeit mit dem Institut für Transkulturelle Entwicklung (Isis) das Modellprojekt "Kleurrijk Personeelsbeleid" (Bunte Angestelltenpolitik) entwickelt. Ziel dieses Programms war es, möglichst vielen Menschen verschiedener Herkunft und Hautfarbe zu einer Arbeitsstelle zu verhelfen.

Während der Durchführung dieses Programms mußten wir sehr schnell entdecken, daß die Widerstände gegen die Einstellung Allochthoner nicht ausschließlich bei den ArbeitgeberInnen zu finden sind, sondern, wie schon erwähnt, sehr oft auch bei den autochthonen KollegInnen. Diese empfinden den Zutritt neuer allochthoner MitarbeiterInnen häufig als Bedrohung. Für das Hinzukommen von Allochthonen und die gleichberechtigte Zusammenarbeit mit ihnen ist also deren Akzeptanz in der bisherigen berufstätigen Bevölkerung notwendig.

Transkulturelle betriebliche Bildungsarbeit

Diese Akzeptanz von Allochthonen in der Belegschaft sucht Isis zu erreichen. Isis hat auf der Grundlage ihres transkulturellen Ansatzes ein Kursprogramm zusammengestellt, das die Widerstände der autochthonen MitarbeiterInnen entschärft und die Voraussetzungen für eine gute Zusammenarbeit schafft.

Zu Beginn des Programms läßt Isis die KursteilnehmerInnen über die Vor- und Nachteile der Einstellung von Allochthonen in Betrieben nachdenken, und zwar auf drei Ebenen: der gesellschaftlichen Ebene, der betrieblichen Ebene und der persönlichen Ebene. Anders gesagt: Isis fragt die Teilnehmenden, welches Interesse die Gesellschaft an der Einstellung von Allochthonen hat, welche Interessen der Betrieb dabei verfolgt und welche persönlichen Interessen mitspielen. Dabei stellt sich heraus, daß die meisten Autochthonen Diversität als Bedrohung sehen, sich damit nicht auseinandersetzen wollen und weiterhin mit ihren Defiziten leben wollen. Das transkulturelle Konzept zielt im Kern darauf ab, Diversität als positiv zu erfahren, und die unterschiedlichen Qualitäten, Kompetenzen und Talente als wichtige Ressourcen anzuerkennen und sowohl für die Betriebe als auch für die holländische Gesellschaft insgesamt zu nutzen. Je größer die Diversität, desto mehr Kompetenzen und desto mehr Entwicklungsmöglichkeiten beinhaltet sie. Bereits für den einzelnen Betrieb kann die Nutzung unterschiedlicher Talente zu besseren Verhältnissen führen: Wenn jede MitarbeiterIn für ihren eigenen Beitrag geschätzt wird, ist das natürlich im Interesse aller MitarbeiterInnen.

Wichtig für den transkulturellen Ansatz ist es, sich der eigenen Bilder über Menschen anderer Herkunft und Religion bewußt zu werden. In jeder Gesellschaft gibt es solche Bilder, auf denen die Ausgrenzung Allochthoner beruht. Bilder über andere entstehen oft im frühen Kindesalter und sind geprägt durch die Aussagen unserer Familien, Nachbarn, Lehrer, etc. In den Niederlanden gibt es zum Beispiel noch einige alte Schulbücher, in denen heruntergekommene Bettler oder dumme Faulenzer immer eine dunkle Hautfarbe haben. Aber diese Bilder entstehen nicht nur durch Erziehung, Kultur und Subkultur; auch die Medien produzieren diese Bilder, stabilisieren oder verstärken sie sogar. Allochthone werden beispielsweise in den Medien nur erwähnt, wenn sie als Ursache eines Problems, im Zusammenhang mit einem Problem oder gar selbst als Problem dargestellt werden können. Wenn über Allochthone geschrieben wird, ist meist von Negativem die Rede wie z.B.: Arbeitslosigkeit, unzureichende Qualifikationen, Kriminalität. Diese Bilder sind sehr tief verankert. Gerade weil sie unbewußt gelernt werden, haben sie eine starke Wirkung.

Auch in den Betrieben und Institutionen herrschen solche Bilder vor. Das ist oft ein Grund dafür, daß Maßnahmen zur Verbesserung der Situation von Allochthonen auf dem Arbeitsmarkt (z.B. Positive Aktion) nicht viel Erfolg haben. Isis benutzt das Bild des Baumes, um die Wirkung von Bildern zu erklären. Jede Gesellschaft und jeder Betrieb können in der Form eines Baumes dargestellt werden. Die Wurzeln des Baumes formen die Annahmen, die allem Handeln und Denken zu Grunde liegen. Die Krone sind die Grundsätze, Regeln und Richtlinien, nach denen gehandelt wird. Die Wurzeln liegen natürlich sehr tief und fest verankert. Das ist auch notwendig, da der Baum sonst umkippen könnte. Zu den Wurzeln gehören auch die Bilder über Menschen anderer Herkunft. So wichtig die Veränderung von Grundsätzen und Regeln (wie z.B. andere Anwerbemethoden, gesetzliche Maßnahmen) auch ist: Sie macht nicht viel Sinn, solange die Annahmen, auf denen die alten Regeln basieren, nicht verändert werden. Dann bleiben Maßnahmen unwirksam oder wirken nur an der Oberfläche.

Ein weiteres zentrales Thema des transkulturellen Ansatzes ist der Themenbereich "Kultur". In den siebziger Jahren wurden in der Erwachsenenbildung in den Niederlanden oft Informationen über die Kultur Allochthoner vermittelt. So wurde z.B. erklärt, auf welche Weise verschiedene Gruppen (Türken, Araber, etc...) denken und handeln, welche Werte und Normen sie haben, usw.. Die Gefahr solcher Ansätze liegt darin, daß sie ein statisches Bild von Allochthonen vermitteln. In Wirklichkeit verändern und entwickeln Menschen und Kulturen sich ständig. Hinzu kommt noch die große Diversität innerhalb ein- und derselben Kulturgruppe. Es ist unmöglich, in Kursen etwas über die Hintergründe einer Kulturgruppe zu sagen, ohne Gefahr zu laufen, ein statisches Bild zu vermitteln. Auch Menschen aus ein- und demselben Herkunftsland unterscheiden sich voneinander.

Ich höre öfter von Autochthonen: "Wie soll ich mit der Türkin zusammenarbeiten, oder wie soll ich ihr helfen, wenn ich nichts von ihrer Kultur weiß?" Meiner Meinung nach sind die eingehende Beschäftigung mit der anderen Kultur und Informationen über das Herkunftsland keine unbedingt notwendigen Voraussetzungen für die Zusammenarbeit mit allochthonen KollegInnen. Vielmehr liegt die Gefahr solcher Denk- und Handlungsweisen darin, daß professionelle Mehrheitsangehörige die Qualitäten und Ressourcen der Minderheitsangehörigen nicht erkennen und Allochthone auf ihre kulturelle oder religiöse Zugehörigkeit reduzieren. Die Professionalität der Allochthonen wird dann in Frage gestellt.

Wenn in der psychosozialen Arbeit die hilfesuchende Person allochthon ist und die professionelle Person autochthon, geschieht dasselbe. Die hilfesuchende Person wird auf ihre kulturelle und religiöse Zugehörigkeit reduziert. Damit wird sie zur bemitleidenswerten AusländerIn, also auf die Rolle des Opfers festgelegt. Oder die autochthonen BeraterInnen blenden die kulturelle Zugehörigkeit der hilfesuchenden Personen vollständig aus.

Viel wesentlicher als die Informationen über die Kultur der anderen Person ist es, die Unterschiede, Talente und Qualitäten Einzelner zu erkennen, mit ihnen umzugehen und sie für die gemeinsame Zielsetzung zu nutzen. Ein Gespräch mit dem allochthonen Kollegen über seine Kultur kann dabei viel aufschlußreicher sein als der Konsum von statischen Bildern über sein Herkunftsland. Bezüglich des Verständnisses der eigenen Kultur gibt es nämlich auch bei Allochthonen sehr viele Unterschiede, auch wenn jede Kultur einige Grundmuster hat und Angehörige derselben Kultur teilweise eine gemeinsame Sozialisation erfahren haben.

Zusammenfassung

Das transkulturelle Konzept geht davon aus, daß die Beschäftigung Allochthoner unter der Voraussetzung, daß diese ihre Qualitäten einsetzen und ihre Fähigkeiten entfalten können, für die gesamte Gesellschaft, aber auch für einzelne Betriebe und Institutionen viele Vorteile mit sich bringt. In der Zusammenarbeit mit allochthonen KollegInnen aber auch in der Unterstützung und Beratung allochthoner KlientInnen sollte man sich einerseits dessen bewußt sein, daß Angehörige einer Kulturgruppe ihre eigene Kultur ganz unterschiedlich verstehen. Andererseits sollte man die gemeinsam erfahrene Sozialisation einer anderen Kulturgruppe nicht unterschätzen. Viel hilfreicher als der Konsum von statischen Bildern über eine andere Kultur ist es dabei, sich seiner eigenen Bilder und kulturellen Selbstverständlichkeiten bewußt zu werden.

Die gegenwärtige Diversität an Kulturen in den Niederlanden ermöglicht theoretisch eine wechselseitige Veränderung von Deutungsmustern und Denkweisen, die im Sinne aller Menschen ist. Der transkulturelle Ansatz kann dabei helfen.

Wohin? Neue Impulse für die Interkulturelle Arbeit

Zwischen Allmacht und Ohnmacht – Überlegungen zur psychosozialen Beratung mit weiblichen Flüchtlingen

María del Mar Castro Varela & Silvia Vogelmann

Die Bundesrepublik Deutschland ist eine plurale Gesellschaft, in der Menschen der unterschiedlichsten Zugehörigkeiten leben. Diese Pluralität rührt unter anderem daher, daß die Bundesrepublik Deutschland de facto eine Einwanderungsgesellschaft ist. Zur Zeit macht der Anteil von Migrantinnen/Migranten an der Gesamtbevölkerung 8,9% aus, davon sind 21,9% Flüchtlinge (Beauftragte der Bundesregierung für Ausländerfragen, 1998). Angaben über den Anteil von Frauen existieren nicht, da – laut Bundesministerium des Inneren – eine statistische Aufschlüsselung nach "Geschlecht" aufgrund mangelnder Aussagefähigkeit nicht angezeigt wäre (Bundesministerium des Inneren, 1997). Tatsächlich machen Frauen einen erheblichen Teil der flüchtenden Menschen aus. Durch den Krieg im ehemaligen Jugoslawien sind Frauen als Opfer und Überlebende von Verfolgung und sexualisierter Gewalt stärker in den Blick der Öffentlichkeit gelangt (vgl. Medica mondiale e.V., 1997). Die Diskussion um die Geschlechtspezifität von politischer Verfolgung (vgl. Erbe, 1998) ist neu belebt worden und bei dem Kriegsverbrechertribunal des Internationalen Strafgerichtshof für das frühere Jugoslawien wird zum ersten Mal Vergewaltigung als Kriegsverbrechen geahndet (vgl. Richter-Lyonette, 1997). Trotz dieser Entwicklungen ist es in der Bundesrepublik Deutschland für geflüchtete Frauen weiterhin schwierig, eine Anerkennung als Asylbewerberin zu erreichen. Gründe dafür sehen wir u.a. darin, daß bei der gesellschaftlichen Konstruktion des Frauenbildes nach wie vor Frauen nicht als politisch aktive Subjekte gesehen werden (Schöttes & Schuckar, 1995) sondern "eher als passive Anhängsel ihrer männlichen Familienangehörigen statt als mündige Menschen mit eigenen Fluchtmotiven betrachtet (werden)" (Ghodstinat & Schuckar, 1987, S.1).

Die gesellschaftliche und politische Nicht-Anerkennung weiblicher Flüchtlinge, bildet sich auch in psychosozialen Arbeitsfeldern ab. In der Fachliteratur zur Thematik psychosoziale Arbeit mit Migrantinnen/Migranten und Flüchtlingen tauchen Frauen in der Regel als großes "I" auf. Die Spezifika der Lebenssituationen von weiblichen Flüchtlingen werden oftmals übersehen und die Konsequenzen für die psychosoziale Beratung bleiben unberücksichtigt bzw. Ansätze, die in der Arbeit mit weißen deutschen, in den meisten Fällen christlich sozialisierten, Frauen entstanden sind, werden unhinterfragt übertragen. Die Gefahr, daß Beraterinnen/Berater dabei unbeabsichtigt das Bild von dem ohnmächtigen passiven Opfer aufrechterhalten und dadurch den Frauen den Zugang zu individuellen und kollektiven Ressourcen erschweren, ist beträchtlich. In unserem Artikel möchten wir das verbreitete Bild der "Flüchtlingsfrau" in Frage stellen und damit einen Beitrag zum differenzierten Zugang zur psychosozialen Beratungsarbeit mit weiblichen Flüchtlingen leisten.

Im ersten Teil werden wir auf die Verfolgungsgründe, die Flucht und das Leben im Exil von weiblichen Flüchtlingen eingehen, um dann im nächsten Schritt Erfordernisse, an in psychosozialen Praxisfeldern tätige weibliche Professionelle, zu formulieren. Wir beziehen uns also auf Beratungsangebote von Frauen für Frauen.

Verfolgungsgründe, Flucht und Exil

Die weiblichen Flüchtlinge, die in Deutschland leben, kommen aus verschiedenen Herkunftsländern. Obwohl sich die einzelnen Länder z.B. bezüglich gesellschaftlicher Normen und Werte, hinsichtlich des Aufbaus des Staatsapparats und der verbreiteten und gelebten Religionen unterscheiden, ähneln sich die Formen von Unterdrückung und Verfolgung gegenüber Frauen. Die Motive für die Flucht stehen damit in engem Zusammenhang. Sie umfassen nach Schöttes & Schuckar (1995) Engagement in Oppositionsgruppen und Befreiungsbewegungen, Leben im Krieg und damit verknüpft Opfer sexueller Gewalt, Frauen als Angriffsziel für sexuelle Gewalt und Folterungen, um politisch aktive Ehepartner und/oder Familienangehörige unter Druck zu setzen, Zugehörigkeit zu einer bestimmten ethnischen Gruppe, Zugehörigkeit zu einer religiösen Minderheit, sexuelle Orientierung und unmittelbare Verfolgung und Diskriminierung aufgrund ihres Geschlechts.

Was frauenspezifische Verfolgung bedeutet wird von PRO ASYL (1997) folgendermaßen beschrieben:

Frauen werden in vielen Staaten Opfer von Praktiken, die nicht direkt vom jeweiligen Staat durchgeführt, aber teilweise gesetzlich geschützt oder zumindest geduldet werden. Hierzu gehören genitale Verstümmelungen, Zwangsverheiratungen, Kinderehen, Mitgiftmorde und Tötungen von Frauen.

Die Verfolgungs- und Diskriminierungspraktiken, denen Frauen ausgesetzt sind, zielen sowohl darauf ab, die Frauen in ihrer individuellen körperlichen und psychischen Integrität zu verletzen und nachhaltig zu beschädigen, als auch als Angehörige eines Kollektivs anzugreifen. So dienen z.B. Vergewaltigung von Frauen und Mädchen im Krieg als übliches Kriegsmittel zur Demütigung des "Feindes" (Brownmiller, 1983). Dabei soll die Würde der Frau verletzt, die sozialen Bezüge angegriffen und weit über das Kriegsende hinaus zerstört werden. Außerdem werden Frauen durch Geiselnahme und "stellvertretende" Folterungen zur Verfolgung und Demoralisierung politischer Gegner benutzt (Reemtsma, 1991).

Wie man sehen kann, hatten bzw. haben Frauen viele Gründe, sich zur Flucht zu entschließen. Wenn die Entscheidung erst einmal gefällt wurde, müssen sie in der Regel überstürzt ihr Herkunftsland mit ungewissem Ziel verlassen. Sind sie dann in der Bundesrepublik Deutschland angekommen, werden sie in Asylverfahren gedrängt und müssen ihre politische Verfolgung "belegen" und um die Anerkennung ihrer (frauenspezifischen) Verfolgungsgründe ringen. Viele Frauen scheitern mit ihrem Asylbegehren, da die Gewalt an Frauen nicht als "politisch" angesehen wird. So schreibt das Bundesministerium des Inneren auf eine Anfrage der Härtefallkommission des Landes Nordrhein-Westfalens im Februar 1997:

Politische Verfolgung ist grundsätzlich staatliche Verfolgung. Gewalt gegen Frauen kann daher nur dann als Asylgrund in Betracht kommen, wenn sie vom Staat oder von Dritten, gegen die der Staat die ihm an sich verfügbaren Mittel nicht einsetzt, bzw. auf deren Einsatz er in ihm zurechenbarer Weise verzichtet, als Mittel politischer Verfolgung ausgeübt wird.

Darüber hinaus stellt PRO ASYL fest, daß bei den mit Asylentscheidungen befaßten Personen und Institutionen ein "fehlendes Problembewußtsein" und eine "mangelnde Sensibilität" zu beobachten ist (ebd.).

Zusätzlich zu den Schwierigkeiten bei der Anerkennung der politischen Verfolgung, sahen sich die Frauen bis vor kurzem mit einer Definition von Flucht konfrontiert, die dem Fluchtverhalten ausschließlich Zwangscharakter zugeschrieben hat. Diese Beschreibung von Flucht macht die Frauen zu passiven Opfern und somit zum Spielball äußerer Umstände. Neuere empirische Untersuchungen stellen das zunehmend in Frage. Es wird mittlerweile eher davon ausgegangen, daß die Flucht das Resultat einer bewußten Handlung ist und weniger als "bloße Reaktion" aufgrund von äußerem Druck verstanden werden sollte. So macht sich der unterstellte Zwangscharakter der Flucht nicht an der Frage der "Freiwilligkeit" oder "Unfreiwilligkeit" fest, sondern vielmehr an den beschränkten Handlungsalternativen bzw. fehlenden Wahlmöglichkeiten. Bei einer Dichotomisierung in "freiwillig" – "unfreiwillig" bleiben die persönlichen Entscheidungsprozesse, die zur Flucht geführt haben, unbeachtet. Flucht sollte demgegenüber als aktive Handlung angesehen werden, die es der flüchtenden Person ermöglicht, sich einer Bedrohung von außen zu entziehen. Dabei steht nicht von vorne herein fest, welchen spezifischen Charakter diese Bedrohung hat. Flucht beinhaltet in diesem Sinne neben den strukturellen Problemen im Herkunftsland, der sozialen Ungleichheit und der politischen Verfolgung, durch das subjektive Handeln der flüchtenden Person auch eine Entscheidung. Anstatt sich für einen Verbleib im Lande zu entscheiden, wird die Alternative der Flucht gewählt (Agha, 1997).

Dieser neue Blick auf geflüchtete Frauen beinhaltet, daß sie als aktive, handelnde Subjekte gesehen werden, die in ihre Umwelt eingreifen und ihre Lebensumstände – soweit es ihnen möglich ist – mitbestimmen.

Die Einflußnahme auf ihre Lebensumstände ist im Exilland Deutschland allerdings sehr begrenzt. Durch die restriktive Asylpolitik und das Asylbewerberleistungsgesetz haben sie nur beschränkt Zugang zur medizinischen und psychosozialen Regelversorgung, d.h. entsprechende Hilfe wird nur bei akuten Erkrankungen geleistet, und sie müssen in erzwungener Armut leben. Dies beinhaltet z.B. das Geldleistungen, die an Flüchtlinge ausgezahlt werden, durchschnittlich 25% unter dem Existenzminimum liegen (Vogelmann et al., 1996). Erschwerend kommen noch der institutionelle und alltägliche Rassismus hinzu, der auch mit gewalttätigen Übergriffen verbunden sein kann (Beckmann, 1997). Personen, die sich in einem laufenden Asylverfahren befinden, sind dazu verpflichtet auf engstem Raum in Sammelunterkünften zu leben. Zusätzlich zu der Enge sind noch folgende Bedingungen zu nennen:

- Durch die Lage der Unterkünfte räumliche und soziale Isolation.
- Zu geringe Anzahl und häufig nicht geschlechtsgetrennte Duschräume. Zumeist entsprechen sie nicht dem allgemein gängigen hygienischen Standard und sind nicht abschließbar.
- Warengutscheine oder Gemeinschaftsverpflegung. Damit ist der Zwang zum Einhalten von festen Essenszeiten verbunden.
- Permanenter Kontakt mit anderen Bewohnerinnen/Bewohnern.
- Entmündigung und Bevormundung durch Sozialarbeiterinnen/Sozialarbeiter und Hausmeisterinnen/Hausmeister.
- Ausübung von sexueller Gewalt sowohl durch männliche Mitbewohner als auch Mitarbeiter der Unterkunft (Wipfler, 1986; Vogelmann et al., 1996).

Die Bedrohung durch Männer ist erheblich. Was die Situation für die Frauen noch unerträglicher gestaltet, ist der geringe Handlungsspielraum, den sie haben, um sich dagegen zur Wehr zu setzen. In den seltensten Fällen haben die Täter mit Folgen zu rechnen. Viele Frauen zeigen Vergewaltigungen (sowohl eheliche als auch außereheliche Gewalterfahrungen) nicht an, da sie gegen die eigene Person gerichtete Sanktionen befürchten und das Vertrauen in die Polizei sehr gering ist:

Das eigentliche Lagerleben beginnt besonders in der Nacht, wenn alle betrunken sind. In der Toilette, die ja von Frauen und Männern benutzt werden muß, im Bad, das neben dem Bad der Männer liegt, in den Zimmern, in denen Frauen und Männer direkt beieinander wohnen, gibt es immer Gefahren... Vor allem, weil Lagerbewohner nichts zu verlieren haben. Sie haben auch keine Angst vor der Polizei, weil die Polizei sich ja nicht darum kümmert, was im Lager vor sich geht. Man kann jemanden schlagen, man kann eine Frau vergewaltigen – sie kümmern sich nicht darum. Es ist einmal vorgekommen, daß ein 13jähriges Mädchen vergewaltigt wurde – und es wurde einfach niemand bestraft. (Ghodistant & Schuckar, 1987, S.13)

Die Situation im Herkunftsland, die Fluchtumstände und die Situation im Aufnahmeland stehen in einem sich gegenseitig bedingenden Verhältnis und bestimmen gemeinsam das Erleben und die Perzeption des Exils jeder Frau. In der Literatur finden wir viele Kategorien, mit denen die politische und soziale Situation weibliche Flüchtlinge in ihrer Unterschiedlichkeit beschrieben werden. Sie umfassen Erlebnisse und Erfahrungen im Herkunftsland (z.B. Folter, Vergewaltigungen), Fluchtgründe (z.B. Krieg, politische Verfolgung), Möglichkeiten des Lebens im Exil (z.B. Prostitutionsmigrantin, Heiratsmigrantin), Schichtzugehörigkeit (z.B. arme Frauen, gebildete Frauen), Beziehungsleben (z.B. lesbische Frauen, verheiratete Frauen) und den Aufenthaltstitel (z.B. anerkannte Asylbewerberin, illegalisierte Frauen). Die Kategorien können in vielen Kombinationen auftreten und machen deutlich, wie differenziert sich die Situation von Frauen im Exil gestaltet. In ihrer Gesamtheit bestimmen sie die psychische Befindlichkeit und soziale Situation von weiblichen Flüchtlingen und determinieren die Möglichkeiten psycho-sozialer Arbeit.

Wie wir deutlich gemacht haben waren weibliche Flüchtlinge in ihrer Geschichte "Extremsituationen" (Bettelheim, 1977) ausgesetzt und leben in Deutschland unter sehr schwierigen und diskriminierenden Bedingungen. Die davon betroffenen Frauen beschreiben diese Erfahrungen als große Belastung und in vielen Fällen auch als Verletzungen. Inwieweit diese Erlebnisse allerdings zu einer Traumatisierung führ(t)en muß bei jeder Frau sorgfältig erfragt werden. Summerfield (1997) weißt darauf hin, daß Leiden und Schmerz nicht per se eine psychische "Störung" darstellen und verschiedene Kulturen sehr unterschiedliche Umgehensweisen mit den Folgen organisierter Gewalt haben. Psychosoziale Beraterinnen sollten sich dies in ihrer Arbeit immer wieder vergegenwärtigen, um die Gefahr zu verringern, den Frauen ein westlich geprägtes Traumakonzept überzustülpen, das sich nicht mit ihrer Selbstwahrnehmung und Selbstbeschreibung deckt.

Für eine psychosoziale Arbeit, die der einzelnen Person mit ihrer Geschichte und ihrer derzeitigen Lebensrealität gerecht werden will, ist es unerläßlich, Wissen über die kulturelle und politische Situation in den Herkunftsländern, Kenntnisse über Fluchtmotive, das in der Bundesrepublik Deutschland praktizierte Asyl- und Ausländerrecht und die damit verknüpften Lebensbedingungen als integrale Bestandteile des professionellen Verständnisses zu definieren. In diesem Sinne beinhaltet psychosoziale Arbeit mit weiblichen Flüchtlingen auch, sich politisch zu positionieren und die eigene beraterische Tätigkeit so transparent wie möglich zu gestalten.

Psychosoziale Beratung

Für die Beratungsarbeit ist es von zentraler Bedeutung, anzuerkennen, daß die politische Verfolgung und Gewalterfahrungen eine Facette in den Identitäten der Frauen sind. Daß sich Identitätsentwürfe wesentlich komplexer gestalten beschreibt Rommelspacher folgendermaßen:

Multiple Identitäten bedeutet, daß niemand entweder nur Frau oder nur Mann ist, schwarz oder weiß, Deutsche oder Türkin, arm oder reich, sondern Frau und weiße oder Deutsche und Türkin zugleich, und je nachdem in welchen Kontext frau sich bewegt, tritt mal der eine, mal der andere Aspekt in den Vordergrund. Das Selbst ist als ein offenes System zu begreifen, in dem unterschiedliche Identitätselemente gleichzeitig wirksam sind, sich gegenseitig beeinflussen und ständig gegeneinander verschieben. (1995, S.32).

Wenn man mit diesem Verständnis von Identität arbeitet, dann heißt das auf weibliche Flüchtlinge bezogen, daß die Frau nicht nur geflüchtet ist, sondern gleichzeitig arm oder reich, schwarz oder weiß ist, heterosexuell oder lesbisch lebt, eine Ausbildung hat oder nicht, aus der Stadt oder vom Land kommt, einen Aufenthaltstitel hat oder nicht.

Bei der Beratung ist es wichtig, die Komplexität der Exilsituation nicht aus den Augen zu verlieren. Damit man als Beraterin handlungsfähig bleibt, d.h. angesichts der oft schrecklichen Erlebnisse, die die Frauen mit in die Beratung bringen, sich nicht ohnmächtig fühlt und stellvertretend zum Opfer wird (vgl. Lansen, 1996), muß die Professionelle einen ressourcenorientierten Ansatz haben. Dies bietet die Chance, mit den kreativen Kräften und dem Lebenswillen der einzelnen Frau in Kontakt zu bleiben. Die Priorität liegt dabei bei den Stärken und Fähigkeiten der zu beratenden Frauen und nicht bei deren Schwächen und Defiziten. Das Risiko, ein Opferbild festzusurren, wird dadurch verringert:

Die Grundannahme lautet: Unsere Lebensführung, unsere Alltagsgestaltung, unser Wohlbefinden und unsere Gesundheit, unsere Erfolge und Mißerfolge in der Bewältigung von Anforderungen, Problemen und Krisen sind abhängig von Ressourcen. Sie beruhen auf der Verfügbarkeit und dem erfolgreichen Einsatz von Personen- und Umweltressourcen. Deshalb ist es unser aller Interesse und unser aller Motivation – zum Teil auch einfache Notwendigkeit des Lebens und Überlebens –, Ressourcen zu haben und zu erhalten.

Ressourcen sind alle Dinge, die wir in unserer Lebensgestaltung wertschätzen, die wir für die Lebensbewältigung benötigen und daher erlangen, schützen und bewahren wollen. (Nestmann, 1996, S. 362).

Wenn man mit Frauen ressourcenorientiert arbeiten will, sollte man als Professionelle natürlich Ressourcen identifizieren können. Um dazu in der Lage zu sein, ist es unerläßlich, daß sich die Beraterin mit der eigenen soziokulturellen Prägung, der unterschiedlichen Partizipation an gesellschaftlicher und politischer Macht und den in der beruflichen Ausbildung vermittelten Ansätzen kritisch auseinandersetzt. Es ist deswegen bedeutungsvoll, da die Sozialisation und die damit vermittelten Bilder, einen großen Einfluß darauf haben, wie und wo man die geflüchtete Frau verortet und welche individuellen und kollektiven Ressourcen ihr zugeschrieben und/oder zugestanden werden. Das Bewußtsein über die eigene gesellschaftliche Position und verschiedene Machtkonstellationen beinhaltet außerdem für weiße deutsche Beraterinnen, anzuerkennen, daß sie für die weiblichen Flüchtlingen Teil der Exilerfahrung sind und somit als Repräsentantin eines diskriminierenden Systems angesehen werden können. Eine Folge davon ist, daß die Professionelle in der Beratungsarbeit den Nutzerinnen glaubhaft vermitteln muß, daß sie sich der bestehenden Unterdrückungsverhältnisse bewußt ist und sich mit anderen Lebenswelten, Normen und Wertvorstellungen beschäftigt hat. Ein Beispiel dafür wäre, Religion oder Schicksalsergebenheit als Ressource anzusehen, obwohl in der westlich geprägten feministischen Bewegung Religiosität nicht als Bestandteil von "Emanzipation" definiert wird.

Mit dem eben Ausgeführten ist das Spannungsfeld, in dem Beratung mit weiblichen Flüchtlingen stattfindet, umrissen: Hilflosigkeits-/Ohnmachtsgefühle – Identifikation von Ressourcen.

Die spürbare Hilflosigkeit/Ohnmacht und die Schwierigkeit Ressourcen zu erkennen und damit transparent zu machen, können bei der Beraterin zu einen Gefühl von Kompetenzlosigkeit führen. Diese wiederum verstärkt bei der Nutzerin die Ohnmachtsgefühle und kann dadurch ein wünschenswertes Empowerment (vgl. Keupp, 1993) auf der Seite der geflüchteten Frau verhindern. Bei der Professionellen kann es aufgrund des Erzählten zu Gefühlen von Allmacht oder Sprach- und Hilflosigkeit kommen.

Abbildung 1: *Beratungsinduzierte Verhinderung von Empowerment*

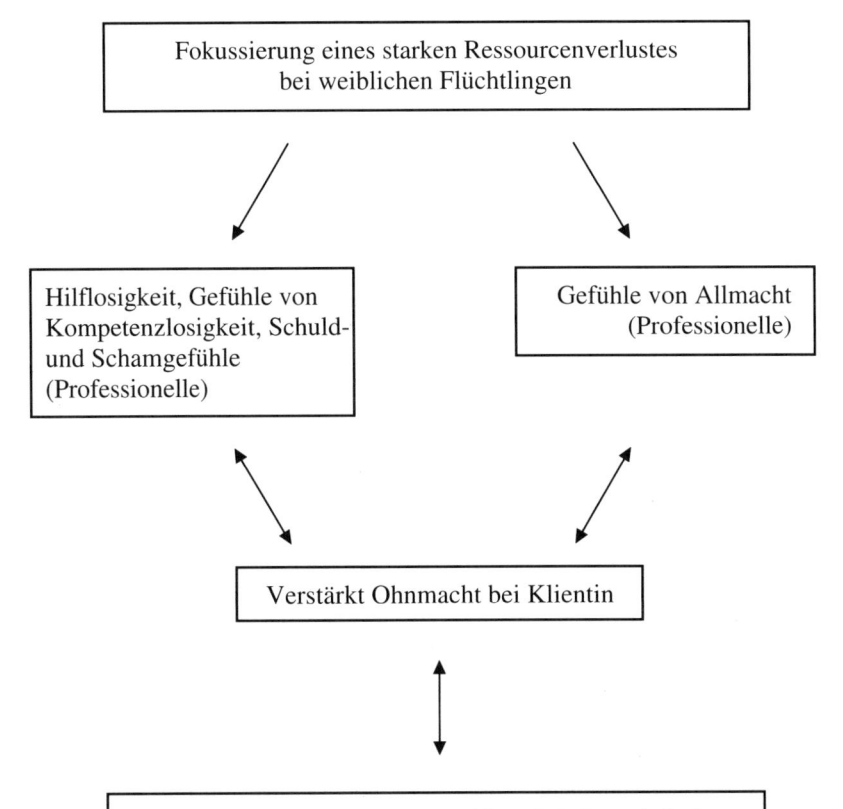

```
            ┌─────────────────────────────────────────┐
            │  Fokussierung eines starken Ressourcen- │
            │     verlustes bei weiblichen Flüchtlingen│
            └─────────────────────────────────────────┘
                    ↙                         ↘
┌──────────────────────────┐         ┌──────────────────────┐
│ Hilflosigkeit, Gefühle von│        │ Gefühle von Allmacht │
│ Kompetenzlosigkeit, Schuld-│       │   (Professionelle)   │
│ und Schamgefühle          │        └──────────────────────┘
│ (Professionelle)          │
└──────────────────────────┘
              ↘                         ↙
              ┌────────────────────────────────┐
              │ Verstärkt Ohnmacht bei Klientin│
              └────────────────────────────────┘
                           ↕
┌─────────────────────────────────────────────────────────────┐
│ Entstehung/Stabilisierung von Abhängigkeitsverhältnissen:   │
│ • Stabilisierung von "Hilflosigkeit"                        │
│ • Verunmöglichung von Empowerment                           │
│ • Verunmöglichung von ressourcenorientierten Arbeiten       │
└─────────────────────────────────────────────────────────────┘
```

Das heißt, die Fokussierung des Ressourcenverlustes birgt die Gefahr in sich, ein Abhängigkeitsverhältnis zu schaffen bzw. zu stabilisieren. In der Beratung geht es jetzt darum, den Balanceakt zu vollbringen, einerseits den Verlust einzelner Ressourcen wahr- und ernstzunehmen und andererseits ihn nicht zu stark zu fokussieren. Desweiteren anzuerkennen, in welchen Situationen die Frau zum Objekt degradiert wurde bzw. wird und gleichzeitig die Frau in ihrem Subjektsein zu stützen und zu stabilisieren. Mit-gefühl und Mit-leid zu zeigen, ohne daß dabei die Erfahrungsgrenzen zwischen der Nutzerin und der Beraterin verwischt werden und die "professionelle" Distanz verloren geht. Es muß der (Psycho-)logik der rat- und hilfesuchenden Frau gefolgt werden, ohne zu versäumen, den eigenen Standpunkt sichtbar zu machen. Solidarisch und parteilich zu arbeiten und dabei nicht zu vergessen, daß die Beziehung keine gleichberechtigte ist.

Eine Beratung in diesem Sinne zu gestalten ist eine schwierige und immer wieder zu reflektierende Aufgabe. Welche Kenntnisse und Kompetenzen auf professioneller Seite dabei wichtig sein könnten, wird im folgenden Teil ausgeführt.

Besondere Kenntnisse und Kompetenzen in der psychosozialen Beratung

Innerhalb der interkulturellen psychosozialen Praxis wird die spezifische "interkulturelle Kompetenz" immer wieder thematisiert und diskutiert.

"Interkulturelle Kompetenz" erscheint als Imagination oder als rettender Strohalm. "Interkulturelle Kompetenz" findet zumeist im Mangel oder ihrer Abwesenheit Bezeichnung. Immer dann, wenn eine interkulturelle Begegnung schwierig und konflikthaft war/ist wird von dem "Fehlen interkultureller Kompetenz" gesprochen. Was aber ihr Inhalt ist, bleibt unklar und diffus. Wir gehen davon aus, daß interkulturelle Kompetenz so wandelbar sein muß wie interkulturelle Situationen es selber sind. Das heißt, daß je nach professionellen Setting, je nach interkultureller Konstellation, ein anderer interkultureller "Kompetenz-Kanon" vonnöten erscheint.

Renate Nestvogel (1996) etwa unterscheidet zwischen: Handlungskompetenz, Fachkompetenz, Methodenkompetenz, Lernkompetenz und Sozialkompetenz.

Im folgenden werden wir die Kategorien von Nestvogel auf die Beratungsarbeit mit weiblichen Flüchtlingen übertragen und die bisherigen Ausführungen weiter konkretisieren.

Handlungskompetenz

Handlungskompetenz beinhaltet das Wissen und Lernen von und über Menschen anderer kultureller Herkunft ebenso wie die Auseinandersetzung mit der eigenen Kultur und gesellschaftspolitischen Position. Dazu gehört, daß die Beraterin realisiert, daß Deutschland eine Einwanderungsgesellschaft ist und die gesellschaftliche Pluralität, insbesondere im Hinblick auf Ethnizität und Kultur, "von den ineinander verschränkten Aspekten Macht und Differenz geprägt" ist (AG Gegen Rassismus und Antisemitismus in der psychosozialen Versorgung, 1995, S.603). Der Aspekt der Macht bezeichnet dabei die Tatsache, daß verschiedene gesellschaftlichen Gruppen nicht nur rassistisch konstruiert werden, sondern darüber hinaus ausgegrenzt werden. Dies geschieht bei weiblichen Flüchtlingen durch die bereits erwähnte Nicht-Anerkennung ihrer Fluchtgründe, durch soziale Marginalisierung, indem sie zum Beispiel in desolaten Unterbringungen verbleiben müssen und sehr begrenzte Möglichkeiten der Arbeitsaufnahme haben. Desweiteren werden ihnen elementare Menschenrechte verweigert und sie werden psychisch herabgesetzt und ideologisch entwertet.

Wichtig ist, in der Lage zu sein, die oben beschriebene Mehrdimensionalität von Unterdrückungsformen zu beachten. Handlungskompetenz bedeutet damit, die Notwendigkeit einer politischen Intervention zu erkennen und darüber hinausgehend, die Fähigkeit, eigene Privilegien wie Wahlrecht, Recht auf freie Meinungsäußerung, Bewegungsfreiheit, Sprachkompetenz, sicherer Aufenthaltsstatus und das Vorhandensein von Netzwerken zu identifizieren und zum Nutzen weiblicher Flüchtlinge einzusetzen. Psychosoziale Beratung ist somit immer auch praktische Solidarität.

Fachkompetenz

Beraterinnen, die mit weiblichen Flüchtlingen arbeiten, sollten wie schon erwähnt über ausreichende Informationen bezüglich der Situation von Flüchtlingen verfügen. Dazu gehören Kenntnisse im Ausländerrecht, Asylverfahrensgesetz, Asylbewerberleistungsgesetz sowie Kenntnisse über die Zustände in den Flüchtlingsunterbringungen. Da das Leben von Flüchtlingen in hohem Maße von der juristischen Regulierung bestimmt wird, ist eine Beratung nur sinnvoll, wenn ausreichende Kenntnisse hierüber bestehen. Um ein Beispiel zu nennen: Frauen wird nur selten ein eigenständiger Aufenthaltstitel gewährt, da ihre Fluchtgründe als nicht "asylrelevant" gelten. Aufgrund dessen müssen sie i.R. im Exil in Abhängigkeit eines Mannes leben. Entweder des eigenen Mannes, dessen politische Verfolgung anerkannt wurde oder indem das Leben im Exil durch eine Zweckehe gesichert wird. An diesen Punkt greift § 19 des Ausländergesetzes, welches besagt, daß dem Ehegatten im "Falle der Aufhebung der ehelichen Lebensgemeinschaft" ein eigenständiges Aufenthaltsrecht erst dann zusteht, "wenn die eheliche Lebensgemeinschaft seit mindestens vier Jahren rechtmäßig im Bundesgebiet bestand". Diese Regelung zwingt die Frauen oft, in lebensbedrohlichen Gewaltverhältnissen zu leben (Bundesweite Initiative zur Änderung des § 19 Ausländergesetz, 1994). Eine Trennung vom gewalttätigen Ehemann kann eine Abschiebung zur Folge haben. Unter diesen Umständen ist die Weitervermittlung der betroffenen Frau an Einrichtungen und Projekte die Schutz vor gewalttätigen Partnern bieten wie z.B. Frauenhäuser nicht ohne weiteres möglich. Nur wenn sich die Frau für ein Leben in der Illegalität entscheidet, wäre dies für sie ein gangbarer Weg. Wie deutlich wurde ist dieser Bereich ein äußerst sensibles Feld und Interventionsmöglichkeiten und deren Folgen müssen gemeinsam mit der Frau sorgfältig abgewogen werden.

Unter Fachkompetenz fällt unseres Erachtens auch die Sprachkompetenz. Diese ist ganzheitlich zu verstehen. Darunter fassen wir sowohl die Fähigkeit, mehrere Sprachen zu sprechen, als auch, sich non-verbalen Kommunikationsformen zu öffnen. Dabei sollte die Beraterin aber immer im Auge behalten, daß sich diese von Kultur zu Kultur unterscheiden. Zur Sprachkompetenz zählen wir außerdem die Fähigkeit zum "Zuhören":

Zuhören drückt aus, daß Andere mich etwas angehen. Es signalisiert Interesse an der Welt, Interesse an den Anderen. Zuhören ist eine Metapher für die Offenheit, das Offenstehen der Person, die innere Gastfreundschaft. Wer zuhört macht sich zugänglich und verwundbar, will von Anderen wissen, ist von Anderen beunruhigt, will Anderen antworten. Zuhören widerspricht den monologischen Bewußtsein, ist kein bloßer Empfang, sondern Zuwendung und Irritation. (Thürmer-Rohr, 1994, S.11)

"Zuhören" will erlernt sein wie eine Sprache. "Zuhören" erfordert Geduld und die Fähigkeit zur Ambiguitätstoleranz. "Zuhören" ist mehr als das "Gehörte" in das "Schon-Gewußte" einzuordnen. "Zuhören" bedeutet vielmehr Irritation als Qualität und Pforte zu Erkenntnis zuzulassen. "Zuhören" ist damit auch "Zeitnehmen".

Methodenkompetenz

Methodenkompetenz bedeutet in der Arbeit mit weiblichen Flüchtlingen, die gesellschaftspolitischen Grenzen wahrzunehmen, methodische Kreativität zu entwickeln und einzusetzen, um ein Handeln in Richtung Selbstbestimmung und Subjektentwicklung der Klientin unterstützen (Kalpaka, 1997). Das heißt zum einen, bekannte Methoden auf ihre Übertragbarkeit zu überprüfen und zum anderen neue Methoden zu entwerfen. Die Beraterin sollte die Methoden flexibel einsetzen können und kontinuierlich die Theorie und Praxis reflektieren.

Eine Methodenvielfalt ist also wünschenswert, aber nur dann sinnvoll, wenn der Einsatz bestimmter Methoden immer wieder reflektiert wird und an den Bedürfnissen der zu beratenden Person ansetzt. Einzelne Methoden der Gesprächsführung wie z.B. "non-direktives Vorgehen" aus der Gesprächspsychotherapie oder das "Abstinenzgebot" aus der Psychoanalyse können bei Nutzerinnen auf Befremden stoßen. Für den Aufbau eines Vertrauensverhältnisses ist es von enormer Bedeutung, daß sich die Beraterin für die Nutzerin sichtbar macht (vgl. Schmitt & Vogelmann, 1995). Die zu beratende Frau kann dadurch eher aktiv und für sich kontrollierend in den Beratungsverlauf eingreifen und das Risiko, daß die Beratung abgebrochen wird, verringert sich.

Als besondere Methodenkompetenzen können beispielsweise die Fähigkeiten angesehen werden, mit Dolmetscherinnen zu arbeiten (Aycha et al., 1992) und Wissen im Bereich Folgen organisierter Gewalt und Psychotraumatologie zu haben (Herman, 1993).

Lernkompetenz

Lernkompetenz betrifft die Bereitschaft und die Fähigkeit, mit komplexen Situationen umzugehen. Der Wunsch von vielen Professionellen, klare Richtlinien und Handlungsanweisungen für das Arbeiten in interkulturellen Systemen vermittelt zu bekommen, ist nachvollziehbar. Sie bedeuten für die Beraterin Sicherheit und "Handlungsfähigkeit". Daß dieses aber auch "Selbst-Begrenzung" im Sinne von Starrheit bedeuten kann, wird oft nicht gesehen. Die Vielschichtigkeit und Komplexität der Situation weiblicher Flüchtlinge – verknüpft mit dem engen gesetzlichen Handlungsspielraum – verlangt ein sensibles differenziertes Vorgehen. Jede Beratungsphase ist gleichzeitig auch Feld des Lernens, Hinterfragens und In-Frage-Stellens. Dies umfaßt auch, zu lernen, mit angedeuteten und gesetzten Grenzen auf der Seite der Nutzerin umzugehen. Ein Beispiel hierfür wäre, wenn die Nutzerin zu ihrer Unterstützung (Versicherung der eigenen Wahrnehmung) noch andere ihr vertraute Personen mit in die Beratung bringt. Das Signal der Nutzerin, daß das Verständnis der Professionellen an eine Grenze gestoßen ist, sollte von der Beraterin anerkannt werden und die entstandene "Multiade" sollte sie kreativ in den folgenden Beratungsprozeß miteinbauen können. Weitere Bestandteile eines umfassenden interkulturellen Lernens sind die Erkenntnis, daß in Deutschland Exklusionsprozesse bestimmter Gruppen stattfinden und daß deren Unterdrückung erwünscht und gebilligt wird. Ein anderer Punkt ist das Bewußtsein über die eigene Verstrickung in rassistische Strukturen und des Ethnozentrismus vieler Methoden und Handlungsprämissen innerhalb der Beratung.

Sozialkompetenz

Die letzte Kategorie innerhalb der "interkulturellen Kompetenz" bildet die interkulturelle Sozialkompetenz. Sie ist zusammengesetzt aus einer Reihe von einzelnen Kompetenzen wie z.B. die Fähigkeit zum Perspektivwechsel, ein Verständnis für verschiedene Sichtweisen und Verhaltensweisen, Sensibilität für die eigene kulturelle Prägung und die damit zusammenhängende Begrenztheit der eigenen Wahrnehmung.

In der Beratung mit weiblichen Flüchtlingen verlangt interkulturelle soziale Kompetenz auch das Hinterfragen von Emanzipationsvorstellungen und damit auch den Konzepten von "Abhängigkeit" und "Unabhängigkeit".

Vergegenwärtigen wir uns die drei sich gegenseitig bedingenden Faktoren, die das Exil und seine Perzeption beeinflussen (Situation im Herkunftsland, Fluchtumstände, Situation im Aufnahmeland), so kann es sinnvoll sein, zum Beispiel bei lesbisch lebenden weiblichen Flüchtlingen die Vorstellungen eines Coming-Outs zu hinterfragen, die ja das Öffentlichmachen der sexuellen Orientierung als Befreiung propagiert. Dies kann aus vielen Gründen für lesbisch lebende weibliche Flüchtlinge unmöglich sein und die Erfahrung sich als "unnormal" zu empfinden, könnte durch eine entsprechende Intervention entstehen oder verstärkt werden

Bei der Beziehungsherstellung und deren weiteren Gestaltung muß im Einzelfall geschaut werden, welche Kriterien die Beraterin – unabhängig von deren realiter vorhandenen Kompetenzen -idealerweise mitbringen sollte. Es kann z.B. für die eine Frau wichtig sein, von einer Angehörigen der eigenen ethnischen kulturellen Community beraten zu werden, wohingegen es eine andere Frau für sich ablehnt. Zum Beispiel wird die Beratung durch eine Communityfrau von lesbisch lebenden Frauen häufig als schwierig eingeschätzt, weil sie nicht davon ausgehen, daß die Frauen aus demselben Herkunftsland Verständnis dafür haben. Das Arbeiten in interkulturellen Teams und die Sensibilisierung für die Komplexität der Unterdrückungen ist deshalb unabdingbar. Auch wenn die Beratungsarbeit von einem kontinuierlichen Arbeiten und damit Vertrauensaufbau ausgeht, kann es doch notwendig erscheinen phasenweise – sofern es möglich ist – verschiedene Beraterinnen einzusetzen. Dies erfordert allerdings die Fähigkeit, die Grenzen der eigenen Arbeit und eine phasenweise Kompetenzlosigkeit zu benennen und aushalten zu können. Eine kontinuierliche interkulturelle Supervision sollte praxisbegleitend erfolgen.

Utopiefähigkeit

Abgesehen von der allgemeinen ressourcenorientierten Ausrichtung und den verschiedenen Kompetenzen, die eine psychosoziale Arbeit mit weiblichen Flüchtlingen erfordert, erscheint uns die "Utopiefähigkeit" als ein zentraler Punkt in der Beratung.

Utopiefähigkeit bedeutet: an die Veränderung nicht nur glauben, sondern auch daran zu arbeiten; das "So-wie-es-ist" weder hinzunehmen, noch zu akzeptieren, daß die Klientinnen es hinnehmen; der Aufbau von Zukunftsvorstellungen, die der allgemeinen Hoffnungslosigkeit etwas entgegensetzen; bedeutet Bewegung statt Starrheit; bedeutet das "Normale" zur Disposition zu stellen; bedeutet permanente Kritik und Selbstkritik.

In diesem Sinne ist die psychosoziale Arbeit mit weiblichen Flüchtlingen nicht schwierig und konflikthaft, sondern ein sensibles Feld und eine Herausforderung.

Literatur

Agha, T. (1997). *Lebensentwürfe im Exil. Biographische Verarbeitung der Fluchtmigration iranischer Frauen in Deutschland.* Frankfurt/M.: Campus.

AG Gegen Rassismus uns Antisemitismus in der psychosozialen Versorgung (1995). Thesen zur psychosozialen Arbeit in einer pluralen Gesellschaft. *Verhaltenstherapie und psychosoziale Praxis, 4,* 603-607.

Aycha, A., Sobotta, J. & Windgasse, A. (1992). Eine gemeinsame Sprache finden – Kommunikation in der Beratungsarbeit mit Flüchtlingen. In Psychosoziales Zentrum für ausländische Flüchtlinge (Hrsg.), *Wie kannst du hier leben..., Beiträge aus fünf Jahren PSZ Arbeit 1987-1 992.* Düsseldorf.

Bettelheim, B. (1977). *Erziehung zum Überleben. Zur Psychologie der Extremsituation.* München: Deutscher Taschenbuch Verlag.

Beckmann, H. (1997). Rassismuserfahrungen von Asylsuchenden. In Mecheril, P. & Teo, T. (Hrsg.), *Rassismus und Psychologie* (S. 202-221). Hamburg: Rowohlt Taschenbuch Verlag.

Brownmiller, S. (1983). *Gegen unseren Willen. Vergewaltigung und Männerherrschaft.* Frankfurt/M.: Fischer Taschenbuch Verlag.

Bundesministerium des Inneren. (1997). *Schreiben an die Härtefallkommission des Landes Nordrhein-Westfalens zum Thema "Geschlechtsspezifische Verfolgung".* Bonn.

Bundesweite Initiative zur Änderung des Paragraphen 19 Ausländergesetz (Hrsg.). (1994). *Dokumentation 1993/94. Kampagne zur Änderung des §19 Ausländergesetz* (Broschüre). Herne.

Erbe, B. (1998). *Frauen fordern ihr Recht. Menschenrechte aus feministischer Sicht.* Hamburg: Argument Verlag.

Ghodstinat, F. & Schuckar, M. (1987). *Weibliche Flüchtlinge aus dem Iran: Fuchtmotive und Lebenssituation in der Bundesrepublik Deutschland.* Broschüre der Autonomen Iranischen Frauenbewegung im Ausland e.V. Frankfurt/M.

Herman, J.L. (1993). *Die Narben der Gewalt. Traumatische Erfahrungen verstehen und überwinden.* München: Kindler Verlag.

Kalpaka, A. (1997). Interkulturelle Kompetenz. Kompetentes (sozial)pädagogisches Handeln in der Einwanderungsgesellschaft. *Betrifft, 4,* 11-13.

Keupp, H. (1993). Die (Wieder-)Gewinnung von Handlungskompetenz: Empowerment in der psychosozialen Praxis. *Verhaltenstherapie und psychosoziale Praxis, 3,* 365-381.

Lansen, J. (1996). Was tut "es" mit uns? In Graessner, Gurris & Pross (Hrsg.), *Folter. An der Seite der Überlebenden. Unterstützung und Therapien.* München: Verlag C.H. Beck.

Medica mondiale e.V. (1997). *Das Kriegsverbrecher-Tribunal in Den Haag. Sexualisierte Gewalt im Krieg vor Gericht.* Köln: Medica mondiale e.V.

Nestmann, F. (1996). Psychosoziale Beratung – ein ressourcentheoretischer Entwurf. *Verhaltenstherapie und psychosoziale Praxis, 3,* 359-376.

Nestvogel, R. (1996). Konfliktregelungen in der Flüchtlingsarbeit. Übungen zum interkulturellen Lernen. Frankfurt/M: IKO.

PRO ASYL (1997). *Aufruf "Verfolgte Frauen schützen!"* Frankfurt/M.

Reemtsma, J.P. (1991). Das Heer schätzt den Menschen als solchen. In J.P. Reemtsma, (Hrsg.), *Folter. Zur Analyse eines Herrschaftsmittels* (S. 25-36). Hamburg: Junius.

Richter-Lyonette, E. (1997). *Keine Zeit für Frauen? Frauenrechte, Kriegsverbrechen und Genozid.* Givrins/CH: The Coordination of Women´s Advocacy.

Rommelspacher, B. (1995). *Dominanzkultur. Texte zu Fremdheit und Macht.* Berlin: Orlanda Frauenverlag.

Schmitt, C. & Vogelmann, S. (1995). Psychotherapeutische Arbeit mit politischen Flüchtlingen in Deutschland. In I. Attia et al. (Hrsg.), *Multikulturelle Gesellschaft – Monokulturelle Psychologie? Antisemitismus und Rassismus in der psychosozialen Arbeit* (S. 210-222). Tübingen: dgvt-Verlag.

Schöttes, M. & Schuckar, M. (1995). Fluchtgründe von Frauen in der Einschätzung von asylrechtlichen Entscheidungsinstanzen und RechtsanwältInnen: Ergebnisse einer empirischen Untersuchung. In M. Schöttes (Hrsg.), *Frauen auf der Flucht* (Band 2), *Weibliche Flüchtlinge im deutschen Exil* (S. 133-173). Berlin: Edition Parabolis.

Summerfield, D. (1997). Das Hilfsbusiness mit dem "Trauma". In Medico Report 20 (Hrsg.), *Schnelle Eingreiftruppe "Seele". Auf dem Weg in die therapeutische Weltgesellschaft. Texte für eine kritische "Trauma-Arbeit"* (S. 9-23). Frankfurt/M.: Verlag medico international.

Thürmer-Rohr, C. (1994). *Narrenfreiheit.* Berlin: Orlanda Frauenverlag.

Vogelmann, S., Weiß, A., Schmitt, C. & Arbeitsgruppe gegen Rassismus und Antisemitismus in der psychosozialen Versorgung (1996). Das Asylbewerberleistungsgesetz aus psychosozialer Sicht. *Verhaltenstherapie und psychosoziale Praxis, 1,* 95-104.

Wipfler, R. (1986). *Asyl Konkret. Lageralltag als kritisches Lebensereignis.* Berlin: Express-Edition.

"Ich spreche x-linguisch."
Aus dem leben eines "gewöhnlichen" wanderers und grenzgängers mehrerer sprachen und kulturen

Halil Can

"Nein, ich verleugne es nicht", waren seine ersten worte, die mich sofort hellhörig gemacht hatten. "Im gegenteil, ich bekenne mich zu meiner sprache, besser gesagt zu meinen sprachen und damit zu mir selbst." Ich war irritiert und fassungslos zugleich. Was meinte er bloß mit sich "bekennen"? Während ich in mich hineingekehrt nach einer geeigneten antwort ausschau hielt, merkte ich plötzlich, wie er seine gedanken puzzel für puzzel sammelte und in den tiefen gefilden seiner gefühlswelt aufging. Sodann legte die karavane los und die wanderschaft in die sprachen- und kulturwelt eines grenzgängers begann.

"Die landschaft meiner sprachenwelt ist wild, lebensfroh und freiheitsliebend"

Warum sollte ich auch meine zunge in eine von anderer hand konstruierte fassung oder gar zelle hineinzwingen lassen. Die landschaft meiner eigenen sprachenwelt ist zu wild, lebensfroh und freiheitsliebend, als daß ich sie, als daß ich mich der faden, zwanghaften und bornierten sprachlosigkeit der reinen, destilierten und sterilen einsprachigkeit aufopfern würde.

Denn alle meine sprachen sind farbig, so wie ich es auch bin. Im korsett von allein einer sprache würde ich mein selbst verlieren und praktisch aufhören zu sprechen, zu träumen, zu phantasieren und gedichte über liebe, trauer und hoffnung zu schreiben.

Wenn ich in gedanken mit mir spreche, ist es nicht eine sprache, in der ich spreche. Es sind die sprachen mit denen ich aufgewachsen bin, die sprachen, die im verlauf meines lebensweges auch mein geworden sind und mit der zeit einen mir eigenen schliff, eine besondere form und farbe bekommen haben. So wie meine gedanken mit sich sprechen, so hören auch meine ohren. Die welt ist nicht einwellig und eintönig in meinen ohren. Sie können mehr als nur die klangwelt einer sprachenlandschaft erfassen. So beweglich die eigene muttersprache auch sein mag, ihre schönheit und ihren reichtum kann man erst dann erkennen und erleben, wenn man ihre konstruierten grenzen zu anderen sprachen sprengt und einen zugang zu ihnen gewinnt, um so überhaupt einen klaren blick zur eigenen sprache bekommen zu können. Manchmal hat man glück, wie bei mir, und man lernt schon von kleinauf mehrere sprachen (gleichzeitig) oder man eignet sie sich später an.

Jede sprache ist wie ein instrument oder wie eine menschliche stimme, es klingt immer anders und ist einzigartig. Hat man gelernt verschiedene sprachen zu hören und zu verstehen, dann kann man auch in ihre fast mystische atmosphäre der orchestermusik oder des chorgesangs eintauchen, wie man sie häufig auf basaren, in bahnhöfen oder großen festlichkeiten erleben kann. Setzt man sich beispielsweise in Berlin in die u-bahn und fährt die linie 1 runter nach Kreuzberg, öffnet sich einem eine welt von menschen mit den verschiedensten sprachen. Immer ist es für mich dabei ein genuß, an den gesprächen in den für mich vertrauten sprachen teilzunehmen, indem ich den menschen zuhöre und sekundenschnell von einer sprache auf die andere springe. Dabei habe ich oft das gefühl, als ob ich nur das gespräch wechsele, aber nicht die sprache. Das heißt, daß ich aus mehreren sprachen im kopf nur eine sprache mache, indem ich sie sozusagen mische.

"Du nix sprechen kauderwelsch, kauderzanca oder code switching"

Die gemischtsprachigkeit in meinem denken und hören spiegelt sich unbewußt auch in meiner gesprochenen sprache wieder. Im deutschen gibt es hierfür die bezeichnung "kauderwelsch". Sie ist jedoch kein passendes wort für dieses sprachphänomen. Deshalb findet hierfür das amerikanische wort "code switching" bessere anwendung. Es funktioniert jedoch meist nur unter gleichsprachigen code switchern. In meinem gleichsprachigen verwandschafts- und freundeskreis ist es beispielsweise völlig normal und selbstverständlich, in den sprachen türkisch und deutsch zu code switchen. Es ist weniger eine konstruktion als eine eigene für sich selbst stehende sprache, die ihre quelle aus der türkischen und der deutschen sprache speist. In unseren reihen hat sich hierfür in Berlin deshalb die bezeichnung "kauderzanca" etabliert, ein mischwort aus dem wort "kauderwelsch" und der dazugehörigen türkischsprachigen bezeichnung "tarzanca". Die kreation dieses kunstwortes findet ihren ursprung in der vor zehn Jahren in Berlin gegründeten interkulturellen zeitschrift kauderzanca.

- "Lan moruk, wie gehtsler nasil ?" (Ey alter, wie gehts denn so?)
- "Ey alta, kommsana !" (Ey alter, komm doch mal!)
- "Idiot topu schießen etmiyoki." (Der idiot schießt ja nicht den ball her.)

Wären einige beispiele für eine vermischung von (zwei) sprachen durch code switching. Hierbei werden in den fließenden türkischen satz nicht nur wörter aus dem deutschen eingepflanzt, sondern sie werden in der grammatik, dem satzbau sowie der vokalharmonie der türkischen sprache angepaßt. Das ergebnis dabei sind neue wortschöpfungen, ähnlich wie bei chemischen reaktionen, wo durch den zusammenprall von verschiedenen atomen moleküle mit völlig neuen eigenschaften entstehen.

Doch noch charakteristischer für das code switching ist, wie der name schon sagt, der wechsel bzw. sprung zwischen den sprachen. Im fiktiven dialog sieht es dann so aus:

Deniz: Ne diyorsun, gehen wir heute schwimmen? (Was meinst du, ...?)
Ceylan: Weiß nicht, canim hic istemiyor.
(..., eigentlich habe ich überhaupt keine lust.)
Deniz: O zaman, schlag was vor. (Dann ...)
Ceylan: Wir könnten ja zum beispiel ins kino gehen.
Deniz: O.k., anlastik, aber in welchen film? (O.k., einverstanden, ...)
Ceylan: Titanic nasil? (Wie wärs mit dem film Titanic?)
Deniz: Sahane, daran hab' ich auch gerad' gedacht. (Super, ...)
Ceylan: Dann is' ja die sache geritzt. Birde biletleri aldimi ...
(... Bis auf die Tickets.)

(Meine) sprachen kennen keine grenzen

Gesprochen wird bei uns zu hause nicht nur in Türkisch und Deutsch. Da meine eigentliche muttersprache Zaza ist – eine indoeuropäische sprache, die vom ursprung her im ostmittelanatolischen raum von einer minderheit gesprochen wird. Zwar lassen zugegebenerweise meine kenntnisse in dieser sprache zu wünschen übrig – besonders wenn es um das sprechen geht – aber ich bin vor allem vom emotional-melodischen klang dieser sprache stark geprägt. Ich habe sie verinnerlicht, zumal damit viele kindheitserinnerungen verbunden sind.

Meine oma Hayal (zu deutsch: traum), die ich sehr mochte und der ich mich sehr nah fühlte, sprach fast ausschließlich in Zaza. Kam es mal ausnahmsweise doch dazu, daß sie in die gewässer des Türkischen eintauchte, so verhaspelte sie sich sofort in ein höchst kreatives kauderwelsch-duett aus Zaza und Türkisch. In diesen momenten konnten wir kinder uns vor lachen kaum mehr im zaun halten, bis unsere tränen ihren freien lauf nahmen und aus unseren augen runterkullerten. In ihrer selbstironie nicht zu übertreffen, gesellte sie sich nachdem der erste ärger verpufft war zu uns und lachte mit uns mit.

Trotz der zweisprachigen "sprachlosigkeit" zwischen mir und meiner oma, die hier nur als beispiel für die großelterngeneration meiner familie steht, konnten wir uns dennoch recht gut verstehen. Sie sprach in Zaza, ich antwortete in Türkisch und umgekehrt.

Faszinierend war die sprache meiner eltern bzw. elterngeneration, denn sie ähnelte in ihrer vielfältigkeit meiner eigenen bzw. der meiner generation. Mit meiner oma sprachen sie immer in ihrer muttersprache Zaza. Unter sich Zaza oder Türkisch oder das code switching von beiden. Mit uns, den kindern, wurde nur Türkisch gesprochen. Zaza bekamen wir leider nicht beigebracht, denn unsere eltern waren aufgrund der staatlich-ideologischen türkisierungs- und assimilierungspolitik gegenüber minderheiten erheblich eingeschüchtert und immer von angst begleitet gewesen. Diese politik spiegelte sich folglich auch in unserer sprachlichen erziehung durch unsere eltern wieder.

Gerne hätte ich die Zaza-sprache richtig gelehrt bekommen. Es wäre auf jeden fall eine bereicherung für mich gewesen. Immer noch verspüre ich einen ungestillten durst danach. Als meine oma noch lebte, war es für mich immer ein genuß dabei zuzuhören, wie die älteren zwischen den sprachen hin und her segelten. Ich verstand zwar von dem gesprochenen nur einen teil, aber ich fühlte mich dazugehörig und wohl in dieser üppigen sprachenwelt. Leider ist von diesen zeiten wenig übrig geblieben. Die gründe sind offensichtlich: Die traditionellen großfamilienstrukturen sind zusammengebrochen, die großelterngeneration lebt nicht mehr und die migration nach Deutschland hat zu einem grundlegenden sprachlich-kulturellen wandel beigetragen.

Von der gesprochenen zur schriftsprache

Lesen und schreiben konnte ich schon bevor ich mit der schule angefangen hatte. Mein vater und meine schwester hatten es mir frühzeitig beigebracht. Es war das türkische alphabet. Wie meine erste gesprochene sprache Türkisch war, so war sie auch meine erste schriftsprache. Zwar war auch das türkische alphabet dem lateinischen entlehnt und es unterschied sich nur in einigen buchstaben vom deutschen alphabet, aber türkisch war leichter zu erlernen, gerade wenn es ums lesen und schreiben ging.

In der schule machte mir demgegenüber die deutsche rechtschreibung viel kopfzerbrechen, weil sie nicht so logisch aufgebaut war, wie die türkische. Ähnlich verhielt es sich mit der grammatik. Und ausnahmen bestätigten immer die regel. Was in einem fall logisch war, entpuppte sich im anderen fall als unlogisch.

Auf die deutsche sprache war deshalb selten verlaß. Also, blieb mir nichts anderes übrig, als mich erst einmal der macht des diffusen sprachwirrwarrs zu beugen. Es kostete mich anfangs jahre bis ich mich durch stures pauken und allmähliches gewöhnen mit der deutschen schriftsprache anfreunden konnte. Es war harte arbeit, dennoch hat es sich im endeffekt gelohnt, wenn es auch im rückblick vergeudete zeit war. Denn eine logisch aufgebaute und vereinfachte deutsche rechtschreibung und grammatik hätte die dafür vergeudete energie und zeit für kreatives lernen freisetzen können.

Zwischen gedanken- und gefühlwelt

In der mittelstufe war mein deutsch wesentlich ausgeprägter als mein türkisch, das sich eher auf die alltagssprache beschränkte. So versuchte ich daraufhin durch meine intensive beschäftigung mit der türkischen sprache und meine häufigen türkeiaufenthalte das entstandene ungleichgewicht wettzumachen. Was mir auch gelang.

Irgendwann fühlte ich mich dann sowohl im schreiben als auch im sprechen in beiden sprachen zu hause. Nur merkte ich sehr bald, wenn ich beispielsweise mit zum dolmetschen gehen mußte oder in einer der beiden sprachen etwas schreiben wollte, daß ich mich nicht so ausdrücken konnte, wie ich dachte oder wie ich mich fühlte. Mir wurde klar, daß ich zwar durch lernen eine annäherung der beiden sprachen erreicht hatte, um so mich fließend in beiden sprachen verständigen zu können. Doch blieben barrieren der sprachlichen selbstartikulation bestehen, die eben in diesem fall nicht in mir, sondern in der grundlegenden unterschiedlichkeit der herkunft, geschichte, struktur und dem aufbau beider sprachen begründet lagen.

So fällt es mir heute leichter, komplizierte sachverhalte und denkprozesse in der deutsche sprachen zu artikulieren. Demgegenüber ermöglicht mir die türkische sprache durch ihre melodik, ihren rhythmus und ihren reichtum an bildhaften verben und adjektiven, gefühle besser und leichter zur sprache zu bringen.

Wenn das krankenhaus zur ersten sprachschule wird

Mein sprachliches aha-erlebnis im Deutschen erfuhr ich erstmals in einem kinderkrankenhaus. Ich muß wohl vier oder fünf jahr jahre alt gewesen sein, da viel es mir wie schuppen von den augen. Es war wie ein dammbruch, der über mich kam. Von einem zum anderen augenblick konnte ich im nu einen vernünftigen satz in deutscher sprache zustandebringen. Ich saß im krankenbett und rief plötzlich nach der schwester. Ab dem moment fühlte ich, daß ich um eine sprache reicher geworden war. Deutsch war nun auch meine sprache, es war auch zu einem teil von mir zusammengewachsen. Glücklich verwirrt und verzaubert fühlte ich, wie ich neu geboren wurde.

Meiner kindheitsbronchitis hatte ich es schließlich zu verdanken, schon vor meiner schulzeit das räumliche ghetto meiner verwandschaft zu sprengen und somit das krankenhaus zu meiner ersten (sprach-)schule zu machen.

Hier begegnete ich erstmals und dann immer von neuem unter extremsten bedingungen kulturellen und sprachlichen grenzen. Schritt für schritt überschritt und überschnitt ich diese und setzte somit die ersten weichen für mein jetziges grenzgängertum. So währte es im krankenhaus nicht lange, als man mich schließlich als mittler zwischen den sprachen Deutsch und Türkisch einsetzte. Eine dolmetscherodyssee nahm ab hier ihren lauf, zunächst in der familie, der verwandschaft und bekanntschaft, dann auch im schulischen, sozialen und beruflichen leben.

Auf zu neuen sprachlichen ufern

Ab der fünften klasse eröffnete sich für mich eine neue sprachenwelt: Englisch wurde zu meinem unterrichtsfach. Zu der zeit waren weder mein Türkisch noch mein Deutsch, ganz zu schweigen vom Zaza, voll ausgereift. Dennoch stellte sich sehr bald heraus, daß das Englische im wortschatz und dem satzbau dem Deutschen und in der rechtschreibung dem Türkischen ähnelte. Von daher lebte ich mich sehr schnell in die neue sprache ein und gewann auch mehr und mehr spaß, sie zu lernen. Leider fehlt mir bis heute die ausreichende sprachpraxis. Dennoch, auch sie ist mein geworden.

Französisch wollte ich eigentlich nie lernen. Das war mir doch schon etwas viel des guten, nach so vielen sprachen. Doch mit der einschulung in die gesamtschule mußte ich es als wahlpflichtfach nehmen. Zu meiner überraschung und freude hörte ich sehr bald im Französischen klänge und wörter, die mir gar nicht so fremd waren. Es entwickelte sich im laufe der zeit eine sympathische symbiose zwischen mir und meiner neuen sprache. Erst viel später konnte ich mir unsere tiefe verbundenheiten erklären. Die Zaza-sprache wies in der melodie und der grammatik große nähe zum Französischen. Ähnliches galt für die türkische sprache, die seit der europäisierung einen teil ihres wortschatzes auch aus dem französischen speist. Für mich eröffnete sich mit dieser sprache ein neuer ozean, in den ich nunmehr eintauchen konnte.

Mit jeder neuen sprache lernte ich von neuem andere menschen, andere länder, andere kulturen und andere lebensformen kennen. Vor mir breitete sich jedesmal von neuem ein unermeßlicher reichtum von grenzenloser vielfalt und der in ihr verborgenen schönheit aus. Ich hatte gefunden, was ich suchte. Es war immer in mir. Bruder, siehe dieses geheimnis nunmehr auch als dein. Ich habe es dir anvertraut, als ein zeichen unserer beginnenden freundschaft. Behüte es so, wie die kostbaren augen eines kindes. Die saat, die du streuen wirst, sollen frieden, glück und liebe in dich und in die seelen der menschen bringen."

In diesem moment stand der mir bis vor kurzem noch fremd erscheinende hagere mann – in dessen gesicht die falten seine lebensgeschichte gezeichnet hatten – auf. "Verzeih mein bruder, ab hier endet unser weg, aber wir werden uns wiedersehen, ganz bestimmt" und stieg im nächsten atemzug aus der u-bahn aus. Ich konnte noch seine letzte worte hören: "Bruder, wir werden uns wiedersehen. Denn das leben ist wie der fluß, er geht und kommt wieder."

Bürülün, 25.02.1998

Interkulturelle Jugendbildungsarbeit – Eine Chance zum Erwerb interkultureller Handlungskompetenzen

Irma Leisle

Einleitung

Vor der interkulturellen Jugendbildungsfahrt und erst recht danach wurden wir häufig mit der Frage konfrontiert: "Was, ihr wart mit einer Gruppe von Jugendlichen in Auschwitz?" Was aber macht das Erstaunen und die Neugier bezüglich dieser Gedenkstättenfahrt aus? Wer ist "ihr" und wer waren die "Jugendlichen", was war die Motivation für diese Interkulturelle Jugendbildungsfahrt nach Auschwitz und Krakau? Diese und andere Fragen möchte ich im nachfolgenden versuchen zu beantworten.

Die Reise wurde gemeinsam von HÎNBÛN, Internationales Bildungs- und Beratungszentrum für Frauen und ihre Familien sowie von AJAKS, Amt für Jugendarbeit im Kirchenkreis Spandau vorbereitet und durchgeführt. Das Ziel der Reise war die Auseinandersetzung mit der deutschen Vergangenheit, mit Antisemitismus und Rassismus. Durch die bewußte interkulturelle Zusammensetzung der Gruppe, die Hälfte der TeilnehmerInnen waren Deutsche kurdischer Herkunft,[1] wurden aber gleichzeitig Rassismus heute in der Bundesrepublik Deutschland sowie die Situation von KurdInnen in ihren Herkunftsländern und im Exil thematisiert. Die menschenverachtenden Verbrechen in Auschwitz sollten durch diese Thematisierung keinesfalls relativiert werden, der spezifische ethnische Hintergrund der TeilnehmerInnen kurdischer Herkunft wurde jedoch bewußt in die Auseinandersetzung mit einbezogen.

Als deutsche Mitarbeiterin von HÎNBÛN werde ich die interkulturelle Jugendbildungsreise und ihre Auswirkungen v.a. aus meiner Perspektive darstellen. Dabei ist die zentrale Frage, inwieweit es im Rahmen dieser Bildungsreise möglich war, interkulturelle Handlungskompetenzen sowohl bei den TeilnehmerInnen als auch bei den TeamerInnen zu entdecken und weiterzuentwickeln. Insgesamt liegt mein Augenmerk in diesem Artikel hauptsächlich auf den interkulturellen Aspekten und

---

[1] Bis auf eine Teilnehmerin hatten alle die deutsche Staatsbürgerschaft bzw. waren dabei, sie zu beantragen. Daher habe ich mich entschieden, wenn im Folgenden von Deutschen kurdischer Herkunft die Rede ist, diese der Lesbarkeit wegen als deutsch-kurdische Jugendliche bzw. TeilnehmerInnen zu bezeichnen.

die Auseinandersetzung mit dem Thema Gedenkstättenfahrten nach Auschwitz findet dementsprechend lediglich am Rande statt.

Ich werde mit einem Exkurs über die Entwicklung von HÎNBÛN, internationales Bildungs- und Beratungszentrum für Frauen und ihre Familien, von einer mono-ethnischen zu einer interkulturellen Einrichtung beginnen. Daran schließt sich der Versuch einer Definition des Begriffs interkulturell anhand der Arbeit von HÎNBÛN an. Von der Darstellung der konzeptionellen Voraussetzungen für die interkulturelle Jugendbildungsfahrt ausgehend komme ich dann zu den zentralen Elementen der Vorbereitung. Diese werden ihrem chronologischen Ablauf nach und den dabei gesetzten inhaltlichen Schwerpunkten entsprechend dargestellt und analysiert. Die Durchführung der Gedenkstättenfahrt nach Auschwitz und Krakau mit dem Hauptaugenmerk auf ihren interkulturellen Aspekten schließt sich daran an. Nach der Rückkehr von der Reise gab es zahlreiche weitere gemeinsame Aktivitäten der TeilnehmerInnen und TeamerInnen. Auch hier werde ich mich v. a. mit den interkulturellen Aspekten beschäftigen. Den Abschluß bildet die Zusammenfassung der Ergebnisse des gesamten interkulturellen Lernprozesses bezogen auf den Erwerb bzw. die Weiterentwicklung interkultureller Handlungskompetenzen.

Exkurs: Von der monokulturellen zur interkulturellen Arbeit

HÎNBÛN entstand 1981 im Rahmen eines dreijährigen Forschungsprojektes zur Analyse der Lebenswelten kurdischer Frauen und der sich daraus ergebenden Bildungsmöglichkeiten mit ihnen. Nach Abschluß der Forschungsphase übernahm der Evangelische Kirchenkreis Spandau die Trägerschaft und die Senatsverwaltung Berlin die Finanzierung der Einrichtung. Der Arbeitsauftrag seitens der Senatsverwaltung lautete, einen Treffpunkt für KurdInnen zu organisieren, an dem die Frauen Tee trinken, sich unterhalten können sowie Beratung erhalten.

Ein Ergebnis des Forschungsprojektes war jedoch, daß es unter den kurdischen Frauen eine enorm hohe Anzahl von Analphabetinnen gab, die ein großes Bedürfnis zeigten zu lernen. Für sie gab es auch in Berlin keine adäquaten Angebote. Deshalb organisierten die Mitarbeiterinnen muttersprachliche Alphabetisierungskurse in kurdisch und türkisch sowie Deutschkurse. Darüber hinaus wurde auch Hausaufgabenhilfe für Mädchen und junge Frauen angeboten, die sich in der Schulabschlußphase oder in einer Ausbildung befanden.

In der alltäglichen Arbeit von HÎNBÛN stellte sich heraus, daß mehr nötig war als Angebote von Sprachkursen und schulische Hilfen. Kurdische Teilnehmerinnen in Alphabetisierungskursen wurden angesprochen, ob sie nicht an einem Deutschkurs teilnehmen wollten. Sie antworteten, daß sie keinen Sinn darin fänden, da sie nie mit Deutschen zu tun hätten. Aber auch von seiten der einheimischen Deutschen war das Interesse an den Migrantinnen gering.

Hinzu kamen Auseinandersetzungen zwischen kurdischen und türkischen Frauen, die sich im HÎNBÛN begegneten. Manche türkische Frau wußte nicht, daß es in ihrem Heimatland Kurdinnen gab und/oder glaubte der offiziellen türkischen Staatsideologie, daß in der Türkei nur Türkinnen lebten. Kurdische Frauen, die Türkinnen in der Türkei hauptsächlich als unterdrückende Autoritäten erlebten, hatten verständlicherweise Probleme, in den in Deutschland lebenden Türkinnen etwas anders zu sehen. Die Beziehungen zwischen den kurdischen und türkischen Besucherinnen waren daher meist von Nichtwissen bzw. Vorurteilen bestimmt und die Mitarbeiterinnen suchten Wege, diese abzubauen.

HÎNBÛN begann daraufhin sein Angebot interkulturell auszuweiten und sowohl für alle MigrantInnen, gleich welcher ethnischer Herkunft, wie auch für Deutsche zu öffnen. Mit unterschiedlichen Schwerpunktsetzungen werden bis in die Gegenwart handlungsorientierte Kurse wie Gesundheitstraining, Kommunikations- und Kochgruppen, Nähkurse, Töpfern, Seidenmalerei usw. angeboten. Mit diesen Angeboten konnten im Laufe der Jahre auch deutsche Teilnehmerinnen angesprochen werden. Ziel dieser Kurse ist neben dem Erlernen von "handwerklichen" Fähigkeiten und Wissensvermittlung das gegenseitige Kennenlernen der Frauen unterschiedlicher Herkunft und darauf aufbauend der Erwerb von interkulturellen Kompetenzen.

Immer wieder kristallisieren sich in diesen Kursen einzelne Themenschwerpunkte heraus, die dann in Rahmen von Wochen- und Wochenendseminaren bearbeitet werden. In Seminaren wie: "Was trennt uns – was verbindet uns" oder "Nationalität und Identität" wurden ganz bewußt gegenseitige Erwartungen, Ansprüche und auch Vorurteile zwischen Deutschen und MigrantInnen bearbeitet. Andere Seminare thematisierten z.B. "Generationskonflikte in der Familie" oder "Kinder aus dem Haus – was nun?" usw. Geht es in den erst genannten Seminaren eher um die Differenz zwischen MigrantInnen und Deutschen, so werden in den zweit genannten Fragen bearbeitet, die unabhängig von der Herkunft Frauen bzw. Familien in bestimmten Lebensphasen beschäftigen.

Interkulturell – Klärungsversuch des Begriffs anhand der praktischen Arbeit von HÎNBÛN

Die Arbeit von HÎNBÛN basiert auf einem Kulturbegriff der davon ausgeht, daß Kultur ihren Niederschlag findet in den sozialen und politischen Verhältnissen, in denen Menschen ihren gesellschaftlichen Verkehr untereinander gestalten und regulieren. Dies drückt sich in Normen, Werten, Ritualen, Gesetzen, Institutionen usw. aus. Kultur wird also als in den gesellschaftlichen Zusammenhang eingebettet und als Ergebnis menschlicher Erkenntnis- und Gestaltungsfähigkeit gesehen. Kultur entsteht nicht als Leistung einzelner, sondern ist ein Ergebnis von Kooperation und knüpft immer an bereits Vorhandenem an. Das bedeutet, Kultur ist prozeßhaft und unabgeschlossen und es kann nicht von "der deutschen" oder "der kurdischen" Kultur gesprochen werden. Interkulturell bezieht sich demnach auf die wechselseitigen Beeinflussungen und Möglichkeiten des voneinander Lernens, während multikulturell m.E. lediglich beschreibt, daß unterschiedliche Kulturen vorhanden sind, aber nichts über deren gegenseitige Abhängigkeiten und Entwicklungspotentiale sagt.[2]

---

2   Vgl. Schneider-Wohlfart et al., 1990, S. 21 ff.

Im Spannungsfeld zwischen dem, was MigrantInnen, vor allem kurdische MigrantInnen, und einheimische Deutsche verbindet bzw. was sie voneinander trennt, liegt der Hauptschwerpunkt der interkulturellen Arbeit von HÎNBÛN. Dabei geht es nicht um die aussichtslose Suche nach harmonischer Übereinstimmung und Gleichheit, vielmehr wird immer im Auge behalten, wo die Unterschiede liegen. Nicht allein der Aspekt der ethnischen Herkunft spielt dabei eine gewichtige Rolle. Kulturell unterschiedlich gewertete Differenzen wie Geschlecht, Alter, soziale Schicht, gesellschaftspolitische, rechtliche und strukturelle Bedingungen sind ebenfalls wichtig beim Aufspüren von Gemeinsamkeiten wie von Unterschieden. Das alleinige Fokussieren auf ethnische Herkunft bedeutet m.E. eine nicht akzeptable Eingrenzung und ignoriert in der Regel auch die kulturell unterschiedliche Lebensrealität von Einheimischen und deren Selbstverständlichkeiten, die meist unhinterfragt und als allgemeingültig vorausgesetzt werden.

Interkulturelle Kompetenzen sind notwendig, um diese Interkulturalität zu erreichen. In der praktischen Arbeit hat sich gezeigt, daß interkulturelle Kompetenzen in unterschiedlicher Ausprägung z.T. bereits vorhanden sind. Doch obwohl unsere Gesellschaft eine multi-kulturelle ist, besteht sie v.a. aus beziehungslos nebeneinander stehenden bzw. lebenden unterschiedlichen Ethnien und Kulturen. In einer Stadt wie Berlin kann nicht behauptet werden, es gäbe keinerlei Kontakte zwischen MigrantInnen und Einheimischen. Der Prozeß der Interkulturalität allerdings findet nicht von selbst allein durch das unausweichliche Aufeinandertreffen verschiedener Ethnien und Kulturen statt. Die dafür notwendigen Handlungskompetenzen können im Rahmen interkulturellen Lernens entdeckt und gefördert werden. Innerhalb des Prozesses von interkulturellem Lernen ist sowohl die Wissensvermittlung über als auch die Begegnung mit und der Austausch zwischen Mitgliedern unterschiedlicher Ethnien und Kulturen zentraler Bestandteil.[3] So verstandene Interkulturalität zielt auf Gegenseitigkeit ab, auf ein gegenseitiges Geben und Nehmen und kann von einer "Seite" alleine nicht geleistet werden. Sie verlangt von den Beteiligten einiges ab, wobei die Bereicherung dadurch nicht zu gering eingeschätzt werden darf.

Zu den grundlegenden interkulturellen Handlungskompetenzen gehören m.E. Fähigkeiten wie: Bereitschaft und Interesse sich auf Neues einzulassen, Offenheit, Selbstreflexion und Rollendistanz, Aushalten von Widersprüchen und Unklarheiten, Bereitschaft sich verunsichern zu lassen, Kommunikationsfähigkeiten u.a.m. Der Kommunikation kommt beim Erwerb interkultureller Kompetenzen eine große Bedeutung zu. Allerdings sind Kommunikationsbarrieren im interkulturellen Bereich häufig nicht die ethnischen Unterschiede an sich. "Soziales Gefälle, Macht- und Statusfragen, Modernitätsdifferenz, Generationskonflikte, unbearbeitete psychische Probleme, ethnische und rassistische Vorurteile (möglicherweise kulturbedingt) können u.U. größeren Anteil daran haben, daß eine gelungene interkulturelle Kommunikation nicht zustandekommt."[4]

Die notwendige Basis für interkulturelles Handeln ist das Bewußtsein, daß alle Menschen gleichwertig sind, unabhängig von ihrer ethnischen Herkunft, Hautfarbe,

---

[3] Zu den Zielen interkulturellen Lernens vgl. Schneider-Wohlfart et al., 1990, S. 39 ff.
[4] Amt für Multikulturelle Angelegenheiten, 1993, S. 53.

Geschlecht, Alter, und Religion. Dabei muß auch immer im Auge behalten werden, daß nicht von Gleichberechtigung gesprochen werden kann, solange die in Deutschland lebenden Menschen ohne deutschen Paß nicht faktisch die gleichen Rechte haben.

Es ist nicht möglich interkulturelle Kompetenzen ein für alle mal zu erwerben. Da sie im Dialog, in der Auseinandersetzung mit anderen Menschen entstehen und gebraucht werden, sind sie immer anhand der spezifischen persönlichen Beziehungen und Situationen entsprechend anzupassen und weiterzuentwickeln. Das Erlernen interkultureller Kompetenzen ist als Prozeß zu verstehen, der nie endgültig abgeschlossen ist.[5]

Für die im interkulturellen Bereich tätigen professionellen MitarbeiterInnen sind diese Kompetenzen Voraussetzung für die erfolgreiche Arbeit. Allerdings gibt es für sie nur wenige, vereinzelte Möglichkeiten, sich diese Kompetenzen systematisch anzueignen.[6]

In Beschreibungen, wie interkulturelle Handlungskompetenzen erlangt werden kann, wird häufig der Eindruck einer sehr harten, mühsamen Arbeit vermittelt. Dem Gewinn, der Bereicherung und der Tatsache, daß alle Menschen ihr Leben lang lernen, wird dabei leider zu wenig Aufmerksamkeit gewidmet.[7] M.E. ist die Lust am Entdecken, am Kennenlernen und Dazulernen aber wichtigster Motor, der gerade bei der Hervorbringung und Entwicklung interkultureller Handlungskompetenzen die zentrale Grundlage bildet, auf der die darauf ausgerichtete Arbeit basieren sollte.

Häufig wird interkulturelle Arbeit lediglich als Arbeit mit bzw. für MigrantInnen wahrgenommen. Dabei bedeutet m.E. interkulturelle Arbeit für die einheimischen Deutschen, daß sie sich bewußt mit ihrer eigenen ethnischen und kulturellen Zugehörigkeit auseinandersetzen und diese nicht als unveränderliche Selbstverständlichkeit, als dominanten Maßstab für andere Ethnien und Kulturen ansehen. Das kann nur in der Begegnung und Auseinandersetzung mit Angehörigen anderer Ethnien und Kulturen geschehen. Wirklicher Dialog und die bereits erwähnte Gegenseitigkeit setzen aktive Gegenüber voraus, die sich auf den interkulturellen Prozeß einlassen. Mit diesem Ziel vor Augen wurde die Fahrt mit einer deutsch/deutsch-kurdischen Jugendgruppe nach Auschwitz und Krakau unternommen.

Konzeptionelle Voraussetzungen der Gedenkstättenfahrt

Wie kam es nun zu dieser interkulturellen Jugendbildungsfahrt nach Auschwitz und Krakau? Der Impuls für die gemeinsame Durchführung dieser Reise kam von AJAKS. Nach der Wiedervereinigung der beiden deutschen Staaten 1989 war das Interesse deutscher Jugendlicher an Gedenkstättenfahrten merklich zurückgegangen. Die MitarbeiterInnen wollten ihr bisheriges Konzept verändern bzw. für einen neuen TeilnehmerInnenkreis öffnen. Deshalb kamen sie auf HÎNBÛN zu mit der

---

5 Vgl. Schneider-Wohlfart et al., 1990, S. 45 und Hinz-Rommel, 1994, S. 72 ff.
6 Vgl. Hinz-Rommel, 1994, S. 113 ff.
7 Vgl. Hinz-Rommel, 1994, S. 73.

Idee, eine Konzeption für eine deutsch/deutsch-kurdische Gedenkstättenfahrt zu entwickeln, was von HÎNBÛN gerne aufgenommen wurde. So planten und organisierten HÎNBÛN und AJAKS zum ersten Mal gemeinsam eine solche Reise für deutsche und deutsch-kurdische Jugendliche und entwickelten dafür eine interkulturelle Konzeption.

Zentral für die gemeinsame Konzeptionsentwicklung war zum einen, daß die jeweils spezifisch vorhandenen Erfahrungen, AJAKS mit Gedenkstättenfahrten, HÎNBÛN mit interkultureller Arbeit, gleichwertig berücksichtigt wurden. Zum anderen war das Vorbereitungsteam auch interkulturell gemischt. Jeweils zwei MitarbeiterInnen jeder Institution waren beteiligt.

Einig waren sich die MitarbeiterInnen von HÎNBÛN und AJAKS darin, daß die Teilnehmergruppe je zur Hälfte aus deutschen Jugendlichen und zur anderen Hälfte aus Jugendlichen kurdischer Herkunft bestehen sollte. Dies wurde als sehr wichtig erachtet, denn die Deutschen kurdischer Herkunft sollten nicht als Randgruppe oder schlimmer noch als interkulturelles Feigenblatt angesprochen werden. Durch die angestrebte Parität sollte die Gleichwertigkeit beider Gruppen von Anfang an deutlich werden.

Es gelang auch, die Gruppenmitglieder diesem Kriterium entsprechend für die Reise zu gewinnen. Ein für die Reise zusammengestelltes Faltblatt wurde von beiden Einrichtungen an potentiell interessierte TeilnehmerInnen verteilt und durch gezielte, persönliche Gespräche wurde vermittelt, was das Ziel dieser Reise sein sollte. Das Alter der Gruppenmitglieder lag zwischen 15 und Anfang 30 Jahren. Während die jüngeren TeilnehmerInnen unterschiedliche Gymnasien besuchten, war bei den älteren TeilnehmerInnen feststellbar, daß ein Großteil im sozialen Bereich arbeitete bzw. sich in Ausbildung befanden (Erzieherin, Krankenschwester, Sozialpädagogin) oder sich bereits seit vielen Jahren in der Evangelischen Jugendarbeit engagierten. Während sich die deutsch-kurdischen TeilnehmerInnen alle mehr oder weniger kannten, gab es einige deutsche TeilnehmerInnen, die allein zu der Gruppe stießen.

Zentrale Elemente der Vorbereitungen

Da es zahlreiche Aspekte zu berücksichtigen galt und sich die angesprochenen TeilnehmerInnen größtenteils nicht kannten, wurden drei Treffen als Vorbereitung geplant und durchgeführt. Der erste Vorbereitungstermin erstreckte sich über ein ganzes Wochenende, die beiden darauffolgenden fanden jeweils an einem Freitag statt. Als Orte für die Vorbereitungstreffen wurden sowohl ein Evangelisches Gemeindehaus als auch die Räumlichkeiten von HÎNBÛN gewählt. Mit der Wahl dieser beiden Orte, einmal "typisch deutsch" und einmal "typisch migrantenkulturell" wurde beiden Gruppen die Gelegenheit gegeben, für sie "fremde Orte" kennenzulernen. Auch die Inhalte der Vorbereitungstreffen wurden den Orten entsprechend ausgewählt.

Erste Annäherungen

Das Programm für das erste Vorbereitungstreffen in einem Evangelischen Gemeindehaus war sehr umfangreich. Zunächst ging es, wie allgemein üblich beim ersten Zusammentreffen von TeilnehmerInnen einer Gruppe, die sich nicht kennen, um das gegenseitige Kennenlernen. Dabei wurde die unterschiedliche ethnische Herkunft der TeilnehmerInnen thematisiert. Mithilfe interkultureller Übungen und Spiele wurde die Gruppe gleich zu Beginn bezüglich vorhandener Unterschiede und Gemeinsamkeiten sensibilisiert. Daran schloß sich der Teil an, in dem die TeilnehmerInnen nach Assoziationen zu Polen befragt wurden. Bei der Aufteilung in positive und negative Äußerungen fiel auf, daß eine sehr beachtliche Anzahl davon negativer Art waren. An diesem konkreten Beispiel wurde eine erste Auseinandersetzung zur Entstehung und zum Umgang mit Vorurteilen in der Gruppe angeregt.

Bevor die geplante Programmgestaltung vorgestellt und diskutiert wurde, sollten die TeilnehmerInnen ihre Erwartungen und Befürchtungen bezüglich der Reise nach Auschwitz formulieren. Ihre konkrete persönliche Motivation für die Teilnahme an dieser Gedenkstättenfahrt stellten sich die Gruppenmitglieder gegenseitig vor. Die deutsch-kurdischen TeilnehmerInnen waren vor allem daran interessiert, ihr Wissen über die deutsche Geschichte und der verübten Verbrechen in Auschwitz zu erweitern. Dabei spielte ihre persönliche Auseinandersetzungen mit aktueller staatlicher Gewalt gegenüber Familienangehörigen (KurdInnen) in der Türkei auch eine wesentliche Rolle. Die deutschen TeilnehmerInnen hatten sich z.T. bereits schon länger mit dem Thema Auschwitz und der damit verbundenen Verbrechen theoretisch auseinandergesetzt und sahen sich als Deutsche verpflichtet, sich mit diesem Teil der Geschichte weiterhin auseinanderzusetzen und wollten das gerne in einer Gruppe tun. Es wurde versucht, den unterschiedlichen Wissensstand der TeilnehmerInnen anzugleichen. Außerdem wurde ein Film über Kinder im KZ Auschwitz gezeigt, und ein ehemaliger Insasse des KZ Sachsenhausen berichtete über sein Schicksal und beantwortete zahlreiche Fragen zum Leben im KZ sowie über die Zeit im Nachkriegsdeutschland.

Der Film sowie das Gespräch mit einem Zeitzeugen boten die Gelegenheit für die TeilnehmerInnen, sich einerseits Wissen anzueignen und andererseits sich auch emotional mit den Verbrechen der Deutschen in Auschwitz und anderen Konzentrationslagern zu beschäftigen. Während des Filmes verließ eine deutsch-kurdische Teilnehmerin den Raum, da sie die gezeigten Bilder nicht aushalten konnte. Ein deutscher Teilnehmer verließ nach dem Film die Gruppe und brauchte nach eigenem Bekunden Zeit und Raum für sich alleine. Im Bereich der emotionalen Betroffenheit durch den Film und das Zeitzeugengespräch war kein ethnisch begründbarer Unterschied zwischen den deutsch-kurdischen und deutschen Gruppenmitgliedern erkennbar.

Allerdings wurde, bei der Thematisierung der Grausamkeiten, die in Auschwitz geschehen waren, von den deutsch-kurdischen TeilnehmerInnen immer wieder eingebracht, daß KurdInnen gegenwärtig in vielen Herkunftsländern auch grausamer Vertreibung und Folter ausgesetzt seien und sie sich in einer ähnlichen Lage wie die Juden damals befänden. Dieser Vergleich wurde von deutschen TeilnehmerInnen problematisiert. Für sie stand eher die Auseinandersetzung mit ihrem deutschen "Erbe" und der Singularität von Auschwitz im Vordergrund. Sie stellten sich die Frage nach Verantwortung und Schuld für diese Verbrechen als deutsche Nachkommen. Zeitlich gesehen beschäftigten sich die Deutschen an dieser Stelle mehr mit der Vergangenheit während für die Deutsch-Kurden mehr die aktuelle Situation von KurdInnen in den unterschiedlichen Herkunftsländer im Vordergrund stand. Trotz dieser unterschiedlichen Perspektiven kam es zu einem Austausch, der von gegenseitigem Interesse und Respekt geprägt war.

Den abschließenden Teil des ersten Vorbereitungstreffens bildete ein kurzer polnischer Sprachkurs. Eine Polin vermittelte die wichtigsten Alltagsbegriffe für den Aufenthalt in Polen und stimmte damit die ReiseteilnehmerInnen auf das Land Polen ein. Die Schwierigkeiten, eine neue, fremde Sprache zu lernen, hatte für die Gruppenmitglieder etwas sehr verbindendes.

Alltag von KurdInnen und Umgang mit Vorurteilen

Diese beiden Aspekte waren Gegenstand des zweiten Vorbereitungstreffens. Bewußt wurden dafür die Räumlichkeiten von HÎNBÛN genutzt, als ein Ort, der den deutsch-kurdischen TeilnehmerInnen vertraut, den deutschen TeilnehmerInnen bis dahin unbekannt war. Mit dem Ortswechsel gelang es, den Blick der Gruppe auf die aktuelle Situation von KurdInnen in Berlin und in ihren Heimatländern zu lenken. Die deutschen TeilnehmerInnen hatten sich bis zu diesem Zeitpunkt kaum mit der Situation von KurdInnen beschäftigt und nutzten die Gelegenheit, um mehr Wissen darüber zu erlangen. Zum Teil wurde dieses Wissen von der deutsch-kurdischen Mitarbeiterin von HÎNBÛN, zum Teil aber auch durch die deutsch-kurdischen TeilnehmerInnen selbst vermittelt. Dadurch wurde auch deutlich, daß nicht über eine "beliebige" Ethnie bzw. Migrantenkultur gesprochen wurde, sondern Angehörige kurdischer Herkunft erzählten als ExpertInnen ihre persönlichen Erfahrungen. Dieser Baustein war sehr wichtig für die weitere interkulturelle Verständigung innerhalb der Gruppe. Hier wurde sowohl Wissen vermittelt als auch gleichzeitig die Chance zu einer Begegnung geboten. Außerdem hatten die deutschen TeilnehmerInnen dadurch die Gelegenheit, die deutsch-kurdischen TeilnehmerInnen mit ihrem spezifischen Zugang zum Thema Auschwitz besser zu verstehen.

Naheliegenderweise wurde auch der alltägliche Rassismus in Deutschland diskutiert und der Frage nachgegangen, wo die Ursachen dafür liegen und wie sich jede/r einzelne dagegen wehren kann. Wichtig war dabei, daß die deutsch-kurdischen Gruppenmitglieder von ihren eigenen Erfahrungen berichten konnten und deutlich wurde, wieviel Kraft und Energie sie aufwenden müssen um sich dagegen zu wehren, während die deutschen Gruppenmitglieder von Rassismus nicht betroffen werden. Davon ausgehend wurden anhand von fiktiven Situationen mögliche Begegnungen mit in Polen lebenden Menschen diskutiert. Das Ziel dabei war, die TeilnehmerInnen darauf vorzubereiten, daß ihnen als einer deutschsprachigen Gruppe u. U. in Polen mit Ressentiments beggenet werden kann.

Polnische Geschichte und "deutsche" Klischees

Im Mittelpunkt des letzten Vorbereitungstreffens standen das Land Polen und seine Beziehungen mit Deutschland. Die Grundlage dafür bot ein Vortrag über die polnische Geschichte sowie die wichtigsten politischen, wirtschaftlichen und kulturellen Ereignisse der letzten Jahre. Da die meisten Gruppenmitglieder kaum konkretes Wissen darüber hatten, war dies eine notwendige Vorbereitung für ein geplantes Treffen mit polnischen Jugendlichen in Krakau. Die TeilnehmerInnen sollten mehr über Polen erfahren und es nicht nur als geographischen Ort, wo Auschwitz liegt, wahrnehmen. In der Begegnung mit polnischen Jugendlichen wurde die Chance gesehen, daß die Gruppenmitglieder neben den zahlreichen Unterschieden auch Gemeinsamkeiten mit polnischen Gleichaltrigen entdecken.

Bei der Beschäftigung mit Polen wurde immer wieder deutlich, daß es von beiden Teilgruppen, von der deutsch-kurdischen wie von der deutschen ähnliche Vorurteile gegenüber Polen gab. Es wurde für alle sichtbar, wie sehr sie in ihrem Verhältnis zu Polen durch gängige "deutsche" Klischees Polen gegenüber geprägt waren. Nachdem bis zu diesem Zeitpunkt eher die Unterschiede zwischen den deutsch-kurdischen und deutschen TeilnehmerInnen im Vordergrund gestanden hatten, war die Erfahrung der gemeinsamen Auseinandersetzung damit sehr wichtig für den weiteren interkulturellen Gruppenprozeß.

Der dreitägige Besuch in Krakau war bewußt im Anschluß an den Aufenthalt in Auschwitz geplant. Den TeilnehmerInnen sollten dadurch die Möglichkeit gegeben werden, das bis dahin Erlebte und Erfahrene noch ansatzweise wirken zu lassen und den Blick für das heutige Polen zu öffnen.

Zusammenfassend ist für die Vorbereitung festzustellen, daß sowohl vorhandene Unterschiede als auch Gemeinsamkeiten bearbeitet wurden und sich alle mit ihrer individuellen Geschichte einbringen konnten. Ein Hauptgedanke für die Vorbereitungstreffen war, daß sowohl die deutschen Verbrechen in Auschwitz als auch die ethnische Herkunft der TeilnehmerInnen und das Land Polen thematisiert werden sollten. Um die Gruppenmitglieder auf einen ähnlichen Wissensstand zu bringen war die Vermittlung von Faktenwissen notwendig. Bei der persönlichen Auseinandersetzung mit der Thematik Auschwitz stand v.a. die rassistische Motivation der Deutschen, die die grauenvollen Verbrechen ermöglicht und verübt hatten, im Vordergrund. Auch die interkulturellen Zusammensetzung der Gruppe wurde thematisiert. Nach anfänglicher Zurückhaltung und Unsicherheit, dem Verharren in der eigenen ethnischen Teilgruppe, begannen sich die TeilnehmerInnen mit mehr Offenheit zu begegnen.

Aufenthalt in Auschwitz und Krakau

Der Großteil des Programms der Gedenkstättenfahrt unterschied sich mit großer Wahrscheinlichkeit kaum von dem für "nur" deutsche Jugendgruppen. Aus diesem Grunde werde ich im folgenden die wichtigsten Programmpunkte lediglich kurz streifen und mehr Gewicht auf die für die interkulturelle Gruppenkonstellation zentralen Aspekte sowie den Gruppenprozeß legen.

Die Gruppe war in der Internationalen Jugendbegegnungsstätte von Aktion Sühnezeichen – Friedensdienste untergebracht und wurde während des sechstägigen Aufenthalts in Auschwitz von einem freiwilligen Mitarbeiter von Aktion Sühnezeichen begleitet. Am Beginn des Aufenthaltes stand eine Stadtführung durch das heutige Oswiecim. Dabei wurde die Geschichte während der Besetzung Polens durch die Deutschen ebenso wie die gegenwärtige gesellschaftspolitische Situation dieser Stadt beleuchtet. Die erste unmittelbare Konfrontation mit den menschenverachtenden Verbrechen in Auschwitz fand nachmittags durch einen Film über die Befreiung des KZ Auschwitz-Birkenau statt. Die Bilder waren sehr erschütternd.

Die nachfolgenden Tage waren vormittags ausgefüllt mit Führungen durch die Lager Auschwitz I, Auschwitz-Birkenau sowie Arbeiten am Erhalt der Gedenkstätte. Nach einer ausgiebigen Mittagspause hatten die TeilnehmerInnen die Gelegenheit das Archiv und die Bibliothek sowie die Sammlung von Videos der Begegnungsstätte in Anspruch zu nehmen. Die einzelnen Gruppenmitglieder nutzten diese Zeit um Akten des ehemaligen KZs und auch neuere Dokumente wie Berichte von ehemaligen Häftlingen einzusehen. So erarbeiteten sie sich selbständig weitere Informationen zur Organisation und zur bürokratischen Sprache der KZ-Verwaltung. Auch das Angebot für eine zusätzliche Führung durch Monowitz (auch als Lager Auschwitz III bekannt), wurde von fast allen wahrgenommen.

Ein Gespräch mit einem ehemaligen polnischen Häftling des KZ Auschwitz über das Leben im Konzentrationslager bot den TeilnehmerInnen die Gelegenheit auf sehr unmittelbare und persönliche Art und Weise zu erfahren, wie die Inhaftierten versuchten, dort zu überleben und den "Alltag" im Lager zu organisieren. Er wurde als Mitglied der polnischen Armee bereits zu Beginn der Errichtung des KZ Auschwitz interniert. Dabei beeindruckte alle Gruppenmitglieder die versöhnliche Haltung und differenzierte Sichtweise dieses ehemaligen polnischen KZ-Häftlings gegenüber den Deutschen.

Zwischen den einzelnen Programmpunkten gab es Pausen und auch die Abende wurden als Zeit zur individuellen Gestaltung und Verarbeitung der persönlichen Eindrücke freigehalten. Während die Vormittage durch ein eher festgelegtes Programm (Führungen und Arbeiten in der Gedenkstätte) bestimmt war, boten die Nachmittage den TeilnehmerInnen mehr die Möglichkeit individuelle und persönliche Schwerpunkte zu setzen (Beschäftigung mit unterschiedlichen Dokumenten usw.). Allabendlich gab es das Angebot, innerhalb der Gruppe das Erfahrene und Erlebte gemeinsam zu reflektieren und sich weiter auszutauschen, was von den meisten Gruppenmitgliedern gerne angenommen wurde. Nach der intensiven Beschäftigung mit den furchtbaren Verbrechen, die in Auschwitz verübt wurden, fiel des den TeilnehmerInnen schwer, die für sie zentralen Erlebnisse und Gefühle auszusprechen. Es zeigte sich, daß es leichter für sie war, diese in Form von selbstgemalten Bildern oder im Rahmen eines "stillen Dialoges" (schriftlich) auszudrücken. Mithilfe dieser kreativen Methoden gelang dann auch der Einstieg zur gemeinsamen Reflexion.

Grundsätzlich gehe ich davon aus, daß der Großteil der Erfahrungen dieser interkulturellen Jugendgruppe mit denen deutscher Jugendgruppen, die ein ähnliches Programm während ihres Aufenthaltes in Auschwitz haben, vergleichbar sind. Doch es gab sicherlich auch Unterschiede. Es wurden zum Teil von außen interkulturelle Aspekte an die Gruppe herangetragen und sie entstanden auch aus der Gruppe heraus. So ging die polnische Mitarbeiterin, die uns durch das Stammlager I in Auschwitz führte, davon aus, daß unsere Gruppe deutsch-israelisch gemischt war. Sie begründete ihre Annahme mit dem Aussehen (dunkle Haare und Haut) einiger TeilnehmerInnen und aufgrund des Interesses der Gruppe an der jüdischen Ausstellung. Sie initiierte damit auch eine Diskussion innerhalb der Gruppe über die Bedeutung von äußerer Erscheinung und daraus abgeleiteter Stereotypen und Vorurteile. Die deutsch-kurdischen TeilnehmerInnen berichteten, daß sie in der Bundesrepublik Deutschland auch häufig aufgrund ihres Aussehens in "Schubladen gesteckt" werden und pauschal als AusländerInnen oder TürkInnen bezeichnet werden. Den deutschen TeilnehmerInnen wurde deutlich, daß sie weit weniger solche Erfahrungen persönlich machten und vielmehr zu denjenigen gehören, die in der Bundesrepublik solche Zuschreibungen vornahmen.

Eine weitere Begebenheit wirkte sich ebenfalls auf die Gruppe aus. Zwei deutsch-kurdische Teilnehmerinnen, die sich auf deutsch während der Arbeiten am Erhalt der Gedenkstätte unterhielten, wurden von polnischen Schülern als "deutsche Schweine" bezeichnet. Sie waren zu überrascht, um gegenüber diesen Jugendlichen zu reagieren. Dieses Ereignis war aber Anlaß für eine intensive Diskussion innerhalb der Gruppe über Vorurteile, aber auch darüber, welche Bedeutung Sprache und Herkunft haben und in wieweit sich die deutsch-kurdischen TeilnehmerInnen als deutsch und damit als verantwortlich für die deutsche Geschichte fühlen.

Die sehr gute Infrastruktur in der Internationalen Begegnungsstätte, vor allem auch das große Angebot von Videofilmen wurde von der Gruppe gemeinschaftlich ausgiebig genutzt. Hier möchte ich den Blick besonders auf die Auswahl von zwei Filmen richten. Ein deutscher Teilnehmer schlug vor, den Film über den Neonazi Althans anzuschauen, den er selbst bereits kannte. Es folgte eine heftige Diskussion über Neonazismus heute in Deutschland, wie dem zu begegnen sei, aber auch darüber, wie sich Angehörige von Minderheiten, gegen die sich der offene Rassismus der Neonazis richtet, wehren könnten bzw. welche Unterstützung von deutscher Seite dafür wichtig sei. Beide Seiten von Rassismus, Täter und Opfer waren Gegenstand der Auseinandersetzung und durch die interkulturelle Zusammensetzung der Gruppe wurde sehr realitätsbezogen und nicht nur theoretisch darüber diskutiert.

Die TeilnehmerInnen sahen sich auch einen Film über Folterer an. Das Thema Folter war in Auschwitz allgegenwärtig. Aber vor allem die deutsch-kurdischen TeilnehmerInnen hatten dabei immer im Blick, daß KurdInnen auch heute in vielen Ländern von massiver Folter bedroht sind. Daher hatten die Fragen, wie Menschen zu Folterern werden und wie überlebende Folteropfer mit den Qualen weiter leben können, immer auch den sehr aktuellen und persönlichen Bezug. Die deutschen TeilnehmerInnen nahmen zunehmend Anteil an der Lebensrealität von KurdInnen und versuchten ihr Wissen auch durch den Kontakt mit den deutsch-kurdischen Gruppenmitgliedern zu erweitern. Es war ebenfalls zu beobachten, daß die deutsch-kurdischen TeilnehmerInnen in Auschwitz aufgrund dessen, was sie dort an Ort und Stelle gesehen und erfahren hatten, weniger eine direkte Gleichsetzung zwischen der damaligen Situation von Juden und der gegenwärtigen Situation von KurdInnen vornahmen.

Der von den TeamerInnen eingebrachte Vorschlag eines gemeinsamen Abschlusses für den sechstägigen Aufenthalt in Auschwitz durch die Gruppe wurde zunächst mit großer Skepsis aufgenommen. Die Gruppenmitglieder konnten sich zunächst nicht recht vorstellen, wie ein gemeinsames Gedenken an die Ermordeten im KZ-Auschwitz aussehen könnte. Trotzdem beschäftigten sie sich damit, und mit einem Gedicht, das ein Teilnehmer bei den Arbeiten in der Gedenkstätte gefunden hatte, gelang ein angemessener Abschluß. Sie legten Blumen zum Gedenken an der sog. Todesmauer im KZ-Auschwitz nieder und lasen das Gedicht. Die sehr intensive Auseinandersetzung mit Fragen wie so etwas geschehen und wie Menschen solche Grausamkeiten an anderen ausüben konnten, aber auch was heute in Kurdistan passiert und welche Rolle jede/r einzelne/r in der heutigen Gesellschaft hat, waren nach dem Verlassen des Ortes Auschwitz nicht beendet. Mit zahlreichen neuen Erfahrungen und noch vielen offenen Fragen machte sich die interkulturelle Gruppe auf den Weg in die polnische Kulturmetropole Krakau.

In Krakau wohnte die Gruppe in einem Hotel. Dies ist erwähnenswert, weil sich die TeilnehmerInnen darüber beklagten, daß es nur 2-Bett-Zimmer gäbe und nicht wie in der Internationalen Jugendbegegnungsstätte in Auschwitz 4- und 5-Bett-Zimmer. Als TeamerInnen waren wir davon ausgegangen, daß die Gruppenmitglieder wohl eher froh darüber wären, wenn sie nach der anstrengenden Zeit in Auschwitz in kleineren Zimmern untergebracht würden. Doch auch später noch beklagten die TeilnehmerInnen, daß sich im Hotel die bis dahin entstandene sehr intime Gruppenatmosphäre nur unter erschwerten Bedingungen aufrecht erhalten ließ. Den TeilnehmerInnen war es selbst überlassen, mit wem sie das Zimmer teilen wollten. Interessanterweise wurden fast alle Zimmer "deutsch-kurdisch" gemischt belegt.

Der Besuch in Krakau begann mit einer Stadtführung, deren Hauptthemen das jüdische Leben in der Stadt vor der Besetzung durch die Deutschen, die Vernichtung und Vertreibung der JüdInnen in Krakau sowie die Entwicklung des heutigen jüdischen Lebens in Krakau waren. Dieser Ortswechsel bot die Gelegenheit für die TeilnehmerInnen, etwas Abstand zu Auschwitz zu gewinnen und gleichzeitig durch die weitere Thematisierung von Antisemitismus an dem bis dahin Erarbeiteten anzuknüpfen.

Ein weiterer zentraler Programmpunkt war der Besuch in einer polnischen Schule. Die Gruppe hatte die Gelegenheit am Deutschunterricht einer Klasse von 15-16jährigen SchülerInnen teilzunehmen. Sie wurden dabei aktiv in das Unterrichtsgeschehen mit einbezogen und die SchülerInnen führten die TeilnehmerInnen durch ihre Schule. Trotz der recht kurzen Zeit gab es schnell einen regen Austausch von Adressen und Verabredungen für den Abend unter den Jugendlichen.

Das reichhaltige kulturelle Angebot der Stadt Krakau wurde in der verbleibenden Zeit von den ReiseteilnehmerInnen in wechselnden Gruppenkonstellationen, je nach Interessenslage, ausgiebig genutzt. Mit einem gemeinsamen Abendessen in einem jüdischen Restaurant wurde der letzte gemeinsame Abend der Gruppe in Polen beendet.

Der Aufenthalt in Krakau bot den TeilnehmerInnen nochmals eine gute Gelegenheit sich mit den Unterschieden, v.a. aber mit den Gemeinsamkeiten der deutsch-kurdischen und deutschen TeilnehmerInnen auseinanderzusetzen. Alle hatten gemeinsam das Problem, daß sie die polnische Sprache nicht konnten und sich in einer für sie fremden Stadt zurechtfinden mußten. Die Möglichkeiten der Freizeitgestaltung in Krakau waren zahlreicher als die in Auschwitz und die TeamerInnen machten lediglich Vorschläge. Die einzelnen TeilnehmerInnen fanden sich für einzelne Unternehmen selbst zusammen. Dabei wurde gut sichtbar, daß mittlerweile alle Gruppenmitglieder offen miteinander umgingen. Die anfängliche Distanz und Abgrenzung wie zu Beginn der Vorbereitung für die Reise war nicht mehr wahrnehmbar, und der starke Wunsch der Gruppe, auch nach der Gedenkstättenfahrt noch weitere gemeinsame Aktivitäten zu unternehmen ist m.E. als Hinweis dafür zu werten, daß es gelungen war, interkulturelle Kompetenzen zu wecken und auszubauen.

Zurück in den Alltag

Nach der Rückkehr gab es noch zahlreiche gemeinsame Aktivitäten, die zum Teil von den TeamerInnen angeregt wurden, zum Teil aber auch von den TeilnehmerInnen ausgingen. So fand kurz nach der Reise eine Lesung einer polnischen Jüdin aus Krakau statt, die das Ghetto und das KZ-Auschwitz überlebt hatte. Dies war als öffentliche Veranstaltung von den TeamerInnen konzipiert und eine Großteil der Gruppenmitglieder brachte Freunde und Verwandte dazu mit. Die Lesung bot so die Möglichkeit, die intensiven Auseinandersetzungen während der Gedenkstättenfahrt weiterzuführen und den TeilnehmerInnen nahestehenden Personen ein Stück weit daran teilhaben zu lassen.

Eines der beiden geplanten Nachbereitungstreffen wurde völlig von dem Thema Rassismus in der Evangelischen Kirche dominiert. Ein deutscher Teilnehmer hatte in einem Gemeindemitteilungsblatt rassistische Hetze gegen Ausländer entdeckt, und die gesamte Gruppe überlegte, was sie dagegen unternehmen könnte. Es wurde entschieden, einen offenen Protestbrief an diese Gemeinde zu senden.

Ein Teil der Gruppenmitglieder gestaltete auch die zentrale Gedenkveranstaltung der Evangelischen Jugend in Berlin zum 9. November 1938 (Pogromnacht) mit. Im Rahmen dieser Gedenkveranstaltung konnten die TeilnehmerInnen öffentlich ihre Erfahrungen und auch Gefühle, die sie während der Reise begleitet hatten, Ausdruck verleihen. Wichtig dabei war, daß in dem Teil, der von den TeilnehmerInnen der Gedenkstättenfahrt gestaltet wurde, die deutsch-kurdische Zusammensetzung der Gruppe sowie die Bedeutung der kurdischen Herkunft eine sehr wesentliche Rolle spielte.

Die meisten TeilnehmerInnen hatten ein sehr großes Bedürfnis, ihre Erfahrungen an andere weiterzugeben. Daraus entstand die Idee, gemeinsam eine Ton-Dia-Serie zu gestalten, die an andere Interessierte ausgeliehen werden kann. Obwohl dieses Projekt deutlich mehr Energie und Zeit als anfänglich geplant beanspruchte, konnte es verwirklicht werden. Anhand der Ton-Dia-Serie haben sich die beteiligten TeamerInnen und TeilnehmerInnen nochmals intensiv mit der Bedeutung der deutsch/deutsch-kurdischen Zusammensetzung der Gruppe auseinandergesetzt. Dabei stand im Vordergrund, welche individuelle und gesellschaftliche Geschichte der/die einzelne mit einbrachte. Durch die Teilnahme der deutsch-kurdischen

Gruppenmitglieder wurde über Schuld und Verantwortung Deutscher für die Verbrechen in Auschwitz in der Vergangenheit hinaus thematisiert, welche konkreten Ansatzpunkte für verantwortliches Handeln in der gegenwärtigen bundesdeutschen Gesellschaft vorhanden sind.

Abschließend möchte ich noch zwei andere Ergebnisse benennen, die ebenfalls im Zusammenhang mit der interkulturellen Reise stehen. Ein deutscher Teilnehmer nimmt seit der Rückkehr aus Polen regelmäßig an der kurdischen Folkloregruppe in HÎNBÛN teil. Außerdem halfen viele deutsche Gruppenmitglieder bei der Organisation und Durchführung des Kurdischen Neujahrsfestes NEWROZ, das HÎNBÛN jährlich feiert. M.E. ist das ein Hinweis dafür, daß das von deutschen TeilnehmerInnen gezeigte Interesse bezüglich der deutsch-kurdischen TeilnehmerInnen und deren Lebenssituation langfristig und die entstandenen Beziehungen tragfähig geworden sind.

Ergebnisse des interkulturellen Lernprozesses

Abschließend möchte ich an dieser Stelle zur Analyse der interkulturellen Lernprozesse kommen, die durch diese Gedenkstättenfahrt initiiert wurden. Dabei kommt der Vorbereitung eine sehr große Bedeutung zu. Zentrale Punkte für den interkulturellen Lernprozeß waren wie bereits erwähnt, die paritätische Besetzung der Gruppe mit deutsch-kurdischen und deutschen Jugendlichen sowie die Thematisierung von Herkunft und deren Bedeutung für die TeilnehmerInnen dieser Gedenkstättenfahrt. Dabei standen an unterschiedlichen Stellen sowohl die Differenzen als auch die Gemeinsamkeiten im Mittelpunkt.

Bezogen auf die Zusammensetzung des Teams ist zu sagen, daß auch hier die unterschiedlichen ethnischen wie auch kulturellen Erfahrungen stets bei der Erarbeitung einer gemeinsamen interkulturellen Konzeption Berücksichtigung fanden. Innerhalb des Teams wurden die bisherigen Arbeitserfahrungen als gleichwertig anerkannt und die Gelegenheit genutzt, voneinander zu lernen. Auch hier wurden Arbeitszusammenhänge geschaffen, die seit der gemeinsamen Reise weiter bestehen.

Bereits in der Ausschreibung für die Gedenkstättenfahrt war angekündigt, daß es sich um eine interkulturelle Fahrt handeln sollte. Wie das aussehen sollte, war den TeilnehmerInnen nach eigenem Bekunden recht unklar, aber sie brachten die notwendige Offenheit und Neugier mit, sich darauf einzulassen. Durch die Wahl der beiden Veranstaltungsorte für die Vorbereitung und die Wissensvermittlung bezüglich der Situation von KurdInnen wurde sowohl für die deutsch-kurdischen als auch für die deutschen TeilnehmerInnen deutlich, daß jede und jeder seine individuelle ethnisch-kulturelle Herkunftsgeschichte einbringen kann und damit ernstgenommen wird.

Selbstreflexion und Rollendistanz konnten die TeilnehmerInnen an verschiedenen Stellen immer wieder aufs Neue üben. Die Beschäftigung mit dem ethnisch/kulturellen Hintergrund der TeilnehmerInnen führte zu Fragen wie: Was habe ich für ein Bild von Deutschen, von KurdInnen, von PolInnen usw.? Woher kommen diese Bilder und was davon hält der Realität stand? Gerade die Auseinandersetzung mit dem Entstehen von Vorurteilen am Beispiel Polens machte allen an der eigenen Person deutlich, welche Strukturen vorhanden sind und zeigten, daß Vorurteile weder etwas spezifisch deutsches noch kurdisches sind.

Eine der größten Befürchtung der TeamerInnen war, daß sich während des Aufenthaltes zwei getrennte Gruppen, eine deutsch-kurdische und eine deutsche, bilden und dadurch ein gegenseitiger Austausch zwischen beiden ausbleiben würde. Ebenfalls hatte die deutsch-kurdische Teamerin die Möglichkeit in Betracht gezogen, daß die Beschäftigung mit Auschwitz u.U. zu einer noch bewußteren und schärferen Abgrenzung führen könnte, indem sich die deutsch-kurdischen TeilnehmerInnen nur mit den Opfern identifizierten und die deutschen TeilnehmerInnen in die Rolle von TäterInnen drängten. Diese Befürchtungen erwiesen sich jedoch als grundlos, wie der Bericht eines deutschen Teilnehmers nach der Gedenkstättenfahrt zeigt:

Bei der Besichtigung der KZ-Gedenkstätten, mit denen untrennbar die Täterrolle des deutschen Volkes verbunden ist, war ich auch dankbar dafür, daß unsere Gruppe durch die kurdischen TeilnehmerInnen zur Hälfte aus Menschen bestand, auf die dieser Tätermakel nicht zutraf und die sich dennoch gemeinsam mit uns der Auseinandersetzung mit dieser Vergangenheit stellten, was mir sehr viel Mut für das Erleben dieses Ortes gegeben hat.

In dieser Aussage wird m.E. sehr deutlich, daß sich eine Gruppe entwickelt hatte, die sich der Bedeutung ihrer interkulturellen Zusammensetzung bewußt war. Eine deutsch-kurdische Teilnehmerin äußerte: "Ich verstehe nicht, weshalb Menschen anderen Menschen so etwas antun." Eine andere deutsch-kurdische Teilnehmerin teilte mit: "Als ich durch die Straßen von Auschwitz ging, war ich froh in der heutigen Zeit zu leben." Diese beiden Äußerungen belegen stellvertretend, daß die deutschen TeilnehmerInnen nicht in eine TäterInnenrolle gedrängt wurden. Sicherlich wurde intensiv über Schuld und Verantwortung für die heutigen Generationen der Deutschen auch kontrovers diskutiert. Das geschah immer differenziert und nie in verletzender Weise einzelnen TeilnehmerInnen gegenüber.

Es gab selbstverständlich keinerlei Druck zur Teilnahme an den einzelnen Programmpunkten – auch keinen gruppendynamischen. Durch die intensive Vorbereitung war die Atmosphäre in der Gruppe in Auschwitz und Krakau von Offenheit und Empathie geprägt und ermöglichte auch die gegenseitige Unterstützung der TeilnehmerInnen untereinander. Es gab ein aktives Geben und Nehmen, von deutsch-kurdischer wie deutscher Seite, mit Gewinn für beide.

Wichtig für die Programmgestaltung war ein ausgewogenes Maß an bereits in der Vorbereitung festgelegten Punkten sowie an genügend Raum und Zeit für individuelle und gruppenspezifische Bedürfnisse. Den TeilnehmerInnen wurde ein transparenter und übersichtlicher Rahmen geboten und während der sog. "freien Zeit" gaben die TeamerInnen verschiedene Impulse und machten weitere Angebote für gemeinsame, strukturierte Aktivitäten, allerdings überließen sie den einzelnen, was sie davon aufnahmen.

Für den interkulturellen Lernprozeß, der, wie bereits erwähnt, nie ganz beendet sein wird, war es auch von immenser Bedeutung, daß es auch nach der Gedenkstättenfahrt über die Auswertungstreffen hinaus noch das Angebot von weiteren gemeinsamen Aktivitäten gab, aus denen heraus noch weitere Aktionen von TeilnehmerInnen ausgehend initiiert werden konnten. Sie erhielten dafür von den TeamerInnen vielfältige Unterstützung, da der interkulturelle Lernprozeß so lange wie möglich in Gang gehalten werden sollte. Mit der Fertigstellung der Ton-Dia-Serie über die Gedenkstättenfahrt, "Auschwitz, warum fahrt ihr da eigentlich hin?", mehr als ein Jahr nach der Rückkehr aus Polen, ist der geplante und begleitete interkulturelle Prozeß momentan an sein Ende gekommen. Doch die in diesem Prozeß entstandenen Beziehungen und Verbindungen unter den TeilnehmerInnen, aber auch zwischen den TeilnehmerInnen und TeamerInnen lassen den Schluß zu, daß es auch zukünftig noch weitere fruchtbare, gemeinsame Aktivitäten geben wird und so die interkulturellen Handlungskompetenzen jedes/r einzelnen ständig erweitert werden.

Literatur

Amt für Multikulturelle Angelegenheiten der Stadt Frankfurt am Main (Hrsg.). (1993). *Begegnen – Verstehen – Handeln. Handbuch für Interkulturelles Kommunikationstraining.* Frankfurt/M.

Hinz-Rommel, W. (1994). *Interkulturelle Kompetenz. Ein neues Anforderungsprofil für die soziale Arbeit.* Münster: Waxmann.

Schneider-Wohlfart, U., Pfänder, B., Pfänder, P. & Schmidt, B. (Hrsg.). (1990). *Fremdheit überwinden. Theorie und Praxis des interkulturellen Lernens in der Erwachsenenbildung.* Opladen: Leske + Budrich.

Arbeitsblätter für WorkshopteilnehmerInnen

Elaine Pinderhughes

Fragen

I. Wann hast du dich das erste Mal anders gefühlt?

Welche Gefühle hattest du damals?

Wie war das Selbstbild deiner Familie? Hat sie sich als ähnlich mit anderen ethnischen Gruppen angesehen oder als verschieden?

II. Welchen ethnischen Hintergrund hast du? Denke nicht nur daran, wie du dich selbst bezeichnest, sondern auch wie andere dich vielleicht sehen.

Welche Bedeutung hatte es, zu deiner ethnischen Gruppe zu gehören?

Wie ging es Dir mit der Zugehörigkeit zu deiner ethnischen Gruppe?

Was magst du an deiner ethnischen Zugehörigkeit?

Was mißfällt dir an deiner ethnischen Zugehörigkeit?

Wo bist du aufgewachsen und welche anderen ethnischen Gruppen lebten dort?

Was sind die Werte deiner ethnischen Gruppe?

(Hier können auch andere Quellen bedeutsamer Gruppenzugehörigkeit besprochen werden: Geschlechterrollen, Klassenstatus etc.)

III. Was sind deine frühesten Bilder zu "Rasse" und/oder Hautfarbe? Welche Informationen wurden dir über "Rasse" gegeben und darüber, wie du mit Menschen anderer Hautfarbe umzugehen hast?

(Für Weiße) Welche Gefühle, Einstellungen und Überzeugungen hast du gegenüber "people-of-color"?[1] Was denkst du, welche Gefühle sie gegenüber sich selbst haben? Welche Gefühle haben sie dir gegenüber?

(Für Menschen mit "anderer" Hautfarbe) Welche Gefühle, Einstellungen und Überzeugungen hast du gegenüber Weißen? Was denkst du, welche Gefühle sie gegenüber sich selbst haben? Welches Gefühl haben sie dir gegenüber?

---

[1] Anmerkung der Übersetzenden (Irene Gropp, Frederik Lottje, Anja Weiß): In den USA werden zahlreiche Begriffe anders gebraucht als im Deutschen. So wird der Begriff "Rasse" selbstverständlicher verwendet um Menschen verschiedener Hautfarbe zu kennzeichnen. "People of color" meint nicht nur Schwarze, sondern alle, die rassistisch diskriminiert werden.

Wie geht es dir damit, wie *du* bist?

Wie profitierst du von Rassismus?

Welchen Preis bezahlst du für Rassismus?

Wie trägst du zum Fortbestehen von Rassismus bei?

Welche Bedeutung haben die obigen Antworten für deine Arbeit?

IV.1 Diskutiere deine Erfahrungen als Person, die in bezug auf die folgenden Merkmale viel oder wenig Macht hat:

Ethnische Identität	Sexuelle Orientierung
"Rassen"-Identität	Klassenstatus
Sexuelle Identität	Familiendynamiken
Professionelle Identität	andere

(handschriftlich: religiöse Id.)

Welche Gefühle hattest du, wenn du diese Macht hattest?

Wie hast du dich verhalten?

Wenn du diese Machtposition aufgeben mußtest, wie fühltest du dich?

Was hast du getan?

Welche Gefühle hattest du, als du (als Opfer) über keine Macht verfügtest?

Wie hast du dich verhalten?

IV.2 Stelle dir folgende Fragen:

Inwiefern sind diese Erfahrungen wichtig für meine Arbeit?

Inwiefern könnten mich diese Erfahrungen dafür anfällig machen, Gefühle von Machtlosigkeit bei meinen PatientInnen/KlientInnen zu verstärken?

Inwiefern könnten mir diese Erfahrungen dabei helfen, bei meinen PatientInnen/KlientInnen Gefühle von Macht positiv zu verstärken?

Könnte ich aufgrund meiner Erfahrungen mit Macht und Ohnmacht dazu neigen, in der Interaktion mit Klientinnen Gefühle von Kompetenz, Ruhe, Spannungs- und Angstminderung herzustellen? Oder hindern sie mich daran, Gefühle von Kompetenz, Ruhe, Spannungs- und Angstminderung herzustellen? Was kann ich tun, um das zu bearbeiten?

Gefühle, die mit der Wahrnehmung von Unterschiedlichkeit verbunden sein können

Verwirrung	Das Gefühl, verurteilt zu werden oder selbst zu verurteilen	Unsicherheit
Furcht	Traurigkeit	Hilflosigkeit
Ärger, Wut	Sympathie und Mitgefühl	Verwunderung
Bestürzung; Verwirrung	Neid	Neugierde
Scham	Mitleid	Erleichterung

Schmerz	Schock	Das Gefühl, privilegiert zu sein
Ekel	Ambivalenz	Überlegenheit
Einsamkeit	Verlegenheit	Einzigartigkeit
Isolation	Entbehrung	Faszination
Verlassenheit	Zurückweisung	Bewunderung
Schuld	Demütigung	Freude
Gefühl von Dummheit	Sich mißverstanden fühlen	Liebe

Kontext

"Rasse"	Sexuelle Identität
Religion	Sprache
Ethnizität	Behinderung
Hautfarbe	Sexuelle Präferenz
Klasse	Alter

Gefühle und Verhaltensweisen, die häufig im Zusammenhang mit Machtunterschieden beschrieben werden

Sichtweise der Mächtigeren | **Sichtweise der weniger Mächtigen**

Gefühle

Sichtweise der Mächtigeren	Sichtweise der weniger Mächtigen
Mehr Wohlgefühl, mehr Befriedigung	Weniger Wohlbehagen, weniger Zufriedenheit
Gefühl von Glück, Sicherheit und Schutz	Sich ungeschützt, ängstlich, frustriert, verletzlich fühlen
Erfahrung von mehr Freude, weniger Schmerz	Erfahrung von weniger Freude, mehr Schmerz
Geringere Neigung zu Depressionen	Starke Neigung zu Depressionen
Gefühl der Überlegenheit, Herrschaft, Anspruchshaltung	Gefühl der Minderwertigkeit, Inkompetenz, Entbehrung
Gefühl der Hoffnung	Gefühl der Erschöpfung, in der Falle zu sein, wenig Wahl zu haben, Hoffnungslosigkeit, Hilflosigkeit
Hohes Selbstwertgefühl Verärgerung über Widerstand der Machtlosen	Geringes Selbstwertgefühl Verärgerung über unangemessene Kontrolle durch die Mächtigen

Sichtweise der Mächtigeren	Sichtweise der weniger Mächtigen
Angst vor Machtverlust durch die Mächtigen	Wut über Ohnmachtsgefühle
Angst vor der Wut der weniger Mächtigen	Angst, verlassen zu werden
Angst vor Vergeltung durch weniger Mächtige	Gefühl des Alleinseins
Schuldgefühle auf Grund von Ungerechtigkeiten, die aus der Macht erwachsen	Angst vor der Wut der Mächtigen
Angst, die Identität als mächtige Person zu verlieren	Angst vor der eigenen Wut auf die Mächtigen
Last der Verantwortung	
Angst vor dem Mißbrauch der Macht	

Sichtweise der Mächtigeren · Sichtweise der weniger Mächtigen

Verhalten

Sichtweise der Mächtigeren	Sichtweise der weniger Mächtigen
die Möglichkeit, das äußere System oder sich selbst zu beeinflussen	Mangel an Möglichkeiten, das äußere System oder sich selbst zu beeinflussen
die Fähigkeit, Chancen für sich zu schaffen	Mangelnde Fähigkeit, Chancen für sich zu schaffen
die Fähigkeit, Verantwortung und und Führungsrollen zu übernehmen	Mangelnde Fähigkeit, Verantwortung Führungsrollen zu übernehmen
Projektion unakzeptabler Eigenschaften auf die Machtlosen: wie z.B. "faul", "schmutzig", "böse", "triebhaft" und "verantwortungslos". Letzteres rechtfertigt den Erhalt von Macht und Kontrolle	Projektion von annehmbaren Eigenschaften wie Intelligenz, Kompetenz, Attraktivität auf die Gruppe der Mächtigen
Vorwurf an die weniger Mächtigen, wenn sie die Projektionen übernehmen	
Den eigenen Schmerz und das eigene Leid abwerten.	
Wegen der zum Erhalt der Macht und Kontrolle erforderlichen Wachsamkeit mißtrauisch, abwehrend und rigide zu sein	Mißtrauisch, abwehrend und gegenüber Diskriminierung empfindlich sein Dadurch erscheinen sie der Gruppe der Mächtigen als paranoid
Leugnen der mächtigeren Stellung, der Vorteile die sie den Nutznießern bringt, sowie ihrer Nachteile für die Opfer	Leugnen der weniger mächtigen Stellung und ihrer Auswirkungen
Paranoia, die in vermeintliche Überlegenheit, Grandiosität, unrealistische Anspruchshaltung, arrogantes Verhalten und eine Neigung, die Realität zu verzerren, mündet. Daraus folgt eine unrealistische Einschätzung des Selbst und der weniger Mächtigen	Paranoia, die in die Akzeptanz einer abhängigen Position, Passivität, und das Übernehmen von Stereotypen wie dem des Sportler- oder Lover-Image, Dummheit, Delinquenz und Sucht mündet. Daraus folgt eine unrealistische Einschätzung des Selbst und der Mächtigeren

Die weniger Mächtigen isolieren, vermeiden und auf Abstand halten; sich bei Gleichen wohlfühlen; unfähig werden, die Unterschiede zwischen Menschen zu tolerieren; Mangel an bereichernden interkulturellen Erfahrungen	Die Mächtigeren isolieren, vermeiden und auf Abstand halten
Anspruchsvolles, dominantes und kontrollierendes Verhalten zeigen	Autonomes, oppositionelles, manipulatives und passiv-aggressives Verhalten als Abwehr gegen Machtlosigkeit nutzen
Rigides Verhalten: Zwang, die Macht zu behalten	Rigides Verhalten: Zwang, das Gefühl der Machtlosigkeit zu kontrollieren
Bedürfnis nach einem Opfer, d.h. jemanden zum Schikanieren und Kontrollieren	Um sich Schlagen, verbale oder körperliche Aggressivität, um das Gefühl der Ohnmacht abzuwehren
Aggressionen rechtfertigen, die Ausübung von Macht oder Gewalt, entwürdigendes Verhalten und Freude an menschlichem Leid rechtfertigen	Identifikation mit dem Aggressor, die zu Selbsthaß, Selbstentwertung, Aggressivität, Gewalt, entwürdigendem Verhalten, Freude an menschlichem Leid führt
Identifikation mit den weniger Mächtigen und der daraus resultierende Wunsch Macht zurückzuweisen	Gebrauch von Täuschungen, Geheimnissen, Halb-Wahrheiten und Lügen
Projektion von Aggression auf die weniger Mächtigen außerhalb der eigenen Gruppe, um den Gruppenzusammenhalt und die Einigkeit der eigenen Gruppe zu stärken (Dieses Verhalten wird von Anspruchsdenken unterstützt)	Projektion von Aggression auf die Mächtigeren außerhalb der eigenen Gruppe, um den Gruppenzusammenhalt und die Einigkeit der eigenen Gruppe zu stärken (Dieses Verhalten wird von Gerechtigkeitsempfinden verstärkt)

Durch Widersprüche zwischen

1. dem Gefühl von Ungerechtigkeit und der Notwendigkeit die eigene Macht zu erhalten
2. dem Wunsch, Macht zu teilen, und der Angst vor Ablehnung durch die eigene ethnische Gruppe

in Konflikte und Verwirrung gestürzt werden

Macht teilen

Toleranz für Konflikte, Ambivalenzen und Gegensätzlichkeit entwickeln, die auf Dauer zu Flexibilität, Findigkeit, Kreativität und hohem Selbstwertgefühl führt

Machtlosigkeit in Macht verwandeln

Toleranz für Konflikte, Ambivalenzen und Gegensätzlichkeit entwickeln, die auf Dauer zu Flexibilität, Findigkeit, Kreativität und hohem Selbstwertgefühl führt

Aggression auf angepaßte Weise sublimieren

Antirassistisches Engagement und strukturelle Dominanz.
Was macht weißen Deutschen die Auseinandersetzung mit Rassismus so schwer?[1]

Anja Weiß

Es ist nicht nur moralisch wünschenswert, sondern auch politisch notwendig, daß sich weiße Deutsche genauso deutlich für eine pluralistische und egalitäre Gesellschaft engagieren wie diejenigen, die von Rassismen diskriminiert werden. Zum einen bleibt gesellschaftlicher Wandel in Subkulturen gefangen, wenn er die dominanten Gruppen nicht zumindest einbezieht. Zum anderen können und sollten Dominante ihre privilegierte Position für Veränderungen nutzen. Doch zwischen dieser Erkenntnis und ihrer Umsetzung in die Praxis stehen eine Reihe struktureller Hindernisse: Zum einen ist es naheliegender, sich gegen Ausgrenzung zu engagieren, wenn diese mich täglich und persönlich bedrückt. Diejenigen, die von Rassismus privilegiert werden, nehmen häufig nicht wahr, daß sie ausgrenzen und das, was ihnen als ungerecht auffällt, ist eher angenehm als störend. Das heißt für sie besteht keine unmittelbar einleuchtende Motivation für antirassistisches Engagement. Zum anderen ist, sobald ich auf irgendeine Weise zu einer geeigneten Motivation gefunden habe, immer noch unklar, was ich konkret tun kann, um Rassismus zu bekämpfen. Allgemeine Forderungen helfen da wenig und lassen viele Menschen demotiviert und hilflos zurück.

Motive für ein Engagement gegen Rassismus

Was könnte weiße Deutsche dazu bewegen, sich gegen Rassismus zu engagieren? In der Öffentlichkeit überwiegen moralisch polarisierte Argumente. "Gut sein wollen" als Motiv also, denn wer läßt sich schon gerne als rassistisch, als ausgrenzend, als interkulturell unsensibel beschimpfen? Da wäre es doch schöner, wenn wir alle liberal und friedlich, aufgeklärt und weltbürgerlich miteinander multikulturell le-

---

[1] Bei den dargestellten Überlegungen handelt es sich um essayistische Schlußfolgerungen aus meiner Doktorarbeit, die voraussichtlich 1999 als Buch erscheinen wird. "Weiße Deutsche" bezeichnet nicht primär Menschen mit "weißer" und "deutscher" Identität, sondern Menschen, denen die Eigenschaften "weiß" und "deutsch" und die mit ihnen verbundenen Privilegien kulturell und politisch zugeschrieben werden.

ben könnten. Nur dumm, daß es da noch Rechte gibt. Die müssen aufgeklärt werden. Und die fundamentalistischen Ausländer. Die passen nicht in "unsere" Kultur.

Moralisierende Begründungen für antirassistisches Engagement sind darauf angewiesen, Menschen oder Praktiken als Böse zu kennzeichnen. "Schwarz-Weiß-Malerei" kann zum Selbstläufer werden, ist aber auch demotivierend für diejenigen, deren Moral weniger polarisierend ist oder die sich lieber positiv sehen. Damit soll nicht behauptet werden, daß die Themen Rassismus und Unterdrückung nicht auch moralisch-ethisch betrachtet werden können. Verinnerlichten Werten und Normen zu folgen, ist ein wesentlicher Beweggrund für gesellschaftliches Handeln, ebenso wie Wertkonflikte ein Anlaß für Anfragen an andere Standpunkte sein können. Wer den eigenen Standpunkt deutlich macht, schafft damit erst die Grundlage für Auseinandersetzung. Ein konstruktiver Umgang mit moralisch-ethischen Bewertungen ermöglicht wechselseitiges Verstehen, aber auch scharfen Streit, oder ein notgedrungenes Respektieren eines anderen Standpunkts, den ich nicht teile. Nicht Moral an sich, sondern Formen von Moral, die polarisierend zwischen Böse und Gut urteilen, sind ein Problem für die Auseinandersetzung mit Rassismus, weil sie Auseinandersetzung unterbinden statt sie zu ermöglichen.

Dennoch geht es bei der Auseinandersetzung mit Rassismus schnell um moralisierende Schuldzuweisungen. Warum? Eine Ursache hierfür mag in den psychodynamischen Implikationen des Themas liegen: Rassismus spricht Schwarzen die Existenzberechtigung ab, mindestens die Existenzberechtigung in einer bestimmten Gesellschaft. Rassismus konstruiert polare und simplifizierende Unterschiede zwischen Menschengruppen. So gesehen verwundert es nicht, daß *Anti*-Rassismus dieser Dynamik nicht ganz entkommt.

Neben den psychodynamischen Implikationen von Rassismus spielen auch politische Legitimationsprobleme eine wesentliche Rolle. Die ersten, die sich gegen Rassismus engagierten, waren naheliegenderweise Menschen, die selbst von Rassismus ausgegrenzt wurden. Wie andere identitätspolitische Bewegungen auch (z.B. die Frauenbewegung) fanden sie sich zusammen und kämpften gegen die Entwertung ihrer kollektiven Identität durch Rassismus. Die gemeinsame Identität wird zum Anlaß, etwas gegen Rassismus zu tun und sie legitimiert alle Angehörigen dieser Gruppe, für die Gruppe zu sprechen.[2] Das ist vor allem wichtig, wenn es – wie in Deutschland für MigrantInnen – nur sehr begrenzte Möglichkeiten gibt, sich innerhalb des politischen Systems zu formieren und legitime VertreterInnen zu wählen.

Diese Art von politischer Bewegung ist zur Zeit bei allen Kämpfen um kollektive Identität vorherrschend. Sie ist für die ausgegrenzten Gruppen zweckmäßig, bringt aber diejenigen in Legitimationsschwierigkeiten, die nicht zur ausgegrenzten Gruppe gehören. Ich kann nicht einfach sagen: "Weil ich Weiß bin, finde ich mich mit anderen Weißen zusammen und wir kämpfen gegen Rassismus, der uns unterdrückt". Erstens werde ich von Rassismus nicht unterdrückt, höchstens beeinträchtigt. Zweitens profitiere ich auch von Rassismus. Und drittens verfolgen diejenigen,

---

2   Sich über die Zugehörigkeit zu einer kollektiven Identität politisch zu legitimieren, hat zwar gegenüber Wahlen und anderen demokratischen Legitimationsprozessen den Nachteil, daß einzelne MigrantInnen letztlich auch nur ihre jeweilige persönliche Sicht auf MigrantInneninteressen darstellen können. Doch immerhin handelt es sich bei dieser Sicht ja um eine mögliche MigrantInnenperspektive.

die sich als Weiße zusammenschließen, ganz andere Ziele, mit denen ich nicht gerne in Verbindung gebracht werden möchte.[3]

Weiße sollten sich also andere Motive für ihr antirassistisches Engagement einfallen lassen. Eine eher problematische Lösung des Legitimationsdefizits ist die Behauptung, für Schwarze und MigrantInnen zu sprechen, ebenso wie der Versuch, deren Anliegen zu den eigenen zu machen. "Wir engagieren uns für die Ziele der MigrantInnen" ist ein für beide Seiten entmündigendes Statement. Zum einen weiß niemand genau was "die MigrantInnen" wollen, u. a. deshalb, weil ihnen nur begrenzt das Recht zu politischer Organisation zugesprochen wird. Zum anderen entwickeln Weiße so keinen eigenen Standpunkt gegenüber Rassismus und die eigenen Motive für antirassistisches Engagement bleiben verdeckt. Moralische Überlegungen werden nicht verinnerlicht und integriert, sondern wirken aufgesetzt. Moralisierende Appelle erlauben es dann sowohl politisch aktiven MigrantInnen als auch antirassistisch engagierten weißen Deutschen über ihre persönlichen Interessen, über interne Konflikte und über Legitimationsdefizite hinwegzugehen und ein scheinbar einvernehmliches moralisch gutes Wunschbild zu etablieren. Das hat jedoch den Nachteil, daß alle diejenigen, die mit Moral schlechte Erfahrungen haben, an dieser Stelle aussteigen.

Solange die Ursache des Legitimationsdefizits – die Exklusion von MigrantInnen aus politischen Entscheidungen – nicht aufgehoben ist, wäre es daher wichtig anzuerkennen, daß ganz unterschiedliche Interessen zu antirassistischem Engagement führen können und daß es auch für weiße Deutsche gute Gründe gibt, sich gegen Rassismus zu engagieren. Diese basieren auf moralischen, aber auch politischen, persönlichen, ökonomischen und anderen Erwägungen. Sie können heterogen sein und es ist zu erwarten, daß verschiedene Menschen zu unterschiedlichen Schlüssen kommen. Zum Beispiel:

Demokratische Werte: Ich will nicht in einer Gesellschaft leben, in der Menschen nach Belieben ausgesondert werden können.

Politisches Eigeninteresse: Wenn es möglich ist, Schwarze umzubringen, werden auch die Repressionen gegen Linke, Lesben... zunehmen.

Kognitive Argumente: Rassismus dient im wesentlichen dazu, die Arbeiterklasse zu spalten. Wir müssen begreifen, daß wir gegen unsere eigenen ökonomischen Interessen handeln, wenn wir Rassismus unterstützen.

Zukunftsahnungen: Diejenigen, die sich ohne Probleme international bewegen können, sind in der EU, in der Welt, bei den guten Jobs... besser dran und werden in Zukunft an Einfluß gewinnen. Zu denen will ich auch gehören. Deshalb sollen bürokratische Hürden für internationale Mobilität abgebaut werden.

Standesdenken: Wenn ich mich gegen Rassismus engagiere, zeige ich, daß ich was Besseres bin als meine rechten, rückständigen, bürgerlichen... NachbarInnen, Verwandten, KollegInnen....

---

[3] In den letzten Jahren gibt es Bemühungen, weiße kollektive Identität so zu entwickeln, daß sie als reflektierte antirassistische Identität anerkannt werden kann. Diese lösen aber das beschriebene Legitimationsproblem nur bedingt, weil auch eine reflektierte dominante Identität nicht in der Weise für antirassistisches Engagement legitimieren kann, wie eine ausgegrenzte Identität.

Persönlichkeit/Biographische Erfahrungen: Ich kann es einfach nicht ertragen, wenn jemand mißachtet wird.

Preis der Macht: Macht ist zwar etwas Schönes, aber Mächtige wirken häufig ganz schön deformiert auf mich. Sie sind Workoholics, haben Angst vor Überfällen...

Diskriminierungserfahrungen: Ich erlebe manchmal selbst rassistische Diskriminierung, weil ich eng mit Schwarzen zusammenlebe oder -arbeite.

Historische Motivation: Ich will auf keinen Fall so schuldig werden, wie meine (Groß-) Eltern. Ich habe Angst vor einem Unrechtsstaat.

Unspezifische Diskriminierungserfahrungen: Ich habe meine Erfahrungen im Ausland oder mit anderen Diskriminierungsformen so verarbeitet, daß ich meine privilegierte Stellung reflektiere. Ich will nicht so borniert sein, wie ich das selbst in einem anderen Land oder bei Männern, Heteras, Mittelschichtlern... erlebt habe.

Pragmatische Erwägungen. Ich kann im interkulturellen Bereich einen interessanten Tätigkeitsbereich finden.

Professionelle Erfahrungen: Ich werde meinen KlientInnen einfach nicht gerecht, wenn ich mich nicht mit Rassismus auseinandergesetzt habe.

Die Vielfalt an möglichen antirassistischen Motivationen wird selten wahrgenommen. Statt dessen beschränken wir uns auf uneigennützige moralische Argumente und laufen so Gefahr, als moralinsaure überanständige "gute Menschen" unglaubwürdig zu werden.

Ungeachtet aller Unkenrufe gibt es also viele gute Gründe, sich gegen Rassismus zu engagieren. Nicht nur ethische Überlegungen, sondern auch profunde Eigeninteressen können für ein solches Engagement sprechen. Dennoch bemüht sich zur Zeit nur eine schrumpfende Minderheit der weißen Deutschen aktiv um Antirassismus oder interkulturelle Zusammenarbeit. Ich vertrete die These, daß das geringe Interesse am Antirassismus nicht nur auf den Egoismus weißer Deutscher, sondern auch auf Komplexitäten und Widersprüche im Antirassismus zurückzuführen ist, die nicht nur die Engagierten hilflos machen.

Ein verkürztes Verständnis von Rassismus

Rassismus ist nicht einfach ein Vorurteil, ein Gefühl, eine böse Absicht. Besser läßt sich Rassismus als ein ungleichgewichtiger Konflikt zwischen gesellschaftlichen Gruppen bezeichnen. Die dominante Gruppe – hier weiße Deutsche genannt – hebt einige Merkmale an anderen Menschen so hervor, daß der Eindruck entsteht, diese anderen Menschen seien eine in sich geschlossene homogene Gruppe. Sie seien sich ähnlich und zugleich deutlich verschieden von der dominanten Gruppe. Diese Konstruktion der "anderen" ist untrennbar mit Werthierarchien verbunden, die auch idealisierend verlaufen können.

Soweit könnte es sich um eine Definition des "Vorurteils" handeln. Von Rassismus sollten wir jedoch nur dann sprechen, wenn die dominante Gruppe *als Gruppe* die Macht hat, ihre Konstruktion der "anderen" durchzusetzen. Diese ungleiche Machtverteilung kann durch ökonomische, politische und juristische Privilegien der dominanten Gruppe entstehen. Typischerweise ist sie auch von kultureller und symbolischer Macht begleitet: der Gewißheit, bei anderen Unterstützung für das eigene Weltbild zu finden, die bevorzugte Behandlung des eigenen Weltbilds in den Medien, die Selbstverständlichkeit von Vorurteilen zugunsten der dominanten Gruppe.

Der Unterschied zwischen einfachen Vorurteilen und Rassismus wird deutlicher, wenn wir eine interkulturelle Jugendbegegnung zwischen zwei EU-Ländern mit einer interkulturellen Begegnung zwischen Deutschen und Flüchtlingen innerhalb Deutschlands vergleichen. Bei der Jugendbegegnung werden die Vorurteile auf beiden Seiten erheblich sein. Trotzdem finden sich viele Jugendliche unabhängig von ihren Herkünften nett. Bei interkulturellen Mißverständnissen und entsprechenden Konflikten gibt es keine klaren Gewinner. Im schlimmsten Fall bestätigen sich beide Seiten ihre Vorurteile und die Tagungsleitung ist enttäuscht. All das hat kaum unmittelbare Konsequenzen für die Beteiligten und beiden Seiten ist stets klar, daß die andere Seite ähnlich stereotyp über die eigene "Kultur" denkt wie das umgekehrt der Fall ist. Im besten Fall erzählen sich die Jugendlichen wechselseitig Witze über die andere Gruppe und gehen dann zur Tagesordnung über.

Für die Flüchtlinge in Deutschland wird es zunächst ganz praktisch nicht zu einer "Begegnung" mit Austauschcharakter kommen. Sie leben segregiert in Sammelunterkünften. So ihre deutschen Gegenüber Vorurteile haben – was wahrscheinlich ist – könnten sie kaum offen geäußert und als Konflikt ausgetragen werden, weil die Flüchtlinge in vielfältiger Weise von der Meinung der dominanten Gruppe abhängig sind: um sich wohlzufühlen, um Zugang zu Rechten und Schutz vor Übergriffen zu erhalten, etc. Sollten einzelne Angehörige der dominanten Gruppe wider Erwarten keine Vorurteile haben, werden die Flüchtlinge trotzdem befürchten müssen, daß die Angehörigen der dominanten Gruppe ihnen schaden könnten, weil der gesellschaftliche Rahmen ihnen so viel mehr Macht gibt. Sie könnten den Flüchtlingen sogar schaden ohne es zu merken und die Flüchtlinge hätten dann wenig Möglichkeiten, sich dagegen zu wehren. Wie auch immer sich zwischenmenschliche Beziehungen zwischen Flüchtlingen und Deutschen entwickeln: Sie finden innerhalb gesellschaftlich extrem ungleicher Machtverhältnisse statt.

Eine ungleiche Machtverteilung zwischen gesellschaftlichen Gruppen kann politisch angegriffen und verändert werden. Doch auch wenn wir uns gegen Rassismus organisieren und engagieren, stehen wir als einzelne Personen in unserem Alltag vor dem Problem, daß wir an einem Unterdrückungsverhältnis teilhaben und als weiße Deutsche von diesem privilegiert werden, auch wenn wir es ablehnen. Natürlich macht es einen großen Unterschied, ob wir das Unterdrückungsverhältnis einfach so hinnehmen, ob wir es zu unseren Gunsten ausnutzen oder ob wir dem entgegensteuern. Aber selbst wenn wir versuchen, dem entgegenzusteuern, bleiben wir privilegiert und unsere Handlungen werden im Kontext von Machtverhältnissen interpretiert.

Dieser Unterschied zwischen individuellen Absichten, individuellem Handeln und dem gesellschaftlichen Kontext, in dem wir handeln und in dem Rassismus zunächst bestehen bleibt, wird in seiner Bedeutung meistens verkannt. Gerade unter psychosozial Tätigen besteht die Gefahr, das Problem des Rassismus zu individualisieren, zumindest wenn es um den Anteil der Dominanten am Fortbestehen von Rassismus geht. Wir neigen dazu, unsere individuellen Absichten auf Rassismus zu überprüfen und vergessen dabei, daß unsere Absichten nicht unbedingt ausschlaggebend dafür sind, wie wir tatsächlich handeln und daß unsere Handlungen in einem gesellschaftlichen Rahmen Bedeutung gewinnen, der sich zumindest kurzfristig unserer Kontrolle entzieht. Eine solche verkürzte Wahrnehmung macht hilflos und führt zu unrealistischen Schuldgefühlen.

Der Unterschied zwischen guten Absichten und nicht-rassistischem Handeln

Wenn es mir wirklich wichtig ist, andere Menschen aus keinem Grund auszugrenzen oder zu unterdrücken, sagt das noch immer wenig über mein Handeln. Sicher werde ich nicht offen rassistisch auftreten. Das ist schon viel. Es bleibt aber wahrscheinlich, daß ich Gewohnheiten beibehalte, die ausgrenzend wirken, zum einen weil ich gar nicht um ihre Wirkung weiß, zum anderen weil ich eine andere Absicht als Ausgrenzung mit ihnen verbinde oder weil ich aus Gewohnheit handle, ohne mir bewußt zu machen, welche Wirkung meine Handlung haben kann.

Zum Beispiel die Frage gegenüber Deutschen, die "nicht deutsch aussehen": "Woher kommst Du?" Es ist die erste Frage, die mir einfällt. Ich denke, daß ich aus Interesse an meinem Gegenüber frage. Wenn die andere unwirsch, abweisend, humoristisch reagiert, ärgere ich mich, denn ich wollte doch etwas wissen. Wenn der andere meine Frage beantwortet ("aus Pforzheim"), bin ich auch nicht zufrieden. Ich wollte mir erklären, warum er/sie Schwarz ist und deutsch kann. Wahrscheinlich frage ich nach: "Woher kommst Du wirklich?" Als nächstes kommt dann die interessierte Frage, wie es ihr/ihm hier gefällt oder wie er/sie oder die Eltern oder die Großeltern hierhergekommen sind. So entpuppt sich das harmlose "Wissen wollen" für mein Gegenüber als Anmaßung und Grenzverletzung. Zum einen machte ich meinem Gegenüber deutlich, daß ihre Hautfarbe oder sein Name mir zeigt, daß sie nicht aus Deutschland kommen kann, daß er nicht selbstverständlich hierhergehört. Zum anderen handelt es sich um eine fürs Kennenlernen viel zu intime Frage. Sie reicht in die Familien- oder Migrationsgeschichte und verläßt damit die Ebene der Belanglosigkeiten, die für den Anfang eines Kennenlerngespräches angemessen ist. Doch all das ist uns nicht klar, wenn wir fragen. Wir fragen eben aus Gewohnheit und denken nicht lange darüber nach, warum uns gerade diese Frage eingefallen ist.

Wie reagieren wir nun, wenn uns irgend jemand sagt, daß unsere Frage rassistisch war? Meist verwechseln wir unsere eigene Wahrnehmung von unseren subjektiven Absichten mit der Bedeutung, die unsere Handlung im gesellschaftlichen Kontext gewinnen kann.

Diejenigen von uns, die sich ihrer Selbstwahrnehmung relativ sicher sind, werden vermutlich zu dem Schluß kommen, daß sie subjektiv wirklich aus Interesse gefragt haben, und daß deshalb jeglicher Rassismusvorwurf unbegründet, wenn nicht sogar eine Unverschämtheit ist. Von dieser Einsicht bis zur erneuten Stigmatisierung von Schwarzen und MigrantInnen als überempfindliche AntirassistInnen ist es nur ein kleiner Schritt.

Diejenigen, die stark von psychoanalytischen Theorien über "das Fremde" beeinflußt sind, werden vielleicht annehmen, daß sie unbewußt Probleme mit dem

Fremden haben, und sich daher wohl aggressiv und rassistisch verhalten haben, ohne es zu merken. Dieser Ansatz beinhaltet die Hoffnung, daß wir mit Hilfe von Selbsterfahrung/-reflexion oder Antirassismusseminaren unsere Einstellungen gegenüber der diskriminierten Gruppe reformieren können. Nur, wer kann schon das eigene Unbewußte gänzlich verändern? Und ist es nicht ein wenig größenwahnsinnig anzunehmen, daß wir die Folgen unseres Handelns bewußt oder unbewußt im Griff haben? Was bringt meine Selbsterkenntnis für mein Handeln gegen Rassismus? Typischerweise stellt sich im Anschluß an mehrere Seminare die Erkenntnis ein, daß meine Phantasien weiterhin von Vorurteilen durchzogen sind und Konflikte weiterhin auftreten. Dann kommen wir irgendwann zu dem Schluß, daß "dunkle" Anteile eben in jedem Menschen schlummern. Das Interesse an Selbsterfahrung erlahmt und sie wird politisch vollends irrelevant.

Bei beiden Versuchen liegt das Problem darin, daß wir den Fehler bei uns selbst und nur bei uns selbst suchen. Im ersten Fall werden wir nicht fündig: Dann muß es sich um eine ungerechte Beschuldigung handeln. Der Fehler liegt nur bei den anderen. Beim zweiten Beispiel werden wir bei uns fündig, aber das ändert nichts. Also verlieren wir das Interesse. Tatsächlich liegt der Fehler aber nicht "in" uns, sondern er ist prinzipieller: Wir können nicht alle Folgen unseres Handelns kontrollieren. In einer Struktur, die Übergriffe auf eine bestimmte Menschengruppe prinzipiell erlaubt, die "Ausfragen" selbstverständlich macht, hat eine interessierte Nachfrage eine andere Bedeutung und sie wird auch anders interpretiert, als in einer egalitären Struktur. Wenn ich trotzdem einfach weiter so tue, als gäbe es diesen Unterschied nicht, verfehle ich mich: Aber nicht weil ich böse Absichten habe, sondern weil ich den Kontext, in dem ich meine Frage stelle, ignoriere.

Eine Kompetenz, die dieses Dilemma transzendiert, wäre die Fähigkeit, das eigene Handeln als prinzipiell unbestimmt in seinen Folgen zu betrachten. Eine Handlung hat eine Bedeutung für mich, eine andere Bedeutung für mein Gegenüber und noch eine andere Bedeutung in dem gesellschaftlichen Rahmen, in dem sie stattfindet. Handlungen können sich daher gegenüber meinen Intentionen verselbständigen. Sie können neben meiner Absicht noch eine andere Bedeutung transportieren. Sie können vom Gegenüber anders interpretiert werden als von den Handelnden. Und sie können – als Gewohnheiten – eine gesellschaftliche Realität herstellen oder stabilisieren, die von den Handelnden nicht erwünscht ist.

Bin ich an diesem Punkt angelangt, könnte ich mich eigentlich dafür interessieren, welche Bedeutungen meine Handlung unabhängig von meinen Absichten haben kann. Wenn mir jemand sagt, daß meine interessierte Nachfrage für sie höchst ärgerlich ist, könnte ich das erst einmal zur Kenntnis nehmen, ohne mich gleich angegriffen zu fühlen. Wenn ich mich angegriffen fühle, könnte ich mich auseinandersetzen, statt die andere als "überempfindlich" abzutun und links liegen zu lassen. Dann würde ich wahrscheinlich etwas über die möglichen Bedeutungen meines Handelns dazulernen. Ich würde also die Reaktion meines Gegenübers emotional und kognitiv ernstnehmen und mich auf eine Auseinandersetzung einlassen, statt mich in die selbstzerfleischende und egozentrische Frage zu flüchten, ob ich oder der andere böse ist. Eine solche Auseinandersetzung kann für beide Seiten quälend sein. Es kann aber auch sein, daß mir einiges klar wird. Mir könnten z.B. die Selbstverständlichkeiten, auf deren Grundlage ich meine Frage gestellt habe, bewußt werden: Ich habe gerade diese Frage doch nicht ganz zufällig als erste gestellt. Ich fand sie unter allem, was mir an meinem Gegenüber auffiel, am spannendsten, und zwar genau deshalb, weil ich annahm, daß vielleicht kein langweiliger Umzug von Pforzheim nach Berlin dahintersteht. Die Vorannahme, daß hinter Schwarzsein eine interessante Geschichte steckt, die beim Kennenlernen nachgefragt werden kann, ist also eine Selbstverständlichkeit für mich, aber ist sie so selbstverständlich? Oder politischer gedacht: Ist es so selbstverständlich, daß Schwarze nicht aus Deutschland kommen können? Will ich in einem Kennenlerngespräch beiläufig deutlich machen, wen ich für deutsch halte und wen nicht? Alle diese zusätzlichen Bedeutungen lassen sich mit meiner Frage, also meiner Handlung verbinden. Wenn mir an Einfluß auf die Folgen meiner Handlungen gelegen ist, kann ich die Wirkung meiner Handlungen zur Kenntnis nehmen und lernen, welche Handlungen besser zu meinen Absichten passen.

Wie können Konflikte und Mißverständnisse innerhalb von extrem einseitigen Machtverhältnissen bearbeitet werden?

"Es ist also doch ein Minenfeld" werden jetzt einige sagen. Wie soll ich denn handeln, wenn ich in der Gesellschaft, in der wir uns nun mal befinden, nie sicher sein kann, daß meine Handlung nicht ausgrenzend wirkt und die Macht hat, wirklich auszugrenzen? Anzuerkennen, daß ich die Folgen meiner Handlungen nicht gänzlich kontrollieren kann, heißt aber nicht, daß meine Handlungen völlig willkürlich wirken. Eher läuft es darauf hinaus, daß ich willens bin, meine Handlungen in ihrer Bedeutung in Frage zu stellen, ohne mich gleich schuldig zu fühlen oder die ganze Last der Welt auf meine Schultern zu nehmen.

Wenn ich also versuche, meine Handlungen so zu verändern, daß sie weniger Folgen haben, die ich ablehne, bin ich darauf angewiesen, etwas über die Perspektive meines Gegenübers zu erfahren und ich brauche Erfahrung mit den politischen Wirkungen meiner Handlungen auf den gesellschaftlichen Rahmen. Letztere kann ich durch politische Betätigung sammeln. Oder dadurch, daß ich die öffentliche Debatte zu Migration und Rassismus verfolge – am besten so, daß ich nicht nur die Mehrheitsmeinung mitbekomme.

Etwas über die Perspektive meines konkreten Gegenübers zu erfahren, kann sich jedoch als schwierig herausstellen. Zum einen weil extrem ungleiche Machtverhältnisse den offenen Austausch und die konstruktive Austragung von Konflikten sehr erschweren. Eine "interessierte Frage" wird leicht zur symbolischen Ausgrenzung. Einer "ehrlichen Meinungsäußerung" gegenüber schweigt die schwächere Seite manchmal lieber. Oder sie ist so wütend, daß sie gleich in die Luft geht. Oder ihre pädagogischen Bemühungen werden als ungerechtfertigte Beschuldigungen erlebt. Wenn ich voller Dialogbereitschaft darüber reden möchte, wie undemokratisch Ausländer sind, kann ich nicht sicher sein, daß meine Dialogbegeisterung auch von den solchermaßen Abgewerteten als demokratisch erlebt wird.

Zum anderen führen Machtungleichgewichte zu einer segregierten Gesellschaft. Es ist also keineswegs sicher, daß ich überhaupt ein Gegenüber anderer ethnischer Herkunft an meiner Arbeitsstelle, als Nachbarin oder als Freund antreffe. Und wenn ich jemanden treffe, ist es vielleicht für mich das erste Mal, daß ich die Gelegenheit zum Lernen habe, mit Sicherheit aber nicht für mein Gegenüber. Aufgrund des zahlenmäßigen Ungleichgewichts, das durch Segregation und Diskriminierung noch verschärft wird, kann ich nicht erwarten, daß alle Mehrheitsangehörigen MigrantInnen und Flüchtlinge finden, die sich die Mühe machen, zum xten Mal konstruktiv und freundlich über Diskriminierung zu verhandeln.

Es ist also strukturell schwierig, egalitäre, pluralistische und demokratische Beziehungen in undemokratischen Verhältnissen aufzunehmen. Von daher bleibt es wichtig, sich politisch für egalitäre Gesetze und Institutionen einzusetzen. Aber auch im täglichen Miteinander ist es eine Herausforderung, Beziehungsformen zu entwickeln, die dem Machtungleichgewicht etwas entgegensetzen und aus Konflikten zu lernen, die unvermeidbar sind, aber nicht immer konstruktiv verlaufen.

Die Besonderheit interkultureller psychosozialer Arbeit

In der interkulturellen psychosozialen Arbeit sind die Möglichkeiten, Konflikte konstruktiv auszutragen, zusätzlich eingeengt. Trifft eine KlientIn, die einer Minderheit angehört, auf eine weiße deutsche BeraterIn kann sich das gesellschaftliche Machtungleichgewicht zwischen Weiß und Schwarz durch das Machtgefälle zwischen BeraterIn und KlientIn verstärkt auswirken. Zum Beispiel laufen weiße deutsche TherapeutInnen Gefahr, ihre KlientInnen für die eigene interkulturelle Weiterbildung zu mißbrauchen. Andererseits sind Perspektivenvielfalt und Selbstreflexion Bestandteil jeglicher psychosozialer Arbeit. Eine Therapeutin kann auch im monokulturellen Setting nie sicher sein, daß ihre Handlungen die Wirkung haben, die sie beabsichtigt. Ein Sozialarbeiter wird, auch wenn der Klient der gleichen nationalen Kultur angehört, Schichtunterschiede und strukturell ungleichen Zugang zu Ressourcen mitbedenken. Insofern fügt interkulturelle psychosoziale Arbeit lediglich bereits notwendigen professionellen Kompetenzen eine neue Dimension hinzu.

Trotz dieser prinzipiellen Vereinbarkeit von interkultureller Kompetenz und psychosozialer Arbeit kann es konkret zu Widersprüchen kommen. So zum Beispiel bei Theorien über und Etiketten für bestimmte KlientInnengruppen: Ein Etikett wie "sozial schwache Alleinerziehende, die Erziehungsberatung braucht" ist natürlich zu pauschal und schon dadurch, daß es viele Menschen über einen Kamm schert, im Einzelfall falsch. Aber es bietet doch einen gemeinsamen Bezugsrahmen und sei es nur, weil auch die solcherart stigmatisierten KlientInnen die jeweilige Etikettierung akzeptieren. Darüber hinaus sind an das Etikett Hilfsangebote geknüpft: "Sozial Schwache" erhalten Sozialhilfe, "überforderte alleinerziehende Mütter" Erziehungsberatung.

Während Etiketten also innerhalb der nationalen Gruppe zwar stigmatisierend aber auch helfend wirken, sind in der interkulturellen psychosozialen Arbeit Etiketten jeder Art höchst problematisch. Zum einen weil die KlientInnen aufgrund der weit verbreiteten rassistischen Diskurse bereits ausgesprochen negative Vorerfahrungen mit Etiketten haben. Zum anderen weil es in einem gesellschaftlichen Kontext, der rassistische Wertungen nahelegt, fast unmöglich ist, allgemein über andere Kulturen zu sprechen, ohne diese rassistisch festzuschreiben und zu bewerten. Auch nüchterne Faktenaussagen geraten schnell zum Pauschalurteil, das keine Chancen eröffnet, sondern Probleme festschreibt, wie z.B. "bikultureller Jugendlicher, der aufgrund des Kulturkonflikts deviant wird". Ein Alkoholiker kann entziehen. Eine alleinerziehende Sozialhilfeempfängerin kann heiraten oder reich werden. Auch wenn die Chancen dafür nicht gut sind, sind sie als Möglichkeit im Bild enthalten. Bikulturelle Jugendliche bleiben bikulturell und zur Zeit werden die Straffälligen unter ihnen nicht resozialisiert, sondern verbannt. "Kulturkonflikt" pathologisiert eine gesamte soziale Gruppe: MigrantInnen und ihre Kinder. In diesem gesellschaftlichen Kontext dienen ethnisierende Etikette nicht der – wenn auch problematischen – Integration, sondern der Ausgrenzung und Abwertung. Das bringt mit sich, daß die solcherart Stigmatisierten das Etikett nicht akzeptieren, bzw. daß ein Akzeptieren der Stigmatisierung als internalisierter Rassismus zum eigenständigen Problem wird.

Diese Schwierigkeit, einen gemeinsamen Deutungsrahmen zu finden, verschärft sich, wenn jenseits von Rassismus auch noch ein deutlicher Kulturunterschied zwischen KlientIn und BeraterIn steht. Durch den Kulturunterschied können die Folgen einer professionellen Intervention noch schwerer eingeschätzt werden, als dies ohnehin der Fall ist. Von Seiten der psychosozial Tätigen verstärkt sich daher der Wunsch und die Notwendigkeit, die erhöhte Mehrdeutigkeit ihres Handelns im interkulturellen Feld und damit auch die Komplexität der Interaktion zu vereinfachen. Genau das ist aber nicht hilfreich. Professionelle stehen also in einem interkulturellen Setting, in dem sich unsicherer als sonst fühlen, vor der Herausforderung trotz dieser Unsicherheit nicht auf verallgemeinernde Theorien über das scheinbar naheliegendste – die ethnische Zugehörigkeit der KlientInnen – zurückzugreifen.

Dilemmata wie dieses lassen sich nicht prinzipiell auflösen, sondern nur mit der Zeit in der konkreten Alltagspraxis bearbeiten und reflektieren. Sie mögen dazu beitragen, daß interkulturelle und antirassistische Arbeit als kompliziert empfunden wird. Vielleicht lassen sich auch einige Flügelkämpfe innerhalb der interkulturellen psychosozialen Arbeit als Antworten auf dieses Dilemma deuten. Ich würde in Anlehnung an den transkulturellen Ansatz (vgl. Kaygun) dafür plädieren, KlientInnen mit deutlich unterschiedlichem kulturellem Hintergrund nicht auf diesen und auf pauschale Annahmen über diesen zu reduzieren, sondern anzuerkennen, daß alle Menschen deutlich verschieden sind. Psychosoziale Tätigkeit setzt immer voraus, daß das Kennenlernen gelingt. Es sollte jedoch deutlich sein, daß das Kennenlernen erschwert wird, wenn die Interaktionspartner nicht nur sehr verschieden sind, sondern diese Verschiedenheit obendrein noch durch den dominanten Diskurs zu dem wesentlichen Unterschied erklärt wird, der über Zugehörigkeit zu oder Ausgrenzung aus der Gesellschaft entscheidet.

Schluß

Antirassistisch und interkulturell psychosozial Tätige sollten vom Modell "Ich engagiere mich aus moralischen Gründen für arme Unterdrückte und alle, die das nicht tun, sind (unbewußt) böse" Abschied nehmen. Interkulturelle Arbeit ist ein komplexes Feld mit unterschiedlichen Interessen, die sich nicht auf die Dimension gut oder böse reduzieren lassen. Und auch das, was einzelne tun können, gewinnt seine Bedeutung nicht nur durch deren subjektive Absichten, sondern durch die Interpretationen des Gegenübers und durch die Machtungleichheiten im gesellschaftlichen Kontext. Interkulturelle psychosoziale Arbeit zielt nicht direkt auf die Beeinflussung politischer Entscheidungen. Sie ist aber wie kaum eine andere psychosoziale Tätigkeit von politischen Rahmenbedingungen abhängig. Damit können professionelle Handlungen im politischen Kontext Bedeutungen gewinnen, die ungewohnt sind, und psychosozial Tätige stehen vor der Herausforderung, die Mehrdeutigkeit ihres Handelns professionell einzuholen.

Denken wir an die Ärzte des letzten Jahrhunderts, die hilflos vor der Hysterikerin standen, weil ihnen nicht vorstellbar war, daß nicht-körperliche Prozesse ein durchaus auch körperliches Leiden verursachen konnten. So entmächtigen sich weiße deutsche psychosozial Tätige, wenn sie Konflikte und Probleme zwischen Individuen auf interindividuelle oder gar moralische Überlegungen reduzieren, ohne ihre kollektive Dimension mitzubedenken. Das mag zunächst mehr Mühe machen. Und es läßt sich auch nicht im stillen Kämmerlein bewerkstelligen. Letztlich ist es jedoch einfacher und angenehmer, sich pragmatisch und mit vielen verschiedenen Menschen über geeignete Formen interkultureller und antirassistischer psychosozialer Arbeit auseinanderzusetzen und dabei einen eigenen (professionellen) Standpunkt zu entwickeln, als sich an einer scheinbar klaren moralischen Norm zu orientieren, die aufgesetzt bleibt und den eigenen Interessen nicht entspricht.

Angelpunkte einer psychosozialen Beratungsausbildung unter interkultureller Perspektive

Paul Mecheril

Die nachfolgenden Überlegungen beschäftigen sich mit der Frage, welche Inhalte für eine psychosoziale Beratungsausbildung unter interkultureller Perspektive bedeutsam sind.[1] Dieser Versuch wird sich in einer Weise auf inhaltliche Fragen von Interkultureller Beratung konzentrieren und zentrale Inhalte so erläutern, daß ein allgemeines Profil einer Aus-, Weiter- und Fortbildung in Interkultureller Beratung ersichtlich wird.

Kultur – Interkulturalität

Die Wirklichkeit der Bundesrepublik Deutschland ist eine Realität der Pluralität. Wir leben in einer kulturell, national und ethnisch pluralen Gesellschaft, für deren Existenz und Verfaßtheit insbesondere Phänomene der Migration konstitutiv sind. Diese können als ein zentraler Motor der gesellschaftlichen Pluralisierung betrachtet werden. Diese plurale Verfaßtheit der Bundesrepublik Deutschland wird hier mit dem Ausdruck Interkulturalität bezeichnet: Wir leben in einer interkulturellen Gesellschaft.

Im Begriff Interkulturalität wird auf der Ebene von Gruppenprozessen, aber auch inter- und intrapersonal eine gesellschaftliche Realität der Vielfalt *und* Interaktion bestimmt. Interkulturalität bezeichnet Prozesse des Austauschs, der Verständigung, der Konkurrenz, der Konstruktion, der Irritation wie auch Prozesse der Selbstvergewisserung, der Deformation, der Erweiterung und des Wandels, die dann bedeutsam werden, wenn Kulturen auf der Ebene von Gruppen, von Individuen und Symbolen in Kontakt miteinander treten.

Im Rahmen des sozialwissenschaftlichen Diskurses finden sich allerdings Positionen, die Konzepte im Bereich Migration und Ethnizität, welche den im für den

---

[1] Ich werde hier somit weder darüber nachdenken, was psychosoziale Beratung ist, wo Beratung gelehrt und eingesetzt wird, mit welchen Berufsständen und disziplinspezifischen Ausbildungen psychosoziale Beratung verknüpft ist, in welchen institutionellen Kontexten und Vorgaben Beratung stattfindet, noch werde ich Implementierungsfragen, Curricularisierungsprobleme allgemeiner oder mit der Thematik des Interkulturellen im besonderen einhergehender Art, bestehende Widerstände und behindernde, den Gegenstandsbereich charakterisierende Mythen thematisieren. Ich werde weiterhin nicht zwischen Aus-, Weiter- und Fortbildungen unterscheiden. Gleichfalls gehe ich nicht auf didaktische und methodische Fragen einer interkulturellen Aus-, Weiter- und Fortbildung ein und werde auch die Frage, welche Art von Lernmaterial und Lernsituation hier angemessen wäre, ausklammern.

Ausdruck Interkulturalität, aber auch Multikulturalität zentralen Begriff der Kultur nicht nur ablehnen, sondern als gefährlich bezeichnen (etwa Czock, 1988). Denn der Bezug auf "Kultur", so würde argumentiert werden, rücke eine Dimension des gesellschaftlichen Zusammenlebens in den Mittelpunkt der Aufmerksamkeit, die (sozio-, oder polito-)analytisch nicht für die faktische Konstitution gesellschaftlicher Verhältnisse, etwa dem zwischen Mehrheit und Minderheiten, verantwortlich gemacht werden kann. Durch die Bezeichnung des gesellschaftlichen, sozialen und auch individuellen Zustandes, in dem wir uns befinden, mit Hilfe der Kategorie der Kultur finde, so wird kritisiert, eine Verschleierung der ökonomischen, politischen und sozialen Bedingungslage statt, die die Realität kultureller Vielfalt erst erzeuge.

Ich teile diese Kritik, sehe aber zugleich jene Gefahr, die darin besteht, daß die Suppe mit dem überschüssigen Salz ausgeschüttet wird. Dieser Verlust ist dann zu beklagen, wenn die begründete Kritik an kulturalistischen Positionen die Abkehr von der Dimension der Kultur zur Konsequenz hat.

Die Distanzierung von "Kultur" ist nun aus zweierlei Gründen problematisch. Erstens ist "Kultur" eine analytisch bedeutsame Dimension. Wenn wir – wie im Rahmen von Überlegungen zu psychosozialer Beratung und Beratungshandeln – am Handeln und Erleben von Personen interessiert sind, dann kann ein reflexives Verständnis von "Kultur", wie es unten skizziert wird, theoretisch anregend zu Auskünften über das Handeln und Erleben von Menschen führen. Zweitens ist "Kultur" ein zentrales lebensweltliches Konzept, in dem sich die Alltagssubjekte wechselseitig identifizieren und beschreiben. Wer "Kultur" nicht gelten läßt, blendet damit eine wesentliche Dimension der Selbstthematisierung und des Handelns von Subjekten aus und kann folglich auf dieser Ebene subjektiver und intersubjektiver Konstitution keine Handlungskonzepte anbieten.

Was heißt "Kultur"?

Allgemein können zwei Verwendungsweisen von "Kultur" unterschieden werden. In dem einen – normativen – Gebrauch ist "Kultur" ein Qualitätsmerkmal von Gegenständen und Lebensformen. Hier werden hohe und niedere Kulturen unterschieden, sowie kulturell wertvolle Leistungen von wertlosen. Dieser Kulturbegriff liegt den Ausführungen dieses Textes nicht zugrunde.

"Kultur" wird in unserem Rahmen – und dies ist die zweite Verwendungsweise des Begriffs – als deskriptiver und nicht normativer Begriff für eine bestimmte Art menschlichen Zusammenlebens verstanden. Kultur, so könnte der hier relevante Begriff präzisiert werden, haben wir nicht – wir sind Teil von Kultur.

"Kultur" kann allgemein verstanden werden als Lebensform einer Menschengruppe, die auf die Lebensstile der Gruppenmitglieder einwirkt. In dieser Auffassung kann der Ausdruck Kultur benutzt werden, um das Verhältnis und die Dynamik von Lebensform und Lebensstil auf der Ebene von Familien, Cliquen, Milieus, Klassen, Ethnien, Nationen und supranationalen Gebilden zu untersuchen.

Mit Bezug auf einen Begriff von Interkulturalität, der den Fehler vermeidet, in einer praxisirrelevanten Weise allgemein zu sein, möchte ich – für unseren Zusammenhang – abgesetzt von dem allgemeinen Verständnis einen spezifischeren Kulturbegriff vorstellen und diskutieren. *"Kultur"* wird hier verstanden als Lebensform einer größeren, auf eine Geschichte zurückblickenden Menschengruppe, welche die Lebensstile jedes einzelnen Gruppenmitglieds grundlegend beeinflußt.

Dieser Kulturbegriff kennzeichnet ein spezielles Verhältnis von Individuum und Gruppe, wobei unter "Gruppe" eine Anzahl von Personen verstanden werden kann, die – auf der Ebene von Vergangenheit, Gegenwart und Zukunft – in einem faktischen und imaginierten Kommunikationszusammenhang stehen. Von "Kultur" sei aber nur dann die Rede, wenn die Lebensform der Gruppe eine, faktisch oder imaginiert, maßgebliche Einflußgröße der Konstitution des Handelns, Erlebens und Selbstverständnisses der Gruppenmitglieder darstellt. Zudem beschränke ich den Ausdruck "Kultur" auf Gruppen, die aufgrund von Gruppengröße und Tradition eine Lebensform entwickelt haben, welche sich dadurch auszeichnet, daß sie nicht unmittelbar dem Tun einzelner unterworfen ist und mithin gegenüber den einzelnen Mitgliedern eine relative Unabhängigkeit aufweist.

Kultur ist ein Wort für das Gesamt der Phänomene, die zu beobachten sind, wenn die Lebensform einer größeren Menschengruppe die Lebensstile der Gruppenmitglieder maßgeblich beeinflußt. Dauerhafte Kommunikationszusammenhänge bilden Lebensformen aus, weil sie kollektive Muster der Kontingenz- und Komplexitätsbewältigung zur Folge haben, die als traditionale Strukturen der Bedeutung gegenüber der je individuellen Existenz einen vorgängigen Kontext ausbilden.

Der kulturelle Bedeutungshorizont wird von der aufeinander Bezug nehmenden Praxis der Mitglieder einer Kultur produziert und im Produzieren verändert. Kultur als Lebensform einer Gruppe zu verstehen heißt, Kultur als kollektive Praxis zu verstehen. Kultur ist eine Praxis, genauer eine *Praxis der Differenz*. Kultur bringt zum Ausdruck, wie Menschengruppen was unterscheiden. Bei dem "Wie" und "Was" des kulturellen Unterscheidens sind nun zwei Aspekte bedeutsam. Die Praxis der Differenz ist gekennzeichnet von "Ungleichheit" und "Imagination".

"Ungleichheit"

Ein angemessenes Verständnis von Kultur kann seine Aufmerksamkeit nicht allein auf die Frage beschränken, welche Objekte im Rahmen einer Lebensform inhaltlich differenziert werden. Kultur ist zugleich ein Phänomen der Macht.

Allgemein verstehe ich "Macht" als eine das Feld sozialer Realität konstituierende Kraft, die das ungleiche Verhältnis der Einflußnahme der sozialen Akteure aufeinander bewirkt und zum Ausdruck bringt. Kultur ist ein Phänomen der Macht, weil die Kulturmitglieder im Rahmen des Wechselspiels von Lebensform und Lebensstil über unterschiedliche Möglichkeiten der gegenseitigen Einflußnahme verfügen. Materielle, soziale, symbolische und intellektuelle Ressourcen zur Partizipation an und Veränderung der Lebensform sind unterschiedlich verteilt. Kulturmitgliedern kommen damit auf der einen Seite unterschiedliche Möglichkeiten der gegenseitigen Beeinflussung zu. Andererseits sind auch die Möglichkeiten, auf dieses ungleiche Verhältnis der Einflußnahme Einfluß zu nehmen, sind die prinzipiellen partizipativen Spielräume zur Gestaltung von Kultur und zur Veränderung der sozialen Verhältnisse der Ungleichheit, die Kultur charakterisieren, unterschiedlich.

Kultur ist ein Phänomen der Macht, weil jede soziale Differenzpraxis als eine Praxis der Macht zu betrachten ist. Kultur etabliert ungleiche soziale Verhältnisse, die nunmehr zu den Charakteristika und der Wirklichkeit von Kultur werden. Durch die Auskunft darüber, wie Mitglieder einer Kultur auf die je anderen und sich selbst Einfluß nehmen können, erzeugt Kultur eine Unterscheidung von Personen.

Unter den Kriterien, nach denen im Kontext von Kultur eine Unterscheidung von Personen möglich ist und praktiziert wird, ist das Kriterium der Mitgliedschaft von besonderer Relevanz. Die Unterscheidung von Personen im Hinblick auf dieses Kriterium differenziert Möglichkeiten der prinzipiellen Teilnahme an der Lebensform der Menschengruppe sowie an bestimmten Bereichen von Kultur.

Kulturen verfügen über unterschiedliche Konzepte von Mitgliedschaft (wie fragloses Vollmitglied, vorübergehendes Mitglied, uneigentliches Mitglied, geduldetes Nicht-Mitglied etc.). Mit diesen Konzepten sind unterschiedliche Handlungsspielräume, Partizipations- und Zugangsmöglichkeiten verbunden. Demnach zeichnen sich Lebensformen von Menschengruppen durch *partizipative Ungleichheit* aus. Diese ist für das Wechselspiel von kultureller Lebensform und Lebensstilen konstitutiv.

"Imagination"

Unter den verschiedenen Arten von Vorstellungen (etwa Entwurf, Konzeptualisierung, Annahme, subjektiver Theorie usw.), die im Rahmen von Kultur praktiziert werden, sei nun die der Imagination herausgehoben. Konstitutiv für die Lebensform einer Menschengruppe sind ihre gemeinsam erzeugten, bewahrten und auch modifizierten Vorstellungen beispielsweise über sich selbst oder über andere. Diese Vorstellungen werden dann zu Imaginationen, wenn ihre intersubjektive Plausibilität und Gültigkeit vorrangig in einer Geschichte der Selbstverständlichkeit und nachrangig in einem empirischen Zusammenhang steht.

Imaginationen[2] im Rahmen einer Kultur können sich auf Gegenstände und Personen und somit auch auf das Kriterium der Mitgliedschaft beziehen. Die Imagination der Differenz von Mitgliedschaften führt zu Positionierungen im Rahmen kultureller Lebensformen, die das Ansehen und die Geltung einer Person, einer Organisation oder einer Sache betreffen können. Imaginative Positionierungen finden sich zum Beispiel in Prozessen der Vertrauens- und Mißtrauensbildung aufgrund von Habitus und Erscheinungsbild oder in dem Typ von Ausgrenzung, der dadurch entsteht, daß beispielsweise eine vermeintliche Zugehörigkeit zu national-kulturellen Gruppen aufgrund der Imagination, daß "Zugehörig-Sein" an eine bestimmte Physiognomie gebunden sei, unterstellt wird.

Kultur verstehe ich insofern auch als eine Praxis der sozialen Imagination. Lebensformen bestehen aus Traditionen, Mythen und Einbildungen, die kollektiv –

---

[2] Mit Benedict Anderson (1983) können Nationale Kulturen – aufgrund der Schwierigkeiten, zum einen, die Kriterien der Kultur-Mitgliedschaft anzugeben, und zum anderen, die bedeutsamen Kulturelemente zu identifizieren – als vorgestellte bzw. imaginierte Gemeinschaften bezeichnet werden.

beispielsweise mit Bezug auf die Frage: "Wer und was sind wir?" – gepflegt werden, in die Individuen verstrickt und mit denen sie widerständig konfrontiert werden.

Der hier nur skizzierte für Interkulturelle Beratung relevante Kulturbegriff ist unter anderem an dem Verhältnis von Lebensform und Lebensstil bei solchen Gruppen interessiert, die auch als nationale oder ethnische Gruppen bezeichnet werden. Sowohl nationale als auch ethnische Gruppen werden mit einer die Gruppe profilierenden Kultur assoziiert, sie legitimieren ihren "Wir"-Status häufig, indem sie auf eine sie auszeichnende gemeinsame kulturelle Praxis verweisen.

Auf dieses Selbst- und Fremdverständnis nationaler und ethnischer Gruppen nehmen die Ausführungen zum Kulturbegriff nun in einer Weise Bezug, die die Unschärfen und Widersprüche des natio-ethnischen Kulturbegriffs aufnimmt und markiert. Dieses Vorgehen ist nicht risikolos, weil es die Probleme etwa des "unaufgeklärten" Multikulturalitätskonzepts zu reproduzieren droht. Ich lasse mich auf dieses Vorgehen aber insbesondere deshalb ein, da die brisante Mischung von "Ethnizität", "Kulturalität" und "Nationalität" eine bedeutsame Dimension des Alltagszusammenhangs unserer Gesellschaft darstellt, welche sich auch im Kontext psychosozialen Handeln widerspiegelt – beispielsweise in der strukturell und diskursiv vermittelten Hilflosigkeit "deutscher" Professioneller, die mit "Türken" nichts anfangen können, weil diese "unzugänglich" seien.

Was kennzeichnet "Interkulturalität"?

Praxen der Differenz geben, insofern sie kollektive Identitäten konstituieren, zugleich über "die Anderen" Auskunft. Kultur ist Ausdruck und Motor eines "Wir", das auf ein "Nicht-Wir" angewiesen ist. Die interkulturelle Situation kann sich erst durch "Wir"-"Nicht-Wir"-Unterscheidungen konstituieren. In diese Konstitution gehen nun wiederum die Phänomene "Ungleichheit" und "Imagination" ein: Das Feld interkultureller Interaktion ist ein Feld der Ungleichheit und Imagination.

Das je Andere und dadurch das je Eigene wird unter Rückgriff auf Mythen, Stereotype, Ein-Bildungen und Klischees erzeugt. In diesen kulturellen Konstruktionen werden mittels der imaginierten Eigenschaften der "Wirs" und "Nicht-Wirs" – und zum Teil ohne legitimatorischen Bezug auf Eigenschaften – Aussagen darüber gemacht, was den betreffenden Individuen und Gruppen zusteht. Hierbei können die lokale und prinzipielle Form von Ungleichheit unterschieden werden: Den Anderen steht hier, bei uns, weniger zu als uns selbst; den Anderen steht grundsätzlich weniger zu als uns.

Darüber hinaus ist mit Blick auf ein auch für psychosoziale Zusammenhänge relevantes Verständnis von "Interkulturalität" von Bedeutung, daß interkulturelles Handeln – wie jedes andere Handeln auch – in bestimmten Kontexten stattfindet und nur unzulänglich ohne Bezug auf diesen jeweiligen Kontext verstanden wird. Für die Interaktion kollektiver Differenzpraxen sind die Vorgaben des Ortes, an dem der Kontakt stattfindet, konstitutiv. Und die Regeln der alltäglichen Orte sind mit historisch gewachsenen, politisch verbürgten und diskursiv eingeschriebenen Privilegien für die eine Seite und Nachteilen für die andere Seite ausgestattet. Diese Räume faktischer Interkulturalität geben den Rahmen vor, in dem Verständigung und

Nicht-Verständigung von beispielsweise kultureller Mehrheit und kulturellen Minderheiten möglich ist. Aber grundsätzlicher noch findet in diesen Räumen der Differenz und Ungleichheit die fortwährende Konstruktion von "Wir" und "Nicht-Wir" statt, die imaginierte und faktische Differenz und Gleichheit zur Folge hat.

Zusammengefaßt können wir festhalten, daß "Interkulturalität" jene faktischen und imaginativen Prozesse des Austauschs zwischen (Mitgliedern von) Lebensformen zum Ausdruck bringt, in denen Differenz und Ungleichheit in einer vom Kontext der Begegnung präformierten Weise inter-subjektiv relevant sind.

Was ist Interkulturelle Beratung?

Wenn wir über Interkulturelle Beratung sprechen und professionelle Anforderungen analytisch identifizieren wollen, dann stellt sich uns die Aufgabe, ein Wollknäuel zu entwirren.

Im folgenden versuche ich, dieses Knäul so zu entwirren, daß wir analytisch bedeutsame Stränge dessen, was Interkulturelle Beratung ist, betrachten können.

Vor dem Hintergrund der Bestimmung von Interkulturalität können wir formulieren, daß Beratung dann eine interkulturelle Kommunikationssituation darstellt, wenn aus der Innenperspektive der oder einer Beteiligten oder aber auch aus einer externen Perspektive (eines Supervisors beispielsweise oder einer Beratungsforscherin) heraus festgestellt werden kann, daß faktische und imaginierte Austauschprozesse zwischen differierenden und ungleichen Lebensformen zentrale Themen der Kommunikationssituation darstellen.

Üblicherweise wird unter Interkultureller Beratung die Situation verstanden, daß eine professionelle Person, die Repräsentantin der kulturellen Mehrheit ist, mit Klienten zu tun hat, die kulturellen Minderheiten angehören. Von Interkultureller Beratung wird gesprochen, wenn beispielsweise eine türkische Mutter eine psychosoziale Beratungsstelle aufsucht, in der deutsche Beraterinnen arbeiten. Dieses gängige Bild interkulturellen Handelns ist aber doppelt problematisch. Zum einen, weil Kulturdifferenzen mit nationalen oder ethnischen Differenzen gleichgesetzt werden, und zum anderen, weil interkulturelles Handeln auf die Situation beschränkt bleibt, daß nationale oder ethnische Mehrheitsangehörige als Berater den nationalen oder ethnischen Minderheitsangehörigen professionell fürsorgliche Angebote machen.

Interkulturelle Beratung ist, dies geht aus der obigen Kennzeichnung hervor, aber nicht allein auf die Klischeekonstellation "deutsche Profis versorgen XYs"[3] beschränkt. Jede Konstellation von Beteiligten faktisch oder imaginiert unterschiedlicher kultureller Zugehörigkeit ist potentiell ein Fall von interkulturelle Kommunikation.

---

[3] XY = Ausländerinnen, ethnische Minderheitsangehörige, Migranten, Schwarze, Klientinnen mit Migrationshintergrund, Flüchtlinge, vielleicht auch Aussiedlerfamilien, Sinti, Roma, Jüdinnen ... Machen wir einen Test: Welche Personengruppen können Ihrer Meinung nach für XY eingesetzt werden, so daß die interkulturelle Gleichung aufgeht?

Für eine Beratungsausbildung unter interkultureller Perspektive bedeutet dies, daß sie sich jeder möglichen interkulturellen Konstellation widmen muß. Mit Blick auf die Interaktion zwischen Mitgliedern der natio-ethno-kulturellen Mehrheit und Mitgliedern der natio-ethno-kulturellen Minderheiten kann dies heißen: Beraterinnen "ausländischer Herkunft" arbeiten mit Klientinnen "deutscher Herkunft", Berater mit einem persönlich relevanten transnationalen Migrationshintergrund arbeiten mit Klienten mit einem persönlich relevanten transnationalen Migrationshintergrund, faktisch und imaginiert einer kulturellen Mehrheit angehörige Professionelle arbeiten mit faktisch und imaginiert einer kulturellen Minderheit angehörigen Klientinnen. Aber auch die professionelle Kommunikationssituation zwischen Mehrheitsangehörigen und Mehrheitsangehörigen kann aufgrund interner oder externer Kriterien als interkulturelle Situation verstanden werden, etwa, wenn ein Einverständnis zwischen den Beteiligten vor dem Hintergrund eines geteilten kulturellen Überlegenheitsanspruchs gilt oder von dem Berater entsprechende Beziehungsangebote seitens der Klientin wahrgenommen werden, wenn in der Beratungssituation interkulturelle Themen als Aspekte des mittelbaren ("hoher Ausländeranteil im Stadtviertel", "von Ausländern mitbedingte Arbeitslosigkeit") oder Aspekte des unmittelbaren (bikulturelle Partnerschaft, weiße Mutter schwarzer Kinder, "meine Tochter hat einen türkischen Freund") Lebensumfeldes in den Vordergrund rücken.[4]

Imaginierte und faktische Ungleichheit und Differenz sind die zentralen thematischen Momente von Interkulturalität. Demgemäß besteht die Hauptaufgabe eines Ausbildungskonzept Interkultureller Beratung darin, diese Momente zu behandeln.

Ungleichheit und Differenz können nun im Rahmen einer auf die Entwicklung von und Auseinandersetzung mit psychosozialem Beratungshandeln bezogenen Ausbildung unter einem theoretischen, praktischen und selbstreflexiven Fokus thematisiert werden.

Interkulturelle Beratungsprofessionalität zeichnet sich anders formuliert darüber aus, daß sie einerseits ein Verständnis von Kultur und Interkulturalität theoretisch kultiviert, in dem Ungleichheits- und Differenzverhältnisse im Mittelpunkt stehen. Andererseits bedarf Professionalität Handlungskompetenzen. Interkulturelle Handlungskompetenzen können auf der Ebene des professionellen Umgangs mit Differenz und Ungleichheit konkretisiert werden. Und drittens profiliert sich professionelles Handeln von psychosozialen Beratern durch eine kritische Auseinandersetzung mit der eigenen Person, welche auf die Reflexion des eigenen kulturellen Ortes und den mit dieser Position einhergehenden Ressourcen, Einschränkungen, Routinen und Verstrickungen bezogen ist. Somit können wir nun ein *allgemeines Schema der für interkulturelle Beratung bedeutsamen Inhalte* angeben.

---

[4] Mithin können wir zwei Varianten Interkultureller Beratung unterscheiden. Bei der ersten kreist Beratung um interkulturelle Gegenstände und Themen, und bei der zweiten Variante findet die Beratung in einem interkulturellen Kommunikationsmodus statt.

Abbildung 1: *Ein allgemeines Schema der für Interkulturelle Beratung bedeutsamen Inhalte*

		Perspektiven		
		theoretisch	praktisch	selbstreflektiert
Differenz	imaginiert			
	faktisch			
Ungleichheit	imaginiert			
	faktisch			

Theoretische Bestandteile einer interkulturellen Ausbildung

Differenz und Ungleichheit sind analytische Kategorien, die herausgegliederte Aspekte eines phänomenal kohärenten Zusammenhangs bezeichnen.

Es lassen sich verschiedene Ideologien der Verhältnissetzung beider Aspekte unterscheiden. So finden wir Ansätze, die auf die Nivellierung von Differenzen im Zuge eines Bestrebens nach Gleichheit setzen (Stichwort "Integration"); Ansätze, die mit der Affirmation von Differenzen zugleich Ungleichheit bejahen (Stichwort "Kulturrassismus"), und letztlich Ansätze, die in dem Motto "different and equal" stilisiert werden können (Stichwort "aufgeklärter Multikulturalismus").

In diesen grundlegenden Verständnissen kommen normative Positionen zum Ausdruck, die folgenreich für die je daraus resultierenden Handlungsweisen sind. Interkulturelle Handlungskonzepte, die die "Integration" von kulturellen Minderheiten zum Ziel haben, verlangen eine andere Ausrichtung, andere Fertigkeiten und ein anderes professionelles Selbstverständnis als Konzepte, die einem "Multikulturalismus-Modell" verpflichtet oder "kulturrassistisch" sind.

Worin also, können wir fragen, besteht das allgemeine Ziel Interkultureller Beratung? Die Antwort, die hier präferiert wird, lautet: Interkulturelle Beratung sollte in einem doppelten Sinne auf "Anerkennung" bezogen sein.[5]

Unter einer anerkennungstheoretischen Ausrichtung trägt psychosoziale Beratung einerseits zur Anerkennung von Klienten und Klientinnen als Subjekte bei, und andererseits stärkt sie das Vermögen von Klientinnen, sich wechselseitig als Subjekte anzuerkennen.

---

5 Die präferierte allgemeine Zielorientierung interkulturellen Beratungshandelns greift ein normatives Konzept auf, das wir als Handlungsorientierung für die psychosoziale Arbeit mit Migrantinnen und Migranten an anderer Stelle vorgeschlagen haben (Mecheril, Miandashti & Kötter, 1997).

Anerkennung umfaßt immer zwei Momente, das der Identifikation und der Achtung. An-Erkennung beschreibt eine Art von Achtung, die auf einem Erkennen gründet.

Um jemanden zu achten, ist es notwendig, ihn und sie zunächst erkannt zu haben. Und jeder Prozeß der Identifikation einer Person leitet zu der Frage über, ob wir die Identifizierte auch respektieren wollen.

Identifikation und Achtung sind Momente der Begegnung und Auseinandersetzung, die in subjektiver und intersubjektiver Hinsicht von Bedeutung sind. Wir können die Anerkennung durch Andere von der Selbst-Anerkennung unterscheiden.

Hierbei ist davon auszugehen, daß Selbst-Anerkennung sich letztlich nur in Strukturen intersubjektiver Anerkennung entwickeln kann. Die Anerkennung durch Andere ist der Selbst-Anerkennung vorgelagert und gewinnt damit – auch für psychosoziale Zusammenhänge – einen zentralen Stellenwert. Psychosoziales Handeln verstehe ich mithin als Handlungsform, die grundsätzlich bestrebt ist, zur Entwicklung und dem Erhalt von Strukturen der Anerkennung beizutragen.[6] Hierbei bezieht sich Anerkennung auf drei Sphären der Subjektivität, die personale, die soziale und die politische Sphäre.

Beratung kann zur Anerkennung von Klientinnen als Subjekte beitragen, indem sie beispielsweise Möglichkeiten der stellungnehmenden Einflußnahme auf relevante Lebenskontexte und Partizipationsstrukturen untersucht, stärkt und ermöglicht (politische Ebene), indem sie beispielsweise Möglichkeiten der Pflege und Darstellung der sozialen Identität – Kultur, Sprache und community – untersucht, stärkt und ermöglicht (soziale Ebene), und indem sie beispielsweise jene Möglichkeiten untersucht, in denen Individuen sich als handlungsfähige und unabhängige Personen begreifen und darstellen können (personale Ebene).

Der anerkennungstheoretische Subjektbegriff spezifiziert nun das Verhältnis eines Individuums zu einer sozialen Gemeinschaft. Dabei zielt der Begriff auf zweierlei. Zum einen, daß das Individuum in unterschiedlichen Sphären der intersubjektiven Realität sich selbst entfalten und darstellen kann; zum anderen, daß es an den gesellschaftlichen Auseinandersetzungen teilnehmen kann, die zu vorläufig verbindlichen intersubjektiven Resultaten führen und die zum Thema haben und regeln, welche Formen individueller oder gemeinschaftlicher Darstellung anerkennbar sind und welche nicht (vgl. genauer: Mecheril, Miandashti & Kötter, 1997).

Gewendet auf Interkulturelle Beratung bedeutet "Anerkennung als Subjekt" allgemein, daß Beratung einerseits einen Beitrag dazu leisten sollte, daß Individuen sich auf sich selbst und auf andere in einer Weise beziehen können, die ermöglicht, daß die jeweils subjektiv als angemessen erachtete Differenzpraxis zur Geltung kommen kann. Andererseits geht es darum, Strukturen der Ungleichheit, die dies

---

6 Strukturen der Anerkennung sind Strukturen, die so geschaffen sein müssen, daß zur Disposition stehen kann, was "Anerkennung" je bedeutet. Anerkennungsstrukturen müssen mithin kommunikative Räume umfassen, in denen über die – perspektivenabhängig plausible – Angemessenheit von Prozessen und Inhalten der Identifikation und Achtung befunden werden kann. Denn wer jemanden "erkennt" und ihn zwangsläufig im Rahmen dieses Erkennens auch achtet, kann das Erkannte mißachten, weil das vermeintliche Erkennen dem Selbstverständis des Gegenübers nicht entspricht. Deshalb ist die Verständigung über die Angemessenheit von inter-subjektiven Prozessen der Identifikation und Achtung notwendig.

verhindern, zu identifizieren und Möglichkeiten des Umgangs mit diesen Strukturen zu thematisieren.[7]

Differenz und Ungleichheit sind nun Momente, die die Lebenswirklichkeiten von Klientinnen und Klienten prägen. Sie sind zum anderen potentielle Charakteristika der interkulturellen Beratungsinteraktion selbst.

Das Bewußtsein um diese doppelte Relevanz von Interkulturalität ist notwendig für angemessenes professionelles Handeln: Im Rahmen von Beratung werden Aspekte der interkulturellen Lebenswelt von Klienten in einem interkulturellen Kommunikationsrahmen thematisiert.

Interkulturelle Beratungsprofessionalität zeigt sich also auf der Ebene des Wissens um die interkulturelle Dimension der Lebenswelt von Klientinnen, zum anderen in einer interkulturell reflektierten Art und Weise der Thematisierung von Gegenständen.

Bezogen auf das Beispiel "Rassismuserfahrung" ist es also nicht nur von Bedeutung zu wissen, daß Rassismuserfahrung eine Erfahrungsform ist, in der gesellschaftliche Realitäten erkennbar werden (genauer: Mecheril, in Druck), die die subjektive Bedeutung der und Möglichkeiten des Umgangs mit den Erfahrungen vorgeben. Vielmehr zeichnet sich interkulturelle Beratungsprofessionalität zugleich dadurch aus, daß Bagatellisierungen und Diskreditierungen der Erfahrungen vermieden werden. Das psychosoziale Beratungshandeln kann Bagatellisierungen und Diskreditierungen zum Beispiel dann zur Folge haben, wenn die Beraterin sich der Reichweite und Bedeutung von Rassismuserfahrungen für von diesen Erfahrungen negativ Betroffene nicht bewußt ist, wenn sie sich von Rassismus ebenfalls angegriffen fühlt und den damit verbundenen Ängsten aus dem Weg gehen möchte oder wenn sie sich – als Angehörige der (Majoritäts-)Gruppe, aus der die Täter stammen – aufgrund der Schilderung des Klienten angegriffen fühlt etc. (genauer: Mecheril, 1995).

Eine Aufgabe interkultureller Berater besteht mithin darin, die durch Rassismus und Rassismuserfahrungen (eigene Erfahrungen und die anderer) ausgelösten eigenen Bewertungen, Gefühle, Wünsche, Zeichen, Handlungsbereitschaften zu explizieren, auf ihre Angemessenheit für den Beratungsprozeß hin zu befragen und gegebenenfalls zu verändern. Die Realisierung dieser Aufgabe liegt freilich primär nicht in individueller Verantwortung, sondern hat zunächst und grundsätzlich im institutionalisierten Rahmen der Ausbildung psycho-sozial Tätiger stattzufinden.

Mit Bezug auf Differenz und Ungleichheit seien an dieser Stelle unter einer theoretischen Perspektive einige Aspekte angeführt, die mit den in den Abschnitten "Kultur" und "Interkulturalität" bereits angesprochenen Punkten zusammen das Spektrum der theoretisch bedeutsamen Aspekte interkultureller Beratungsausbildung markieren.

---

[7] Die Formulierung dieser Zielperspektive macht es möglich, bestimmte (nicht nur) für interkulturelle Situationen typische Probleme zu benennen: Was ist zu tun, wenn die Anerkennung bestimmter kultureller Differenzpraxen zu einer Degradierung anderer Praxen führt? Was ist zu tun, wenn unteschiedliche, sich gegenseitig ausschließende Praxen miteinander konkurrieren? Was ist zu tun, wenn sich im sozialen Habitus Benachteiligter eine strukturell nahegelegte und anerkennungsbedürftige Unterwürfigkeit widerspiegelt?

Differenz

Faktische und imaginierte Differenzen können auf unterschiedlichen Ebenen intersubjektiver Bedeutung beschrieben und klassifiziert werden, wie etwa auf der Ebene der Bedeutung des Materiellen (Landschaften, Gebäude, Infrastrukturen, Wohnverhältnisse ...); auf der Ebene der Bedeutung des Körperlichen (Physiognomie, Sexualität, Schmerz, Geburt, Tod ...); auf der Ebene der allgemeinen Kodifizierung der Ordnung der Gruppe (Kriterien der Gruppenzugehörigkeit, Sprache[n], Religion[en], Ideologie[n], Gesetze, Normen, Institutionen, Berufe, Verwandtschaftssysteme ...); auf der Ebene der Intersubjektivität (Interaktionsrituale, Beziehungstypik, Sitten, Gebräuche ...); auf der Ebene der Subjektivität (Werte, Verhaltensweisen, Temperament, Mentalität, Gedanken, Vorlieben, Gefühle ...).

Kultur verleiht dem Materiellen, dem Körperlichen, der Gruppe, der Intersubjektivität und der Subjektivität bestimmte Bedeutungen. Kultur kennzeichnet die imaginierte und faktische Art und Weise, welche Symbole eine Gruppe wie auf diesen fünf Ebenen benutzt.

Differenzpraxen unterscheiden sich im Gebrauch von Symbolen. Der professionelle Umgang mit einer speziellen Differenzpraxis setzt nun an ihrer prinzipiellen Anerkennung an.[8]

Die Gefahr, die mit der Anerkennung kollektiver Praxen einhergeht, liegt nun in der Festschreibung eines bestimmten Bildes von kollektiver Praxis (a). Des weiteren kann die Anerkennung kollektiver Praxen zu einer Reduktion und Fixierung des Handelns, Verständnisses und Erlebens von imaginierten und faktischen Angehörigen einer Differenzpraxis ganz auf ihre kollektive Zugehörigkeit beitragen (b).

Ad (a): Kulturelle Lebensformen sind intern je heterogen, und sie verändern sich – auch auf der Ebene von imaginierten Selbst- und Fremdverständissen.

Eine Beratungsausbildung hat mithin die prinzipielle Vorläufigkeit von "Wissen über (andere) Kulturen" zu thematisieren. Viel wichtiger als die Vermittlung von – schnell unangemessen vergröberndem und domestizierend folklorisierendem – Wissen über Lebensformen ist die kritische Auseinandersetzung mit "Wissen über (andere) Kulturen". Wissen bildet prinzipiell nicht schlicht eine soziale Realität ab, sondern ist selbst als eine soziale Praktik zu verstehen (Rabinow, 1995). Wissen repräsentiert nicht nur soziale Wirklichkeit, sondern schafft sie. Welches Wissen nun über eine Kultur gepflegt wird, ist aber von der Interessens- und Identitätsposition abhängig, von der aus das Wissen seinen Ausgang nimmt.

Das Bild, das beispielsweise Ausbildungstexte in der Interkulturellen Pädagogik oder in der psychosozialen Versorgung von Migranten über "die Türken" zeichnen, repräsentiert keine freie Erkenntnis und kein unabhängiges Wissen. Es ist geknüpft

---

8 Sozialphilosophisch ist diese Anerkennung darin begründet, daß Individuen sich nur dann fraglos als handlungsfähige Subjekte verstehen und darstellen können, wenn die für diese subjektive Praxis notwendigen intersubjektiven Kontexte und Strukturen vorhanden sind. Meine Handlungsfähigkeit als türkischsprachige Person ist geknüpft an eine bestimmte (multi-)linguale Verfaßtheit der gesellschaftlichen Wirklichkeit. Die Forderung nach dem strukturellen Ausbau der Multilingualität des psychosozialen Beratungsangebots kann mithin sozialphilosophisch legitimiert werden.

an Interessen und sich in Abgrenzung konstituierenden Identitäten der kulturellen Mehrheit und sagt möglicherweise mehr über sie als über "die Türkinnen" aus.

Wissen über Personengruppen, das die soziale Praxis von Beratern beeinflußt und in dieser Praxis bewahrt wird, haben wir folglich grundlegend mit einer Skepsis zu begegnen. Denn es hebt bestimmte Aspekte hervor, privilegiert in dieser Präferenz bestimmte Personengruppen, benachteiligt andere, geht komplementär immer mit Nicht-Wissen einher, welches unter anderem eine Form von Verschweigen, Ignoranz und Degradierung darstellen kann. Somit zielen interkulturelle Ausbildungen auf ein kritisch-reflexives Verständnis von "Wissen", welches Handlungsfähigkeit – wie weiter unten noch anzusprechen sein wird – konstruktiv vorbereitet.

Ad (b): Individuen entwickeln ihre Identität in intersubjektiven Zusammenhängen. Wenn die Anerkennung von Subjekten eine Zielperspektive von Beratung ist, dann wird es notwendig, Individuen im Rahmen der intersubjektiven und sozialen Zusammenhänge wahrzunehmen, in denen sie ihren Subjektstatus pflegen können.

Wiederum ist hierbei – gewendet auf interkulturelle Zusammenhänge – aber Vorsicht geboten. Denn die hier bedeutsame Anerkennung ist gefährdet, soziologisierend zu übersehen, daß Individuen prinzipiell in der Lage sind, sich in ein kritisches Verhältnis zu ihren kollektiven Zugehörigkeiten zu setzen, und das Vermögen besitzen, sich von Zugehörigkeiten zu distanzieren. Hier kann Anerkennung leicht einer "Kulturalisierung" zuarbeiten, die Individuen ganz auf ihre kulturelle oder nationale Herkunft festlegt und übersieht, daß die Eingebundenheit in jene Differenzpraxis, die den faktischen oder imaginierten Kontext einer ehemals subjektiv bedeutsamen Zugehörigkeit bezeichnete, aktuell nicht mehr die gleiche Gültigkeit besitzt.

Weil Subjekte eine kritische Distanz hinsichtlich ihrer Zugehörigkeit zu sozialen Gemeinschaften geltend machen können, kann eine professionelle Perspektive, die sie auf ihre Zugehörigkeit zu der Gemeinschaft festlegt, unangemessen sein. Individuelle Lebensstile, die sich im Kontext einer kollektiven Lebensform profiliert haben, können sich von dieser – im Rahmen einer von der Lebensform vermittelten Weise – lösen und sind nunmehr nicht unter dem ausschließlichen Bezug auf die Gemeinschaft angemessen thematisierbar.

Eine andere Facette der Gefahr der hier interessierenden Anerkennung von Personen als soziale Subjekte besteht darin, daß die Zuordnung von Individuen zu sozialen Gemeinschaften auf einer interkulturellen Ebene schnell in den Klischees nationaler Zuordnung erfolgt: Welcher kollektiven Differenzpraxis gehören "türkische" Jugendliche Hamburger Herkunft an?

Wir sehen, daß in der Anerkennung von Individuen als personale und soziale Subjekte eine Spannung angelegt ist. Für eine interkulturelle Ausbildung ist es nun bedeutsam, diese Ambivalenz theoretisch zu vermitteln und eine professionelle Auseinandersetzung mit jenem riskanten Erfordernis zu ermöglichen, welches darin besteht, im Kontext von Interkulturalität (also mit Bezug auf interkulturelle Lebenswelten und bezogen auf Interkulturelle Beratung) kommunikative Strukturen vorzubereiten und zu ermöglichen, die von Individuen nicht Verständnisse und Darstellungsweisen abverlangen, die ihnen äußerlich sind.

Vielmehr besteht eine zentrale Aufgabe von Interkultureller Beratung darin, die Bedingungen der Möglichkeit dessen zu schaffen, daß Klientinnen Selbstverständnis- und Erfahrungsweisen unter Verwendung ihrer je eigenen Kategorien und Zeichen artikulieren, aber auch die Unklarheit und Ambivalenz ihrer Selbstverständnis- und Erfahrungsweisen im Feld des Fehlens entsprechender Zeichen markieren können.

Ungleichheit

Gruppenmitgliedschaften sind Machtphänomene. Denn mit der Mitgliedschaft ordnen sich Individuen in faktische und hierarchische Verhältnisse der Ungleichheit ein, die zwischen Gruppen bestehen.

Interkulturelle Beratung hat die jeweils bedeutsamen individuellen Macht-Positionen der Beteiligten zu beachten. Welche Position, so kann gefragt werden, nehmen die Beteiligten im Verhältnis der wechselseitigen Einflußnahme jeweils ein? Welche Mittel der Einflußnahme auf andere und sich selbst stehen den Beteiligten aufgrund ihrer sozialen Mitgliedschaft prinzipiell zur Verfügung?

Aus den bisherigen Ausführungen ergeben sich eine Reihe von Dimensionen, auf denen die Auseinandersetzung mit den Macht-Positionen der Beteiligten im Rahmen psychosozialer Beratung konkretisiert werden kann:

Wir können die Macht-Positionen der an der Beratungssituation beteiligten Personen – also die von Professionellen ebenso wie von Ratsuchenden – auf einer intrakulturellen und einer interkulturellen Ebene untersuchen. Jede kulturelle Lebensform weist ihren Mitgliedern aufgrund angeborener, erworbener und zugeschriebener Eigenschaften einen Spielraum der Einflußnahme auf sich selbst und andere zu. Die Kenntnis dieser Position und der mit ihr einhergehenden Konsequenzen für Selbstverständnis, Handlungsmöglichkeit und Erfahrungen kann zu einer zentralen Ressource im Beratungsprozeß werden.

Kulturelle Lebensformen operieren des weiteren mit Konzepten darüber, was den je anderen in interkulturellen Begegnungen zusteht. Im Horizont dieser Konzepte sind zum einen lebensweltliche Erfahrungen, zum anderen die Kommunikationsweisen in der Beratungssituation situiert.

Diese Unterscheidung sei prinzipiell hervorgehoben: Interkulturelle Ungleichheit charakterisiert nicht nur den lebensweltlichen Kontext, der im Rahmen von Beratung in Ausschnitten zum Thema wird, sondern die Beratungssituation selbst. Die Beziehung etwa zwischen einer professionellen Minderheitenangehörigen und einem Klienten, der Mehrheitsangehöriger ist, ist potentiell von den Bildern beeinflußt, die in der Mehrheitskultur über Minderheitenangehörige kursieren (beispielsweise denen, die "es zu etwas gebracht" haben).

Hier sei erneut darauf verwiesen, daß Interkulturalität und damit "Ungleichheit" von den Vorgaben der interagierenden Lebensformen abhängig ist und zum anderen von dem Kontext der Interaktion. Im uns interessierenden Rahmen – dem des psychosozialen Handelns in der Bundesrepublik Deutschland am Ende des 20. Jahrhunderts – haben wir es charakteristischerweise mit einer Mehrheits-Minderheitensituation zu tun. Auf allen Kontextebenen des professionellen Handelns – gesellschaftlicher, institutioneller, interpersonaler und intrapersonaler Kontext – hat diese Situation bedeutsamen Einfluß. Mit Birgit Rommelspacher können wir das in der Bundesrepublik geltende Verhältnis zwischen Mehrheit und Minderheiten als eines verstehen, welches von einer Kultur der Dominanz geprägt ist. Dominanzkultur "bedeutet, daß unsere ganze Lebensweise, unsere Selbstinterpretationen sowie die Bilder, die wir von Anderen entwerfen, in Kategorien der Über- und Unterordnung gefaßt sind" (1995, S.22).

Konzepte und Praxen der Über- und Unterordnung sind Bestandteile interkultureller Beratungssituationen – als Kennzeichen des Alltags der Klientin oder als Kennzeichen der Beratungssituation. Interkulturelle Professionalität gründet nun in einem Wissen um die eigenen – kontextabhängigen – Positionen im Feld der "Kategorien der Über- und Unterordnung", welches das Vermögen fördert, diese und ihnen komplementäre Positionen in der Beratungssituation, aber auch in Supervision und kollegialer Beratung zu thematisieren. Interkulturelle Ausbildungen sollten dazu ihren Beitrag leisten.

Die Verortung einer Person im Feld inter-kultureller Ungleichheit ist perspektivenabhängig. Zwischen Selbst- und Fremdperspektive beispielsweise auf die Frage, ob Ungleichheit gelte, kann es Unterschiede geben. Die Thematisierung dieser Unterschiede – zwischen dem Verständnis einer Klientin darüber, was ihr, weil sie schwarz ist, in der weißen Öffentlichkeit zusteht, und dem entsprechenden Verständnis des Beraters – kann eine für den Beratungsprozeß fruchtbare Perspektive eröffnen.

Auch ist hier die Differenz zwischen faktischer und imaginierter Ungleichheit zu beachten. Das auf dem Abstammungsrecht fußende bundesdeutsche Staatsbürgerschaftsrecht, das eine "Ungleichheit des Blutes" faktisch festschreibt, die Ausländergesetzgebung, die in wiederkehrenden Schüben der Verschärfung als "Nicht-Wir" festgelegten Individuen Rechte der gesellschaftlichen Partizipation und individuellen Entfaltung verweigert, aber auch die politische Zurückhaltung, Strukturen des Schutzes der von rassistischen Akten negativ Betroffenen sind hier zentrale Momente, die auf der Ebene natio-ethno-kultureller Zugehörigkeit ein Netz der Ungleichheit über den als Bundesrepublik Deutschland bezeichneten Kontext werfen.

Imaginierte Ungleichheit spiegelt sich zum Beispiel in Prozessen der Vertrauens- und Mißtrauensbildung aufgrund von Habitus und Erscheinungsbild wider, oder in dem Typ von Ausgrenzung, der dadurch entstehen kann, daß eine vermeintliche Zugehörigkeit zu national-kulturellen Gruppen aufgrund der Imagination, daß "Deutsch-Sein" an eine bestimmte Physiognomie gebunden sei, unterstellt wird.

Praktische Bestandteile einer interkulturellen Ausbildung

An anderer Stelle habe ich über die Frage nachgedacht, welche Handlungskompetenzen für professionelles Handeln im Bereich Interkultureller Beratung relevant sind (Mecheril, 1996).

Die Ergebnisse dieses Nachdenkens sollen im Rahmen des hier bisher entwickelten Verständnisses von Interkultureller Beratung akzentuiert und zusammengefaßt werden.

Differenz

Interkulturelle Differenzen können Lebensgeschichten und Erfahrungen, Interaktionserwartungen, Problemdefinitionen, die Art, in der Belastungen zum Ausdruck gebracht werden, Vorstellungen und Bedürfnisse in bezug auf Hilfeleistungen, Gesundheits- und Krankheitskonzepte sowie Vorstellungen von Professionalität betreffen.

Vor dem Hintergrund eines kritischen Bewußtseins über "Differenz" – daß diese zum einen zu unangemessenen Festlegungen beitragen kann, andererseits aber konstitutiv ist für Lebensformen und -stile – wird im wesentlichen die Auseinandersetzung mit folgenden Kompetenzen wesentlich:

1. Vermögen, die Pluralität der Lebensformen und -erscheinungen anzuerkennen: Interkulturelle Ausbildungen haben zunächst Wissen über die auf einer kulturellen, ethnischen und nationalen Ebene plurale Verfaßtheit von Interaktionskontexten zu vermitteln. Weiterhin geht es um die Vermittlung dessen, daß die Affirmation der inhaltlichen Differenzen von Pluralität für den professionellen Aufenthalt in interkulturellen Kontexten grundlegend ist. Komplementär wird es ebenso wichtig, Beraterinnen und Beratungsnovizen dazu anzuleiten, sich mit den Grenzen des prinzipiell und je individuell nicht Bejahbaren und den Konsequenzen, die daraus erwachsen, auseinanderzusetzen.

2. Vermögen, sich in der Pluralität der Lebensformen zu verhalten: Neben der Auseinandersetzung mit der Frage, wie Verständigung im Rahmen interkultureller Kommunikation möglich ist (und worauf beispielsweise bei einer Kooperation mit Dolmetschern und Übersetzerinnen zu achten ist), ist es im Rahmen interkultureller Ausbildungen in einem besonderen Sinne wichtig, eine Kritik der "Machbarkeitsideologie" zu präsentieren.

Das professionelle Vermögen, das durch diese Kritik vorbereitet wird, möchte ich "Kompetenzlosigkeitskompetenz" bezeichnen. Diese gilt in zweierlei Hinsicht: a) Die Lebenssituation von Menschen wird von Momenten zentral beeinflußt, auf die Beratung keinen Einfluß hat. Es gibt klare Grenzen des professionellen Einflusses. Zudem zeichnet sich Beratung durch institutionell akzentuierte gesellschaftliche Eingebundenheiten und Abhängigkeiten aus, die im Rahmen des Beratungssystems nicht überwunden werden können. b) Es gibt prinzipielle Grenzen interaktiver Machbarkeit. Soziale Interaktionen sind hochgradig komplexe und dynamische Gebilde. Die Folgen professioneller Interventionen sind nicht ohne weiteres zu prognostizieren, weil Nebenfolgen und Risiken von Handlungen ihre Konzeptualisierung in schlichten Ist-Soll-Zusammenhängen verhindern.

Das Eingestehen von professioneller "Kompetenzlosigkeit" sollte nun aber nicht zu Handlungsverweigerung und einer nunmehr legitimierten Form von Nicht-Handeln führen, sondern zu einem angemessenen Umgang mit den Grenzen der Kompetenz.

Im Rahmen dieser kompetenzlosigkeitskompetenten Professionalität wird die Diskussion von sowohl intellektuell-emotionalen Fertigkeiten, wie beispielsweise Ambiguitätstoleranz (vgl. Krappmann, 1993) und Fehlerfreundlichkeit (vgl. Kleiber & Wehner, 1988) bedeutsam. Aber auch kommunikative Kompetenzen, wie die

Fähigkeit zu Metakommunikation (vgl. Watzlawik, Beawin & Jackson, 1969) oder die Fähigkeit, Dissense zwischen den Kommunikationsteilnehmern zu markieren und die Frage zu erörtern, ob weiteres gemeinsames Handeln möglich ist oder nicht, sind hier beachtenswert.

Ungleichheit

Die zentrale Handlungsperspektive Interkultureller Beratung besteht auf dieser Ebene zunächst einmal in dem Engagement, eine Auseinandersetzung mit der interkulturellen Machtposition der Klienten und Klientinnen zu ermöglichen und Formen des Umgangs, der Bewältigung, des Managements der mit dieser Position einhergehenden Erfahrungen, Handlungsspielräume und Selbstverständnisse zum Thema zu machen und zu erproben.

Hierbei steht der Versuch, einen unmittelbaren und mittelbaren Beitrag zur Verbesserung der Partizipationsmöglichkeiten von strukturell Benachteiligten zu leisten, im Mittelpunkt eines anerkennungstheoretisch fundierten Beratungskonzeptes und einer daraufhin orientierten Ausbildung.

Soziale Einschränkungen und das Bewußtsein, eingeschränkt zu sein, wie auch die negativen Folgen der Einschränkungen in materieller, politischer und psychischer Hinsicht stellen individuelle Belastungen dar, die als Konsequenzen von Strukturen der Mißachtung verstanden werden können. Vor diesem Hintergrund ergibt sich die Notwendigkeit des Einsatzes für die Verbesserung der Partizipationsmöglichkeiten insbesondere derer, die im Kontext von Interkulturalität gesellschaftlichen Benachteiligungen aufgrund der tatsächlichen oder zugeschriebenen Zugehörigkeit zu einer Gruppe ausgesetzt sind.

Psychosoziale Beratung kann dann zu einer Verbesserung von Partizipationsmöglichkeiten beitragen, wenn sie die Kontexte, in denen individuelle Belastungen entstehen, nicht nur einbezieht, sondern auch im Sinne der Entlastung sowie der Vermeidung und Prävention von Belastungen zu verändern sucht.

Die Veränderung gesellschaftlich-sozialer Kontexte fällt zunächst in politische Zuständigkeit. Damit sind die Grenzen des Handlungsspielraums von Beratung markiert. Innerhalb dieser Grenzen ist Interkulturelle Beratung immer parteiliche Arbeit, insofern sie versucht, die Benachteiligungen ihrer Klientel durch Einsatz für ihre Klientel positiv zu verändern.

Die Möglichkeiten, die Beraterinnen dazu zur Verfügung stehen, können im Rahmen psychosozialer Ausbildungen zumindest in dreierlei Hinsicht diskutiert und vermittelt werden.

Auf einer individuell-dyadischen Ebene ist erst einmal zu klären, über welche Möglichkeiten der gesellschaftlichen Teilnahme und Veränderung der Klient verfügt (Sprache, Rechtsstatus, Interessen, zugängliche Gruppen, Institutionen etc.). Diese Ressourcenanalyse setzt sich kritisch von der Defizitorientierung des psychosozialen Handelns allgemein und spezifisch von der Defizitorientierung des Handelns, das sich auf Menschen "ausländischer Herkunft" bezieht, ab.

Auf der individuell-dyadischen Ebene gilt es in Folge von Ressourcenanalysen Partizipationsgewohnheiten in dem Sinne zu verändern, daß Partizipationsfähigkeiten und bestehende Partizipationsmöglichkeiten aufgezeigt werden. Wichtiger aber noch als diese eher auf das Individuum bezogene Arbeit sind Ansätze, die aus der gemeinwesen- und stadtteilbezogenen Arbeit stammen und die darauf zielen, Handlungsmöglichkeiten der Betroffenen in bezug auf die Verbesserung der eigenen Partizipationsmöglichkeiten zu thematisieren, den Blick für Handlungsmöglichkeiten zu schärfen und diese in solidarischen Zusammenhängen zu entwickeln und zu erproben (genauer: Mecheril, 1996).

Selbstreflexive Bestandteile einer interkulturellen Ausbildung

Neben der Auseinandersetzung mit theoretischen Konzepten und solchen Konzepten, die auf das praktische Handeln von Professionellen hin ausgerichtet sind, kommt im Rahmen Interkultureller Beratung der Auseinandersetzung der Professionellen mit ihrer eigenen Person ein besonderer Stellenwert zu. Professionelles interkulturelles Handeln profiliert sich über eine kritische Auseinandersetzung mit dem je eigenen kulturellen Ort und den mit ihm einhergehenden Folgen für das professionelle Handeln in unterschiedlichen thematischen Kontexten. Ausbildungen haben die Aufgabe, diese Form von Selbstreflexion theoretisch und handlungsbezogen zu vermitteln und die Auseinandersetzung selbst anzuleiten.

Die Reflexion dient der Markierung vorhandener Kompetenzen zur Gestaltung interkultureller Kommunikation. Weiterhin kann sie die Identifikation und nachfolgend die Distanzierung und Modifikation von unangemessen einseitigen, vergröbernden, klischee-, aber nicht situationsgerechten Schemata der Erkenntnisgewinnung und Handlungsorientierung vorbereiten.

Die selbstreflexive Auseinandersetzung kann im Rahmen interkultureller Ausbildungen thematisch unterschiedlich ausgerichtet werden. So können Erfahrungen oder subjektive Konzepte der Auszubildenden, ihre Biographie und Gegenwart im Mittelpunkt der Reflexion stehen.

Unverzichtbar ist hierbei jedoch, die Auseinandersetzung auf beiden für Interkulturalität konstitutiven Ebenen der Differenz und Ungleichheit zugleich zu betreiben und das Reflektieren beispielsweise nicht allein darauf zu beschränken, wo für mich aus kulturellen Gründen die Grenzen des guten Geschmacks erreicht sind und an wen ich in diesem oder diesen Fall delegieren kann.

"Wissen", "Ressourcen", "Routinen" und "Präferenzen" bezeichnen die Domänen, die ich hier nun als analytische Bezugsfelder einer Anleitung zur selbstreflexiven Auseinandersetzung mit inter-kulturellen Differenz- und Ungleichheitsphänomenen im Rahmen von Ausbildungen vorschlagen möchte. Wie diese Auseinandersetzung aussehen könnte, sei hier kurz illustriert.

Wissen

Neben dem theoretischen Wissen von Professionellen ist insbesondere jenes, das sich auf den je eigenen natio-ethno-kulturellen Ort bezieht, wie jenes, das Aussagen über konkrete und generalisierte Andere macht, im Rahmen einer interkulturellen Ausbildung von Interesse.

Wissen über sich selbst. Die Frage, welche Geschichten Professionelle über ihre eigene Person erzählen, kann hier mit Bezug auf die Ebene kultureller Zugehörigkeit und Herkunft in folgenden und anderen Weisen gestellt werden:

Welche drei Fragen müßte Ihnen eine Ihnen unbekannte Person stellen, um etwas über Ihre Zugehörigkeit zu erfahren? Wem fühlen Sie sich auf einer natio-ethno-kulturellen Ebene verbunden, und von wem sind Sie distanziert? Warum? Mit welchen Konsequenzen? Wem fühlen Sie sich auf einer natio-ethno-kulturellen Ebene unterlegen, und wem fühlen Sie sich überlegen? Warum? Mit welchen Konsequenzen? Wo fühlen Sie sich fremd? Warum? Was zeichnet diesen Ort aus (z.B. Geruch, Geschmack, Farbe, Laute)?

Sensibilisierung für die eigene Herkunft. In welcher materiellen Umgebung sind Sie aufgewachsen (Land – Stadt; Beständigkeit – Wechsel; Deutschland – XY; Wärme – Kälte; wirtschaftliche Situation; Wohnsituation; Verkehrsverbindungen; Kommunikationsbedingungen etc.)? Und wie sind Sie davon beeinflußt?

- In welcher sozialen Umgebung sind Sie aufgewachsen (Eltern und Geschwister; Freundinnen und Freunde; weitere Bezugspersonen; mit wem war der Umgang erlaubt, mit wem nicht; Regeln, Normen, Werte, Standards; Pflichten/freie Zeit; überdauernde Konflikte; Vorurteile und Stereotype; Vorbilder; Rituale etc.)? Und wie sind Sie davon beeinflußt?

- In welcher geistigen Umgebung sind Sie aufgewachsen (Religion; Bildungsangebot und -pflicht; wichtige Symbole; was war erlaubt, was nicht; geistiges Klima: konservativ – progressiv, pluralistisch – einfältig, offen – restriktiv, partizipativ – verordnet, intellektuell – naiv, authentisch – gewollt etc.)? Und wie sind Sie davon beeinflußt?

Wissen über Andere. Wie bezeichnen Sie die Gruppen, die für Sie fremd sind? Was zeichnet diese Gruppen aus? Sind Sie mit Mitgliedern dieser Gruppen in Kontakt gekommen? Was haben Sie dabei erfahren? Wie verhalten Sie sich dann? Können Sie sich Ausnahmen von dieser Erfahrung vorstellen?

In welchen Kontexten, die von Anderen geprägt sind, fühlen Sie sich wohl, in welchen nicht? Warum? Wie beeinflußt dies Ihr Verhalten? Welche Anderen faszinieren Sie? Welche Anderen stoßen Sie ab? Mit welchen Anderen wäre es Ihnen nicht möglich zusammenzuarbeiten? Warum?

Eine junge Frau marokkanischer Herkunft, die in Berlin aufgewachsen ist, meldet sich in Ihrer Beratungsstelle an. Was wissen Sie von Marokko? Welche Bilder sind für Sie mit Marokko verknüpft? Inwiefern beeinflußt dieses Wissen Ihre Bezugnahme auf die Klientin und Ihr professionelles Tun? Was wissen Sie über Migrationsfolgegenerationen und ihre Lebenssituation? Was wissen Sie von Berlin? Welche Problemthemen erwarten Sie? Welche Beziehungsthemen erwarten Sie?"

Welche Konsequenzen hat Ihr Wissen über sich und Andere für Sie selbst und welche für den Anderen und die Andere?

Was wissen Sie beispielsweise über "griechische" Migrantinnen, und welches Verhältnis wird durch Ihr Wissen zwischen Ihnen und einer als "griechische Migrantin" erkennbaren Frau etabliert?

Ressourcen

Beraterinnen und Beratungsnovicen verfügen über Ressourcen der konstruktiven Gestaltung von interkulturellen Situationen. So kann das relevante Wissen über sich und die je Andere, das Berater in die interkulturelle Kommunikationssituation einbringen, aber auch das theoretische Wissen ein geeignetes Instrument und Medium eines hilfreichen Beratungsprozesses sein.

Unter bestimmten Bedingungen werden bestimmte Kennzeichen zu Ressourcen. Ressourcen sind kontextabhängig. Mit Bezug auf das Thema "Wissen" ist somit jeweils zu fragen, unter welchen konkreten situativen Voraussetzungen das relevante Wissen vorteilhaft oder unangemessen ist. Wissen kann hilfreich, genauso aber behindernd sein. Zentral für die differentielle Nutzung von Wissen als partielle und mögliche Ressource im Beratungsprozeß ist hierbei jene Auffassung, die Wissen und wissensfundierte Kommunikation als soziale Praxis versteht. Beraterinnen sollten mithin darüber nachdenken, welche soziale Realität durch ihr jeweiliges Wissen (mit-)geschaffen wird und wer (mehr) von dieser Realität profitiert: Beraterin und/oder Klientin.

Die Auseinandersetzung mit "interkulturellen Ressourcen" muß im Rahmen von Ausbildungen mithin so angelegt sein, daß eine Diskussion der den Ressourcenangaben zugrundeliegenden subjektiven Ressourcenbegriffe ermöglicht wird.

Dies kann beispielsweise dadurch geschehen, daß die Auszubildenden gebeten werden, einen "Ressourcenkuchen" zu zeichnen.

Abbildung 2: *Ein fiktiver interkultureller Ressourcenkuchen*

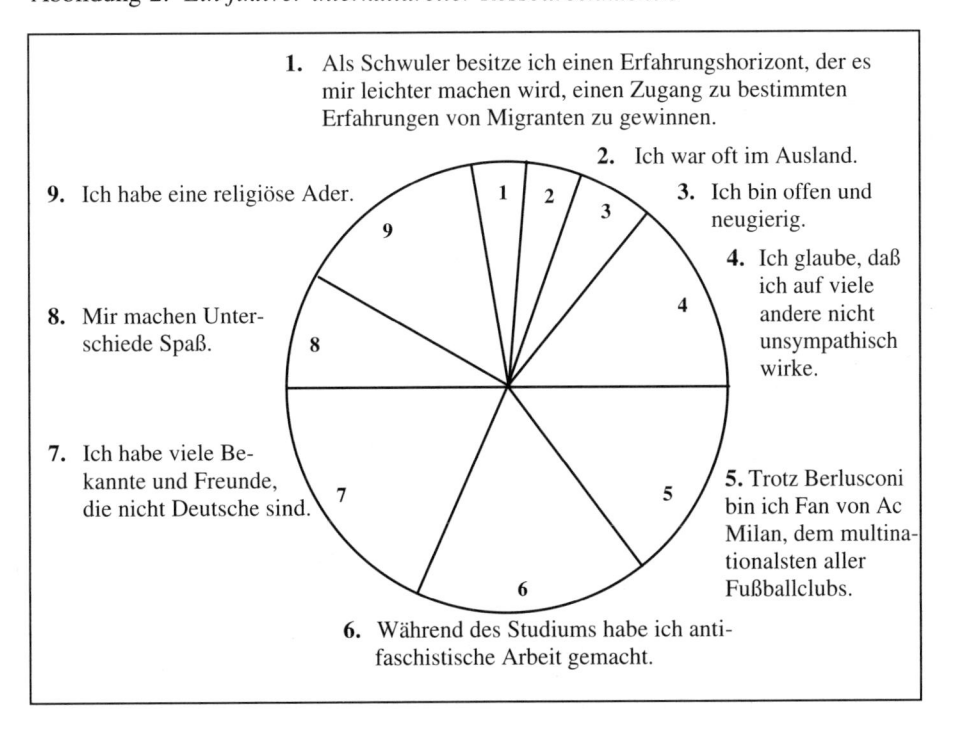

1. Als Schwuler besitze ich einen Erfahrungshorizont, der es mir leichter machen wird, einen Zugang zu bestimmten Erfahrungen von Migranten zu gewinnen.
2. Ich war oft im Ausland.
3. Ich bin offen und neugierig.
4. Ich glaube, daß ich auf viele andere nicht unsympathisch wirke.
5. Trotz Berlusconi bin ich Fan von Ac Milan, dem multinationalsten aller Fußballclubs.
6. Während des Studiums habe ich antifaschistische Arbeit gemacht.
7. Ich habe viele Bekannte und Freunde, die nicht Deutsche sind.
8. Mir machen Unterschiede Spaß.
9. Ich habe eine religiöse Ader.

Neben dem Wissen, das Berater als potentielle Ressource in den Beratungsprozeß einbringen, sind weitere personale Ressourcen von Bedeutung, wie "Handlungskompetenz" (Lingualität, Teamarbeit, Flexibilität, Empathie..."), "Status" (aufgrund der professionellen Rolle, aufgrund der Hautfarbe und Physiognomie, aufgrund der natio-ethno-kulturellen Zugehörigkeit,[9] Geschlecht, Alter, aufgrund professioneller und interkultureller Erfahrungen ..."), "Lebensgeschichte" (inwiefern und unter welchen Bedingungen ist Ihre eigene Herkunft, so könnten Berater gefragt werden, eine interkulturelle Ressource?) oder auch "Einstellung" (wenn Sie politische oder religiöse Überzeugungen haben, so könnten Beraterinnen gefragt werden, inwiefern sind diese Ihnen im Sinne beispielsweise von Solidarität und Dialogbereitschaft in der interkulturellen Praxis dienlich?).

Neben diesen auf die Person des Beraters bezogenen möglichen Ressourcen sind hier weiterhin soziale Ressourcen von Bedeutung, beispielsweise familialer Art (Gibt es Migrationserfahrungen wie Studienaufenthalte, Flucht, Vertreibung oder Arbeitsmigration in Ihrer Familie? Gibt es kulturelle Differenzen oder gibt es Erfahrungen mit kulturellen Differenzen in ihrer Familie? Inwieweit können Sie dieses Wissen und diese Erfahrungen konstruktiv für Ihre interkulturelle Arbeit nutzen?). Gefragt werden kann hier nach sozialen Netzwerken und sozialen Erfahrungen, die unter bestimmten Umständen eine Ressource im Beratungsprozeß darstellen können: Eine junge Frau Frankfurter Herkunft, die in Frankfurt aufgewachsen ist, meldet sich in Ihrer Beratungsstelle an. Kennen Sie eine Person, die in Frankfurt aufgewachsen ist? Kennen Sie eine Person, die keinen persönlich relevanten transnationalen Migrationshintergrund hat? Was zeichnet ihre Lebenssituation und ihren Erfahrungshorizont aus? Gibt es Kolleginnen, die mit Klienten Frankfurter und/oder hessischer Herkunft gearbeitet haben? Inwiefern sind diese Informationen für Ihre Arbeit unangemessen?

Routinen

Routinen sind erfahrungsbegründete Fertigkeiten, die eine relativ gleichförmige Bearbeitung von Problemen einer Sorte ermöglichen. Zu fragen ist hier, welche Art von Erfahrungen zu den für Beratungssituationen relevanten Routinen führte und ob diese Erfahrungen einen angemessenen Hintergrund für die aktuelle Situation abgeben. Handelt es sich bei der vorliegenden Situation um eine, die der Problemsorte zuzuordnen ist, für die die Routine angemessen ist? Können sozialen Routinen zu-

---

[9] Inwiefern, könnte sich eine Beraterin fragen, und unter welchen Bedingungen ist das, was ich natio-ethno-kulturell darstelle, eine Ressource für den Beratungsprozeß? Bei der Beantwortung der Frage ist es wichtig zu beachten, welcher Erfahrungshorizont mit der jeweiligen Position einhergeht und welche symbolische Bedeutung die Position für das Gegenüber besitzt. Es gibt folglich keine einfachen Antworten, wie beispielsweise die, daß Mehrheitsangehörige schlechte Berater für Minderheitenangehörige darstellten oder die, daß weiße Beraterinnen Schwarze ebenso gut beraten können wie schwarze Professionelle. In der Verantwortung der Beraterin aber – einerlei ob weiß oder schwarz, ob mit und ohne Migrationshintergrund – liegt es, ihre Aufmerksamkeit auch darauf zu lenken, inwiefern das, was sie für den Klienten darstellt, und das, was der Klient für sie darstellt, Kommunikation ermöglicht und verhindert, und welche kommunikativen Konsequenzen aus den zu erwartenden Möglichkeiten und Hindernissen zu ziehen sind.

grundeliegende Einverständnisse auch in der gegenwärtigen Situation vorausgesetzt werden? Was wird durch diese Voraussetzung gewonnen und was verspielt?

Routinen können auf einer emotional-imaginativen, körperlich-expressiven, kognitiv-intellektuellen und sozial-kommunikativen Ebene beschrieben und auf ihre professionelle Angemessenheit hin befragt werden.

Was und wer ist für die Beraterin gewöhnlich fremd, was und wer ist dem Berater üblicherweise vertraut? Und welches Verhältnis, das der Berater, zu dem was ihm üblicherweise vertraut ist, in dieser konkreten unvertraut oder vertraut erscheinenden Situation einnimmt, ist mit welchen Konsequenzen für den Beratungsprozeß versehen?

Ist die Routine, der – als quasi-anamnestische Notwendigkeit verstandenen – Neugier nachzugeben, woher der imaginiert nicht-deutsch Aussehende stamme, angemessen? Für wen? Welche Grenzen der Modifikation routinisierten Handelns sind nicht überwindbar? Und welche professionellen Konsequenzen erwachsen daraus? Welche Bilder werden ausgelöst, wenn ich jemanden sehe, der in gebrochenem Deutsch über Ausländer schimpft? In welche Fallen der "Wir-Nicht-Wir"-Schemata führen mich die Bilder? Wie gehe ich damit um, daß jemand beständig auf hohem rituellen Niveau höflich ist, sich aber mir gegenüber nicht zu verstehen gibt?

Präferenzen

Bewußte und unbewußte Vorlieben leiten unser Handeln in Kommunikationssituationen an. Vorlieben können beispielsweise bezogen sein auf das Gegenüber der Interaktion, die besprochenen Inhalte, die Art der Besprechung, auf die Rolle und Aufgabe, die der professionellen Person in dieser Situation zukommt, auf den ihr zugewiesenen und von ihr wahrgenommenen Status, das Prestige, das sich mit dieser Situation verbindet, oder auch die Aussichten, die sich mit dieser Interaktion verknüpfen. Präferenzen können moralischer, ästhetischer, kognitiver oder expressiver Art sein, sie können – und zwar mit und ohne Bezug auf den Beratungsprozeß – begründet werden oder auch nicht.

Die Auseinandersetzung mit Präferenzen im Rahmen interkultureller Ausbildung dient zunächst der Identifikation von und der kritischen Auseinandersetzung mit solchen Vorlieben, die in interkulturell verstandenen Situationen bedingt förderlich oder hinderlich sind. Wie bei psychosozialer Professionalität überhaupt, wird es auch hier im weiteren darum gehen, eine Art Dialektik des Präferierens zu betreiben, das meint: eigene Vorlieben sind anzuerkennen, und zugleich gilt es, sie im professionellen Handeln mehr und mehr einzuklammern.

Von besonderer Bedeutung im Rahmen einer interkulturell reflektierten Auseinandersetzung mit Präferenzen ist es, auf den Zusammenhang von individuell erlebten und praktizierten Vorlieben und ihrer kulturellen Vermittlung hinzuweisen. Individuen entwickeln, eingebunden in kulturelle Kontexte beispielsweise moralische oder epistemische Präferenzen, die intra- und interkulturell angewendet werden. Interkulturelle Präferenzen sind nun aber aus zwei Gründen bedenklich: zum einen, weil mit Vorlieben häufig zugleich Abwertungen und Degradierungen des

Nicht-Bevorzugten verbunden sind, und zum anderen, weil Bevorzugungen (bestimmter Aspekte) von Lebensformen häufig die Funktion haben, bestehende Verhältnisse der Ungleichheit zu bewahren.

Zu fragen ist mithin jeweils, welche Folgen welche Präferenzen für wen haben, wem sie dienen und für wen sie nachteilig sind. Diese Fragen geben Auskunft über den praktischen Gehalt von kulturellen Präferenzen.

Die professionelle Reflexion von "Wissen", "Ressourcen", "Routinen" und "Präferenzen" dient der Auseinandersetzung und Markierung der Dispositionen der professionellen Person, die in den interkulturellen Beratungsprozeß eingehen. Das Ziel dieses Prozesses sollte nun aber nicht primär darin bestehen, nachzuweisen, daß (szenen- und kontextspezifische) Richtlinien "interkulturell korrekten" Handelns eingehalten werden. Vielmehr sollte der Prozeß der Reflexion auf die Frage bezogen sein, inwiefern eingehende Dispositionen kognitiver, emotionaler, sozialer etc. Art für interkulturelle Beratung allgemein und für die Bearbeitung einer interkulturellen Situation spezifisch (un)angemessen sind.

Hierbei ist es (selbstreflexions-)methodisch hilfreich, die eigenen *"diskursiven Verstrickungen"* zum Thema zu machen. Das Feld des Interkulturellen ist ein Feld des Moralischen und der political correctness. Diese Art der Korrektheit beschränkt ihr Interesse auf das Vermeiden der als inkorrekt geltenden Verhaltensweisen. Ein vordergründiges und kosmetisches Geschäft, das zudem einseitig an der beispielsweise sprachlichen Fassade der Individuen ansetzt. Diese werden in die Pflicht genommen und durch den Kodex der Verhaltensnormen diszipliniert.

Das Richtige – so sich das Richtige daran bemißt, daß wir authentisch sind und unsere Gegenüber nicht degradieren – kann im Kontext der Interkulturalität aber gar nicht ohne weiteres praktiziert werden, weil die Authentizität der einen immer erst durch die Degradierung der anderen möglich wird, und weil jeder Versuch, sich in dieser Lebensarena zu bestimmen, sich in den Strängen der Geschichten, Praxen und Gewalt verfängt:[10] Ignoranz und Unkenntnis, bestenfalls Paternalismus und Defizitfokussierung auf der einen Seite, Mehrheitsorientierung und Ignoranz, bestenfalls Abschottung und Trotz auf der anderen Seite.

Wir spielen unser Spiel, sind als Teilnehmer und Teilnehmerinnen an den Diskursen, also den machtbedingten und -bedingenden Praxen des Wissens über Ethnien, Religionen und "Rassen", beteiligt und sind in diesen Diskursen verstrickt. Eine Auseinandersetzung mit der je eigenen Verstrickung ist notwendiger Bestandteil jeder interkulturellen Beratungsausbildung: Was wissen Sie über Schwarze? Woher? Was wissen Sie über sich? Woher? Was wissen Sie über Weiße? Woher?

Diskurse über Ethnien, Religionen und "Rassen" können sowohl das Prinzip der (quasi natürlichen) Gleichheit, wie den Grundsatz der (unüberbrückbaren) Verschiedenheit stärken. Welche dieser Diskursformen bevorzugt die Beraterin? Unter welchen Bedingungen setzt sie eher auf Gleichheit, wann eher auf Verschieden-

---

[10] Manche ziehen daraus die Konsequenz und verlassen diese Arena, was verständlich und individuell auch zuträglich sein mag. Für eine Position im Rahmen interkultureller Professionalität taugt diese Distanzierung aber wenig, entfernt sie sich doch nicht nur von dem Problem, sondern auch den Menschen, um die es im Kontext von Beratung geht.

heit? Mit welchen Konsequenzen? Für wen? Welchen Stellenwert mißt der Berater den zu erwartenden kulturellen Differenzen und Gemeinsamkeiten zu? Welche Art von Differenzen meint er nicht "verstehen" und nicht anerkennen zu können? Inwiefern konzipiert die Beraterin die kulturelle oder ethnische Zugehörigkeit der Klientin als Bedingung des Problems, das in der Beratungssituation thematisiert werden soll? Inwiefern kann die kulturelle oder ethnische Zugehörigkeit der Klientin als Lösungsquelle für das Problem angesehen werden? Inwiefern beeinflußt die kulturelle oder ethnische Zugehörigkeit des Klienten die Erfolgserwartungen des Beraters? Inwiefern ist zu erwarten, daß Klient und Beraterin sich als Repräsentantinnen von Kulturen verstehen, die in einem subjektiv oder objektiv hierarchischen Machtverhältnis zueinander stehen?

Die Zugehörigkeit von Personen zu natio-ethno-kulturellen Gruppen positioniert sie im Kontext gesellschaftlicher Machtverhältnisse. Diese Position beeinflußt Verständnisse (vgl. auch dgvt-AG "Gegen Rassismus und Antisemitismus in der psychosozialen Versorgung", 1995): Welche von Ihrer Position abweichende Menschen- und Weltanschauungen interpretieren Sie explizit oder implizit als problematische? Gibt es für Sie Alternativen zu dem Ziel von Beratung, das Integration, Assimilation und Anpassung an vorherrschende Werthaltungen und Handlungsgewohnheiten explizit oder implizit in den Vordergrund rückt? Wann würden Sie den Eindruck haben, daß in der psychosozialen Arbeit Interaktionsweisen praktiziert werden, die vorrangig Ihrer Selbstvergewisserung dienen, nicht aber der Verbesserung der Lebenssituation der Klientin?

Auch eine Auseinandersetzung mit Stigmatisierungs- und Rassismuserfahrungen von Professionellen ist in diesem Rahmen von Bedeutung, insofern die Bewältigung von Rassismuserfahrungen immer in der Gefahr steht, an der Logik des rassistischen Systems anzuschließen.

Rassismus-, Diskriminierungs- und Stigmatisierungs-Erfahrungen werden auf der anderen Seite schnell keine Bedeutung beigemessen, sie werden bagatellisiert, auf psychologische Aspekte reduziert und als individuelles Problem thematisiert. Weitere Verstrickungen auf der Seite der Mehrheitsangehörigen können darin bestehen, daß Ressourcen, die in der Lebenssituation von Minderheitsangehörigen angelegt sind, nicht erkannt werden, da das Bild des "bedauernswerten Menschen ausländischer Herkunft" dominiert, daß Kompetenzen der Minderheitsangehörigen als Bedrohung erlebt und abgewehrt werden, daß der Beweis der eigenen Toleranz und Unvoreingenommenheit im Vordergrund des Beratungsprozesses steht, oder daß Beziehungsbelastungen, die entstehen, weil der oder die Mehrheitsangehörige mehr Rechte hat und privilegiert ist, dem Verhalten des oder der Minderheitsangehörigen angelastet werden (genauer: dgvt-AG "Gegen Rassismus und Antisemitismus in der psychosozialen Versorgung", 1995).

Das hier vorgeschlagene Schema einer Ausbildung in Interkultureller Beratung räumt dem Moment professioneller Reflexivität insgesamt einen hohen Stellenwert ein. Die Ausbildung schlägt nicht einfach theoretische, praktische und selbstreflexive Konzepte vor, sondern empfiehlt auf allen drei Ebenen eine umfassende kritische Auseinandersetzung, die zu einer reflexiven Handlungsfähigkeit von Professionellen beiträgt.

Reflexivität wird in den Sozialwissenschaften zunehmend als Kennzeichen unserer gesellschaftlichen Situation und den mit ihr einhergehenden gesellschaftlichen, institutionellen und individuellen Handlungsnotwendigkeiten verstanden (exemplarisch sei hier auf die Debatte zwischen Ulrich Beck, Anthony Giddens und Scott Lash verwiesen, 1997).

So läßt sich prognostizieren, daß mit den Gedanken zur reflexiven Modernisierung zumindest in den Bereichen psychosozialen Handelns, die solche Debatten zur Kenntnis nehmen (also beispielsweise nicht im Bereich des Hauptstroms der Psychotherapieforschung), Reflexivität zu einem der Schlüsselwörter werden wird und dies freilich in Teilgebieten bereits seit langem ist (exemplarisch sei hier auf den Band über "Pädagogische Professionalität" (1996) herausgegeben von Arno Combe und Werner Helsper hingewiesen).

Die reflexive Akzentuierung psychosozialer Professionalität bzw. der Debatten um psychosoziale Professionalität steht aber in einem vielgesichtigen Spannungsverhältnis zu Anforderungen der Praxis. Handlungsnotwendigkeit und Handlungskritik vertragen sich nicht immer; insbesondere, wenn in Zeiten allgemeiner finanzieller Knappheit und der damit einsetzenden Notwendigkeit, mit allen und jedem zu konkurrieren, Reflexivität eine Gegnerin von Effizienz zu sein scheint.

Der Kampf auf und um den Markt setzt auf Hochglanzbroschüren, Versprechungen, Phrasen und das Bedienen der Bedarfe der jeweiligen Adressaten. Eine Ausbildung, die nicht nur rhetorisch an Reflexivität und auf diese hin orientiert ist, geht mithin das Risiko ein, am Markt unattraktiv zu sein.

Aber, so werden jetzt einige einwenden, vielleicht gibt es ja doch Varianten der Präsentation, der Schwerpunktsetzung, der Selbstdarstellung, in denen sich ernsthafte Reflexivität verkaufen läßt.

Ernsthafte Reflexivität wird sich aber nur dann verkaufen, wenn dieses Angebot potentiellen Käufern und Käuferinnen, eine konstruktive Orientierung für ihr Handeln in Aussicht stellt. Diese Aussicht wird jedoch erst dann als realistische eingeschätzt werden, wenn entsprechende Strukturen des Reflexiv-Seins und des Reflexiv-Sein-Könnens vorhanden sind. Reflexive Handlungsfähigkeit von Professionellen ist nicht schlicht "durch Ausbildung", durch die Kultivierung individueller Vermögen der Reflexivität zu vermitteln: Letztlich bedarf es institutioneller Strukturen, in denen Handeln reflexiv sein kann.

Ausbildungsträger wie auch Ausbildungsinteressierte werden reflexive Ausbildungsangebote im Bereich Interkultureller Beratung genau dann nachfragen, wenn zwei Bedingungen erfüllt sind: Erstens, daß Interkulturalität als wesentliche Handlungsdimension psychosozialer Professionalität begriffen wird, und zweitens, wenn im Bereich psychosozialen Handelns ein reflexiver Begriff von Interkulturalität präferiert wird, der Interkulturelle Beratung nicht auf die prototypisierte Situation fixiert, daß "ein deutscher" Berater "einen Türken" berät.

Die notwendige Erfüllung dieser Bedingungen liegt nun aber nicht primär in der Verantwortung einzelner Ausbildungsträger und noch viel weniger einzelner Ausbildungsinteressierter. Sie ist letztlich und einzig eine politische Frage.

Literatur

Anderson, B. (1983). *Imagined Communities. Reflections on the Origin and Spread of Nationalism.* London: Verso.

Beck, U., Giddens, A. & Lash, S. (1997). *Reflexive Modernisierung. Eine Kontroverse.* Frankfurt/M.: Suhrkamp.

Combe, A. & Helsper, W. (Hrsg.). (1996). *Pädagogische Professionalität.* Frankfurt/M.: Suhrkamp.

Czock, H. (1988). Eignen sich die Kategorien "Kultur" und "Identität" zur Beschreibung der Migrationssituation? *Informationsdienst zur Ausländerarbeit, 3,* 76-80.

dgvt-AG "Gegen Rassismus und Antisemitismus in der psychosozialen Versorgung" (1995). Thesen zur psychosozialen Arbeit in einer pluralen Gesellschaft. *Journal für Psychologie, 3,* 66-69, Themenschwerpunkt: Interkulturalität und Rassismus.

Kleiber, D. & Wehner T. (1988). Fehlerfreundlichkeit: Ein Plädoyer zur Vitalisierung nicht intendierter Ereignisse (Handlungsfehler, therapeutische Mißerfolge u.a.). In D. Kleiber & A. Kuhr (Hrsg.), *Handlungsfehler und Mißerfolge in der Psychotherapie* (S. 18-33). Tübingen: dgvt-Verlag.

Krappmann, L. (1993). *Soziologische Dimensionen der Identität.* Stuttgart: Klett-Cotta.

Mecheril, P. (1995). Rassismuserfahrungen von Anderen Deutschen. Einige Überlegungen (auch) im Hinblick auf Möglichkeiten der psychotherapeutischen Auseinandersetzung. In I. Attia et al. (Hrsg.), *Multikulturelle Gesellschaft – monokulturelle Psychologie?. Antisemitismus und Rassismus in der psychosozialen Arbeit* (S.99-111). Tübingen: dgvt-Verlag.

Mecheril, P. (1996). Auch das noch. Ein handlungsbezogenes Rahmenkonzept interkultureller Beratung. *Verhaltenstherapie & psychosoziale Praxis, 1,* 17-35.

Mecheril, P. (in Druck). Rassimuserfahrungen. "Ist doch egal, was man macht, man ist aber trotzdem 'n Ausländer" – Formen von Rassismuserfahrungen. In G. Auernheimer & W. Bukow (Hrsg.), *Familie im Spannungsfeld globaler Migration.* Opladen: Leske + Budrich.

Mecheril, P., Miandashti, S. & Kötter, H. (1997). "Anerkennung als Subjekt" – eine konzeptuelle Orientierung für die psychosoziale Arbeit mit Migrantinnen und Migranten. *Verhaltenstherapie & psychosoziale Praxis, 4,* 559-575.

Rabinow, P. (1995). Repräsentationen sind soziale Tatsachen. In E. Berg & M. Fuchs (Hrsg.), *Kultur, soziale Praxis, Text.* Frankfurt/M.: Suhrkamp.

Rommelspacher, B. (1995). *Dominanzkultur. Texte zu Fremdheit und Macht.* Berlin: Orlanda.

Watzlawik, P., Beavin, J.B. & Jackson, D.D. (1969). *Menschliche Kommunikation.* Bern: Huber.

Zu den Autorinnen und Autoren

Halil Can, geb. 1968 in Ostanatolien, freier Journalist, lebt seit 30 Jahren als Kind von Arbeitsmigranten in Berlin, studierte an der FU Berlin Politikwissenschaften mit dem Schwerpunkt Migration und Flucht, schloß sein Studium mit dem Thema "Politisierung der ethnisch-religiösen Minderheit der Aleviten in der Türkei" ab. Mitbegründer und Redakteur der Zeitschrift für Interkultur, Politik und Literatur "kauderzanca", arbeitet z.Zt. als Jugendsozialarbeiter, als Berater für anerkannte Flüchtlinge im Migrationszentrum der Caritas Berlin, Dozent des Instituts für interkulturelle Fortbildung "Trans-Aktion".

María del Mar Castro Varela, geb. 1964, Dipl.-Psych. und Dipl.-Päd., Lehrbeauftragte der FH Köln im Fachbereich "Interkulturelle Sozialarbeit", Stipendiatin der Heinrich Böll Stiftung, promoviert z.Zt. zum Thema "Gegenbewegung. Utopiediskurse migrierter Frauen", Mitbegründerin von Trans-Aktion: Institut für interkulturelle Fortbildung, Konzeptentwicklung und Prozeßbegleitung.
Interessen- und Arbeitsschwerpunkte: Rassismus und Antisemitismus, interkulturelle Kompetenz, Migration und Flucht, Utopien.

Leah Carola Czollek, geb. 1954, Studium der Rechtswissenschaften an der Humboldt Universität Berlin, Ausbildung zur Personal- und Wirtschaftsassistentin beim Bildungswerk der Berliner Wirtschaft, z.Zt. Weiterbildung in Themenzentrierter Interaktion und in Bibliodrama, bietet interkulturelle Weiterbildungen mit dem Schwerpunkt auf jüdischer Philosophie und Theologie an.
Arbeitsschwerpunkte: Antisemitismus, Antiziganismus und Antirassismus in verschiedenen gesellschaftspolitischen Bereichen.

Barbara Danckwortt, geb. 1960, M.A., Studium der Geschichte, Ethnologie und Kunstgeschichte. Mitarbeit an Ausstellungen und Veröffentlichungen der Berliner Geschichtswerkstatt. Assistentin des Direktors des Aspen Institutes in Berlin, 1996-97 Freie Mitarbeiterin der Gedenkstätte Sachsenhausen im Projekt "Die Baracken 38 und 39", arbeitet z.Zt. an einer Dissertation über seßhafte "Zigeuner" in Preußen.
Neuere Veröffentlichungen: B. Danckwortt u.a. (Hrsg.): "Historische Rassismusforschung. Ideologen-Täter-Opfer", 1995; B. Danckwortt & C. Lepp (Hrsg.): "Von Grenzen und Ausgrenzung. Interdisziplinäre Beiträge zu den Themen Migration, Minderheiten und Fremdenfeindlichkeit", 1997.

Ika Hügel-Marshall, Dipl.-Sozialpädagogin und Pressereferentin, ist afroamerikanisch-deutsch und hat verschiedene Beiträge zu antirassistischer Bewußtseins- und Bildungsarbeit veröffentlicht. Lehraufträge an der FU Berlin, der TU Berlin und der Alice Salomon Fachhochschule für Sozialarbeit und Sozialpädagogik.
Neuere Buchveröffentlichungen: I. Hügel u.a. (Hrsg.): "Entfernte Verbindungen. Rassismus, Antisemitismus und Klassenunterdrückung" 1993; I. Hügel-Marshall: "Daheim unterwegs. Ein deutsches Leben", 1998.

Bettina Kaufmann, Klinische Psychologin/Psychotherapeutin BDP, Weiterbildung Integrative Therapie und Tanztherapie am Fritz-Perls Institut/Deutsche Gesellschaft für Tanztherapie, zuletzt bei "esra – Beratung für NS-Verfolgte", jetzt freiberuflich tätig.

Ergül Kaygun, selbständige Erwachsenenbildnerin in Utrecht, Niederlande. Sie führt Schulungen und Seminare zu Rassismus und interkultureller Kompetenz in Betrieben und sozialen Einrichtungen durch, früher in Zusammenarbeit mit den Gewerkschaften, jetzt mit ISIS Utrecht.

Dietrich F. Koch, geb. 1956, Dipl.-Psych., Zusatzqualifikation in systemischer und methodenintegrativer Familientherapie und in klinischer Hypnose nach M.E. Erickson. Langjährige aktive Tätigkeit bei amnesty international. Seit 1990 Leiter der Psychotherapeutischen Beratungsstelle für politisch Verfolgte XENION in Berlin. Seit 1997 stellvertretender Vorsitzender der Bundesweiten Arbeitsgemeinschaft der Psychosozialen Zentren für Flüchtlinge und Folteropfer (BAFF).

Chris Lange, geb. 1955, aufgewachsen in Süddeutschland, lebt seit 1977 in Berlin. Ausbildung an der Alice Salomon Fachhochschule für Sozialarbeit und Sozialpädagogik. Lebte zwei Jahre lang in den USA. Seit 1987 Tätigkeit bei Wohlfahrtsverbänden, von 1987-1997 beim Diakonischen Werk Berlin-Brandenburg als Sozialarbeiterin in einer offenen Beratungsstelle, Mitherausgeberin des Buches "Entfernte Verbindungen – Rassismus, Antisemitismus, Klassenunterdrükkung", 1993; schreibt zur Zeit an einer Dissertation zum Thema Wohlfahrtsverbände und Europäische Gemeinschaft/Europäische Union.

Irma Leisle, geb. 1964, Studium der Sozialarbeit (Dipl. FH) und Politikwissenschaft, lebt und arbeitet seit 1992 in Berlin mit dem Schwerpunkt Frauen, Behinderte und MigrantInnen. Seit 1994 Mitarbeiterin im Internationalen Bildungs- und Beratungszentrum für Frauen und ihre Familie HÎNBÛN.

Gotlinde Magiriba Lwanga, Dipl.-Soz., bisherige Tätigkeit in verschiedenen Praxis- und Forschungsprojekten, Mitbegründerin von Joliba – Projekt für afrodeutsche Kinder.
Arbeitsschwerpunkte: Antisemitismus, Sozialisation von Schwarzen Deutschen, Staatsbürgerschaft/BürgerInnenrechte. Veröffentlichungen u.a. zu diesen Themen.

Sylvia Nagel, geb. 1965, Dipl.-Psych., psychodiagnostisch und beratend in der Frühförderung und Frühbehandlung sowie freiberuflich psychotherapeutisch tätig (Psychodrama, Verhaltenstherapie).
Interessen- und Arbeitsschwerpunkte: Interkultualität, Mehrdimensionalität von Unterdrückungs- und Ausgrenzungserfahrungen.

Paul Mecheril, geb. 1962, Dipl.-Psych., Dr.phil., wissenschaftlicher Assistent an der Fakultät für Pädagogik der Universität Bielefeld. Forschungsschwerpunkte: Rassismuserfahrungen und Identität, Zugehörigkeit und Hybridität auf der Ebene national-kultureller Kontexte, konzeptuelle Aspekte interkultureller Beratung, interkulturelle Stadtteilarbeit, subjektwissenschaftliche Migrationsforschung.

Neuere Buchveröffentlichungen: "Andere Deutsche" (hrsg. zusammen mit T. Teo), 1994; "Deutsche Geschichten", "Psychologie und Rassismus" (hrsg. zusammen mit T. Teo), 1997.

Silvia Osei, geb. 1963, Dipl.-Psych., Kompetenzerweiterungstrainerin im Suchtbereich für Führungskräfte, Mitarbeit bei phoenix (für ein gleichberechtigtes Miteinander von Schwarz und Weiß), langjährige Mitarbeit bei ISD (Initiative Schwarzer Deutscher und in Deutschland lebender Schwarzer), u.a. Aufbau und Vorstandsarbeit von ISD-NRW, Mitbegründerin von Trans-Aktion: Institut für interkulturelle Fortbildung, Konzeptentwicklung und Prozeßbegleitung.
Interessens- und Arbeitsschwerpunkte: Rassismus/Antirassismus, Rassismuserfahrungen, Interkulturalität.

Ann Phoenix, Klinische Psychologin und Professorin für Psychologie am Birbeck College, London. Forschungs- und Arbeitsschwerpunkte: Mutterschaft und die sozialen Identitäten junger Menschen, besonders im Zusammenhang mit Geschlecht, "Rasse", sozialer Klasse und Adoption.
Zahlreiche Veröffentlichungen, u.a.: Black, White or Mixed Race? Race and racism in the lives of young people of mixed parentage (mit B. Tizard) Routledge: London 1993; Shifting Identities Shifting Racisms, (Eine Sonderausgabe von *Feminism and Psychology* herausgegeben mit Kum-Kum Bhavnani) Sage: London, 1994; Crossfires: Nationalism, Racism and Gender in Europe, (Herausgegeben mit Helma Lutz und Nira Yuval-Davis) Pluto: London, 1995.

Elaine Pinderhughes, Professorin und Leiterin der Abteilung für Klinische Psychologie an der Boston School of Social work, Klinische Psychologin, Supervisorin. Arbeits- und Forschungsschwerpunkte: Interkulturelle Handlungskompetenz im klinisch-psychologischen Bereich. Zahlreiche Veröffentlichungen zum Thema, u.a. "Understanding Race, Ethnicity and Power".

Maureen Raburu, Dipl. Sozialpädagogin, ist Praktikerin und Theoretikerin in der feministischen Mädchenarbeit mit den Schwerpunkten Sensibilisierungsarbeit in bezug auf Rassismus bei weißen Mädchen und Self-Empowermentarbeit mit Mädchen-of-Color. Mitarbeiterin des Mädchenhauses Kiel, Mitfrau bei ADEFRA (Schwarze Frauen in Deutschland), sowie bei der ISD und beim Arbeitskreis Antirassistische Mädchenarbeit in Kiel. Sie arbeitet ehrenamtlich in dem europaweiten Projekt "Black Butterfly", hält Vorträge und sensibilisiert gegen Rassismus und andere Formen der Unterdrückung.

Birgit Rommelspacher, geb. 1945, Dipl.-Psych. Dr.phil. Professorin an der Alice Salomon Fachhochschule für Sozialwesen Berlin. Privatdozentin an der Technischen Universität Berlin.
Forschungs- und Arbeitsschwerpunkte: Feministische Psychologie, Rassismus und Antisemitismus. Zahlreiche Veröffentlichungen, u.a.: Mitmenschlichkeit und Unterwerfung. Zur Ambivalenz weiblicher Moral. Frankfurt 1992; Schuldlos-Schuldig? Wie sich junge Frauen mit Antisemitismus auseinandersetzen. Hamburg 1995; Dominanzkultur. Texte zu Fremdheit und Macht, Berlin 1995; Ausgrenzungen und Übergriffe. Zur Normalität der Behindertenfeindlichkeit. Im Druck.

Sylvia Schulze, geb. 1965, Dipl.-Psych., Weiterbildung in Psychodrama und "Psychotherapie mit Extremtraumatisierten", arbeitet als Psychotherapeutin mit Kindern und Erwachsenen in einer psychosomatischen Klinik in Brandenburg und im Legasthenie-Zentrum Schöneberg, Berlin. Mitbegründerin von Trans-Aktion: Institut für interkulturelle Fortbildung, Konzeptentwicklung und Prozeßbegleitung.

Silvia Vogelmann, geb. 1965, Dipl.-Psych., arbeitet sozialtherapeutisch mit Frauen. Mitbegründerin von Trans-Aktion – Institut für interkulturelle Fortbildung, Konzeptentwicklung und Prozeßbegleitung. Z.Zt. Lehrbeauftragte an der Alice-Salomon-Fachhochschule für Sozialarbeit und Sozialpädagogik Berlin.
Arbeitsschwerpunkte: Ursachen und Folgen von sexualisierter und/oder organisierter Gewalt und deren Bedeutung für psychosoziale Arbeitsfelder, interkulturelle psychosoziale Arbeit.

Ursula Wachendorfer, Dipl.-Psych., geb. 1942, Therapeutin in freier Praxis in Berlin, Tätigkeiten in Erziehungsberatung, sozialpsychiatrischem Dienst, sozialwissenschaftliche Forschung, Lehraufträge zum Thema Antisemitismus und Rassismus.

Anja Weiß, geb. 1968, Dipl.-Psych. mit Psychodramafortbildung, seit 1994 wissenschaftliche Mitarbeiterin am Berghof Forschungszentrum für Konstruktive Konfliktbearbeitung, Berlin. Arbeitet an einer soziologischen Dissertation zum Thema "Rassistische Effekte unter antirassistisch engagierten MultiplikatorInnen". Ein weiterer Forschungsschwerpunkt ist: Internationale Unterstützungssysteme für einheimische friedensengagierte Nichtregierungsorganisationen in Osteuropa.
Neuere Veröffentlichungen: A. Weiß (1996) "Lieber Biegen als Brechen. Zwischen Anspruch und Anpassung im Beruf"; A. Weiß (1998) "Rassismus". In: S. Grubitzsch & K. Weber (Hrsg.), "Psychologische Grundbegriffe. Ein Handbuch".

IMAN ATTIA ET AL. (HRSG.)
MULTIKULTURELLE GESELLSCHAFT - MONOKULTURELLE PSYCHOLOGIE?
Antisemitismus und Rassismus in der psychosozialen Arbeit

Inzwischen gehört es zum Alltag in Deutschland, daß Menschen unterschiedlicher Herkunft und Zugehörigkeit zusammen leben und arbeiten. Neue Anforderungen werden an uns - zu welcher Kultur wir auch gehören - als PädagogInnen, BeraterInnen, TherapeutInnen, SupervisorInnen usw. gestellt.

Dieses Buch rückt sowohl diejenigen ins Blickfeld, die von Antisemitismus und Rassismus ausgegrenzt werden, als auch diejenigen, die diese Diskriminierung (re)produzieren.

1995, 308 Seiten, DM 38.-
ISBN 3-87159-128-9

Aus dem Inhalt:

Zweierlei Gegenwart: Folgen des Nationalsozialismus

Susann Heenen~Wolff
Psychologie und Nationalsozialismus

Gabriele Rosenthal
Familienbiographien: Nationalsozialismus und Antisemitismus im intergenerationellen Dialog

Dan Bar-On
Begegnungen zwischen Nachkommen von Holocaust-Überlebenden und Nachkommen von Holocaust-Tätern: Ein Weg, um mit der Vergangenheit für die Zukunft zu kämpfen

René Raanan Manu
Psychische Auswirkungen der Shoah bei der zweiten Generation"

Johan Lansen
Spätfolgen bei den Opfern der Shoah

Erfahrungen mit Rassismus, Migration und Flucht

Paul Mecheril
Rassismuserfahrungen von Anderen Deutschen - einige Überlegungen (auch) im Hinblick auf Möglichkeiten der psychotherapeutischen Auseinandersetzung

Birsen Köse
Psychotherapie als „Glaubenssystem". Probleme der psychosozialen Versorgung am Beispiel der ArbeitsmigrantInnen aus der Türkei

Iman Attia
Antiislamischer Rassismus in interkulturellen Beziehungen

Elcin Kürsat-Ahlers
Migration als psychischer Prozeß

Tahereh Agha
Unterschiedliche Perzeptionen des Exils

Zur therapeutischen Arbeit mit Folterüberlebenden

Daniel Orellana Aguirre
Das Ego im Kontext extremer Erfahrungen wie Folter

Norbert F. Gurris
Die sexuelle Folter von Männern als weltweit systematische Methode der Folter

Claudia Schmitt & Silvia Vogelmann
Psychotherapeutische Arbeit mit politischen Flüchtlingen in Deutschland

Praxisansätze

Annita Kalpaka
Theaterworkshops zum Thema „Macht-Ohnmacht-Alltagsrassismus" als selbstreflexive Lernform

Bärbel Kampmann
Handlungsebenen und Interventionsstrategien gegen Rassismus

Ingrid Haller
Interethnische/rassistische Konflikte am Arbeitsplatz

Ingrid Haller
Ansätze therapeutisch-pädagogischer Arbeit mit Kindern politischer Flüchtlinge in kommunalen Kindertagesstätten

Helma Lutz
Mittlerinnen zwischen Einwanderergemeinschaft und Aufnahmegesellschaft. Die Rolle muttersprachlicher Expertinnen in multikulturellen Teams

Bitte fordern Sie unser Gesamtverzeichnis an!
dgvt-Verlag, Postfach 1343, 72003 Tübingen, Tel. (07071) 943434, Fax (07071) 943435

DIE FORUM-REIHE IM DGVT-VERLAG:

11 DGVT (Hrsg.):
VERHALTENSTHERAPIE: THEORIEN & METHODEN - Ein Lehrbuch
1986, 6. Auflage 1994, 306 Seiten, DM 34.-
ISBN 3-922686-76-1

14 Jarg Bergold & Uwe Flick (Hrsg.):
EIN-SICHTEN - Zugänge zur Sicht des Subjekts mittels qualitativer Forschung
1987, 2. Auflage 1990, 274 Seiten, DM 38.-
ISBN 3-922686-85-0

15 Irmtraud Beerlage & Eva-Maria Fehre (Hrsg.):
PRAXISFORSCHUNG - Zwischen Intuition und Institution
1989, 220 Seiten, DM 32.-
ISBN 3-922686-91-5

16 G. Terence Wilson, Cyril M. Franks, Philip C. Kendall & John P. Foreyt:
VERHALTENSTHERAPIE IM ÜBERBLICK - Theorie und Praxis; Band 11
1989, 3. Auflage 1994, 546 Seiten, DM 38.-
ISBN 3-922686-92-3

17 Christa Schulze (Hrsg.):
GYNÄKOPSYCHOLOGIE
1990, 2. Auflage 1992, 220 Seiten, DM 32.-
ISBN 3-87159-000-2

18 Manfred Beck, Gerhard Brückner & Heinz-Ulrich Thiel (Hrsg.):
PSYCHOSOZIALE BERATUNG - Klient/inn/en - Helfer/innen - Institutionen
1991, 263 Seiten, DM 36.-
ISBN 3-87159-118-1

19 Irmgard Vogt & Monika Bormann (Hrsg.):
FRAUEN - KÖRPER - Lust und Last
1992, 2. Auflage 1994, 280 Seiten, DM 38.-
ISBN 3-87159-119-X

20 Alexa Franke & Michael Broda (Hrsg.):
PSYCHOSOMATISCHE GESUNDHEIT
- Versuch einer Abkehr vom Pathogenese-Konzept
1993, 186 Seiten, DM 34.-
ISBN 3-87159-120-3

21 Eva Arnold & Ute Sonntag (Hrsg.):
ETHISCHE ASPEKTE DER PSYCHOSOZIALEN ARBEIT
1994, 248 Seiten, DM 38.-
ISBN 3-87159-121-1

22 Anton-Rupert Laireiter & Gabriele Elke (Hrsg.):
SELBSTERFAHRUNG IN DER VERHALTENSTHERAPIE
Konzepte und praktische Erfahrungen
1994, 310 Seiten, DM 48.-
ISBN 3-87159-122-X

23 Franz Caspar (Hrsg.):
PSYCHOTHERAPEUTISCHE PROBLEMANALYSE
1995, 270 Seiten, DM 38.-
ISBN 3-87159-123-8

24 Fritzsche et al.:
WENN DER BERG NICHT ZUM PROPHETEN KOMMT...
Beiträge zur aufsuchenden psychosozialen Arbeit mit Einzelnen & Familien
1994, 288 Seiten, DM 39.-
ISBN 3-87159-124-6

25 Arnold A. Lazarus:
PRAXIS DER MULTIMODALEN THERAPIE
1995, 280 Seiten, DM 38.-
ISBN 3-87159-125-4

26 Matthias Hermer:
DIE GESELLSCHAFT DER PATIENTEN
Gesellschaftliche Bedingungen und psychotherapeutische Praxis
1995, 312 Seiten, DM 48.-
ISBN 3-87159-126-2

DIE FORUM-REIHE IM DGVT-VERLAG:

27 Ute Sonntag et al. (Hrsg.):
ÜBERGRIFFE UND MACHTMISSBRAUCH IN PSYCHOSOZIALEN ARBEITSFELDERN
1995, 332 Seiten, DM 44.-
ISBN 3-87159-127-0

28 Iman Attia et al. (Hrsg.):
MULTIKULTURELLE GESELLSCHAFT - MONOKULTURELLE PSYCHOLOGIE?
1995, 308 Seiten, DM 38.-
ISBN 3-87159-128-9

29 Arnold Stark (Hrsg.):
VERHALTENSTHERAPEUTISCHE UND PSYCHOEDUKATIVE ANSÄTZE IM UMGANG MIT SCHIZOPHREN ERKRANKTEN
1996, 344 Seiten, DM 48.-
ISBN 3-87159-129-7

30 Hans-Peter Michels (Hrsg.):
CHRONISCH KRANKE KINDER UND JUGENDLICHE
Psychosoziale Betreuung und Rehabilitation.
1996, 296 Seiten, DM 44.-
ISBN 3-87159-130-0

31 Karin Egidi & Marion Boxbücher (Hrsg.):
SYSTEMISCHE KRISENINTERVENTION
1996, 216 Seiten, DM 36.-
ISBN 3-87159-131-9

33 Thomas Giernalczyk (Hrsg.):
SUIZIDGEFAHR - Verständnis und Hilfe
1997, 168 Seiten, DM 28.-
ISBN 3-87159-133-5

34 Otto Kruse (Hrsg.):
KREATIVITÄT ALS RESSOURCE FÜR VERÄNDERUNG & WACHSTUM
1997, 352 Seiten, DM 48.-
ISBN 3-87159-134-3

35 Heiner Keupp:
ERMUTIGUNG ZUM AUFRECHTEN GANG
1997, 252 Seiten, DM 38.-
ISBN 3-87159-135-1

36 Aaron Antonovsky:
SALUTOGENESE - Zur Entmystifizierung der Gesundheit
1997, 224 Seiten, DM 38.-
ISBN 3-87159-136-X

37 Frank Nestmann (Hrsg.):
BERATUNG - Bausteine für eine interdisziplinäre Wissenschaft und Praxis
1997, 220 Seiten, DM 38.-
ISBN 3-87159-137-8

38 Christof T. Eschenröder (Hrsg.):
EMDR - Eine neue Methode zur Verarbeitung traumatischer Erinnerungen
1997, 192 Seiten, DM 36.-
ISBN 3-87159- 138-6

39 Arnold Stark (Hrsg.):
LEBEN MIT CHRONISCHER ERKRANKUNG DES ZNS
Krankheitsbewältigung - Rehabilitation - Therapie
1998, 304 Seiten, DM 44.-
ISBN 3-87159- 139-4

Bitte fordern Sie unser Gesamtverzeichnis an!
dgvt-Verlag, Postfach 1343, 72003 Tübingen, Tel. (07071) 94 34 34, Fax (07071) 94 34 35

Gabriele Amann & Rudolf Wipplinger (Hrsg.)

Sexueller Mißbrauch

Überblick zu Forschung, Beratung und Therapie.
Ein Handbuch

dgvt-Verlag 1997, 880 Seiten, DM 88.-
ISBN 3-87159-012-6

Dieses Handbuch schließt die Lücke der bisherigen Literatur zum Thema: Namhafte Autorinnen und Autoren aus Deutschland, Österreich, der Schweiz, Australien und den USA geben einen umfassenden Überblick über den internationalen Stand der Wissenschaft wie auch der Praxis, in dem alle relevanten Aspekte und Praxisfelder dargestellt und erörtert werden.

Es gliedert sich in folgende Bereiche: Begriffsbestimmung sexuellen Mißbrauchs, Epidemiologie, Ätiologie, Symptomatik, Bewältigung, Coping, Diagnostik, Therapie, Prävention sowie juristische Aspekte.

Das Buch für alle, die sich für das Thema sexueller Mißbrauch interessieren sowie Pflichtlektüre für alle in Beratung, Forschung und Therapie Tätigen, denen es eine grundlegende Auseinandersetzung mit diesem wichtigen Problembereich ermöglicht.

Mit Beiträgen von: Gabriele Amann, Rudolf Wipplinger; Elisabeth Trube-Becker; David Finkelhor; Cécile Ernst; Ulrike Brockhaus, Maren Kolshorn; Hans-Christian Harten; Frigga Haug; Hannes Kinzl; Wolfgang Berner; Kathleen A. Kendall-Tackett, Linda Meyer Williams, David Finkelhor; Franz Moggi; Hertha Richter-Appelt; Peter Fiedler; Paul E. Mullen; Ulrike Kreyssig; Shirley Feldman-Summers, Kenneth S. Pope; Steve Spaccarelli, Carola Fuchs; Günther Deegener; Christine Heim, Ulrike Ehlert; Max Steller; Luise Greuel; Renate Volbert; Renate Boos; Günther Deegener; Rosemarie Steinhage; Mathias Hirsch; Claudia Bommert; Frauke Teegen; Elisabeth Bingel; Wilhelm Rotthaus, Thomas Gruber; Herbert Duffek; Ulrike Willutzki, Barbara Neumann, Andrea Bertelmann; Manfred Zielke; Arnold Lohaus, Sabine Schorsch; Franz Moggi; Marie-Luise Conen; Dirk Bange, Ulfert Boehme; Aiha Zemp, Erika Pircher, Christine Neubauer; Hanna Kiper; Maria Eder-Rieder; Sabine Kirchhoff und Henriette Naber.

Bitte fordern Sie unser Gesamtverzeichnis an!

dgvt-Verlag, Postfach 1343, 72003 Tübingen, Tel. (07071) 943434, Fax (07071) 943435